北京學易齋影印刊行

鄭同校

華齡出版社

子平遺書

（第五輯）

辛丑至癸丑

㊤

中央民族大學道教與術數學研究中心文獻整理成果

责任编辑：薛　治
责任印制：李未圻

图书在版编目（CIP）数据

子平遗书．第五辑，辛丑至癸丑／郑同校．——北京：华龄出版社，2019.12

ISBN 978－7－5169－1565－3

Ⅰ．①子…　Ⅱ．①郑…　Ⅲ．①命书－中国－明代

Ⅳ．①B992.3

中国版本图书馆 CIP 数据核字(2020)第 005895 号

书　　名：子平遗书（第五辑）：辛丑至癸丑
作　　者：郑同　校

出 版 人：胡福君
出版发行：华龄出版社
地　　址：北京市东城区安定门外大街甲 57 号　　邮　　编：100011
电　　话：(010) 58122246　　传　　真：(010) 84049572
网　　址：http://www.hualingpress.com

印　　刷：廊坊市长岭印务有限公司
版　　次：2020 年 8 月第 1 版　2020 年 8 月第 1 次印刷
开　　本：787×1092　1/16　　印　　张：77
字　　数：984 千字　　印　　数：1～600
定　　价：980.00 元(全三册)

出版説明

夫命之理，微矣。《易》曰：『窮理盡性，以至於命』，《論語》有『死生有命』，『道之行廢爲命』，與『不知命爲非君子』之言。

人之出生，概有年、月、日、時，故稱四柱。四柱各有天干地支，共八個字，故稱八字。世有依四柱八字干支之五行生克制化、節氣旺相，斷人一生命運、吉凶禍福之法，名曰八字推命術，又稱四柱推命術。

推命之法，古今不同。《詩·小弁》云：『我辰安在？』箋云：『生所值之辰，謂六物之吉凶。』《左傳·昭七年》，伯瑕云：『六物，歲、時、日、月、星、辰。』按：歲，即太歲；時，即四時；日，即日主；月，即十二月；星，即木火土金水之五星；辰，即十二時。此古法也。

漢魏晋人推命之法，只重生日胎元，所值星宿。唐人又有佛法、回回法，論北斗九星及十二宫、二十八宿者。至李虚中，始以人所生年月日，所值日辰，支干五行，勝衰死生，互相斟酌，推人貴賤壽夭、利與不利。五代徐居易子平，乃用年月日時胎，定人吉凶。宋時通用徐子平術，而減去胎元。至明代《三命通會》，闡發子平之遺法，於官印財禄食傷之名義，用神之輕重，諸神煞所係之吉凶，皆能採蒐群言，得其精要，故爲術家所恒用，標誌子平術已臻大成。

存世命理典籍雖夥，然所收命例實爲有限，蓋因古人刻書所費甚巨，不得不爾。《子平遺書》一書之發現，可補此憾。是書又名《沙滌命經》，明稿本，實有四百二十一卷，計四百一十九册，現藏國家圖書館善本室。

《子平遺書》按六十甲子之序，詳列所存八字四柱的所有組合，采録命造一萬五千有餘。其取格一遵《三命通會》之通例，以月支取格，只批大運，不論流年。其體例，一命式，二論斷。其斷語多屬駢文，詳究四柱五行，品評富貴貧賤，集古法子平術之大成，文辭優雅，斐然成章。

《子平遺書》所收命例，汪洋淵博，最珍貴者，莫過於書中引用的古早命學文獻及已經佚傳的命理歌訣，可補存世文獻之不足。斷語所記，涵蓋家世、婚姻、相貌、子女、仕進、商業、田産、疾病、生死等諸方面，民俗學者，不可不讀。詳研斷語所記，品評各命造之窮通壽殀，揣摩古法應用，更可神通天人之際，得古聖之秘法心傳。

古書流傳，多經劫難；善本秘書，每不多見。本次出版之緣起，實因寧波星易、臺灣天機及滬上客舟諸兄爲代表的海内外學者對此書甚爲推重，並得華齡出版社大力幫助，得以面世，在此謹申謝忱。唯此書之編纂，工程浩繁，有所不足，自所難免，尚祈諸位先進不吝指正爲盼。

《子平遺書》影印整理凡例

一、全書主要内容，包含國家圖書館藏《子平遺書（沙滌命經）》明稿本四百一十三册及另藏鈔本四册、稿本二册，共計四百一十九册。

二、本次影印，一依古籍整理之通例，重新拼版并排序。原書按年柱之序，各月柱自集成一册。現以六十花甲子之序，將全書排列順序，標明於目録之上。

三、第二百五十一册，丙申年，包含己亥月、辛丑月、庚子月三個部分，當是三册合訂，爲讀者方便計，目錄仍記爲一册，另加一、二、三序號以別之。

四、同一册命例之順序，亦按日柱與時柱之順序影印排版。

五、全書按年柱順序，爲讀者閲讀及檢索方便，共分六輯，甲子至戊辰第一輯，庚午到甲戌第二輯，乙亥至戊子第三輯，庚寅至庚子第四輯，辛丑至癸丑第五輯，甲寅至辛酉第六輯。原稿並無癸亥年之命例，俟他日另尋訪之，以期全璧。

六、國圖藏縮微膠片第三百五十七册，缺少十頁，計二十面，今依原本補足。

七、六輯共計收命例一萬五千餘條。每一輯前，各有分輯之目録，以爲索引。少量殘缺不全之處，仍保留原貌。凡年月日時原稿有所缺少者，目録上録以空格。

八、六十甲子之序爲：一甲子，二乙丑，三丙寅，四丁卯，五戊辰，六己巳，七庚午，八辛未，九壬申，十癸酉，一一甲戌，一二乙亥，一三丙子，一四丁丑，一五戊寅，一六己卯，一七庚辰，一八辛巳，一九壬午，二十癸未，二一甲申，二二乙酉，二三丙戌，二四丁亥，二五戊子，二六己丑，二七庚寅，二八辛卯，二九壬辰，三十癸巳，三一甲午，三二乙未，三三丙申，三四丁酉，三五戊戌，三六己亥，三七庚子，三八辛丑，三九壬寅，四十癸卯，四一甲辰，四二乙巳，四三丙午，四四丁未，四五戊申，四六己酉，四七庚戌，四八辛亥，四九壬子，五十癸丑，五一甲寅，五二乙卯，五三丙辰，五四丁巳，五五戊午，五六己未，五七庚申，五八辛酉，五九壬戌，六十癸亥。特此錄出，以備學者檢索之用。

子平遗书　第五辑（辛丑至癸丑）

	年柱	月柱	日柱	时柱	页码
第 272					
	辛丑	庚寅	辛卯	乙未	0001
	辛丑	庚寅	辛巳	庚寅	0001
	辛丑	庚寅	戊寅	甲寅	0002
	辛丑	庚寅	庚辰	庚辰	0002
	辛丑	庚寅	戊辰	癸丑	0003
	辛丑	庚寅	辛未	戊子	0003
	辛丑	庚寅	壬申	壬寅	0004
	辛丑	庚寅	戊辰	壬戌	0004
	辛丑	庚寅	甲戌	丙寅	0005
	辛丑	庚寅	辛巳	庚寅	0005
	辛丑	庚寅	庚午	庚辰	0006
	辛丑	庚寅	己未	丁卯	0006
	辛丑	庚寅	己卯	甲戌	0007
	辛丑	庚寅	辛卯	壬辰	0007
	辛丑	庚寅	己亥	丙寅	0008
	辛丑	庚寅	庚子	壬辰	0008
	辛丑	庚寅	乙未	甲申	0009
	辛丑	庚寅	丁丑	己酉	0009
	辛丑	庚寅	戊辰	癸丑	0010
	辛丑	庚寅	壬午	癸卯	0010
	辛丑	庚寅	丁丑	己酉	0011
	辛丑	庚寅	丙寅	己丑	0011
	辛丑	庚寅	乙未	辛巳	0012
	辛丑	庚寅	辛巳	壬辰	0012
	辛丑	庚寅	庚午	丙戌	0013
	辛丑	庚寅	己丑	癸酉	0013
	辛丑	庚寅	壬午	癸卯	0014
	辛丑	庚寅	甲子	癸酉	0014
	辛丑	庚寅	丙戌	己亥	0015
	辛丑	庚寅	丙寅	己亥	0015
	辛丑	庚寅	丙寅	戊子	0016
	辛丑	庚寅	丁丑	己酉	0016
	辛丑	庚寅	戊申	癸丑	0017
第 273					
	辛丑	戊戌	丙子	辛卯	0018
	辛丑	戊戌	庚寅	己卯	0018
	辛丑	戊戌	丙寅	己丑	0019
	辛丑	戊戌	乙酉	戊寅	0019
	辛丑	戊戌	己巳	己巳	0020
	辛丑	戊戌	壬辰	乙巳	0020
	辛丑	戊戌	癸酉	甲申	0021

辛丑 戊戌 庚寅 己卯 0021
辛丑 戊戌 壬午 甲辰 0022
辛丑 戊戌 壬申 庚子 0022
辛丑 戊戌 己卯 己巳 0023
辛丑 戊戌 辛亥 丙申 0023
辛丑 戊戌 甲辰 乙丑 0024
辛丑 戊戌 壬辰 乙巳 0024
辛丑 戊戌 甲申 乙亥 0025
辛丑 戊戌 戊辰 壬戌 0025
辛丑 戊戌 戊辰 癸亥 0026
辛丑 戊戌 丁卯 辛丑 0026
辛丑 戊戌 癸酉 辛酉 0027
辛丑 戊戌 辛巳 甲午 0027
辛丑 戊戌 己巳 戊辰 0028
辛丑 戊戌 己巳 戊辰 0028
辛丑 戊戌 乙酉 丙子 0029
辛丑 戊戌 癸卯 癸亥 0029
辛丑 戊戌 庚辰 甲申 0030
辛丑 戊戌 己巳 丙寅 0030
辛丑 戊戌 壬戌 甲辰 0031
辛丑 戊戌 戊子 癸亥 0031
辛丑 戊戌 甲申 己巳 0032
辛丑 戊戌 壬午 庚子 0032
辛丑 戊戌 甲申 丙寅 0033
辛丑 戊戌 己丑 癸酉 0033
辛丑 戊戌 辛卯 己亥 0034
辛丑 戊戌 癸未 丙辰 0034
辛丑 戊戌 乙酉 丙子 0035
第274
辛丑 庚子 壬申 甲辰 0036
辛丑 庚子 庚午 壬午 0036
辛丑 庚子 甲子 甲子 0037
辛丑 庚子 戊寅 辛酉 0037
辛丑 庚子 乙亥 戊寅 0038
辛丑 庚子 癸未 壬戌 0038
辛丑 庚子 戊辰 丁巳 0039
辛丑 庚子 辛丑 壬辰 0039
辛丑 庚子 甲申 庚午 0040
辛丑 庚子 戊寅 辛酉 0040
辛丑 庚子 甲申 壬申 0041
辛丑 庚子 乙亥 乙酉 0041
辛丑 庚子 戊辰 丁巳 0042
辛丑 庚子 庚午 丙子 0042
辛丑 庚子 己巳 癸酉 0043
辛丑 庚子 辛卯 戊子 0043

辛丑 庚子 癸酉 壬子 0044
辛丑 庚子 丙寅 壬辰 0044
辛丑 庚子 庚辰 甲申 0045
辛丑 庚子 乙丑 丁亥 0045
辛丑 庚子 戊寅 壬子 0046
辛丑 庚子 丁卯 甲辰 0046
辛丑 庚子 甲子 甲戌 0047
辛丑 庚子 乙酉 庚辰 0047
辛丑 庚子 丙寅 壬辰 0048
辛丑 庚子 戊子 壬子 0048
辛丑 庚子 壬申 甲辰 0049
辛丑 庚子 癸酉 甲寅 0049
辛丑 庚子 乙未 己卯 0050
辛丑 庚子 己丑 己巳 0050
辛丑 庚子 癸卯 甲寅 0051
辛丑 庚子 戊申 癸丑 0051
辛丑 庚子 戊寅 甲寅 0052
辛丑 庚子 戊子 丁巳 0052
第275 辛丑 辛丑 丙申 戊子 0053
辛丑 辛丑 戊午 庚辰 0053
辛丑 辛丑 戊申 戊申 0054
辛丑 辛丑 乙巳 丙子 0054

辛丑 辛丑 己亥 乙亥 0055
辛丑 辛丑 丙申 丁酉 0055
辛丑 辛丑 癸卯 癸亥 0056
辛丑 辛丑 丙午 丁酉 0056
辛丑 辛丑 甲午 乙丑 0057
辛丑 辛丑 乙卯 壬午 0057
辛丑 辛丑 庚子 丙戌 0058
辛丑 辛丑 癸卯 癸亥 0058
辛丑 辛丑 甲寅 甲子 0059
辛丑 辛丑 癸巳 壬戌 0059
辛丑 辛丑 戊戌 己未 0060
辛丑 辛丑 庚申 丙戌 0060
辛丑 辛丑 庚申 辛巳 0061
辛丑 辛丑 辛酉 己亥 0061
辛丑 辛丑 庚申 己卯 0062
辛丑 辛丑 己未 甲戌 0062
辛丑 辛丑 庚子 丙戌 0063
辛丑 辛丑 乙巳 丙戌 0063
辛丑 辛丑 乙未 丁丑 0064
辛丑 辛丑 己亥 甲戌 0064
辛丑 辛丑 庚戌 丁丑 0065
辛丑 辛丑 己未 甲子 0065

辛丑 辛丑 辛巳 己亥 0066
辛丑 辛丑 戊寅 甲寅 0066
辛丑 辛丑 己酉 癸酉 0067
辛丑 辛丑 己巳 甲戌 0067
辛丑 辛丑 辛酉 甲午 0068
辛丑 辛丑 己亥 乙亥 0068
辛丑 辛丑 辛亥 戊戌 0069
辛丑 辛丑 己亥 己巳 0069
辛丑 辛丑 乙未 甲申 0070
第276 壬寅 壬寅 庚午 庚辰 0071
壬寅 壬寅 己丑 乙丑 0071
壬寅 壬寅 丙寅 庚寅 0072
壬寅 壬寅 庚辰 丙子 0072
壬寅 壬寅 乙亥 乙酉 0073
壬寅 壬寅 辛未 壬辰 0073
壬寅 壬寅 己卯 戊辰 0074
壬寅 壬寅 辛酉 壬辰 0074
壬寅 壬寅 庚午 丙子 0075
壬寅 壬寅 己丑 戊辰 0075
壬寅 壬寅 甲戌 己巳 0076
壬寅 壬寅 壬午 壬寅 0076
壬寅 壬寅 壬辰 甲辰 0077
壬寅 壬寅 壬辰 庚戌 0077
壬寅 壬寅 乙亥 辛巳 0078
壬寅 壬寅 庚辰 丙戌 0078
壬寅 壬寅 丙子 戊子 0079
壬寅 壬寅 戊辰 庚申 0079
壬寅 壬寅 甲午 乙丑 0080
壬寅 壬寅 甲午 乙丑 0080
壬寅 壬寅 辛巳 己丑 0081
壬寅 壬寅 辛巳 壬辰 0081
壬寅 壬寅 庚寅 丁亥 0082
壬寅 壬寅 戊子 戊午 0082
壬寅 壬寅 庚申 丁酉 0083
壬寅 壬寅 戊子 壬子 0083
壬寅 壬寅 癸巳 乙卯 0084
壬寅 壬寅 甲戌 甲戌 0084
壬寅 壬寅 壬辰 丙午 0085
壬寅 壬寅 辛丑 辛卯 0085
壬寅 壬寅 庚子 丙子 0086
壬寅 壬寅 己亥 乙亥 0086
壬寅 壬寅 癸巳 癸亥 0087
壬寅 壬寅 癸巳 壬子 0087
壬寅 壬寅 壬申 乙巳 0088

壬寅 壬寅 丁亥 壬寅 0088
壬寅 壬寅 丁丑 庚寅 0089
壬寅 壬寅 丙戌 己亥 0089
壬寅 壬寅 甲辰 辛未 0090
壬寅 壬寅 戊子 壬子 0090
壬寅 壬寅 壬申 癸卯 0091
壬寅 壬寅 丁亥 丙午 0091
壬寅 壬寅 己亥 甲戌 0092
壬寅 壬寅 丙午 戊戌 0092
壬寅 壬寅 戊寅 癸亥 0093
第277
壬寅 己酉 丙子 戊戌 0094
壬寅 己酉 乙卯 癸未 0094
壬寅 己酉 辛酉 戊戌 0095
壬寅 己酉 丁巳 庚子 0095
壬寅 己酉 戊午 壬子 0096
壬寅 己酉 甲寅 癸酉 0096
壬寅 己酉 壬辰 丁未 0097
壬寅 己酉 戊戌 丙辰 0097
壬寅 己酉 甲子 癸酉 0098
壬寅 己酉 辛丑 丁酉 0098
壬寅 己酉 己酉 丙寅 0099
壬寅 己酉 庚申 甲申 0099

壬寅 己酉 壬申 戊申 0100
壬寅 己酉 戊申 庚申 0100
壬寅 己酉 癸丑 癸亥 0101
壬寅 己酉 壬子 壬寅 0101
壬寅 己酉 丙辰 乙未 0102
壬寅 己酉 壬戌 癸卯 0102
壬寅 己酉 戊午 己未 0103
壬寅 己酉 戊午 癸亥 0103
壬寅 己酉 壬戌 癸卯 0104
壬寅 己酉 丁巳 壬寅 0104
壬寅 己酉 丙寅 癸巳 0105
壬寅 己酉 甲寅 甲子 0105
壬寅 己酉 癸卯 甲寅 0106
壬寅 己酉 庚申 辛巳 0106
壬寅 己酉 丙辰 庚寅 0107
壬寅 己酉 癸卯 甲寅 0107
壬寅 己酉 丁巳 戊申 0108
壬寅 己酉 乙酉 丁亥 0108
第278
壬寅 辛亥 乙巳 辛巳 0109
壬寅 辛亥 丁巳 乙巳 0109
壬寅 辛亥 壬戌 庚子 0110
壬寅 辛亥 庚辰 戊子 0110

壬寅 辛亥 乙卯 己卯 0111
壬寅 辛亥 甲辰 乙丑 0111
壬寅 辛亥 甲子 乙亥 0112
壬寅 辛亥 甲寅 癸酉 0112
壬寅 辛亥 辛酉 戊子 0113
壬寅 辛亥 戊戌 己未 0113
壬寅 辛亥 壬戌 己酉 0114
壬寅 辛亥 丁巳 乙巳 0114
壬寅 辛亥 己丑 甲戌 0115
壬寅 辛亥 丁巳 戊申 0115
壬寅 辛亥 辛酉 辛卯 0116
壬寅 辛亥 己亥 乙亥 0116
壬寅 辛亥 丙午 己亥 0117
壬寅 辛亥 乙丑 戊寅 0117
壬寅 辛亥 辛酉 己亥 0118
壬寅 辛亥 乙卯 癸未 0118
壬寅 辛亥 癸丑 乙卯 0119
壬寅 辛亥 丁巳 壬寅 0119
壬寅 辛亥 己亥 乙亥 0120
壬寅 辛亥 乙巳 甲申 0120
壬寅 辛亥 庚戌 丙子 0121
壬寅 辛亥 丁巳 壬寅 0121

壬寅 辛亥 辛丑 丙申 0122
壬寅 辛亥 甲子 甲子 0122
壬寅 辛亥 己未 甲午 0123
壬寅 辛亥 丙寅 丁酉 0123
壬寅 辛亥 己亥 甲子 0124
壬寅 辛亥 辛巳 戊戌 0124
壬寅 辛亥 壬子 壬寅 0125
壬寅 辛亥 庚申 乙酉 0125
壬寅 辛亥 戊申 丙辰 0126
壬寅 辛亥 己酉 壬申 0126
壬寅 辛亥 甲子 乙丑 0127
壬寅 辛亥 己未 甲子 0127
壬寅 辛亥 乙未 丙戌 0128
壬寅 辛亥 壬寅 庚戌 0128
壬寅 辛亥 乙卯 癸未 0129
壬寅 辛亥 戊戌 丁巳 0129
壬寅 辛亥 辛丑 癸巳 0130
壬寅 辛亥 己亥 乙亥 0130
壬寅 辛亥 戊申 甲寅 0131
第279 壬寅 壬子 己卯 甲戌 0132
壬寅 壬子 丙午 庚寅 0132
壬寅 壬子 己巳 乙丑 0133

壬寅 壬子 己丑 乙亥 0133
壬寅 壬子 庚辰 己卯 0134
壬寅 壬子 己卯 丙寅 0134
壬寅 壬子 辛未 戊戌 0135
壬寅 壬子 丁丑 丁未 0135
壬寅 壬子 丁丑 甲辰 0136
壬寅 壬子 丙戌 庚寅 0136
壬寅 壬子 丁酉 辛丑 0137
壬寅 壬子 乙未 丙戌 0137
壬寅 壬子 乙亥 甲申 0138
壬寅 壬子 辛未 甲午 0138
壬寅 壬子 庚辰 丙子 0139
壬寅 壬子 丁亥 癸卯 0139
壬寅 壬子 庚辰 丁亥 0140
壬寅 壬子 戊午 癸亥 0140
壬寅 壬子 甲戌 甲戌 0141
壬寅 壬子 己巳 甲戌 0141
壬寅 壬子 庚寅 己卯 0142
壬寅 壬子 甲申 丁卯 0142
壬寅 壬子 庚辰 丁亥 0143
壬寅 壬子 戊寅 己未 0143
壬寅 壬子 乙酉 丁亥 0144
壬寅 壬子 己丑 庚午 0144
壬寅 壬子 丁亥 乙巳 0145
壬寅 壬子 丙戌 丙申 0145
壬寅 壬子 庚辰 己卯 0146
壬寅 壬子 壬申 庚子 0146
壬寅 壬子 己卯 辛未 0147
壬寅 壬子 丙申 辛卯 0147
壬寅 壬子 戊寅 癸丑 0148
壬寅 壬子 甲戌 戊辰 0148
第280
癸卯 戊午 乙酉 戊寅 0149
癸卯 戊午 丙戌 甲辰 0149
癸卯 戊午 庚辰 丁亥 0150
癸卯 戊午 乙未 庚辰 0150
癸卯 戊午 壬午 丙午 0151
癸卯 戊午 甲戌 甲戌 0151
癸卯 戊午 辛卯 己亥 0152
癸卯 戊午 辛巳 辛亥 0152
癸卯 戊午 乙未 戊寅 0153
癸卯 戊午 丙戌 己丑 0153
癸卯 戊午 辛丑 己丑 0154
癸卯 戊午 辛卯 乙未 0154
癸卯 戊午 丙申 戊子 0155

癸卯 戊午 己亥 辛未 0155
癸卯 戊午 乙亥 丙子 0156
癸卯 戊午 丁丑 辛丑 0156
癸卯 戊午 己亥 戊辰 0157
癸卯 戊午 丁丑 丙午 0157
癸卯 戊午 乙酉 癸未 0158
癸卯 戊午 庚子 壬午 0158
癸卯 戊午 甲戌 壬申 0159
癸卯 戊午 壬辰 己酉 0159
癸卯 戊午 丁酉 庚戌 0160
癸卯 戊午 丁丑 丁未 0160
第281
甲辰 丁卯 戊辰 壬戌 0161
甲辰 丁卯 戊辰 庚申 0161
甲辰 丁卯 戊午 辛酉 0162
甲辰 丁卯 戊辰 庚申 0162
甲辰 丁卯 丁卯 庚戌 0163
甲辰 丁卯 己酉 乙亥 0163
甲辰 丁卯 庚戌 丁亥 0164
甲辰 丁卯 戊午 甲寅 0164
甲辰 丁卯 己巳 庚午 0165
甲辰 丁卯 癸酉 癸丑 0165
甲辰 丁卯 戊辰 乙卯 0166

甲辰 丁卯 己未 乙亥 0166
甲辰 丁卯 乙丑 丙戌 0167
甲辰 丁卯 戊辰 壬子 0167
甲辰 丁卯 癸亥 庚申 0168
甲辰 丁卯 丁未 戊申 0168
甲辰 丁卯 壬戌 乙巳 0169
甲辰 丁卯 戊申 戊午 0169
甲辰 丁卯 癸亥 丁巳 0170
甲辰 丁卯 壬戌 丙午 0170
甲辰 丁卯 壬申 甲辰 0171
甲辰 丁卯 己巳 乙丑 0171
甲辰 丁卯 庚戌 辛巳 0172
甲辰 丁卯 庚戌 庚辰 0172
甲辰 丁卯 庚申 庚辰 0173
第282
甲辰 戊辰 辛巳 庚寅 0174
甲辰 戊辰 癸卯 丁巳 0174
甲辰 戊辰 壬辰 辛亥 0175
甲辰 戊辰 乙亥 丁亥 0175
甲辰 戊辰 甲午 己巳 0176
甲辰 戊辰 癸卯 丙辰 0176
甲辰 戊辰 乙酉 丁亥 0177
甲辰 戊辰 丁丑 庚戌 0177

甲辰 戊辰 癸未 壬戌 0178
甲辰 戊辰 丙子 壬辰 0178
甲辰 戊辰 甲申 戊辰 0179
甲辰 戊辰 乙亥 丁亥 0179
甲辰 戊辰 庚子 庚辰 0180
甲辰 戊辰 甲辰 乙亥 0180
甲辰 戊辰 癸未 癸亥 0181
甲辰 戊辰 甲午 己亥 0181
甲辰 戊辰 丁酉 乙酉 0182
甲辰 戊辰 庚子 丙戌 0182
甲辰 戊辰 辛巳 甲午 0183
甲辰 戊辰 丙申 壬辰 0183
甲辰 戊辰 乙酉 丁丑 0184
甲辰 戊辰 庚辰 丙子 0184
甲辰 戊辰 甲午 己巳 0185
甲辰 戊辰 戊子 壬子 0185
第283 甲辰 己巳 壬戌 丁未 0186
甲辰 己巳 己未 乙亥 0186
甲辰 己巳 甲子 己巳 0187
甲辰 己巳 丙午 甲午 0187
甲辰 己巳 乙巳 甲申 0188
甲辰 己巳 壬子 丁未 0188

甲辰 己巳 甲戌 戊辰 0189
甲辰 己巳 庚申 戊寅 0189
甲辰 己巳 庚子 丙子 0190
甲辰 己巳 己未 辛未 0190
甲辰 己巳 己未 己巳 0191
甲辰 己巳 癸亥 丙辰 0191
甲辰 己巳 庚午 丙戌 0192
甲辰 己巳 戊午 癸亥 0192
甲辰 己巳 丁未 庚子 0193
甲辰 己巳 丙寅 戊戌 0193
甲辰 己巳 戊午 癸丑 0194
甲辰 己巳 戊申 甲寅 0194
甲辰 己巳 癸亥 甲寅 0195
甲辰 己巳 癸酉 壬戌 0195
甲辰 己巳 壬申 乙巳 0196
甲辰 己巳 乙丑 乙酉 0196
甲辰 己巳 戊申 庚申 0197
甲辰 己巳 甲戌 壬申 0197
第284 甲辰 壬申 戊子 己未 0198
甲辰 壬申 丁酉 庚子 0198
甲辰 壬申 戊子 癸亥 0199
甲辰 壬申 丁亥 辛亥 0199

甲辰 壬申 戊子 癸丑 0200
甲辰 壬申 壬寅 庚戌 0200
甲辰 壬申 辛丑 壬辰 0201
甲辰 壬申 丁丑 甲辰 0201
甲辰 壬申 乙巳 甲申 0202
甲辰 壬申 庚子 丙子 0202
甲辰 壬申 丁丑 甲辰 0203
甲辰 壬申 乙酉 丙戌 0203
甲辰 壬申 戊戌 己未 0204
甲辰 壬申 丙申 庚寅 0204
甲辰 壬申 己丑 庚午 0205
甲辰 壬申 庚子 壬午 0205
甲辰 壬申 丁酉 戊申 0206
甲辰 壬申 丁未 庚子 0206
甲辰 壬申 戊戌 戊午 0207
甲辰 壬申 己卯 戊辰 0207
甲辰 壬申 癸未 丙辰 0208
甲辰 壬申 甲午 甲子 0208
甲辰 壬申 壬寅 庚子 0209
甲辰 壬申 癸未 甲寅 0209
甲辰 壬申 癸未 甲寅 0210
第285
甲辰 乙亥 甲戌 0211
甲辰 乙亥 癸酉 壬戌 0211
甲辰 乙亥 辛酉 乙未 0212
甲辰 乙亥 壬子 甲辰 0212
甲辰 乙亥 辛亥 甲午 0213
甲辰 乙亥 丁卯 辛丑 0213
甲辰 乙亥 辛酉 癸巳 0214
甲辰 乙亥 己未 壬申 0214
甲辰 乙亥 丙子 辛卯 0215
甲辰 乙亥 壬申 庚子 0215
甲辰 乙亥 壬申 戊申 0216
甲辰 乙亥 己未 丙寅 0216
甲辰 乙亥 庚申 乙酉 0217
甲辰 乙亥 戊寅 庚申 0217
甲辰 乙亥 庚戌 丁丑 0218
甲辰 乙亥 壬子 甲辰 0218
甲辰 乙亥 戊寅 甲寅 0219
甲辰 乙亥 丙辰 己亥 0219
甲辰 乙亥 庚戌 丁亥 0220
甲辰 乙亥 己未 甲戌 0220
甲辰 乙亥 甲寅 戊辰 0221
甲辰 乙亥 戊寅 庚申 0221
甲辰 乙亥 戊寅 癸丑 0222

甲辰 乙亥 庚午 0222
甲辰 乙亥 辛酉 壬辰 0223
甲辰 乙亥 戊寅 丙辰 0223
甲辰 乙亥 乙亥 丙戌 0224
甲辰 乙亥 壬申 庚子 0224

第 286
甲辰 乙亥 乙亥 丙戌 0225
甲辰 乙亥 壬申 庚子 0225
甲辰 乙亥 辛未 辛卯 0226
甲辰 乙亥 庚午 癸未 0226
甲辰 乙亥 辛未 甲午 0227
甲辰 乙亥 癸亥 丁巳 0227
甲辰 乙亥 己巳 甲戌 0228
甲辰 乙亥 丙辰 庚寅 0228
甲辰 乙亥 丁巳 辛亥 0229
甲辰 乙亥 辛未 甲午 0229
甲辰 乙亥 乙亥 庚辰 0230
甲辰 乙亥 辛亥 壬辰 0230
甲辰 乙亥 戊辰 己未 0231
甲辰 乙亥 己酉 甲戌 0231
甲辰 乙亥 庚戌 辛巳 0232
甲辰 乙亥 辛亥 乙未 0232
甲辰 乙亥 戊寅 丁巳 0233
甲辰 乙亥 丁巳 己酉 0233
甲辰 乙亥 乙卯 丙子 0234
甲辰 乙亥 丁巳 辛亥 0234
甲辰 乙亥 辛未 甲午 0235
甲辰 乙亥 壬申 戊申 0235
甲辰 乙亥 辛酉 丙申 0236
甲辰 乙亥 庚午 丁丑 0236
甲辰 乙亥 丙午 庚寅 0237
甲辰 乙亥 丙子 戊子 0237
甲辰 乙亥 癸酉 甲寅 0238

第 287
甲辰 丙子 己卯 丙寅 0239
甲辰 丙子 戊申 癸亥 0239
甲辰 丙子 丙午 甲午 0240
甲辰 丙子 壬午 甲辰 0240
甲辰 丙子 丙午 己亥 0241
甲辰 丙子 壬午 甲辰 0241
甲辰 丙子 丙戌 己亥 0242
甲辰 丙子 庚寅 乙酉 0242
甲辰 丙子 庚辰 甲申 0243
甲辰 丙子 庚辰 甲申 0243
甲辰 丙子 戊戌 辛 0244
甲辰 丙子 戊子 丙辰 0244

甲辰 丙子 乙巳 丁丑 0245
甲辰 丙子 乙未 丁亥 0245
甲辰 丙子 丁未 辛亥 0246
甲辰 丙子 乙巳 辛巳 0246
甲辰 丙子 乙巳 丁亥 0247
甲辰 丙子 癸巳 甲寅 0247
甲辰 丙子 戊子 壬戌 0248
甲辰 丙子 乙酉 甲申 0248
甲辰 丙子 甲午 甲子 0249
甲辰 丙子 乙酉 甲申 0249
甲辰 丙子 戊戌 乙卯 0250
甲辰 丙子 己亥 丙寅 0250
甲辰 丙子 乙未 丙子 0251
甲辰 丙子 丁酉 庚戌 0251
甲辰 丙子 甲申 辛未 0252
甲辰 丙子 壬寅 丙午 0252
甲辰 丙子 丁未 辛亥 0253
甲辰 丙子 丁亥 壬寅 0253
甲辰 丙子 甲申 甲戌 0254
甲辰 丙子 庚寅 丙戌 0254
甲辰 丙子 戊戌 壬戌 0255
甲辰 丙子 癸巳 癸亥 0255

第288

甲辰 丁丑 癸亥 己未 0256
甲辰 丁丑 丁巳 己酉 0256
甲辰 丁丑 丁卯 庚子 0257
甲辰 丁丑 辛未 壬辰 0257
甲辰 丁丑 丙辰 壬辰 0258
甲辰 丁丑 癸酉 庚申 0258
甲辰 丁丑 戊辰 癸亥 0259
甲辰 丁丑 癸亥 癸亥 0259
甲辰 丁丑 丁酉 壬寅 0260
甲辰 丁丑 戊寅 癸亥 0260
甲辰 丁丑 丁巳 丙午 0261
甲辰 丁丑 戊午 壬戌 0261
甲辰 丁丑 丙辰 戊子 0262
甲辰 丁丑 己卯 丙寅 0262
甲辰 丁丑 乙卯 丁亥 0263
甲辰 丁丑 壬申 辛丑 0263
甲辰 丁丑 壬申 丁未 0264
甲辰 丁丑 辛亥 丙申 0264
甲辰 丁丑 丙寅 庚寅 0265
甲辰 丁丑 丙寅 壬辰 0265
甲辰 丁丑 乙丑 甲申 0266
甲辰 丁丑 辛酉 戊子 0266

甲辰 丁丑 庚午 甲申 0267
甲辰 丁丑 甲戌 丙寅 0267
甲辰 丁丑 癸酉 壬戌 0268
甲辰 丁丑 甲寅 戊辰 0268

第289

乙巳 壬午 癸卯 丁巳 0269
乙巳 壬午 甲申 乙丑 0269
乙巳 壬午 辛卯 庚寅 0270
乙巳 壬午 辛卯 庚寅 0270
乙巳 壬午 丙戌 壬辰 0271
乙巳 壬午 戊子 丙辰 0271
乙巳 壬午 癸卯 丁巳 0272
乙巳 壬午 己酉 乙丑 0272
乙巳 壬午 戊戌 丁巳 0273
乙巳 壬午 戊戌 戊午 0273
乙巳 壬午 庚寅 甲申 0274
乙巳 壬午 辛卯 戊子 0274
乙巳 壬午 甲申 乙亥 0275
乙巳 壬午 甲午 乙丑 0275
乙巳 壬午 甲申 己巳 0276
乙巳 壬午 己巳 丙子 0276
乙巳 壬午 丁亥 丙午 0277
乙巳 壬午 辛卯 庚寅 0277
乙巳 壬午 乙巳 庚辰 0278
乙巳 壬午 己酉 己巳 0278
乙巳 壬午 庚子 甲申 0279
乙巳 壬午 丁酉 辛丑 0279
乙巳 壬午 癸未 丙辰 0280
乙巳 壬午 甲辰 庚午 0280
乙巳 壬午 丙戌 壬辰 0281
乙巳 壬午 乙酉 丁丑 0281
乙巳 壬午 庚戌 丙子 0282
乙巳 壬午 丁未 癸卯 0282
乙巳 壬午 壬辰 壬寅 0283
乙巳 壬午 乙酉 庚辰 0283
乙巳 壬午 甲戌 丁卯 0284
乙巳 壬午 癸未 癸丑 0284
乙巳 壬午 丁酉 庚子 0285
乙巳 壬午 丁未 壬寅 0285
乙巳 壬午 壬寅 戊申 0286
乙巳 壬午 丁未 庚子 0286
乙巳 壬午 癸卯 甲寅 0287
乙巳 壬午 庚寅 庚辰 0287
乙巳 壬午 丁未 辛丑 0288
乙巳 壬午 辛亥 己丑 0288

第290												
乙巳	乙巳	乙巳	乙巳	乙巳	乙巳	乙巳	乙巳	乙巳	乙巳	乙巳	乙巳	乙巳
壬午	壬午	壬午	丁亥	丁亥	丁亥	丁亥	丁亥	丁亥	丁亥	丁亥	丁亥	丁亥
丙午	甲申	戊辰	癸卯	丁卯	己卯	甲寅	丙寅	甲寅	戊戌	辛未	戊寅	己亥
甲午	戊辰	丁巳	己酉	癸卯	乙酉	甲子	丁酉	乙亥	己亥	辛酉	癸亥	乙亥
0289	0289	0290	0290	0291	0291	0292	0292	0293	0294	0294	0295	0295

乙巳	乙巳	乙巳	乙巳
丁亥	丁亥	丁亥	丁亥
甲寅	丁卯	壬申	壬午
甲寅	乙巳	庚戌	丙辰
0296	0297	0298	0299

第291												
乙巳	乙巳	乙巳	乙巳	乙巳	乙巳	乙巳	乙巳	乙巳	乙巳	乙巳	乙巳	乙巳
丁亥	丁亥	丁亥	丁亥	丁亥	丁亥	丁亥	丁亥	丁亥	丁亥	丁亥	丁亥	丁亥
丁丑	辛亥	己卯	辛酉	辛卯	甲申	壬寅	辛卯	甲申	己酉	戊戌	癸巳	己丑
丁未	辛卯	癸酉	庚午	己丑	壬辰	癸卯	甲午	甲戌	戊辰	戊戌	丙子	己未
0310	0310	0309	0309	0308	0308	0307	0307	0306	0306	0305	0305	0304

乙巳	乙巳	乙巳	乙巳	乙巳
丁亥	丁亥	丁亥	丁亥	丁亥
戊戌	癸巳	己丑	辛卯	壬辰
丙子	癸亥	庚申	己未	丁未
0303	0303	0302	0301	0300

乙巳	乙巳
丁亥	丁亥
己亥	辛卯
甲戌	壬午
0300	0301

乙巳
丁亥
丁亥
庚戌
0300

乙巳 丁亥 戊寅 壬戌 0311
乙巳 丁亥 壬辰 戊申 0311
乙巳 丁亥 辛酉 壬辰 0312
乙巳 丁亥 丙寅 丙申 0312
乙巳 丁亥 辛巳 甲午 0313
乙巳 丁亥 癸亥 壬戌 0313
乙巳 丁亥 庚辰 丙子 0314
乙巳 丁亥 乙亥 丁丑 0314
乙巳 丁亥 丙子 戊子 0315
乙巳 丁亥 乙卯 丙子 0315
乙巳 丁亥 乙亥 丙戌 0316
乙巳 丁亥 乙卯 丙戌 0316
乙巳 丁亥 辛巳 庚寅 0317
乙巳 丁亥 癸丑 癸亥 0317
乙巳 丁亥 己未 癸酉 0318
乙巳 丁亥 戊午 庚申 0318.
乙巳 丁亥 辛酉 癸巳 0319
乙巳 丁亥 庚辰 丁丑 0319
乙巳 丁亥 己卯 庚午 0320
乙巳 丁亥 己未 甲子 0320
乙巳 丁亥 己未 戊辰 0321
乙巳 丁亥 丙子 乙未 0321

乙巳 丁亥 癸酉 丁巳 0322
乙巳 丁亥 辛巳 戊子 0322
乙巳 丁亥 丙辰 甲午 0323
乙巳 丁亥 甲寅 丙寅 0323
第292
乙巳 己丑 癸酉 甲寅 0324
乙巳 己丑 己卯 甲戌 0324
乙巳 己丑 壬午 辛亥 0325
乙巳 己丑 甲申 甲戌 0325
乙巳 己丑 戊辰 乙卯 0326
乙巳 己丑 辛未 甲午 0326
乙巳 己丑 辛巳 己丑 0327
乙巳 己丑 辛酉 辛卯 0327
乙巳 己丑 辛巳 戊子 0328
乙巳 己丑 癸酉 壬子 0328
乙巳 己丑 壬午 辛丑 0329
乙巳 己丑 丙子 乙未 0329
乙巳 己丑 壬午 乙巳 0330
乙巳 己丑 庚午 甲申 0330
乙巳 己丑 庚申 丙子 0331
乙巳 己丑 丙子 己亥 0331
乙巳 己丑 庚辰 壬午 0332
乙巳 己丑 癸酉 壬子 0332

												第293丙午
乙巳	乙巳	乙巳	乙巳	乙巳	乙巳	乙巳	乙巳	乙巳	乙巳	乙巳	乙巳	丙午 丙午 丙午
己丑	己丑	己丑	己丑	己丑	己丑	己丑	己丑	己丑	己丑	己丑	己丑	癸巳 癸巳 癸巳
甲戌	丙申	丁巳	甲辰	壬寅	辛巳	庚辰	癸亥	庚辰	乙卯	庚寅	丙寅	庚午 乙未 庚申
丙寅	丙申	甲辰	壬辰	壬戌	辛巳	戊辰	丁巳	戊戌	丁亥	甲子	丙戌	丙寅 壬戌 壬午 丁丑
0333	0333	0334	0334	0335	0335	0336	0336	0337	0337	0338	0338	0339 0339 0340 0340 0341 0341 0343 0343 0344 0344

第294

丙午 丙午 丙午 丙午 丙午 丙午 丙午 丙午 丙午 丙午 丙午 丙午 丙午 丙午
辛酉 癸巳 癸巳 癸巳 癸巳 癸巳 癸巳 癸巳 癸巳 癸巳 癸巳 丙申 丙申 丙申 丙申
乙未 壬戌 庚戌 丁卯 丙午 癸巳 甲戌 庚辰 甲戌 甲寅 庚辰 乙亥 庚辰 己亥 庚辰 乙酉 己酉 庚辰 乙巳 甲辰 壬寅 壬子 乙未 丙午 辛丑 丁酉
丙申 辛卯
乙未 丁酉

0345 0345 0346 0346 0347 0347 0348 0348 0349 0349 0350 0350 0351 0351 0352 0353 0353 0354 0354 0355 0355 0356

丙午 丙申 甲寅 辛未 0356
丙午 丙申 癸巳 乙卯 0357
丙午 丙申 戊申 丁巳 0357
丙午 丙申 辛丑 癸巳 0358
丙午 丙申 乙卯 癸未 0358
丙午 丙申 癸巳 壬子 0359
丙午 丙申 壬寅 壬寅 0359
丙午 丙申 戊申 丙辰 0360
丙午 丙申 己酉 戊辰 0360
丙午 丙申 辛丑 辛卯 0361
丙午 丙申 庚戌 壬午 0361
丙午 丙申 甲午 乙亥 0362
丙午 丙申 壬子 壬寅 0362
丙午 丙申 癸丑 癸亥 0363
丙午 丙申 戊申 癸亥 0363
丙午 丙申 癸丑 乙卯 0364
丙午 丙申 戊子 丁巳 0364
丙午 丙申 癸巳 癸亥 0365
丙午 丙申 甲午 甲戌 0365
丙午 丙申 丁巳 辛丑 0366
丙午 丙申 辛丑 丙申 0366
丙午 丙申 丙午 癸巳 0367

丙午 丙申 己丑 丙寅 0367
丙午 丙申 癸巳 壬巳 0368
丙午 丙申 甲午 甲戌 0368
丙午 丙申 辛卯 乙未 0369
丙午 丙申 庚辰 壬午 0369
丙午 丙申 己酉 己巳 0370
丙午 丙申 己丑 庚午 0370
丙午 丙申 庚戌 庚辰 0371
丙午 丙申 丙申 戊子 0371
丙午 丙申 甲寅 丙寅 0372
第295
丙午 丁酉 庚申 壬午 0373
丙午 丁酉 戊辰 癸丑 0373
丙午 丁酉 庚午 丁亥 0374
丙午 丁酉 乙丑 癸未 0374
丙午 丁酉 癸未 戊午 0375
丙午 丁酉 壬戌 庚子 0375
丙午 丁酉 丁卯 甲辰 0376
丙午 丁酉 庚午 乙酉 0376
丙午 丁酉 辛酉 丁酉 0377
丙午 丁酉 戊午 癸丑 0377
丙午 丁酉 乙丑 戊寅 0378
丙午 丁酉 己卯 癸酉 0378

丙午 丁酉 庚午 丙子 0379
丙午 丁酉 壬戌 辛亥 0379
丙午 丁酉 辛巳 己丑 0380
丙午 丁酉 丙子 丁酉 0380
丙午 丁酉 壬午 乙巳 0381
丙午 丁酉 庚申 辛巳 0381
丙午 丁酉 辛巳 己丑 0382
丙午 丁酉 戊午 丁巳 0382
丙午 丁酉 乙亥 丙子 0383
丙午 丁酉 壬午 辛丑 0383
丙午 丁酉 戊午 丁巳 0384
丙午 丁酉 丙戌 乙未 0384
丙午 丁酉 丙寅 丁酉 0385
丙午 丁酉 己巳 癸亥 0385
丙午 丁酉 癸亥 丁巳 0386
丙午 丁酉 戊子 戊午 0386
丙午 丁酉 己卯 乙丑 0387
丙午 丁酉 丙戌 壬辰 0387
丙午 丁酉 甲子 丁卯 0388
丙午 丁酉 辛酉 戊戌 0388
丙午 丁酉 癸酉 壬子 0389
丙午 丁酉 壬午 甲辰 0389
丙午 丁酉 己巳 癸酉 0390
第296
丙午 戊戌 壬子 癸卯 0391
丙午 戊戌 戊子 丙辰 0391
丙午 戊戌 己亥 丙寅 0392
丙午 戊戌 乙卯 庚寅 0392
丙午 戊戌 乙未 丁亥 0393
丙午 戊戌 辛卯 乙未 0393
丙午 戊戌 甲寅 壬申 0394
丙午 戊戌 戊午 丙辰 0394
丙午 戊戌 辛亥 乙未 0395
丙午 戊戌 丁巳 癸卯 0395
丙午 戊戌 己亥 己巳 0396
丙午 戊戌 己亥 辛未 0396
丙午 戊戌 壬寅 壬寅 0397
丙午 戊戌 乙卯 甲申 0397
丙午 戊戌 丁未 庚子 0398
丙午 戊戌 庚戌 丙子 0398
丙午 戊戌 辛亥 乙未 0399
丙午 戊戌 己亥 癸酉 0399
丙午 戊戌 己亥 丙寅 0400
丙午 戊戌 己酉 甲子 0400
丙午 戊戌 戊申 壬戌 0401

丙午 戊戌 己丑 丙辰 0401
丙午 戊戌 壬申 乙巳 0402
丙午 戊戌 戊戌 癸丑 0402
丙午 戊戌 丙午 戊戌 0403
丙午 戊戌 甲辰 甲子 0403
丙午 戊戌 癸卯 壬戌 0404
丙午 戊戌 己亥 丙寅 0404
丙午 戊戌 丙子 戊辰 0405
丙午 戊戌 戊子 丁巳 0405
丙午 戊戌 戊子 己未 0406

第297

丙午 己亥 辛酉 辛卯 0407
丙午 己亥 壬申 丙午 0407
丙午 己亥 乙卯 戊寅 0408
丙午 己亥 乙亥 丁亥 0408
丙午 己亥 庚申 庚辰 0409
丙午 己亥 乙亥 庚辰 0409
丙午 己亥 癸酉 丙辰 0410
丙午 己亥 壬申 辛亥 0410
丙午 己亥 壬戌 庚子 0411
丙午 己亥 丙寅 乙酉 0411
丙午 己亥 甲子 戊辰 0412
丙午 己亥 壬午 庚子 0412

丙午 己亥 乙丑 丁亥 0413
丙午 己亥 甲申 乙亥 0413
丙午 己亥 甲申 癸酉 0414
丙午 己亥 甲申 己巳 0414
丙午 己亥 乙酉 甲申 0415
丙午 己亥 乙未 丙戌 0415
丙午 己亥 甲午 乙亥 0416
丙午 己亥 己卯 甲子 0416
丙午 己亥 癸酉 癸丑 0417
丙午 己亥 戊寅 辛酉 0417
丙午 己亥 乙巳 丁丑 0418
丙午 己亥 壬辰 己酉 0418
丙午 己亥 壬辰 己酉 0419
丙午 己亥 乙未 辛巳 0419
丙午 己亥 癸巳 乙卯 0420
丙午 己亥 己卯 乙亥 0420
丙午 己亥 己酉 乙亥 0421
丙午 己亥 癸酉 乙卯 0421
丙午 己亥 乙巳 丁丑 0422
丙午 己亥 壬辰 戊申 0422
丙午 己亥 丁卯 辛丑 0423
丙午 己亥 戊子 壬子 0423

丙午 己亥 己未 甲子 0424
丙午 己亥 癸酉 丙辰 0424
第298
丙午 庚子 癸卯 乙卯 0425
丙午 庚子 庚子 庚辰 0425
丙午 庚子 甲午 辛未 0426
丙午 庚子 戊戌 丙辰 0426
丙午 庚子 庚戌 丁亥 0427
丙午 庚子 戊午 癸亥 0427
丙午 庚子 丁酉 丙子 0428
丙午 庚子 丙申 戊子 0428
丙午 庚子 甲辰 乙亥 0429
丙午 庚子 庚寅 丁亥 0429
丙午 庚子 癸巳 戊午 0430
丙午 庚子 丙申 壬辰 0430
丙午 庚子 丙辰 壬辰 0431
丙午 庚子 癸卯 戊午 0431
丙午 庚子 己亥 戊寅 0432
丙午 庚子 丙午 乙未 0432
丙午 庚子 壬辰 戊申 0433
丙午 庚子 庚子 壬午 0433
丙午 庚子 甲寅 庚午 0434
丙午 庚子 戊申 丙辰 0434

丙午 庚子 辛卯 己亥 0435
丙午 庚子 壬辰 丁未 0435
丙午 庚子 丙午 庚寅 0436
丙午 庚子 甲子 己巳 0436
丙午 庚子 乙巳 丁亥 0437
丙午 庚子 甲寅 壬申 0437
丙午 庚子 乙巳 己卯 0438
丙午 庚子 甲辰 庚午 0438
丙午 庚子 己酉 甲子 0439
丙午 庚子 癸卯 癸亥 0439
丙午 庚子 己酉 己巳 0440
第299
丙午 辛丑 甲寅 辛未 0441
丙午 辛丑 己丑 乙丑 0441
丙午 辛丑 癸未 壬子 0442
丙午 辛丑 乙卯 甲子 0442
丙午 辛丑 乙酉 癸未 0443
丙午 辛丑 辛巳 己亥 0443
丙午 辛丑 乙丑 甲申 0444
丙午 辛丑 甲申 乙亥 0444
丙午 辛丑 己巳 癸酉 0445
丙午 辛丑 丁卯 丁未 0445
丙午 辛丑 辛未 庚寅 0446

丙午 辛丑 癸亥 壬子 0446
丙午 辛丑 己亥 癸未 0447
丙午 辛丑 乙亥 辛巳 0447
丙午 辛丑 庚辰 丙戌 0448
丙午 辛丑 戊寅 丁巳 0448
丙午 辛丑 己丑 乙卯 0449
丙午 辛丑 庚申 辛巳 0449
丙午 辛丑 丁丑 辛丑 0450
丙午 辛丑 丙子 乙未 0450
丙午 辛丑 辛酉 壬辰 0451
丙午 辛丑 己丑 丁卯 0451
丙午 辛丑 己酉 丁卯 0452
丙午 辛丑 癸亥 癸丑 0452
丙午 辛丑 丁丑 己酉 0453
丙午 辛丑 癸亥 癸亥 0453
丙午 辛丑 乙丑 丁亥 0454
丙午 辛丑 癸未 乙卯 0454
丙午 辛丑 壬午 甲辰 0455
丙午 辛丑 庚申 丙子 0455

第300

庚戌 戊寅 丙寅 乙丑 0457
庚戌 戊寅 丙辰 戊戌 0457
庚戌 戊寅 丁巳 庚戌 0458

庚戌 戊寅 癸酉 癸亥 0458
庚戌 戊寅 丙辰 戊戌 0459
庚戌 戊寅 丁卯 辛亥 0459
庚戌 戊寅 乙卯 庚辰 0460
庚戌 戊寅 乙亥 丙戌 0460
庚戌 戊寅 乙卯 庚辰 0461
庚戌 戊寅 戊辰 癸丑 0461
庚戌 戊寅 戊午 丙辰 0462
庚戌 戊寅 丁巳 庚戌 0462
庚戌 戊寅 戊辰 壬子 0463
庚戌 戊寅 戊辰 壬子 0463
庚戌 戊寅 癸亥 乙卯 0464
庚戌 戊寅 丙午 辛卯 0464
庚戌 戊寅 丁 甲辰 0465
庚戌 戊寅 辛未 庚寅 0465
庚戌 戊寅 丙子 戊子 0466
庚戌 戊寅 戊辰 癸亥 0466
庚戌 戊寅 甲戌 乙丑 0467
庚戌 戊寅 甲子 戊辰 0467
庚戌 戊寅 乙卯 庚辰 0468
庚戌 戊寅 丙寅 壬辰 0468
庚戌 戊寅 丁巳 庚戌 0469

庚戌 戊寅 戊午 乙卯 0469
庚戌 戊寅 丁未 乙巳 0470
庚戌 戊寅 乙巳 丙戌 0470
庚戌 戊寅 甲子 甲子 0471
庚戌 戊寅 丙辰 戊戌 0471
庚戌 戊寅 辛亥 戊子 0472
庚戌 戊寅 庚戌 庚辰 0472
第 301 庚戌 己卯 乙未 戊寅 0473
庚戌 己卯 丙戌 辛卯 0473
庚戌 己卯 戊子 壬戌 0474
庚戌 己卯 癸巳 甲寅 0474
庚戌 己卯 辛巳 己亥 0475
庚戌 己卯 癸巳 壬子 0475
庚戌 己卯 丁丑 癸卯 0476
庚戌 己卯 辛卯 己亥 0476
庚戌 己卯 丁亥 辛亥 0477
庚戌 己卯 癸巳 癸亥 0477
庚戌 己卯 丙子 壬辰 0478
庚戌 己卯 庚子 丁亥 0478
庚戌 己卯 己卯 丙寅 0479
庚戌 己卯 戊寅 戊午 0479
庚戌 己卯 壬午 辛亥 0480
庚戌 己卯 己卯 甲戌 0480
庚戌 己卯 丁酉 癸卯 0481
庚戌 己卯 戊戌 癸亥 0481
庚戌 己卯 戊子 乙卯 0482
庚戌 己卯 庚子 己卯 0482
庚戌 己卯 辛巳 己亥 0483
庚戌 己卯 庚子 庚辰 0483
庚戌 己卯 丙申 戊子 0484
庚戌 己卯 辛巳 戊子 0484
庚戌 己卯 戊寅 壬戌 0485
庚戌 己卯 乙巳 庚辰 0485
庚戌 己卯 癸亥 癸亥 0486
庚戌 己卯 辛巳 己亥 0486
庚戌 己卯 甲午 乙亥 0487
庚戌 己卯 丁丑 庚子 0487
庚戌 己卯 癸未 壬戌 0488
庚戌 己卯 丁丑 癸卯 0488
庚戌 己卯 癸巳 壬子 0489
庚戌 己卯 丁亥 甲辰 0489
庚戌 己卯 戊寅 戊午 0490
第 302 庚戌 辛巳 甲辰 乙丑 0491
庚戌 辛巳 丁丑 庚戌 0491

庚戌 辛巳 辛卯 己亥 0492
庚戌 辛巳 壬寅 辛亥 0492
庚戌 辛巳 癸未 癸亥 0493
庚戌 辛巳 丁亥 辛亥 0493
庚戌 辛巳 癸未 甲寅 0494
庚戌 辛巳 己亥 乙丑 0494
庚戌 辛巳 丙申 己亥 0495
庚戌 辛巳 壬辰 辛丑 0495
庚戌 辛巳 辛卯 己丑 0496
庚戌 辛巳 甲辰 乙亥 0496
庚戌 辛巳 己丑 辛未 0497
庚戌 辛巳 己丑 己巳 0497
庚戌 辛巳 乙巳 丙子 0498
庚戌 辛巳 癸未 戊午 0498
庚戌 辛巳 乙酉 癸未 0499
庚戌 辛巳 癸未 癸亥 0499
庚戌 辛巳 壬午 乙巳 0500
庚戌 辛巳 壬寅 乙巳 0500
庚戌 辛巳 乙未 甲申 0501
庚戌 辛巳 癸未 壬子 0501
庚戌 辛巳 戊寅 庚申 0502
庚戌 辛巳 癸未 戊午 0502

庚戌 辛巳 壬寅 癸卯 0503
庚戌 辛巳 乙未 己卯 0503
庚戌 辛巳 戊子 癸亥 0504
庚戌 辛巳 己亥 乙丑 0504
庚戌 辛巳 丙申 己亥 0505
庚戌 辛巳 丁酉 辛丑 0505
第303
庚戌 辛巳 癸卯 辛酉 0506
庚戌 辛巳 甲午 甲子 0506
庚戌 辛巳 戊寅 辛酉 0507
庚戌 辛巳 戊戌 戊午 0507
庚戌 辛巳 丁亥 戊申 0508
庚戌 辛巳 乙酉 己卯 0508
庚戌 辛巳 己酉 己丑 0509
庚戌 辛巳 己丑 己巳 0509
庚戌 辛巳 辛巳 丙申 0510
庚戌 辛巳 辛巳 丙申 0510
庚戌 辛巳 癸未 甲寅 0511
庚戌 辛巳 己亥 己巳 0511
庚戌 辛巳 丁酉 丙午 0512
庚戌 辛巳 庚子 庚辰 0512
庚戌 辛巳 戊寅 戊午 0513
庚戌 辛巳 壬午 癸卯 0513

第304

編號	年柱	月柱	日柱	時柱
0514	庚戌	辛巳	癸巳	甲寅
0515	庚戌	辛巳	丁亥	丙申
0516	庚戌	辛巳	乙巳	戊寅
0517	庚戌	辛巳	壬辰	丁亥
0518	庚戌	辛巳	癸亥	辛亥
0519	庚戌	辛巳	乙未	庚辰
0520	庚戌	辛巳	己丑	癸巳
0521	庚戌	壬午	壬子	癸巳
0522	庚戌	壬午	丙戌	癸酉
0523	庚戌	壬午	丙子	己亥
0524	庚戌	壬午	丁卯	丙子
0525	庚戌	壬午	癸亥	癸丑
0526	庚戌	壬午	己卯	乙丑
0527	庚戌	壬午	丙辰	癸酉
0528	庚戌	壬午	辛卯	辛未
0529	庚戌	壬午	甲寅	癸酉
0530	庚戌	壬午	甲寅	戊寅
0531	庚戌	壬午	癸亥	乙丑
0532	庚戌	壬午	丙寅	丁巳
0533	庚戌	壬午	戊辰	己巳
0534	庚戌	壬午	庚辰	戊辰
0535	庚戌	壬午	壬子	丙子

庚戌 壬午 丁卯 癸卯 0536
庚戌 壬午 丁丑 丁亥 0536
庚戌 壬午 庚寅 丙戌 0537
庚戌 壬午 乙卯 丙子 0537
庚戌 壬午 辛未 丙午 0538
庚戌 壬午 丁卯 辛丑 0538
庚戌 壬午 甲戌 戊辰 0539
第305
庚戌 甲申 壬申 丙午 0540
庚戌 甲申 庚午 壬午 0540
庚戌 甲申 甲寅 乙亥 0541
庚戌 甲申 丁卯 丙午 0541
庚戌 甲申 丁卯 丁未 0542
庚戌 甲申 丁丑 癸卯 0542
庚戌 甲申 辛未 丁亥 0543
庚戌 甲申 壬戌 甲辰 0543
庚戌 甲申 庚戌 辛巳 0544
庚戌 甲申 庚戌 癸丑 0544
庚戌 甲申 乙卯 甲申 0545
庚戌 甲申 壬戌 乙巳 0545
庚戌 甲申 戊辰 癸亥 0546
庚戌 甲申 庚午 壬午 0546
庚戌 甲申 戊辰 庚申 0547

庚戌 甲申 甲子 甲戌 0547
庚戌 甲申 己巳 乙丑 0548
庚戌 甲申 丁卯 丙午 0548
庚戌 甲申 乙卯 庚辰 0549
庚戌 甲申 癸酉 甲寅 0549
庚戌 甲申 己巳 戊辰 0550
庚戌 甲申 乙丑 甲申 0550
庚戌 甲申 戊寅 乙卯 0551
庚戌 甲申 己未 乙巳 0551
庚戌 甲申 乙卯 乙酉 0552
庚戌 甲申 戊午 己未 0552
庚戌 甲申 己未 甲子 0553
庚戌 甲申 癸丑 甲寅 0553
庚戌 甲申 丙寅 戊子 0554
庚戌 甲申 乙丑 丙戌 0554
庚戌 甲申 癸亥 丙辰 0555
庚戌 甲申 辛酉 壬辰 0555
第306
庚戌 甲申 乙亥 丙戌 0556
庚戌 甲申 丁丑 癸卯 0556
庚戌 甲申 癸亥 己巳 0557
庚戌 甲申 甲寅 壬申 0557
庚戌 甲申 丁卯 乙巳 0558

庚戌 甲申 己未 甲子 0558
庚戌 甲申 乙卯 丙戌 0559
庚戌 甲申 戊寅 庚申 0559
庚戌 甲申 辛亥 辛卯 0560
庚戌 甲申 壬申 戊申 0560
庚戌 甲申 丙寅 戊子 0561
庚戌 甲申 辛亥 己丑 0561
庚戌 甲申 甲子 甲戌 0562
庚戌 甲申 癸酉 癸丑 0562
庚戌 甲申 甲寅 戊辰 0563
庚戌 甲申 癸亥 癸丑 0563
庚戌 甲申 丙辰 戊子 0564
庚戌 甲申 甲戌 庚午 0564
庚戌 甲申 辛酉 戊戌 0565
庚戌 甲申 壬申 庚寅 0565
庚戌 甲申 丁卯 庚戌 0566
庚戌 甲申 己酉 戊辰 0566
庚戌 甲申 乙丑 癸未 0567
庚戌 甲申 壬戌 庚戌 0567
庚戌 甲申 癸亥 丁巳 0568
庚戌 甲申 戊辰 癸丑 0568
庚戌 甲申 己巳 乙丑 0569

庚戌 甲申 癸亥 丙辰 0569
庚戌 甲申 丙子 癸巳 0570
庚戌 甲申 丁巳 甲辰 0570
第307 庚戌 甲申 甲戌 甲戌 0571
庚戌 甲申 壬子 庚戌 0571
庚戌 甲申 丙辰 甲午 0572
庚戌 甲申 癸酉 癸丑 0572
庚戌 甲申 丙寅 戊子 0573
庚戌 甲申 辛亥 戊戌 0573
庚戌 甲申 丙寅 己丑 0574
庚戌 甲申 丙子 戊子 0574
庚戌 甲申 乙亥 乙酉 0575
庚戌 甲申 乙亥 丁亥 0575
庚戌 甲申 辛亥 癸巳 0576
庚戌 甲申 己巳 甲戌 0576
庚戌 甲申 戊申 辛酉 0577
庚戌 甲申 戊寅 庚申 0577
庚戌 甲申 己酉 庚午 0578
庚戌 甲申 辛亥 辛卯 0578
庚戌 甲申 戊寅 壬戌 0579
庚戌 甲申 辛亥 己丑 0579
庚戌 甲申 甲子 甲戌 0580

第308

庚戌 甲申 壬戌 辛亥 0580
庚戌 甲申 己巳 乙亥 0581
庚戌 甲申 癸亥 壬戌 0581
庚戌 甲申 乙卯 乙酉 0582
庚戌 甲申 丙子 庚寅 0582
庚戌 甲申 庚午 丁亥 0583
庚戌 甲申 辛亥 己丑 0583
庚戌 甲申 己巳 丁卯 0584
庚戌 甲申 乙亥 丙子 0584
庚戌 甲申 丙辰 己亥 0585
庚戌 乙酉 辛卯 壬辰 0586
庚戌 乙酉 甲辰 甲戌 0586
庚戌 乙酉 丁亥 丙子 0587
庚戌 乙酉 庚子 戊寅 0587
庚戌 乙酉 戊申 癸亥 0588
庚戌 乙酉 丁酉 丁未 0588
庚戌 乙酉 乙巳 丙戌 0589
庚戌 乙酉 己丑 丁卯 0589
庚戌 乙酉 丙午 己卯 0590
庚戌 乙酉 乙未 庚辰 0590
庚戌 乙酉 壬寅 甲辰 0591
庚戌 乙酉 乙酉 乙酉 0591

第309

庚戌 乙酉 乙巳 丙戌 0592
庚戌 乙酉 壬辰 戊申 0592
庚戌 乙酉 庚寅 壬午 0593
庚戌 乙酉 壬午 辛亥 0593
庚戌 乙酉 己丑 辛未 0594
庚戌 乙酉 丙申 乙未 0594
庚戌 乙酉 甲午 辛未 0595
庚戌 乙酉 甲申 乙亥 0595
庚戌 乙酉 乙巳 辛巳 0596
庚戌 乙酉 癸未 壬戌 0596
庚戌 乙酉 庚辰 辛巳 0597
庚戌 乙酉 壬寅 甲辰 0597
庚戌 乙酉 戊子 乙卯 0598
庚戌 丙戌 戊辰 癸亥 0599
庚戌 丙戌 辛亥 甲午 0599
庚戌 丙戌 戊辰 庚申 0600
庚戌 丙戌 壬戌 乙巳 0600
庚戌 丙戌 庚戌 癸未 0601
庚戌 丙戌 己巳 乙亥 0601
庚戌 丙戌 甲戌 庚午 0602
庚戌 丙戌 丁卯 戊申 0602
庚戌 丙戌 丙辰 壬辰 0603

庚戌 丙戌 丁卯 壬寅 0603
庚戌 丙戌 丁丑 庚戌 0604
庚戌 丙戌 甲戌 戊辰 0604
庚戌 丙戌 己未 丁卯 0605
庚戌 丙戌 乙丑 辛巳 0605
庚戌 丙戌 戊辰 癸亥 0606
庚戌 丙戌 己酉 乙亥 0606
庚戌 丙戌 壬戌 辛亥 0607
庚戌 丙戌 乙卯 庚辰 0607
庚戌 丙戌 乙亥 甲申 0608
庚戌 丙戌 癸亥 丁巳 0608
庚戌 丙戌 庚申 壬午 0609
庚戌 丙戌 辛未 壬辰 0609
庚戌 丙戌 庚申 庚辰 0610
庚戌 丙戌 甲戌 甲戌 0610
庚戌 丙戌 丙寅 戊子 0611
庚戌 丙戌 癸酉 癸丑 0611
庚戌 丙戌 庚申 庚辰 0612
庚戌 丙戌 己巳 甲戌 0612
庚戌 丙戌 丁丑 辛亥 0613
庚戌 丙戌 辛未 戊戌 0613
庚戌 丙戌 庚申 乙酉 0614

庚戌 丙戌 辛未 乙未 0614
庚戌 丙戌 己未 戊辰 0615
庚戌 丙戌 癸丑 壬戌 0615
庚戌 丙戌 丙子 乙未 0616
庚戌 丙戌 庚午 己卯 0616
庚戌 丙戌 乙卯 丁亥 0617
庚戌 丙戌 辛巳 癸巳 0617
庚戌 丙戌 甲寅 甲戌 0618
庚戌 丙戌 辛未 甲午 0618
第310
庚戌 丙戌 癸丑 壬戌 0619
庚戌 丙戌 庚申 己卯 0619
庚戌 丙戌 己未 丁卯 0620
庚戌 丙戌 戊午 丁巳 0620
庚戌 丙戌 甲戌 壬申 0621
庚戌 丙戌 辛亥 甲午 0621
庚戌 丙戌 庚申 庚辰 0622
庚戌 丙戌 己巳 己巳 0622
庚戌 丙戌 乙亥 癸未 0623
庚戌 丙戌 丁卯 甲辰 0623
庚戌 丙戌 丙寅 辛卯 0624
庚戌 丙戌 乙卯 丙戌 0624
庚戌 丙戌 甲子 己巳 0625

庚戌 丙戌 己巳 甲子 0625
庚戌 丙戌 己巳 辛未 0626
庚戌 丙戌 己酉 己巳 0626
庚戌 丙戌 己未 甲戌 0627
庚戌 丙戌 丁亥 庚子 0627
庚戌 丙戌 甲寅 甲戌 0628
庚戌 丙戌 庚午 甲申 0628
庚戌 丙戌 癸酉 丙辰 0629
庚戌 丙戌 庚戌 辛巳 0629
庚戌 丙戌 甲寅 己巳 0630
庚戌 丙戌 庚戌 丙子 0630
庚戌 丙戌 己卯 丁卯 0631
庚戌 丙戌 丙寅 丁酉 0631
庚戌 丙戌 辛未 癸巳 0632
庚戌 丙戌 戊辰 甲寅 0632
庚戌 丙戌 丁卯 戊申 0633
庚戌 丙戌 丙寅 乙未 0633
庚戌 丙戌 丙辰 己丑 0634
庚戌 丙戌 辛亥 戊子 0634
庚戌 丙戌 辛未 戊戌 0635
庚戌 丙戌 壬戌 甲辰 0635
第311 庚戌 丁亥 丙午 丁酉 0636

庚戌 丁亥 丙午 丁酉 0636
庚戌 丁亥 庚申 庚辰 0637
庚戌 丁亥 戊申 丙辰 0637
庚戌 丁亥 丙午 己亥 0638
庚戌 丁亥 辛丑 辛卯 0638
庚戌 丁亥 甲午 丁卯 0639
庚戌 丁亥 辛卯 丙申 0639
庚戌 丁亥 壬午 庚戌 0640
庚戌 丁亥 己酉 乙亥 0640
庚戌 丁亥 甲午 乙卯 0641
庚戌 丁亥 丙申 辛卯 0641
庚戌 丁亥 庚子 庚辰 0642
庚戌 丁亥 辛卯 戊戌 0642
庚戌 丁亥 丙申 乙未 0643
庚戌 丁亥 丁酉 辛亥 0643
庚戌 丁亥 丙申 丁酉 0644
庚戌 丁亥 庚子 乙酉 0644
庚戌 丁亥 甲午 戊辰 0645
庚戌 丁亥 癸巳 癸亥 0645
庚戌 丁亥 庚子 乙酉 0646
庚戌 丁亥 壬戌 庚子 0646
庚戌 丁亥 己亥 甲戌 0647

庚戌　丁亥　乙未　丙子　0647
庚戌　丁亥　甲午　癸酉　0648
庚戌　丁亥　乙巳　己卯　0648
庚戌　丁亥　乙丑　己巳　0649
庚戌　丁亥　戊子　壬戌　0649
庚戌　丁亥　戊子　壬戌　0650
庚戌　丁亥　丙申　壬辰　0650
第312
庚戌　丁亥　戊戌　丁巳　0651
庚戌　丁亥　丁亥　辛亥　0651
庚戌　丁亥　己丑　己巳　0652
庚戌　丁亥　己丑　乙亥　0652
庚戌　丁亥　戊申　壬戌　0653
庚戌　丁亥　甲申　乙亥　0653
庚戌　丁亥　乙未　庚辰　0654
庚戌　丁亥　乙酉　丁亥　0654
庚戌　丁亥　己酉　戊辰　0655
庚戌　丁亥　庚寅　辛巳　0655
庚戌　丁亥　己卯　癸酉　0656
庚戌　丁亥　甲申　乙亥　0656
庚戌　丁亥　壬辰　辛丑　0657
庚戌　丁亥　辛卯　丙申　0657
庚戌　丁亥　戊戌　丁巳　0658
庚戌　丁亥　甲申　甲子　0658
庚戌　丁亥　丙申　癸巳　0659
庚戌　丁亥　甲午　乙亥　0659
庚戌　丁亥　壬午　丁未　0660
庚戌　丁亥　庚午　乙酉　0660
庚戌　丁亥　壬午　辛亥　0661
庚戌　丁亥　己酉　己巳　0661
庚戌　丁亥　辛巳　甲午　0662
庚戌　丁亥　戊子　癸亥　0662
庚戌　丁亥　丙申　己亥　0663
庚戌　丁亥　甲辰　己巳　0663
庚戌　丁亥　戊戌　壬戌　0664
庚戌　丁亥　丙戌　戊子　0664
庚戌　丁亥　甲辰　己巳　0665
庚戌　丁亥　辛巳　丁酉　0665
庚戌　丁亥　壬午　庚子　0666
庚戌　丁亥　癸卯　辛酉　0666
庚戌　丁亥　壬午　庚戌　0667
庚戌　丁亥　己酉　戊辰　0667
庚戌　丁亥　甲申　丁卯　0668
庚戌　丁亥　己亥　戊辰　0668
庚戌　丁亥　丙戌　己亥　0669

			0691	庚戌 己丑 戊申 壬戌
			0692	庚戌 己丑 丁未 庚午
			0693	庚戌 己丑 甲辰 戊辰
			0694	庚戌 己丑 辛卯 辛亥
			0695	庚戌 己丑 壬辰 辛亥
			0696	庚戌 己丑 壬寅 丁亥
			0697	庚戌 己丑 庚申 丁亥
			0698	庚戌 己丑 丙辰 乙未
			0699	庚戌 己丑 癸卯 癸丑
			0700	庚戌 己丑 丁酉 丙子
			0701	庚戌 己丑 丙申 丁酉
			0702	庚戌 己丑 丁亥 壬寅

第315

			0702	庚戌 己丑 戊戌 甲寅
			0703	庚戌 己丑 戊申 癸亥
			0704	庚戌 己丑 丁未 辛丑
			0705	庚戌 己丑 癸巳 戊午
			0706	庚戌 己丑 丙午 庚辰
			0707	庚戌 己丑 辛巳 丙戌
			0708	庚戌 己丑 辛亥 癸亥
			0709	庚戌 己丑 辛巳 癸亥
			0710	庚戌 己丑 丁卯 乙未
			0711	庚戌 己丑 壬午 壬辰
			0712	庚戌 己丑 辛巳 乙亥
			0713	庚戌 己丑 庚子 甲寅

第316

庚戌 己丑 庚辰 0713
庚戌 己丑 乙亥 0714
庚戌 己丑 壬寅 0715
庚戌 己丑 丁未 0716
庚戌 己丑 庚戌 0717
庚戌 己丑 丁巳 0718
庚戌 己丑 癸卯 0719
庚戌 己丑 庚寅 0720
庚戌 己丑 壬戌 0721
庚戌 己丑 癸巳 0722
庚戌 己丑 丁未 0723
庚戌 己丑 壬午 0724

辛亥 己丑 乙卯 0714...

辛亥 庚寅 丁丑 0724
辛亥 庚寅 丁巳 0725
辛亥 庚寅 乙巳 0726
辛亥 庚寅 庚子 0726
辛亥 庚寅 庚申 0727
辛亥 庚寅 辛亥 0728
辛亥 庚寅 壬申 0728
辛亥 庚寅 癸巳 0729
辛亥 庚寅 丙子 0729
辛亥 庚寅 乙亥 0730
辛亥 庚寅 丁丑 0730
辛亥 庚寅 甲午 0731
辛亥 庚寅 戊午 0731
辛亥 庚寅 戊寅 0732
辛亥 庚寅 丙寅 0733
辛亥 庚寅 己卯 0733
辛亥 庚寅 辛巳 0734
辛亥 庚寅 乙卯 0734
辛亥 庚寅 己卯 0735

辛亥 庚寅 壬戌 辛亥 0735
辛亥 庚寅 辛亥 己亥 0736
辛亥 庚寅 丙子 戊戌 0736

第317
辛亥 壬辰 辛酉 甲午 0737
辛亥 壬辰 丁丑 辛亥 0737
辛亥 壬辰 辛未 戊子 0738
辛亥 壬辰 丙子 己亥 0738
辛亥 壬辰 庚申 丙戌 0739
辛亥 壬辰 丙寅 己亥 0739
辛亥 壬辰 癸丑 己未 0740
辛亥 壬辰 壬子 壬寅 0740
辛亥 壬辰 乙卯 乙酉 0741
辛亥 壬辰 乙卯 丁丑 0741
辛亥 壬辰 己卯 庚午 0742
辛亥 壬辰 乙亥 丁亥 0742
辛亥 壬辰 丙子 己亥 0743
辛亥 壬辰 己巳 丙寅 0743
辛亥 壬辰 丁丑 庚戌 0744
辛亥 壬辰 丁丑 丙午 0744
辛亥 壬辰 丁巳 辛亥 0745
辛亥 壬辰 辛亥 乙酉 0745
辛亥 壬辰 丙子 庚寅 0746

辛亥 壬辰 丁丑 辛亥 0746
辛亥 壬辰 戊午 辛酉 0747
辛亥 壬辰 癸丑 乙未 0747
辛亥 壬辰 壬子 癸卯 0748
辛亥 壬辰 辛未 辛卯 0748
辛亥 壬辰 辛酉 己亥 0749
辛亥 壬辰 庚申 丁丑 0749
辛亥 壬辰 丙辰 庚寅 0750
辛亥 壬辰 壬寅 戊申 0750

第318
辛亥 壬辰 庚申 丁丑 0751
辛亥 壬辰 壬子 乙巳 0751
辛亥 壬辰 丙辰 己亥 0752
辛亥 壬辰 辛未 己亥 0752
辛亥 壬辰 辛巳 戊子 0753
辛亥 壬辰 辛酉 乙未 0753
辛亥 壬辰 己卯 乙丑 0754
辛亥 壬辰 戊寅 己未 0754
辛亥 壬辰 戊寅 己未 0755
辛亥 壬辰 丙辰 庚寅 0755
辛亥 壬辰 乙卯 乙酉 0756
辛亥 壬辰 庚申 丁丑 0756
辛亥 壬辰 乙巳 丁丑 0757

辛亥 壬辰 甲戌 庚午 0757
辛亥 壬辰 辛未 丁酉 0758
辛亥 壬辰 癸酉 癸亥 0758
辛亥 壬辰 庚申 丙戌 0759
辛亥 壬辰 癸亥 癸亥 0759
辛亥 壬辰 己巳 甲戌 0760
辛亥 壬辰 癸亥 壬子 0760
辛亥 壬辰 己卯 乙亥 0761
辛亥 壬辰 己巳 辛未 0761
辛亥 壬辰 辛巳 戊戌 0762
辛亥 壬辰 己卯 丁卯 0762
辛亥 壬辰 乙丑 壬午 0763
辛亥 壬辰 戊辰 壬戌 0763
辛亥 壬辰 壬申 戊申 0764
辛亥 壬辰 丁丑 庚戌 0764
辛亥 壬辰 甲戌 癸酉 0765
辛亥 壬辰 甲子 乙丑 0765
第319
辛亥 壬辰 丙辰 戊子 0766
辛亥 壬辰 戊午 壬子 0766
辛亥 壬辰 乙卯 庚辰 0767
辛亥 壬辰 丙子 庚寅 0767
辛亥 壬辰 壬子 庚子 0768

辛亥 壬辰 甲寅 甲戌 0768
辛亥 壬辰 丁巳 甲辰 0769
辛亥 壬辰 丙子 戊子 0769
辛亥 壬辰 癸丑 辛酉 0770
辛亥 壬辰 乙亥 乙酉 0770
辛亥 壬辰 甲戌 癸酉 0771
辛亥 壬辰 癸酉 甲寅 0771
辛亥 壬辰 辛酉 癸巳 0772
辛亥 壬辰 壬申 辛丑 0772
辛亥 壬辰 己卯 己巳 0773
辛亥 壬辰 丁卯 甲辰 0773
辛亥 壬辰 丙寅 丙申 0774
辛亥 壬辰 庚午 丁亥 0774
辛亥 壬辰 庚午 丁亥 0775
辛亥 壬辰 己巳 辛未 0775
辛亥 壬辰 壬子 己酉 0776
辛亥 壬辰 庚午 丁亥 0776
辛亥 壬辰 己未 甲戌 0777
辛亥 壬辰 壬申 戊申 0777
辛亥 壬辰 庚申 庚辰 0778
辛亥 壬辰 甲寅 甲子 0778
辛亥 壬辰 壬子 乙巳 0779

第320

編號	年	月	日	時
0780	辛亥	乙未	辛卯	
0781	辛亥	乙未	戊子	戊戌
0782	辛亥	乙未	丁亥	丙午
0783	辛亥	乙未	甲午	己巳
0784	辛亥	乙未	丁酉	辛亥
0785	辛亥	乙未	甲申	癸亥
0786	辛亥	乙未	癸亥	丙戌
0787	辛亥	乙未	丙申	壬辰
0788	辛亥	乙未	辛亥	丁巳
0789	辛亥	乙未	丙卯	壬辰
0790	辛亥	乙未	丁亥	丙午

第321

編號	年	月	日	時
0791	辛亥	乙未	丙戌	癸巳
0792	辛亥	乙未	甲午	辛未
0793	辛亥	乙未	丁未	癸卯
0794	辛亥	乙未	乙未	辛丑
0795	辛亥	乙未	庚寅	壬戌
0796	辛亥	乙未	丁酉	壬寅
0797	辛亥	乙未	己丑	戊辰
0798	辛亥	乙未	乙亥	癸亥
0799	辛亥	乙未	丁未	癸卯
0800	辛亥	乙未	甲午	辛未
0801	辛亥	乙未	壬寅	丁巳
0802	辛亥	乙未	戊申	壬子

辛亥 丙申 壬子 丁未 0802
辛亥 丙申 庚子 庚辰 0803
辛亥 丙申 戊辰 丙辰 0803
辛亥 丙申 癸丑 乙卯 0804
辛亥 丙申 辛卯 丙申 0804
辛亥 丙申 辛卯 戊戌 0805
辛亥 丙申 乙卯 丙寅 0805
辛亥 丙申 壬子 庚戌 0806
辛亥 丙申 乙巳 甲申 0806
辛亥 丙申 丙戌 壬辰 0807
辛亥 丙申 己丑 甲戌 0807
辛亥 丙申 丁酉 甲辰 0808
辛亥 丙申 甲辰 丙寅 0808
辛亥 丙申 乙巳 丁亥 0809
辛亥 丙申 壬辰 庚子 0809
辛亥 丙申 丁酉 庚子 0810
辛亥 丙申 乙卯 戊寅 0810
辛亥 丙申 己亥 乙丑 0811
辛亥 丙申 己亥 辛未 0811
辛亥 丙申 丙午 戊戌 0812
辛亥 丙申 己丑 乙丑 0812
辛亥 丙申 丁酉 癸卯 0813

辛亥 丙申 乙未 丙戌 0813
辛亥 丙申 辛亥 辛卯 0814
辛亥 丙申 庚寅 丁亥 0814
辛亥 丙申 癸巳 辛酉 0815
辛亥 丙申 壬寅 辛丑 0815
第322
辛亥 戊戌 庚午 丁丑 0816
辛亥 戊戌 癸未 壬戌 0816
辛亥 戊戌 甲申 丙寅 0817
辛亥 戊戌 丙寅 戊子 0817
辛亥 戊戌 己未 戊辰 0818
辛亥 戊戌 乙丑 壬午 0818
辛亥 戊戌 癸酉 壬戌 0819
辛亥 戊戌 癸酉 壬子 0819
辛亥 戊戌 甲子 丙寅 0820
辛亥 戊戌 甲申 甲子 0820
辛亥 戊戌 丁丑 己酉 0821
辛亥 戊戌 壬申 庚子 0821
辛亥 戊戌 丙子 丁酉 0822
辛亥 戊戌 丁巳 庚子 0822
辛亥 戊戌 己巳 壬申 0823
辛亥 戊戌 甲戌 丁卯 0823
辛亥 戊戌 己卯 丁卯 0824

辛亥 戊戌 癸亥 癸亥 0824
辛亥 戊戌 壬午 己酉 0825
辛亥 戊戌 辛未 丁酉 0825
辛亥 戊戌 壬申 辛丑 0826
辛亥 戊戌 庚午 乙酉 0826
辛亥 戊戌 丁卯 丙午 0827
辛亥 戊戌 丙子 丁酉 0827
辛亥 戊戌 丁巳 癸卯 0828
辛亥 戊戌 戊寅 戊午 0828
辛亥 戊戌 辛巳 辛卯 0829
辛亥 戊戌 乙亥 戊寅 0829
辛亥 戊戌 丁卯 辛丑 0830
辛亥 戊戌 乙丑 壬午 0830
辛亥 戊戌 甲戌 丁卯 0831
辛亥 戊戌 己未 甲子 0831
辛亥 戊戌 己未 癸酉 0832
辛亥 戊戌 丁丑 癸卯 0832
辛亥 戊戌 壬申 庚子 0833
辛亥 戊戌 丙子 乙未 0833
辛亥 戊戌 丙寅 甲午 0834
辛亥 戊戌 甲申 甲子 0834
辛亥 戊戌 癸未 庚申 0835
辛亥 戊戌 丁巳 丁未 0835
辛亥 戊戌 己巳 乙亥 0836
辛亥 戊戌 己巳 辛未 0836
辛亥 戊戌 乙卯 丁亥 0837
辛亥 戊戌 壬申 庚戌 0837
辛亥 戊戌 辛巳 辛卯 0838
第323 辛亥 己亥 辛卯 戊戌 0839
辛亥 己亥 丁亥 己酉 0839
辛亥 己亥 甲寅 丙寅 0840
辛亥 己亥 辛丑 癸巳 0840
辛亥 己亥 辛卯 戊子 0841
辛亥 己亥 甲寅 乙丑 0841
辛亥 己亥 壬子 戊申 0842
辛亥 己亥 辛卯 戊戌 0842
辛亥 己亥 乙酉 乙酉 0843
辛亥 己亥 壬午 乙巳 0843
辛亥 己亥 戊戌 癸亥 0844
辛亥 己亥 己酉 乙亥 0844
辛亥 己亥 丙戌 壬辰 0845
辛亥 己亥 壬子 丙午 0845
辛亥 己亥 癸卯 丁巳 0846
辛亥 己亥 壬辰 乙巳 0846

辛亥 己亥 己亥 庚午 0847
辛亥 己亥 壬子 丙午 0847
辛亥 己亥 戊子 癸亥 0848
辛亥 己亥 辛丑 乙未 0848
辛亥 己亥 辛卯 丙申 0849
辛亥 己亥 戊戌 癸丑 0849
辛亥 己亥 辛亥 甲午 0850
辛亥 己亥 己亥 己巳 0850
辛亥 己亥 丙申 癸巳 0851
辛亥 己亥 壬辰 甲辰 0851
辛亥 己亥 壬辰 癸卯 0852
辛亥 己亥 甲午 甲戌 0852
辛亥 己亥 乙卯 丙子 0853
辛亥 己亥 己酉 丁卯 0853
辛亥 己亥 乙未 丙子 0854
辛亥 己亥 壬子 丁未 0854
辛亥 己亥 乙亥 丁丑 0855
辛亥 己亥 甲寅 己巳 0855
辛亥 己亥 己酉 乙亥 0856
辛亥 己亥 丙戌 丁酉 0856
辛亥 己亥 壬辰 癸卯 0857
辛亥 己亥 己丑 乙丑 0857

第324

辛亥 庚子 丁巳 甲辰 0858
辛亥 庚子 戊午 甲寅 0858
辛亥 庚子 乙丑 丙戌 0859
辛亥 庚子 壬戌 壬寅 0859
辛亥 庚子 戊辰 辛酉 0860
辛亥 庚子 丙子 己丑 0860
辛亥 庚子 戊午 乙卯 0861
辛亥 庚子 壬午 乙巳 0861
辛亥 庚子 庚辰 丙戌 0862
辛亥 庚子 丁巳 甲辰 0862
辛亥 庚子 壬戌 壬寅 0863
辛亥 庚子 庚辰 丙子 0863
辛亥 庚子 丁卯 甲辰 0864
辛亥 庚子 甲戌 戊辰 0864
辛亥 庚子 戊午 壬子 0865
辛亥 庚子 己未 甲子 0865
辛亥 庚子 壬戌 丁未 0866
辛亥 庚子 壬辰 庚子 0866
辛亥 庚子 辛巳 壬辰 0867
辛亥 庚子 戊辰 乙卯 0867
辛亥 庚子 乙酉 0868
辛亥 庚子 丁巳 甲辰 0868

辛亥 庚子 辛未 丁酉 0869
辛亥 庚子 壬午 癸卯 0869
辛亥 庚子 戊寅 壬戌 0870
辛亥 庚子 壬戌 甲辰 0870
辛亥 庚子 辛巳 壬辰 0871
辛亥 庚子 癸酉 丁巳 0871
辛亥 庚子 丙子 辛卯 0872
辛亥 庚子 丙戌 庚寅 0872
辛亥 庚子 壬午 庚戌 0873
辛亥 庚子 甲戌 甲戌 0873
辛亥 庚子 甲申 丙寅 0874
辛亥 庚子 庚午 丁亥 0874
辛亥 庚子 丁巳 丙午 0875
辛亥 庚子 庚申 丁丑 0875
辛亥 庚子 辛巳 壬辰 0876
辛亥 庚子 辛酉 壬辰 0876
第325
辛亥 庚子 丁丑 甲辰 0877
辛亥 庚子 丁巳 乙巳 0877
辛亥 庚子 丙子 己亥 0878
辛亥 庚子 辛酉 辛卯 0878
辛亥 庚子 庚辰 丁亥 0879
辛亥 庚子 丁巳 辛亥 0879
辛亥 庚子 癸亥 乙卯 0880
辛亥 庚子 壬申 丁未 0880
辛亥 庚子 癸亥 丁巳 0881
辛亥 庚子 戊辰 辛酉 0881
辛亥 庚子 戊寅 甲寅 0882
辛亥 庚子 壬午 壬寅 0882
辛亥 庚子 戊辰 壬子 0883
辛亥 庚子 丙子 甲午 0883
辛亥 庚子 甲申 甲子 0884
辛亥 庚子 己卯 癸酉 0884
辛亥 庚子 丁卯 辛亥 0885
辛亥 庚子 戊寅 甲寅 0885
辛亥 庚子 壬午 辛丑 0886
辛亥 庚子 戊寅 己未 0886
辛亥 庚子 甲戌 癸酉 0887
辛亥 庚子 乙酉 庚辰 0887
辛亥 庚子 庚午 丙辰 0888
辛亥 庚子 壬戌 辛丑 0888
辛亥 庚子 辛酉 庚寅 0889
辛亥 庚子 癸亥 甲寅 0889
辛亥 庚子 庚辰 丁亥 0890
辛亥 庚子 壬戌 庚子 0890

辛亥 辛丑 甲寅 己巳 0913
第327 辛亥 辛丑 戊辰 辛酉 0914
辛亥 辛丑 壬午 庚戌 0914
辛亥 辛丑 癸酉 乙卯 0915
辛亥 辛丑 丁丑 己酉 0915
辛亥 辛丑 乙亥 戊寅 0916
辛亥 辛丑 丙寅 辛卯 0916.
辛亥 辛丑 壬午 癸卯 0917
辛亥 辛丑 乙亥 庚辰 0917
辛亥 辛丑 乙亥 戊寅 0918
辛亥 辛丑 壬午 壬寅 0918
辛亥 辛丑 丁巳 辛丑 0919
辛亥 辛丑 丙申 甲午 0919
辛亥 辛丑 己卯 甲子 0920
辛亥 辛丑 庚午 壬午 0920
辛亥 辛丑 甲子 甲子 0921
辛亥 辛丑 庚辰 丙子 0921
辛亥 辛丑 己未 丙寅 0922
辛亥 辛丑 甲戌 甲子 0922
辛亥 辛丑 癸酉 癸亥 0923
辛亥 辛丑 丁卯 癸卯 0923
辛亥 辛丑 庚辰 乙酉 0924
辛亥 辛丑 辛酉 壬辰 0924
辛亥 辛丑 庚午 壬午 0925
辛亥 辛丑 辛酉 癸巳 0925
辛亥 辛丑 戊辰 癸丑 0926
辛亥 辛丑 丁卯 丙午 0926
辛亥 辛丑 辛酉 戊子 0927
辛亥 辛丑 戊午 庚申 0927
第328 壬子 甲辰 丙寅 庚寅 0929
壬子 甲辰 戊辰 乙卯 0929
壬子 甲辰 甲子 戊辰 0930
壬子 甲辰 庚午 辛亥 0930
壬子 甲辰 辛未 乙未 0931
壬子 甲辰 癸酉 壬戌 0931
壬子 甲辰 己巳 壬申 0932
壬子 甲辰 辛未 己亥 0932
壬子 甲辰 戊寅 甲寅 0933
壬子 甲辰 丙子 庚寅 0933
壬子 甲辰 乙亥 壬午 0934
壬子 甲辰 庚申 己卯 0934
壬子 甲辰 庚午 丙戌 0935
壬子 甲辰 甲戌 甲戌 0935
壬子 甲辰 甲子 丁卯 0936

壬子 甲辰 甲戌 甲戌 0936
壬子 甲辰 乙酉 丁丑 0937
壬子 甲辰 己未 丙寅 0937
壬子 甲辰 庚申 丁亥 0938
壬子 甲辰 甲戌 甲戌 0938
壬子 甲辰 乙亥 庚辰 0939
壬子 甲辰 丁卯 己酉 0939
壬子 甲辰 乙丑 辛巳 0940
壬子 甲辰 甲戌 乙亥 0940
壬子 甲辰 己巳 丁卯 0941
壬子 甲辰 戊辰 癸亥 0941
壬子 甲辰 甲申 戊辰 0942
壬子 甲辰 乙酉 甲申 0942
壬子 甲辰 戊辰 壬戌 0943
壬子 甲辰 戊辰 癸丑 0943
壬子 甲辰 丙子 己丑 0944
壬子 甲辰 乙酉 己卯 0944
壬子 甲辰 甲申 己巳 0945
壬子 甲辰 乙巳 辛巳 0945
壬子 甲辰 辛酉 乙未 0946
壬子 甲辰 壬戌 甲辰 0946
壬子 甲辰 己卯 庚午 0947

壬子 甲辰 戊午 乙卯 0947
壬子 甲辰 丙子 癸巳 0948
壬子 甲辰 癸酉 壬子 0948
壬子 甲辰 癸亥 己未 0949
壬子 甲辰 乙酉 丙戌 0949

第329

壬子 乙巳 戊辰 壬戌 0950
壬子 乙巳 癸巳 乙卯 0950
壬子 乙巳 壬申 庚戌 0951
壬子 乙巳 庚寅 癸未 0951
壬子 乙巳 丙申 丁酉 0952
壬子 乙巳 甲辰 丙寅 0952
壬子 乙巳 甲辰 丁卯 0953
壬子 乙巳 壬子 丁未 0953
壬子 乙巳 己亥 戊辰 0954
壬子 乙巳 辛亥 壬辰 0954
壬子 乙巳 壬寅 壬寅 0955
壬子 乙巳 己亥 乙丑 0955
壬子 乙巳 乙卯 甲申 0956
壬子 乙巳 壬辰 丁未 0956
壬子 乙巳 丁亥 己酉 0957
壬子 乙巳 壬子 丙午 0957
壬子 乙巳 己酉 己巳 0958

壬子 乙巳 己亥 甲子 0958
壬子 乙巳 癸丑 丁巳 0959
壬子 乙巳 乙卯 甲申 0959
壬子 乙巳 辛丑 戊子 0960
壬子 乙巳 壬寅 庚寅 0960
壬子 乙巳 甲午 乙亥 0961
壬子 乙巳 辛丑 己亥 0961
壬子 乙巳 庚戌 辛巳 0962
壬子 乙巳 丙辰 戊子 0962
壬子 乙巳 壬辰 辛丑 0963
壬子 乙巳 丁未 甲辰 0963
壬子 乙巳 壬辰 乙巳 0964
壬子 乙巳 己未 甲子 0964
壬子 乙巳 丙辰 己亥 0965
壬子 乙巳 癸巳 壬子 0965
壬子 乙巳 癸巳 丁巳 0966
壬子 乙巳 丙午 戊戌 0966
壬子 乙巳 丙辰 壬辰 0967
壬子 乙巳 壬辰 庚戌 0967
壬子 乙巳 癸卯 壬子 0968
壬子 乙巳 丁巳 庚戌 0968
壬子 乙巳 庚戌 辛巳 0969
壬子 乙巳 乙卯 癸未 0969

第330

壬子 丁未 庚戌 乙酉 0970
壬子 丁未 戊申 乙卯 0970
壬子 丁未 甲辰 己巳 0971
壬子 丁未 庚寅 甲申 0971
壬子 丁未 癸巳 壬子 0972
壬子 丁未 辛卯 己亥 0972
壬子 丁未 丙午 甲戌 0973
壬子 丁未 辛亥 己亥 0973
壬子 丁未 丁未 辛亥 0974
壬子 丁未 丁酉 丙午 0974
壬子 丁未 壬寅 辛亥 0975
壬子 丁未 庚寅 乙酉 0975
壬子 丁未 庚戌 庚辰 0976
壬子 丁未 戊戌 乙卯 0976
壬子 丁未 庚子 丁丑 0977
壬子 丁未 己亥 乙亥 0977
壬子 丁未 丙申 己丑 0978
壬子 丁未 戊申 丙辰 0978
壬子 丁未 辛卯 庚寅 0979
壬子 丁未 丙辰 辛卯 0979
壬子 丁未 庚子 丙戌 0980

壬子 丁未 壬子 辛亥 0980
壬子 丁未 丁酉 戊申 0981
壬子 丁未 壬子 丙午 0981
壬子 丁未 壬子 戊申 0982
壬子 丁未 甲午 戊辰 0982
壬子 丁未 辛卯 戊戌 0983
壬子 丁未 壬子 丙午 0983
壬子 丁未 甲午 乙丑 0984
壬子 丁未 壬辰 乙巳 0984
第331
壬子 丁未 戊申 甲寅 0985
壬子 丁未 己亥 丁卯 0985
壬子 丁未 乙巳 丁亥 0986
壬子 丁未 壬子 辛亥 0986
壬子 丁未 癸巳 乙卯 0987
壬子 丁未 癸卯 丙辰 0987
壬子 丁未 甲寅 丙寅 0988
壬子 丁未 丙午 甲午 0988
壬子 丁未 壬子 己酉 0989
壬子 丁未 壬子 丙午 0989
壬子 丁未 壬辰 甲辰 0990
壬子 丁未 癸巳 戊午 0990
壬子 丁未 丙午 辛卯 0991

壬子 丁未 癸丑 癸亥 0991
壬子 丁未 己亥 丁卯 0992
壬子 丁未 乙未 壬午 0992
壬子 丁未 己卯 丁卯 0993
壬子 丁未 壬子 丁未 0993
壬子 丁未 戊申 丁巳 0994
壬子 丁未 戊申 癸亥 0994
壬子 丁未 乙未 辛巳 0995
壬子 丁未 乙丑 戊辰 0995
壬子 丁未 乙未 壬午 0996
壬子 丁未 庚戌 乙酉 0996
壬子 丁未 丙申 戊戌 0997
壬子 丁未 乙巳 丁丑 0997
壬子 丁未 戊申 丁巳 0998
壬子 丁未 壬辰 甲辰 0998
壬子 丁未 乙未 戊寅 0999
壬子 丁未 丙辰 乙亥 0999
壬子 丁未 辛丑 丁酉 1000
壬子 丁未 庚子 丁丑 1000
壬子 丁未 癸巳 甲寅 1001
壬子 丁未 己亥 丙寅 1001
壬子 丁未 辛卯 己丑 1002

壬子 丁未 甲寅 丙寅 1002
第332 壬子 己酉 1003
壬子 己酉 丁未 庚戌 1003
壬子 己酉 壬寅 己酉 1004
壬子 己酉 癸卯 丁巳 1004
壬子 己酉 己亥 庚午 1005
壬子 己酉 丁酉 辛丑 1005
壬子 己酉 乙卯 辛亥 1006
壬子 己酉 壬寅 癸卯 1006
壬子 己酉 己酉 庚午 1007
壬子 己酉 丙午 辛卯 1007
壬子 己酉 辛亥 丁酉 1008
壬子 己酉 丙午 丙申 1008
壬子 己酉 丙申 戊子 1009
壬子 己酉 辛丑 甲午 1009
壬子 己酉 丁未 壬寅 1010
壬子 己酉 甲午 乙亥 1010
壬子 己酉 癸丑 壬子 1011
壬子 己酉 戊午 辛亥 1011
壬子 己酉 辛亥 丁酉 1012
壬子 己酉 戊戌 癸丑 1012
壬子 己酉 戊戌 癸亥 1013

壬子 己酉 壬子 辛亥 1013
壬子 己酉 癸巳 癸丑 1014
壬子 己酉 甲午 辛未 1014
壬子 己酉 戊午 庚申 1015
壬子 己酉 丁巳 丁未 1015
壬子 己酉 壬寅 辛丑 1016
壬子 己酉 辛丑 甲午 1016
壬子 己酉 己丑 庚午 1017
壬子 己酉 丙辰 甲午 1017
壬子 己酉 丁巳 丁未 1018
壬子 己酉 壬辰 甲辰 1018
壬子 己酉 戊午 丙辰 1019
壬子 己酉 戊午 乙卯 1019
壬子 己酉 癸巳 庚申 1020
壬子 己酉 癸丑 丁巳 1020
壬子 己酉 辛卯 乙未 1021
壬子 己酉 癸巳 壬戌 1021
第333 壬子 己酉 庚子 丁丑 1022
壬子 己酉 戊午 丁巳 1022
壬子 己酉 己丑 甲戌 1023
壬子 己酉 丙申 辛卯 1023
壬子 己酉 丙午 壬辰 1024

壬子 己酉 庚寅 戊寅 1046
壬子 己酉 辛亥 甲午 1047
壬子 己酉 癸丑 庚申 1047
壬子 己酉 甲辰 丙寅 1048
壬子 己酉 丙午 辛卯 1048
壬子 己酉 癸丑 壬戌 1049
壬子 己酉 辛卯 壬辰 1049
壬子 己酉 甲申 丙寅 1050
壬子 己酉 癸卯 己未 1050
壬子 己酉 甲寅 甲戌 1051
壬子 己酉 壬辰 癸卯 1051
壬子 己酉 丙申 庚寅 1052
壬子 己酉 戊戌 乙卯 1052
壬子 己酉 丙辰 壬辰 1053
壬子 己酉 辛丑 戊子 1053
壬子 己酉 己酉 壬申 1054
壬子 己酉 甲辰 戊辰 1054
壬子 己酉 辛卯 庚寅 1055
壬子 己酉 辛丑 己丑 1055
壬子 己酉 甲辰 辛未 1056
壬子 己酉 辛丑 丙申 1056
壬子 己酉 癸巳 甲寅 1057
壬子 己酉 戊午 乙卯 1057
壬子 己酉 己亥 己巳 1058
壬子 己酉 丁未 丁未 1058

第335

壬子 庚戌 庚辰 丁丑 1059
壬子 庚戌 庚寅 戊寅 1059
壬子 庚戌 乙亥 辛巳 1060
壬子 庚戌 己丑 丁卯 1060
壬子 庚戌 己卯 庚午 1061
壬子 庚戌 甲申 丙寅 1061
壬子 庚戌 辛未 丙申 1062
壬子 庚戌 辛巳 丙申 1062
壬子 庚戌 乙酉 丙子 1063
壬子 庚戌 丙戌 庚寅 1063
壬子 庚戌 辛未 辛卯 1064
壬子 庚戌 己丑 辛未 1064
壬子 庚戌 癸亥 乙卯 1065
壬子 庚戌 癸酉 甲寅 1065
壬子 庚戌 戊子 甲寅 1066
壬子 庚戌 乙酉 辛巳 1066
壬子 庚戌 辛未 戊戌 1067
壬子 庚戌 辛巳 己亥 1067
壬子 庚戌 辛未 戊戌 1068

壬子 庚戌 丙寅 戊子 1068
壬子 庚戌 辛巳 己丑 1069
壬子 庚戌 丙寅 壬辰 1069
壬子 庚戌 甲戌 乙亥 1070
壬子 庚戌 壬午 癸卯 1070
壬子 庚戌 戊寅 癸亥 1071
壬子 庚戌 癸未 壬子 1071
壬子 庚戌 戊子 丁巳 1072
壬子 庚戌 乙酉 辛巳 1072
壬子 庚戌 乙酉 辛巳 1073
壬子 庚戌 甲子 丙寅 1073
壬子 庚戌 甲申 乙亥 1074
壬子 庚戌 丁丑 丁未 1074
壬子 庚戌 乙丑 乙丑 1075
第336
壬子 壬子 丙申 甲午 1076
壬子 壬子 丙子 壬辰 1076
壬子 壬子 己卯 辛未 1077
壬子 壬子 丙寅 癸巳 1077
壬子 壬子 丙寅 戊子 1078
壬子 壬子 丁丑 辛丑 1078
壬子 壬子 戊子 癸亥 1079
壬子 壬子 己卯 甲子 1079

壬子 壬子 壬午 壬寅 1080
壬子 壬子 戊寅 壬子 1080
壬子 壬子 丙子 戊子 1081
壬子 壬子 癸未 癸亥 1081
壬子 壬子 己卯 丁卯 1082
壬子 壬子 戊子 丙辰 1082
壬子 壬子 癸未 壬子 1083
壬子 壬子 戊寅 壬子 1083
壬子 壬子 乙丑 丁亥 1084
壬子 壬子 庚辰 丁丑 1084
壬子 壬子 辛巳 庚寅 1085
壬子 壬子 辛丑 癸巳 1085
壬子 壬子 戊辰 辛酉 1086
壬子 壬子 庚午 戊寅 1086
壬子 壬子 甲申 甲戌 1087
壬子 壬子 戊辰 癸丑 1087
壬子 壬子 己卯 甲子 1088
壬子 壬子 丙寅 癸巳 1088
壬子 壬子 壬戌 壬寅 1089
第337
壬子 癸丑 辛卯 庚寅 1090
壬子 癸丑 壬辰 戊申 1090
壬子 癸丑 甲寅 乙亥 1091

壬子 癸丑 乙巳 丁亥 1091
壬子 癸丑 庚子 丁丑 1092
壬子 癸丑 戊午 癸亥 1092
壬子 癸丑 丙辰 戊子 1093
壬子 癸丑 甲午 戊辰 1093
壬子 癸丑 乙卯 己卯 1094
壬子 癸丑 癸卯 癸亥 1094
壬子 癸丑 壬辰 辛亥 1095
壬子 癸丑 壬寅 丁未 1095
壬子 癸丑 丁巳 甲辰 1096
壬子 癸丑 乙巳 辛巳 1096
壬子 癸丑 乙卯 丁亥 1097
壬子 癸丑 壬辰 辛亥 1097
壬子 癸丑 庚申 庚辰 1098
壬子 癸丑 甲寅 壬申 1098
壬子 癸丑 丙申 己丑 1099
壬子 癸丑 癸卯 壬戌 1099
壬子 癸丑 壬寅 辛亥 1100
壬子 癸丑 甲辰 戊辰 1100
壬子 癸丑 庚戌 辛巳 1101
壬子 癸丑 壬辰 壬寅 1101
壬子 癸丑 己酉 辛未 1102

壬子 癸丑 辛丑 丁酉 1102
壬子 癸丑 癸丑 丁巳 1103
壬子 癸丑 丁未 丁未 1103
壬子 癸丑 丙午 癸巳 1104
壬子 癸丑 癸巳 甲寅 1104
壬子 癸丑 辛卯 癸巳 1105
壬子 癸丑 壬辰 戊申 1105
第338
壬子 癸丑 乙卯 丁丑 1106
壬子 癸丑 癸丑 乙卯 1106
壬子 癸丑 癸丑 壬戌 1107
壬子 癸丑 壬子 辛亥 1107
壬子 癸丑 己未 甲戌 1108
壬子 癸丑 甲寅 乙亥 1108
壬子 癸丑 壬辰 辛亥 1109
壬子 癸丑 癸巳 乙卯 1109
壬子 癸丑 己亥 甲子 1110
壬子 癸丑 癸卯 癸丑 1110
壬子 癸丑 壬子 辛亥 1111
壬子 癸丑 甲午 丁卯 1111
壬子 癸丑 戊申 丁巳 1112
壬子 癸丑 壬辰 庚戌 1112
壬子 癸丑 辛丑 丙申 1113

壬子 癸丑 戊申 癸丑 1113
壬子 癸丑 壬寅 癸卯 1114
壬子 癸丑 癸卯 己未 1114
壬子 癸丑 丁巳 癸卯 1115
壬子 癸丑 壬辰 辛亥 1115
壬子 癸丑 庚戌 己卯 1116
壬子 癸丑 丁酉 辛亥 1116
壬子 癸丑 丁巳 庚戌 1117
壬子 癸丑 癸巳 丙辰 1117
壬子 癸丑 己未 戊辰 1118
壬子 癸丑 壬辰 戊申 1118
壬子 癸丑 乙卯 癸未 1119
壬子 癸丑 癸卯 癸亥 1119
壬子 癸丑 甲辰 戊辰 1120
壬子 癸丑 丁巳 庚子 1120
壬子 癸丑 甲辰 戊辰 1121
壬子 癸丑 甲寅 辛未 1121
壬子 癸丑 壬辰 庚戌 1122
壬子 癸丑 丁酉 辛亥 1122
第339
壬子 癸丑 甲午 丙寅 1123
壬子 癸丑 壬子 甲辰 1123
壬子 癸丑 乙巳 丁亥 1124

壬子 癸丑 甲寅 丁卯 1124
壬子 癸丑 庚子 辛巳 1125
壬子 癸丑 甲寅 戊辰 1125
壬子 癸丑 癸卯 壬戌 1126
壬子 癸丑 壬子 辛亥 1126
壬子 癸丑 丙寅 辛卯 1127
壬子 癸丑 癸卯 壬戌 1127
壬子 癸丑 甲辰 戊辰 1128
壬子 癸丑 庚申 己卯 1128
壬子 癸丑 庚戌 壬午 1129
壬子 癸丑 辛亥 己亥 1129
壬子 癸丑 庚申 甲申 1130
壬子 癸丑 己亥 甲子 1130
壬子 癸丑 辛亥 辛卯 1131
壬子 癸丑 乙未 己卯 1131
壬子 癸丑 癸丑 丙辰 1132
壬子 癸丑 丙申 乙丑 1132
壬子 癸丑 戊午 壬子 1133
壬子 癸丑 壬辰 辛亥 1133
壬子 癸丑 甲辰 癸酉 1134
壬子 癸丑 庚辰 庚辰 1134
壬子 癸丑 庚寅 庚辰 1135

壬子 癸丑 丁酉 丁未 1135
壬子 癸丑 甲寅 甲子 1136
第340 癸丑 癸亥 癸丑 丁巳 1137
癸丑 癸亥 乙卯 乙酉 1137
癸丑 癸亥 己未 甲戌 1138
癸丑 癸亥 庚申 辛巳 1138
癸丑 癸亥 庚申 辛巳 1139
癸丑 癸亥 辛酉 戊子 1139
癸丑 癸亥 乙亥 己卯 1140
癸丑 癸亥 午 戊申 1140
癸丑 癸亥 辛 甲午 1140
癸丑 癸亥 己巳 甲戌 1141
癸丑 癸亥 辛亥 辛卯 1141
癸丑 癸亥 戊辰 癸亥 1142
癸丑 癸亥 己巳 甲戌 1142
癸丑 癸亥 乙 丁亥 1143
癸丑 癸亥 乙未 乙丑 1143
癸丑 癸亥 己卯 壬申 1144
癸丑 癸亥 庚寅 丙子 1144
癸丑 癸亥 癸巳 辛酉 1145
癸丑 癸亥 己丑 1145
癸丑 癸亥 丑 甲戌 1146
癸丑 癸亥 丙戌 癸巳 1146
癸丑 癸亥 庚寅 甲申 1147
癸丑 癸亥 辛卯 癸巳 1147
癸丑 癸亥 辛卯 庚寅 1148
癸丑 癸亥 壬辰 丙戌 1148
癸丑 癸亥 癸巳 辛酉 1149
癸丑 癸亥 癸巳 乙卯 1149
癸丑 癸亥 癸巳 乙卯 1150
癸丑 癸亥 乙未 丙子 1150
癸丑 癸亥 己 乙亥 1151
癸丑 癸亥 戊午 壬戌 1151
癸丑 癸亥 癸丑 乙卯 1151
癸丑 癸亥 乙卯 己卯 1152
癸丑 癸亥 甲寅 辛未 1152
癸丑 癸亥 丙子 戊戌 1153
癸丑 癸亥 庚戌 己卯 1153
癸丑 癸亥 辛丑 戊子 1154
癸丑 癸亥 辛亥 己亥 1154
癸丑 癸亥 甲寅 辛未 1155
癸丑 癸亥 己酉 戊辰 1155
癸丑 癸亥 癸亥 庚申 1156
癸丑 癸亥 庚申 戊寅 1156

癸丑 癸亥 庚子 丁丑 1157
癸丑 癸亥 癸卯 己未 1157
癸丑 癸亥 甲寅 己巳 1158
癸丑 癸亥 戊申 乙卯 1158
癸丑 癸亥 癸丑 甲寅 1159
癸丑 癸亥 癸亥 乙卯 1159
癸丑 癸亥 癸丑 乙卯 1160
癸丑 癸亥 癸丑 癸亥 1160
癸丑 癸亥 壬寅 壬寅 1161
癸丑 癸亥 壬辰 戊申 1161
癸丑 癸亥 己酉 戊辰 1162
癸丑 癸亥 戊 癸丑 1162
癸丑 癸亥 丁巳 1163
癸丑 癸亥 辛 壬辰 1163
癸丑 癸亥 己未 甲戌 1164
癸丑 癸亥 癸 壬子 1164
癸丑 癸亥 庚申 戊 1165
癸丑 癸亥 癸卯 卯 1165
癸丑 癸亥 卯 1166
癸丑 癸亥 丁巳 乙巳 1166
癸丑 癸亥 1167
癸丑 癸亥 辛 戊戌 1167

癸丑 癸亥 癸 寅 1168
癸丑 癸亥 丙午 1168
癸丑 癸亥 甲 甲 1169
癸丑 癸亥 癸巳 1169
癸丑 癸亥 丙申 1170
癸丑 癸亥 丁 1170
癸丑 癸亥 1171

辛丑年　庚寅月　辛卯日　乙未時

此八字辛卯日元相配柱中木火財官之格財臧生官終身有慶遇斯命者生於右族長於名門椿萱賢倜儻鴻鷹不同鳴其為人也丰姿清秀天性聰明斷曷理百慶事公平行藏果斷作事老城行藏覺消洒笑傲任枯榮水光浮座孟盤瑩化氣侵入笑語警不必覓珠來水府何須求劍到豐誠財源富足家居好何必天邊沐寵榮此則豐饒之命篤情木命須年小子嗣生成貴顯人運行初庚寅幼年之下災悔之中己丑運中天冷雲還凍江寬風尚生戊子運中未觀桃李紅紅色且看湖光淡淡青丁亥運中萬里烟雲收險一樓秋月光明丙戌運中氣數昂昂然如光風霽月財源浩浩若逝逝流東乙酉運中正是太平光霽景風雪閑非尚強人甲申運中消閑棊一局遣興酒三鍾癸未運中人生從此別無復見儀形

辛丑年　庚寅月　辛巳日　庚寅時

此八字辛巳日元相配柱中木火才官之格人生得此生於右族長於名門椿萱榮富椿先別鳫行天際各摶風其為人也丰姿清秀天性老誠知高下識重輕豈無高仕敬時有貴人欽囊中仙詒闡五洞袖裏天書照百靈頂冠朝紫府披服禮天尊此則清隱之命運行初己丑上人死下未斷平生戊子運中散袒烟霞外逍遙雲水中丁亥運中人道山門清淨幾多人事斷盈丙戌運中高人提挈起從此祿無窮乙酉運中談玄掃玉塵花雨散遙空須臾風雨雨過山青甲申運中雖則晚年快樂還愁花拔風生癸未運中無思無慮一枕難醒

辛丑年　庚寅月　戊寅日　甲寅時

此八字戊寅專權之日相配柱中木火殺生印綬之格殺印相生功名顯達之人生於右族長於名門椿萱有倚成無侍鴻雁聯聲文斷聲其為人也丰姿清秀天性聰明理窮古事衆今事書斷賢經典聖經於祖濟濟人中傑知氣怡怡席上孫繇足錦衣肥馬各豈為田舍鑿耕人早登瀛蟾攀丹桂快向龍門奮錦英一從姓字揚東筍拜金門此則榮貴之命鴛幃連理合子嗣挽光榮運行初己丑天冷雲迍凍江寒風尚生戊子運中踏破津橋霜幾板讀殘茅店月三更丁亥運中振道足能逐不信果然奪得錦標回丙戌運中寒拂紫衣催驊騏先生玉節下雲層乙卯運中戰位兩迁金紫貴趨看門外雪成堆甲寅運中正宜加爵未許辭祿癸巳運中帰去松筠三徑足佇看聲色一毫輕壬辰運中落花片片流水茫茫

辛丑年　庚寅月　庚辰日　庚辰時

此八字庚辰之日相配柱中木火才殺之格喜逢印綬以生身主人生於右族長於名門椿萱難並耄鳴雁各分鳴其為人也丰姿清秀天性聰明知高識下理白分清過火黃金重長價離雲皎月倍清明祖業添新慶根原勝舊風福布江山外名聞湖海中豐年田舍禾盈窖臈日山家酒滿卮不必覓珠來水府何須求劍到豐城但願才源足何須沭寵榮此則豐潤之命鴛幃連珠須配少子嗣秋來有提携運行初己丑尊人之下花放風生戊子運中水向石邊流出冷風從花底過來馨丁亥運中淡烟楊柳苑薄霧杏花村丙戌運中堤柳已數新嫩綠園桃不改舊時英梨花舞雨過山青乙酉運中福若泉源湧才如春氣生甲申運中桑榆暮景癸未運中夢入佳城

子平遺書

辛丑年　庚寅月　戊辰時　癸丑時
此八字戊辰日德之辰月支偏官之格人生得此
生於良族長於高吾鄉父先歸萱耐歲天邊鴻雁
少交飛多聞多見不勇不慈行藏果斷作事三思
不窮黃石略豈習聖賢書自有順天之慶豈無福
地之特田園麻麥茂畝畝稻粱肥祖業新添慶才
囊後獲餘滿世功名身外事五湖風月樂多餘此
則旺足之命鴛幃全正副子嗣桂蘭奇運行初已
丑上人庇下未斷高低戊子運中登宿雨濘貲融
春陽丁亥運中盤纏行藏有慶還愁人事趁趕丙
戌運中財帛豈饒人事廣貴人交敬樂多餘乙酉
運中富達仟佰行樂如織甲申運中莫作千年調
還生一度悲癸未運中桃源春去也遠鳥信來稀

子平遺書

辛丑年　庚寅月　辛未日　戊子時
此八字辛未日元相配柱中木火才官之格才
益生官終有後遇斷命者生於右族長於名
門椿萱難並鴻鵠各飛騰其爲人也丰姿清
秀天性聰明胸羅今古事學識聖賢心太山北
斗千年在和氣春風四座傾終是文場折桂客
豈爲田舍鑿耕人瓊林雖不恭高宴自有仁風
四境清舒長化日桑麻茂融蕩仁風雨露均此
則榮貴之命鴛幃有犯須招副子嗣秋來有
捷榮還行初已丑上人庇下未斷平生戊子
運中欲遂平生志須加董子功丁亥運中執卷
幾回空嘆丹時來有路入神京丙戌運中一從
折得蟾宮桂依然太學守青灯乙酉運中皇恩
有感声名顯百里絃歌樂太平甲申運中祿位
加陞當此際黃堂做政德民心癸未運中榮田
故里美酒盈樽壬午運中子貴多光彩辛巳運
中春歸鳥不吟

辛丑年　庚寅月　壬申日　壬寅時

此八字壬申長生之日食神助才之格女人得此
能機変會操持掾查有奇鴻鴈不聯飛難同
心於妯娌不共倚於翁姑有針綫之巧立業之機
一苑杏桃錦綉淄山松栢映昇月離海嶠山秀春
日園林処処菲晚年光霽景行樂勝當時此則穩
旺之命良人士命須弃長子嗣生成奪錦况運行初
辛卯上人庇下有何是非壬辰運中共結絲蘿山
海固永諧琴瑟地天齊癸巳運中雖則夫行才業
旺旺中尚有事趑趄甲午運中片雲蔽日景色昏
迷乙未運中嚴霜積雪都経過次第春風到故
廬丙申運中失賢子秀処樂自如丁酉運中
桑榆暮景戊戌運中帰去来兮

辛丑年　庚寅月　戊辰日　壬戌時

此八字戊辰日德之辰相配拄中金木傍官制殺
之格人生得此生於右族長於良門擔荷雅並耄
鴻鴈各行鳴其為人也丰姿清秀天性聰明斷高
理直処事公平有近貴親賢之德應上和下之能
高邪人敬貴客相欽重成新事業再整旧門庭自
有順天之慶豈無福地之深田園桑拓茂畝畝稻
梁馨花無挑李非春色人有笙歌是太平雖不建
侯封爵自然旺足平生此則穩厚之命鴛幃有犯
須招副子嗣崇門脫節馨運行初已丑上人庇下
未必評論戊子運中天邊初出月花上始開英丁
亥運中雖則行藏有慶也應人事虧盈丙戌運
中世情濃又淡淡處又還濃乙酉運中得中有失
晦後還明甲申運中冲擊之鄉還發福須吏風雨
不為驚癸未運中晚年安逸暮景升平壬午運
中落花紛紛帰山鳥香夢悠悠入九重

辛丑年　庚寅月　甲戌日　丙寅時

此八字甲戌日元相配柱中金火傷官制杀之格木
在春生處世宜然必壽遇斷命者生於右族長於高
門水土椿萱双晚茂天边鴻鴈後隨鳴其為人也丰
姿清秀天性聰明頗知禮義稍識古今有近貴親賢
之德應上和下之能過火黄金重長價離雲皎月倍
清明得意江山詩句絶忘情日月酒盃深不須問覓
功名路但欲才源福祿增此則豐厚之命鴛幃連珠
須配小子嗣爸風有襲英運行初巳丑天冷雲还凍
江空風浪生戊子運中隱隱輕雷柏碧笋微微細雨
潤紅英丁亥運中斷竟夜凉池雨足信知花放曉風
輕丙戌運中三陽回宇宙一氣轉鴻鈞乙酉運中才
源旺足行藏好風雲飛来尚未亨甲申運中咲傲壺
中日月優游静裡乾坤癸未運中引鶴行三徑邀明
醉一樽壬午運中水流花落一道訃音

辛丑年　庚寅月　辛巳日　庚寅時

此八字辛巳日元相配柱中木火才官之格两干
不雜之倫主人生於右族長於仁門椿萱有倚先
斷父天邊鴻鴈各行鳴其爲人也丰姿清秀天性
莊誠頗知輕識重理白分清行藏處瀟洒咲傲任
枯榮祖業有依須再整才源厚穩晚豊盈有心於
貨利無意慕功名酒觧平生恨衣沾湖海塵恩中
惹怨布德成嗔無處盡傳詩礼樂有朋来自遠
方親雖不揚名播傳自然享福無窮此則穩厚
之命鴛幃有犯須年敵子嗣秋来孫孫盛運行初
巳丑上人庇下来斷平生戊子運中笑笑攀花月
翻翻柳絮風丁亥運中幾欲思高慕遠省成剪雪
裁氷丙戌運中有得有失有喜有驚乙酉運中
始覺韶華滿目還愁敞雨弄晴甲申運中念老黄
花香馥郁歲寒松柏耐長青中字運中花放風生
癸卯運中暁年閑快樂壬子運中一桃了平生

辛丑年　庚寅月　庚午日　庚辰時

此八字庚午貴人之日相配柱中木火才官之格女人得此生于右族長配高門椿萱雖並鸞鳳各飛鳴其為人也姿容清秀髮鬢精神勝丈夫之氣槩有男子之材能春入水光成嫩緑日匀花蕚發新紅有遺訓斷機之智相夫教子之能衣冠濟濟三道倫家業昂昂四德新心靜似月明雲漢性急如風捲殘雲佇看夫榮子貴也應同沐天恩此則榮益之命良人得配榮華客子嗣秋來有捷榮運行初辛卯上人庇下蔭秀閨門壬辰運中孔雀屏開家富貴芙蓉帳煖氣氤氲癸巳運中雖則夫門榮使樂亦時風雨片晴晴甲午運中濟濟裙釵絢日輝輝羅綺臨風須臾風雨雨過山青乙未運中萬象光華沾沛澤四時佳趣瑞祥生未字之中風雨還生丙申運中簾捲香風生百福軒開化日禄光增丁酉運中安閑晚景子貴孫榮戊戌運中歸去也

辛丑年　庚寅月　己未日　丁卯時

此八字己未陰月之日殺生印綬之格女人得此生於右族配於名門姿容清雅發見財能勝丈夫之氣槩有男子之財能深曉閨囊理洞識古今晴雲歸華岳千山秀水到湘江十樣清心移似月明雲漢性急如風捲懷雲每懷凡膽意時抱擇隣心財源富足羅綺臨風晚年有子登高第霞帔香鵬受祿榮此則榮貴之命良人同屬妝諧老子嗣森枝旺宅榮運行初土人庇下蔭秀閨門壬辰運中詠桃夭之化樂魚水之情癸巳運中雖則夫門才業旺旺中尚有遂逃甲午運中子貴門攔多壯觀何愁微雨舞晴空乙未運中萬景光華沾沛澤果然福祿永無窮丙申運中不用高燒明燭月明添倍精神丁酉運中粧梓入古事臺鏡掩昇名

辛丑年　庚寅月　己卯日　甲戌時

此八字正官之格多化未喜食神別伏有功主人生於仁門長於右族椿久先歸萱後別西風鴻鴈不聯群年姿清秀天姓老誠知高下識重輕為人親敬貴客相欽十年道路遂闖萬里乾坤一草亭祖業有依須再整才囊維喜晚豐盈花無恙李非春色人有筌歡是太平此則旺足之命兆憐火命須年長子嗣秋來孝且忠運行初己丑上人庇下未斷平生戊子運中雨過山方秀雲開月始明丁亥運中雖則行藏有慶尚愁人事多盈丙戌運中須叟雲掩月頃刻月離雲丁酉運中得意江山行樂頓忘諸日月酒盃深當是特也甲申運中桑榆暮景子貴孫榮癸亥運中筆亭小院詩無與枕冷幽齋夢不成

辛丑年　庚寅月　辛卯日　壬辰時

此八字辛卯日元相配旺中木火才官之格傷官助用為奇主人生於右族長於高居堂上椿萱萱歲長天邊鴻鴈有行飛其為人也年姿清秀氣岸高奇研窮今古漢獵詩書袖裡虹霓中霽色筆端風雨駕雲程終是功名之客豈為田舍耕勤一朝騰踏飛黃去膺衣冠拜鳳池此則榮貴之命鸞幃宜有贈子嗣晚光輝運行初己丑上人庇下花放風欺戊子運中有志於書史無心剔蠹魚丁亥運中時來騰踏當斯際長安道上躍霜蹄丙戌運中已把嚴威摧酷吏更將仁政釋冤危乙酉運中風雪初晴後三度君恩墜紫泥甲申運中有材應大用未許便懸車癸未運中榮回故里美酒盈卮壬午運中歸歟歸歟

辛丑年　庚寅月　己亥日　丙寅時

此八字己亥日元相配柱中木火官印之格人生
得此生於右族長於名門椿萱双技帰晚太鴻鴈
後遁鳴其爲人也丰姿清秀天性聰明斷高
理直處事公平高謀遠見機關别慷慨春風一
妙人遇大黄金重長價離皓月倍清明搂基疊
疊生涯好才帛與隆甚慶增朝中無姓字囊底
有珠珎雖不建侯封爵貴囊中積寶富豪翁
此則穩厚之命鴛幃連珠須配小子嗣生成貴
[illegible]運行初幼年之下天寒有日雲欲東江
瀾無風浪自生己丑運中際隱轻雷抽碧芦微微
細雨潤紅英亦壬子運中世情濃又淡淡處又還濃
丁亥運中才如春水滔滔長福仙秋蟾皎皎明丙
戌運中桃李千谿錦江山一昼[illegible]一黎花舞雪
雨過山青乙酉運中夜雨自[illegible]水满春風
吹縱海棠紅甲申運中富之以[illegible]其星德之以
潤其身癸未運中一宵春夢斷萬事從此成空

辛丑年　庚寅月　庚子日　壬辰時

此八字庚子日元相配柱中木火才殺之格傷官
助殺有功人生得此生於右族長於仁門堂上椿
萱雙壽長天邊鴻鴈各軒鳴其爲人也丰姿清秀
天性老誠知高識下理白[illegible]清[illegible]人黄金重長價
離雲皎月倍清明自有順天之庚豈無福地之深
祖業添新慶根基勝舊風田園桑柘茂畝畝稻粱
馨萬里無雲天一色三秋好景月長明五湖活計
好四海福緣增花無桃李非春色人有莖歡是太
平但願粟陳并貫朽何必天邊沐寵榮此則穩旺
之命鴛幃蓮珠須配小子嗣生成貴顯人運行初
庚寅上人庇下未斷平生己丑運中如花向日似
月離雲戊子運中未覩桃李紅紅色且喜湖光淡
淡晴丁亥運中小池雨過添新緑深谷春來發舊
馨丙戌運中山前山後皆明月江北江南總是春
乙酉運中西風吹過天邊雪從此才源倍有增甲
申運中晚年多快樂癸未運中一枕入巫峯

辛丑年　壬寅月　乙未日　甲申時

此八字乙未日元相配柱中金火傷官制殺之格人生得此生於右族長於名門食命擔當同屬壽天邊鴻雁各行飛其為人也丰姿清秀天性聰明般般悄覽件件粗知行藏果斷作事三思知高識下之勇不慈過火黃金重長價離雲皎月倍清明重成新事業再整旧根基消閑碁一局遣興酒三危才源富足平生好何須跨馬入雲衢此則豊足之命鴛幃連珠須配硬子嗣生成貴量兒運行初壬寅幼年之下花放風欺辛丑運中如花向日似笋穿泥庚子運中爆竹声催殘臘去折梅香引早春帰已亥運中隱隱輕雷抽碧芽微微細雨潤撈枝戊戌運中才源旺足家居好風雪飛来一度悲丁酉運中不独才源富足尚祈樓閣崔嵬丙申運中之寬觀物會交園碁乙未運中工事児孫福門前壯字嶸嶸

辛丑年　庚寅月　丁丑日　己酉時

此八字丁火生於寅月印綬之格財神破局事不十全椿萱不相守鴻雁少行聯丰姿穩厚性格良賢不慈不勇能語能言自有順天之理豈無福地之緣金城闕覓道室筏度迷川功名身小半合掌理金仙北則清高之命運行初己丑雖居庇下难悲故園戊子運中散祖烟霞外逍遙雲水間丁亥運中咸道山門清淨幾多世事榮牽丙戌運中高人提挈慶無量福綿、乙酉運中淡雲揮玉麈花丙散遥天甲申運中過户清風、快樂可庭明月夜嬋娟癸未運中無思無慮壬午運出一夢难還

辛丑年 庚寅月 戊辰日 癸丑時

此八字戊辰之日相配柱中木火殺生印綬之格生生得此生於豐阜[illegible]福厚之門椿萱有倚先虧父天邊鴻[illegible]各行[illegible]其為[illegible]也丰姿清秀天性卓能學問不深知禮[illegible]習詩洪遠近賢英般般稍覽件件一[illegible]衣冠濟濟人中傑和氣怡怡席上珍祖業添新[illegible]源厚積盈市壘生計廣闠里姓名聞花無桃李非春色人有笙歌是太平英雄惟贈劍三尺豪傑相逢酒一罇好意者成惡真心換得嗔弓馬不精如何也作光榮容文章鮮習想是終無榜上名欲知富貴從何至有金獻粟始榮身此則貴無俸祿之命鴛幃連珠須納寵子嗣枝頭有菓榮運行初已丑上人庇下未斷平生戊子運中青雲未遂欲白屋尚寘寘丁亥運中綉蘼看有艷畫水聽無聲丙戌運中傷田宇宙家居好須史風雨辛無驚乙酉運中雖不登雲艷槩佇看頭角崢嶸甲申運中[illegible]旦秋風乍起洊史風靜波平壬午運[illegible]須高名重財祿有成當此之際一[illegible]阻[illegible]桂歸去也

辛丑年 庚寅月 壬午日 癸卯時

此八字生臨午位號曰祿馬同鄉傷官肋才之格人生得此生於名族長於高門椿親磊落豈非正天邊鴻雁各行群其為人手姿清秀天性乖能多智慧稍聰明學問三冬足經書貫一經過火黃金重長價雛雲皎月借清明終是功名之客豈為田舍之翁咲顏登試院囈手上神京瑤池曉鞍靜秉笏拜明君此則榮貴之命兆幃宜有贈子嗣脫光榮運行初已丑上人庇下花放風生戊子運中味道心千古潛心對一經丁亥運中起鳳騰蛟從此姑果然秉笏侍朝廷丙戌運中寒拂紫衣催驛騎光生玉節下雲層當是時也職遷金紫風雲遠生乙酉運中佇看官封三級酌然祿享千鍾甲申運中有才應大用未許便辭榮癸未運中春光去也一枕清風

辛丑年　庚寅月　丁丑日　己酉時

此八字丁火生於寅月印綬之格財神破局事不十全椿萱不相守鴻鴈少行聯手姿穩厚性格良賢不慈不勇能諾能言自許順天之理豈無福地之緣金緇閣道寶筏度迷川功名身外事合掌礼金仙此則清高之命運行初己丑雖居庇下難恋故園戊子運中散祖烟霞外逍遥雲水間丁亥運中人山門清淨幾多世事榮牽丙戌運中高人提挈廣無量福綿綿乙酉運中淡雲揮玉座花雨散遥天甲申運中過戶清風人快可庭前明月夜嬋娟癸未運中無思無慮壬午運中一枕难还

辛丑年　庚寅月　丙寅日　己丑時

此八字丙寅長生之日相配柱中旺木印綬之格人生得此生於石族長於更變之門椿父先帰萱後別天邊鴻鴈各飛群其為人也丰姿清楚天性老誠曉三分道理詩書一竅不通祖業移南就北根原葦古鼎新六親分薄骨肉情輕田園桑柘茂畝畆稻粱馨處事素無榮辱生平喜不富貧但願一生多快樂何必天邊沐寵榮此則穩厚之命鴛幃配得殘婚女子嗣秋來双果戊運行初己丑上人庇下未斷升沉戊子運中春水浮萍隨薄採東風楊柳向西多丁亥運中登臨雨阻賞翫春陰丙戌運中既濟尤訝未濟得輕尤慮失輕乙酉運中有得有失有喜有驚甲申運中悅手閑快樂尚有事虧盈癸未運中子貴家庭多享福还愁微雨阻行程過此壬午一播倆東情

辛丑年　庚寅月　乙未日　辛巳時
此八字乙未日元相配柱中金火傷官制殺之格人
生得此生於長於名門火土椿萱茂長天邊鴻鴈行
鳴其為人也丰姿清雅天性老誠知高識下理白分
清謀動君子威伏小人遇火黄金顯十分之貴色雖
雲蔽月布萬里之清明湖湖播姓字閭里有聲名才
源富足家業餘蓋身將崑矣文何用人不知之未
更真鄉民仰俺閭推尊此則穩厚之命鴛幃有犯須
年長子嗣生成貴顯人運行初辛丑上人庇下花放
風過此戊子運中風帶雪來應竟冷鳥啼花落始
知春丁亥運中隱隱輕雷抽碧笋微微細雨潤紅英
丙戌運中天上三陽泰人間五福增丁酉運中才源
旺足第宅增新梨花舞雪雨過山青丙申運中晚年
閑快樂會友以開樽乙未運中無憂無慮一枕清
風

辛丑年　庚寅月　辛巳日　壬辰時
此八字辛巳日元相配柱中木火才官之格才藏
生官終身有慶只嫌傷官在格妨我功名主人生
於右族長於名門椿父早歸萱後別天邊鴻鴈各
行鳴其為人也丰姿清秀天性聰明窮書覽史精
古通今劍鋒頻利應無敵筆力縱橫若有神重成
新事業難守旧門庭朝中無姓字閭里有声遊山
玩水携詩卷對山月觀花把酒斟花無桃李非春
人有笙歌是太平無慮尽傳詩礼樂有朋来自遠
方觀文節萬古江山氣盪晧千年竹帛青此則
清穩之命允幃有配須重續子嗣枝々悅節馨運
行已丑上人庇下風雪滿庭戊子運中淡烟楊柳
岸薄霧杏花村丁亥運中始覓陽和消目還愁微
雨弄晴當此之際經斷傷心丙戌運中不煖不寒
天氣好無榮無辱太平春乙酉運中辦則財源有
望幾多々事亏盈甲申運中延賓玩物會友開樽
中穿之中花放風生癸未運中春光去也一枕清
風

辛丑年　庚寅月　庚午日　丙戌時

此八字庚午貴人之日偶刃合赤之格（生得此宜守祿位
光榮早行運背悅節一象竟軒昂主人生於右族長於
門椿萱為逐双双悅鴻雁奚能隊隊群其為人也丰姿
清秀天性聰明胸次峥嵘書萬卷稟村敏捷壓群倫
嘉谷不早实大器當一朝際雲風日九天雨露加戰陞处
事但憑心三尺法理形澤似一團春此則榮貴之命篤慵有
犯須忝寵子嗣秋来有繼榮運行初己丑上人庇下平生
戊子運中欲逐平生志須留灯大心丁亥運中藏器待時
特必達時来方許奮鵬程丙戌運中騰月離雪宴争足
上神京乙丑運中做政崇貴民悦服片時雪際始光榮
甲申運中皇恩重有感金紫大夫榮癸亥運中解
囬田里壬午運中春殘馬倦吟

辛丑年　庚寅月　己丑日　癸酉時

此八字己丑日元相配木火官印之格傷官在柱
減我功名主人生於良族長於仁門木火椿萱双
晚別天〻鴻雁各西東其為人也丰姿清秀天性
者識知高識下理白分清機謀輙腹辛用人欽過
火黄金重長價白雲離虛色更明雖不成名利生
平近貴人門外遠觀千畝地庭前閑翫四時春酒
鮮平生恨衣沾湖海塵時来才祿旺運至福無穷
鄉民仰德閭里推尊此則豐饒之命死怖重合否
子嗣晚光榮運行己丑初年之下災晦未伸過此
戊子運中隱隱輕雷抽碧笋微微細雨潤紅英丁
亥運中埋柳巳戚新衿緑閫梅不改旧時香丙戌
運中桃李千谿錦江山一圖屏當此之際冨滿
空乙酉運中不獨才源富足尚期声势豪洪甲申
運中安閑晚景樂享無穷癸未運中春去也有落
沉沉

辛丑年　庚寅月　壬午日　癸卯時

此八字六壬生臨午位號曰祿馬同鄉才印之[illegible]人值此象者宜得不貴焉注之人生於詩禮之家長於喬木名門詩書博覽今古皆知學問有成龍門變化三春浪英才敏捷鵬起道還萬里程此則榮貴之命鸞幃正娶洞房終見重紘桂子有成他日榮門貴顯運行初已丑父母之鄉未斷災祥戊子運中到此始知文學好麻衣換得綠衣郎名題鴈塔足步天墀丁亥丙戌運中皇恩有感身榮貴沛澤多沾一代分聲名揚萬里祿位又光輝乙酉運中桑麻遍野蝗遶境雞犬連村虎渡河重重沾沛澤黎庶仰沾恩甲申運中沖動提綱瀟瀟風雨癸未運中腰換金作帶符刻玉為麟壬午運止一夢黃粱帰不帰落花流水各

子平遺書

辛丑年　庚寅月　甲子日　癸酉時

此八字甲子日相配柱中金水官印之格亦有金神之實值斯象者須人丰姿清秀天性聰明

[illegible]年　丙子月　乙卯日　庚辰時

辛丑年　庚寅月　丙戌日　己亥時

此八字丙戌日相配柱中之水時上偏官之格人生得此丰姿英雅天性聰明椿父先歸萱耐晚鴈行天際不定盟艙艙都歷學件件不全精祖業添新變[illegible][illegible]學積成但願財名旺湖海自然晚節瀟昌榮此則富實之命駕幃命健双諧老桂子秋来沐寵榮運行初己丑幼年之景快樂昇平戊子運中恰似落陽三月景楊花飛處牡丹馨丁亥運中家業多饒裕風霜不致驚丙戌運中滔滔旺財帛一度雪飄零乙酉運中到此財源滾滾萱花只恐凋零甲申運中悠悠享用癸未運中一夢難醒

辛丑年　庚寅月　丙寅日　己亥特

此八字丙寅之日身坐長生殺生印綬之格人生值此丰姿清穩性格安詳出言明敏禮貌温恭克己克恭克仁克義堂上之親難共壽鴈字之内有標榮學問異常詩禮顯聲名特達訓童蒙祖基雖有終更變財帛聲名自琢成早年若肯燈窗習何愁戌酉運無名然非明倫仕宦貴也須子贈奏名榮此則晚榮之命鴛幃娶得名門女宜正終要見偏房子秋桂顯榮春蘭結秀運行初己丑戌子春花向曉秋夜明蟾丁亥丙戌運中一聯美景財源自向遠方来萬里無雲此處聲名多壯觀昂昂氣宇四遠聞名乙酉甲申運中未開水府珠先現不掘豐城劍自輝貴人求指引禄馬旺前程申子逆逢微微災滞癸未運中谷粟盈厥正是成家財聚手陞烏府豈無晚景榮輝壬午運中魄返九霄帰去了

辛丑　庚寅　丙寅　戊子

此八字丙寅之日身坐長生官印之格女人得此足以發輝一對椿萱先別父幾行鴻鴈各分飛治家能事一業操持內莊外肅肝食宵衣性快儼如風擺　易起斤時除家居有慶平生穩福祿無虧困阨稀此則起家之命良人偕百歲子嗣一枝奇運行初辛卯蹤雲捲月行樂趣趄壬辰運中匹配良賢友交歡在此時癸巳運中莫道一程常穩去也曾歡悅也曾悲甲午運中萬事皆前定倭儇盡是虛乙未運中報道易回喬木果然桃李芳菲丙申運中有崖而有唐華同少躊躇丁酉運中有子承恩澤滔然福祿猶戊戌運中春光短也歸去來兮

丁丑日　己酉時

酉月印綬者上格也人生得此也不慈不勇能語能言學問少近高賢椿萱有倚或無倚鴻鴈

樹依依避北斗雲槐、隱南山

道寶筏渡迷川此則傑僧之命運行初

無慮不燒不寒戊子運中樂閑投善地

家園丁亥運中莫道山間清逸依然人事

丙戌運中但得高人指引貌床高據說元乙

生涯　法流通樂自然甲申

未運中過

明月夜嬋娟壬午運中香夢

舡

辛丑年　庚寅月　戊申日　癸丑時

此公字戊申日相配柱中金木食神制殺之格人
生得此本顯功名只嫌制殺太過不貴而當椿萱
皓首難全奉陽鳩天邊不共翔半姿洒落天性温
良稍有賢郊之芳祖業重新重慶才囊自積自藏
但願才名旺湖海自然鄉井發異昌此則當旺一
命鸞幃配合須年火柱子雁前三兩芳運行初已
丑卯年之景樂守倘佯戊子運中志不思寔任咯
心還整琢才囊丁亥運中到共行歲有ゝ
業軒ゝ卯丙戌運中飄然易ゝ
運ゝ蓬ゝ多豊富人情肯枷棋
發旺癸木運中蹙入仙鄉

辛丑年　戊戌月　丙子日　辛卯時

此八字丙子日相配柱中金水雜氣財官之格人生得此丰姿穩重性格明良椿萱半道相分別鴻鴈天邊不共翔學問有成終作巧名之秀士英才特達豈為湖海之英郎瓊林雖不恭高宴跳出橋門沐寵光此則榮貴之命篤帳年低允列副桂蘭須看晚來香運行初丁酉上人庇下一度悠揚丙申運中尋章而摘句入室以昇堂乙未運中錢款登天

步月依然履雪經霜甲午運中執卷幾回空嘆息時來疋馬到封疆癸巳運中三疊陽關斟別酒九重拜命課農桑壬辰運中添位輝光權任重仁風千里自丕揚辛卯運中榮回鄉樂庚寅運中夢入泉鄉

辛丑　戊戌　庚寅　己卯

此八字雜氣官印之格值此象者必顯功名堂上椿萱、後別天邊鴻雁獨超群其為人也丰姿磊落智慧賢明學問不深知禮義筆力雄健動豪英般般重琢就件件自磨成方許皷擫清韻發始知石擊紫烟生然雖不中青錢選必許高榮桌牘名此則榮達之命鴛帷簇簇情歡洽桂子枝枝向晚馨運行初丁酉踈雲掩月雨過山青丙申運中但過高人指引便知漸有前程乙未運中公府中聞逞勢鄉閭之內馳聲甲午運中方遂衣冠顯果沾

雨露恩癸巳運中四境人民尊佐政一番風雪使人驚壬辰運中一旦擢榮成任用四方傳振大夫名辛酉運中心厭意慵竹翠松青庚申運中春光如過隙花落月尤沉

辛丑　戊戌　丙寅　己丑

此八字丙寅之日身坐長生配合柱中金土傷官生財之格傷官者氣高傲物作事清能生於詩禮之室長於故舊之門堂上恩親雖並肅雁行有序我飛騰窮古今之事理講先聖之書經多聞而多見多智又多能李問有成一舉可冲天之勢英才敏捷片言有折獄之能獲林雖不忝高宴鄉榜終須題姓名佇看一朝身脫白朗朗高懷到鳳城處事存公正執筆念生民此則刑貴之命他幃兩敵同諧老子嗣芬芳顯一英運行初丁酉災閡尤未息未許貫通經丙申運中漂參觀書心不倦引燈鑿户効匡衡當是時也花放風生乙未運中抛卷幾回空嘆息淹留秀氣迈泚迯甲午運中振道龍還不信果然奪錦到神京喬門雖寄跡災耗滯憂驚癸巳運中皇恩有感身榮貴黃堂輔佐掌刑名就此一番風捲浪暫停權戢氣無伸壬辰運中又得貴人相救援依然顯耀復成稜子榮振耀自甦清名辛卯運中華堂納慶庚寅運中一夕西沉

辛丑年　戊戌月　乙酉日　戊寅時

此八字乙酉日相配柱中金土財煞之格人生得此擬授崇封萱母先歸椿後別偶行前損後還從半姿英傑天性從容般般歷學件件粗通祖業重新重慶財源疾積疾隆晚年蘭桂重重秀鶴髮烏紗氣勢洪此則封崇之命鴛幃尅後重年少桂子森枝丙挺紅運行初丁酉幼年承庇佑萱草殞霜風丙申運中便有財源來旺無心困守齋中乙未運中斷絃重續後椿樹又歸空甲午運中財源來旺處人事有相攻癸巳運中子顯身榮樂財來倉廩豐壬辰運中榮沾沛澤僕馬相從辛卯運中悠悠享用庚寅運中夢入巫峯

辛丑年　戊戌月　己巳日　己巳時

此八字己巳日時相配柱中金火傷官用印之格人生得此本顯功名只嫌身旺運旺不貴可富椿萱堂上先丏父鴻鴈天邊有共飛丰姿清致天性仁慈祖業增華麗財囊自積齊不独江湖財帛廣尚所畝畝稻粱肥此則富旺之命鴛幃有碍須年少桂子秋來有發榮運行初丁酉上人庇下快樂昇平丙申運中便擬生財覔利何須講道窮經乙未運中萬象回春生意好須臾風雪不傷情甲午運中滔滔旺財帛處處有聲名癸已運中一番風雨過財帛自添增壬辰運中晚年昌樂子秀孫榮辛卯運中桑榆暮景庚寅運中一夢難醒

辛丑　戊戌　壬辰　乙巳

此八字壬辰魁罡之日月上偏官之格人生得此生於富貴長於高居能擺布會施為丰姿磊落氣宇高奇椿萱半道相分手棠棣庭前一兩枝識見高明君子敬英才出類貴人携瓊林雖不蒙高宴自有仁風四境皈此則榮達之命鴛幃有犯須招硬桂子秋風長嫩枝

辛丑年　戊戌月　癸酉日　甲申時

此八字癸酉日相配柱中火土雜氣財官之格人生得此丰姿英傑天性良能椿萱不逮雙榮養鴻鴈天邊有各鳴窮今博古覽史觀經十載芸窗淹素志一朝天府沭恩榮嘉穀不早食大器當晚成此則晚榮之命鴛幃有碍須相離桂子秋來有發榮運行初丁酉無思無慮庇下昇平丙申運中篤志居顏巷潛心對短檠乙未運中執卷幾回空嘆息風霜阻節馬難行甲午運中機會來時徵詔下陽関三疊上神京癸巳運中悠悠田里樂時至便馳聲壬辰運中寵遲榮沾後仁風千里清辛卯運中再加禄位便解簪纓庚寅運中夢別家何處哀猿三兩聲

辛丑　戊戌　庚寅　己卯

此八字雜氣官印之格值此象著名顯功名堂上椿萱萱別天邊鴻鴈獨超群其爲人也丰姿洒落智慧賢明學問不深知礼義筆力雄健動豪英般般重琢就件件自磨方許皷趙清韵發始知石擊紫烟生然雖不衆青泉選必許高榮案牘名此則榮達之命鴛幃簇簇情歡合桂子枝枝向晚馨運行初丁酉蹤雲掩月雨過山青丙申運中但遇高人指引便知漸有精神乙未運中公府中間逞勢鄉閭之内馳聲甲午運中方遂衣冠顯果沾雨露恩癸巳運中四境人民尊佐政一帆風雪使人驚壬辰運中一旦擢榮成任用四方傳振大夫名辛酉運中心灰意慵竹翠松青庚申運中春光如過隙花落月又沉

辛丑年　戊戌月　壬午日　甲辰時

此八字壬午日相配柱中旺土月上偏官之格人生得此丰姿厚重立性仁慈椿親先別萱禁晚鴻鴈天邊不共飛祖業重新慶才囊自整齊自有貴人交敬豈無達士來綏但願市塵生意廣何須身奮鳳凰池此則富厚之命鶯啼老後重年少桂子榮看發晚枝運行初丁酉上人庇下行樂安舒丙申志不思登仕路心藏貨殖奔馳乙未運中沒沒勞勞成事業番番覆覆整鎡基甲午運中飄殘楊柳絮花放自芳菲癸酉運中到此春風播爽豁然

蘭桂生枝壬辰運中晚年沖擊樂處生悲辛卯運中花樂春歸去空聞杜宇啼

辛丑年　戊戌月　壬申日　庚子時

此八字壬申長生之日相配柱中火土雜氣才殺之格喜逢陽刃以相幫遇斯命者生於深邃之室長於豐阜之門金水椿萱已皓首天邊鴻鴈飛行鳴其為人也丰姿魁偉天性老誠知高識下遠言避山高人趣敬貴客相欽筍長名園過舊竹花開上苑勝先紅水光浮座盈盤瑩花氣侵人笑語聲名聞湖海聲勢鄉村遊山玩水携詩卷對月觀花把酒斟不以功名為念豈將冠冕塵纓才源富足樓閣透雲田園千古計花木四時春好意當盛恩

真心換得嗔功名須有念存栗也光榮此則穩足之命鶯啼同属須招副子嗣森枝嫡庶生運行初丁酉上人庇下月白風清丙申運中如日初出如月始升乙未運中雖則行藏有慶也愁人事虧盈甲午運中得中曾有失晦後尚还明癸巳運中才源滾滾家居好旺中尚自有遠迎梨花舞雪雨過山青壬辰運中雪晴雲散天如洗從此滔滔第宅盈辛卯運中安閑晚景庚辰運中一枕清風

辛丑年　戊戌月　己卯日　己巳時

此八字己卯專權之日相配柱中木火雜氣殺印之格食神制殺有功人生得此生於右族長於名門椿萱連珠萱歲長天邊鴻鴈有行群其為人也丰姿清雅天性豪洪通今覽古可武可文筆落驚風雨詩成泣鬼神豈是池中物尤来席上珍雲程坦坦登天去舉足悠悠名利成一日風雲相濟會九天雨露沐皇恩此則榮貴之命鴛幃有犯須招副子嗣秋來朵朵榮運行初丁酉上人庇下花放風生丙申運中讀殘茅店月囊聚螢頭螢乙未運中時来風送滕王閣頃刻高搏萬里程甲午運中塵拂紫衣催驛騎光生玉節下雲層癸巳運中職遷金紫聲名重風雪飛来尚惱人壬辰運中自嘆引年歸故里朝廷来遂兩疏心辛卯運中晚節閑時宜菊酒西風起處憶鱸蓴庚寅運中春光去也花落月沉

辛丑年　戊戌月　辛亥日　丙申時

此八字辛亥日元相配柱中火土雜氣官印之格人生得此生於右族長於名門椿父先歸萱耐茂天邊鴻鴈各行鳴其為人也丰姿清秀天性聰明世事頗能將就般般學久精通自有順天之慶豈無福地之深重成新事業再整舊門庭福布江山外名聞湖海中两都秋色皆喬木耆舊風流有幾人不以功名為念豈將冠冕磬磬矣椎惟贈鄉三尺豪傑相逢酒一鍾但願才源富足任他身外無名此則穩厚之命鴛幃連珠須配小子嗣森枝梲鄉榮運行初丁酉上人庇下天朗氣清丙申運中焰焰螢囊月灼灼業中英乙未運中雖則行蔵而有變還愁素耗條風生甲午運中才源滾滾家居好須臾風雨向愁人癸巳運中粟陳貫朽行蔵好五夜金風來欲惜壬辰運中有名聞富貴無事樂平生辛卯運中一枕黃粱夢千年不復醒

子平遺書　十二

辛巳年　戊戌月　甲辰日　乙丑時

此八字甲木相配柱中旺土雜氣才官之格也人生得此生於豐足之門配於衣纓之族姿容明潤性格和溫椿萱棠棣能相倚妯娌翁姑不共群有針綫之巧刺綉之能祖業承遺慶萬糙糶日新佇看夫榮子顯華堂五福駢臻此則榮秀女命良人得此英雄客桂子生成奪錦人運行初乙亥無榮無辱化日陽春庚子運中藍田種玉多先膏綉幕幸紅喜氣新辛丑運中雖則夫門才業旺幾番行樂擴精神壬寅運中一番風雪後萬象自忻忻癸卯運中昂昂家業濟濟郡敘甲辰運中晚年增福慶榮樂倍見孫乙丑運中糙糶人去歲月照黃昏

辛丑年　戊戌月　壬辰日　乙巳時

此八字壬辰魁罡之日月上偏官之格人生得此丰姿雅淡熨置多方一對椿萱雅並奉天邊鴻鴈各分行識見高明動君子筆驊椎健動賢良資宜自琢祖業必當更水府不駭珠怎見豐城不掘劍無光倘若有心於仕路也教頭角聳崢嶸此則崇旺之命舊情再便霜添鬢桂子秋風吐異香運行初丁酉不晴不雨乍暖乍凉丙申運中正欲登天步月何期夜霜經雪乙未運中雖則財豐家旺也曾行樂悠揚甲午運中洛陽三月花如錦又被顛風撓一場癸巳運中才名從此顯舊沒一時揚壬辰運中才源滾滾氣象昂昂辛卯運中黃粱未熟清夢先忙

辛丑年　戊戌月　甲申日　乙亥時

此八字甲申日相配柱中金土雜氣才官之格人生得此貴顯晚年椿樹先凋萱後擯鴈行天際各西東年姿洒落天性剛忠孝門三冬足詩書万卷通筆下有救人之德心中無殺害之山洋水蹈出長安去次第朝天祿位封此則顯貴之命鴛帳年高須納寵桂蘭迸擬發秋叢運行初丁酉上人庇下一度霜風丙申運中欲遂平生志宜加董子功乙未運中幾思登試院跋涉尚雅適甲午運中到此始知光景好陽關三疊

酒千鍾癸巳運中榮沾新雨露千里振威林壬辰運中晚年加祿位戩授大夫封辛卯運中榮回故里庚寅運中旁入巫峯

辛丑年　戊戌月　戊辰日　壬戌時

此八字戊辰日德之辰相配柱中金水傷官助財之格人生得此生於右族長於名門椿萱有倚先鬱父天邊鴻鴈各行鳴其為人也丰姿清雅天性操持頗知禮義稍識詩書行藏果斷作事三思有理白分清之智應上和下之機重成新事業再整舊門閭見善則持於己當仁不讓於師萬里無雲天一色三秋好景月長明田園桑柘茂畝畆稻粱肥消閑碁一局遺興酒三巵雖不建侯封爵也應鄉黨名馳獻粟買名榮顯達崢嶸頭角耀鄉閭此

則義貴之命鴛幃正副尚剋偏妻子嗣有成一枝晚旺運行初乙酉上人庇下有何是非丙申運中如花向日似筍穿籬乙未運中雨過園桃簇錦風和堤柳拖金甲午運中春色滿園閑不住一枝紅杏出墻西當此之際人事盈虧癸巳運中才遇利名生進退禍因酒色尚趦趄壬辰運中幾凄涼方得泰嚴霜經過發新枝辰字之中花放風欺辛卯運中無思無慮庚寅運中春光去也花落月西

辛丑年　戊戌月　戊辰日　癸亥時

此八字戊辰日德之辰雜氣財官之格女人得此生於右族長於良門治家有道處事克勤性快尤如風捲浪心安儼似月離雲萱親晚茂椿父前行雪爲輕粉憑風傳霧作臙脂仗日匀春入水光咸嫩綠日匀花影發新紅此則起家之命良人本命須年長子嗣花開果有成運行初己亥如松之盛似蘭之馨庚子運中路入桃源花爛熳橋橫銀漢水澄清辛丑運中陽回喬木家居好氣轉華堂福祿增壬寅運中淡烟籠弱柳微雨鎖晴峯癸卯運中使婢臨廚烹美味抱孫堂上樂和平甲辰運中冲擊之鄉片雲掩月乙巳運中梅已白竹尤青乙巳運中訃音一道好夢難成

辛亥年　戊戌月　丁卯日　辛丑時

此八字丁火配合土金傷官生財之格其爲人也常以常人不如己每憐世事不稱心或慈或勇易喜易嗔對椿萱先喪父聯行鴻鴈各分群万里韶華門外回疇千古計一聯美景庭前花木四時春時來但得高人引祿馬前馳福祿臻此則前平後旺之命篤情須配龍蛇女子嗣晚班衣景新運行初丁酉味辣細雨淡淡春雲丙申運中欲速不達畫虎不成乙未運中小池雨過添新綠深谷梅花發舊馨甲午運中著意種花花不活無情插柳柳成陰癸巳運中一番風雪過庭户瑞祥生壬辰運中門闌光彩世業崢嶸壬卯運中香醪滿掌賀客塡門庚寅運中歸去也

辛丑年　戊戌月　癸酉日　辛酉時

此八字癸酉日相配柱中之土雜氣才官之格人生得此丰姿穩重天性公平椿萱半道相弃奉鴻雁天边有各鳴每有濟人之德素無殺害之情十斷九連成事業三春四覆旺門庭湖海市塵才兩旺自然晚節勢崢嶸此則富实之命鴛幃須配硬桂子有奇芳運行初丁酉上人庇下詩礼趨庭丙申運中詩書雖有志貨利亦相蒙乙未運中飄残楊柳絮紅紫映門庭甲午運中炭黑大紅灰又白笋班竹紫葉还青癸巳運中家業豐饒人事廣踈滚風浪又生驚壬辰運中晚年才祿旺蘭桂吐芳榮辛卯運中悠悠處樂庚寅運中夢入仙鄉

辛丑年　戊戌月　辛巳日　甲午時

此八字辛巳日相配柱中火土殺印之格人生得此福發晚年值斯象者丰姿洒落性理剛明椿萱棠棣難全倚祖業根源擬自成學問渊深終是求名之客英才卓冠豈為避世之靈時来一旦風雲際禹門躍過浪三層此則顯貴之命鴛幃遲配須年少桂子秋風綻錦英運行初丁酉上人庇下黄卷青灯丙申運中讀書冬映雪觀史夜囊螢乙未運中執卷幾回空探月時来未許便非騰甲午運中幾向文場鏖戰安能月殿榮登癸巳運中到此時逢機會好風雲際會馬蹄輕壬辰運中寵渥榮沾威令重禄元宜看兩加陞辛卯運中榮歸處樂庚寅運中一夢難醒

辛丑年　戊戌月　己巳日　戊辰時

此八字己巳日相配柱中之水印授之格人生得此本是科名只嫌戊戌相沖名是異途椿萱不建双年鴛鴻鴈天邊有共鳴手姿英飾天性公平明古今之事知賢聖之經不入文場非崇贖如何頭角也崢嶸此則固富是貴之命鴛幃魁後重偏正桂子榮看上鳳迍邅行初丁酉上人福庇快樂昇平丙申運中恰似洛陽三月景揚花飛迎牡丹馨乙未運中才源來愈旺風雲兩得情甲午運中飄殊揚榔紫金玉是咸稜癸巳運中家業多饒裕英雄集福壬辰運中子是重加沛澤果然聲勢是崢嶸辛卯運中悠悠逍樂庚寅運中花落月沉

子平遺書　二

辛丑年　戊戌月　己巳日　戊辰時

此八字己巳日相配柱中之火雜氣印綬之格人生得此位列公卿椿萱榮贈難雙奉鴻鴈天边有各騰手姿英彿天性公平學問謙謙終是求名之客英才特達豈爲避世之英一從參職宴祿位近丹庭此則顯耀之命鴛幃有碍須偏正桂子榮看有俊英運行初丁酉幼年之景其樂何當丙申運中尋章摘句入室升堂乙未運中際會風雲登月闕榮詔龍渥抱權衡甲午運中一番風雪過祿位振威光癸卯運中政引風霜成物色頹回天地青陽甲辰到乙巳運中歸去也

子平遺書　三

辛丑年　戊戌月　乙酉日　丙子時

此八字乙酉日相配柱中金土才殺之格人生得此手姿磊落性理剛明生於將閫長於芳营椿萱榮傑雖双耄鴻鴈天邊各奮鳴深明黄石畧梢識聖賢經風生紫塞秋横劍月落黄河夜點兵此則武勇之命篤幃配合須偏正桂子秋来有繼榮運行初丁酉上人庇下榮享昇平丙申運中戚稜肅肅氣歛騰騰乙未運中百卒遲中瞻獨步總兵帳下振威名甲午運中才權雖振顯人事有相榮癸已運中百戰功名加禄位旺中尚有一番驚壬辰運中英雄傳令器籬下樂高情辛夘運中惟有猿啼處山空月淡明

辛丑年　戊戌月　癸卯日　癸亥時

此八字癸卯日貴之辰相配柱中之土雜氣才官之格女人得此儀容秀麗天性果剛椿父先歸萱後别翁姑妯娌待無常有相夫之理道教子之良方初運先華中景實晚年福慶愈安康此則韋家守德之命良人半道相分别桂子庭前三兩芳運行初巳亥幼承上庇何慮風霜庚子運中杏艷桃還娼鴬歌鳳而翔辛丑運中夫門才業旺何慮事乖張壬寅運中鴛鴦分折閨門冷財帛虧多子不常癸夘運中裙釵重壯羆快樂福安康甲辰運中老堂安享樂守華堂乙巳運中孫瞶子秀丙午運中夢斷巫陽

辛丑年　戊戌月　庚辰日　甲申時

此八字庚辰日相配柱中之土雜氣印綬之格人生得此巖疑資稟慵慨行藏椿萱不遂雙榮養鴆厲天邊各奮翔學問窮通今古事筆鋒態理憲条章終是功名之客宜為田舍之郎瓊林雖不登高宴千里山河化日長此則榮顯之命鴛帷配合須偏正桂子森森有撻芳運行初丁酉庇佑之下冬陖夏涼丙申運中學章摘句觀史備光乙未運中正欲攀龍附鳳身逐履雪經甲午運中到此飛騰驥足天門榮沐恩光癸巳運中權衡千里權重乘張壬辰運中祿允重顯擢戢列大夫行辛卯運中榮回故里庚寅運中夢入巫峯

辛丑年　戊戌月　己巳日　丙寅時

此八字傷官帶印之格值此象者本乎科甲成名只嫌寅巳相刑雖入鴻門傳道椿萱後一吁脩昆秀不相依其為人也知進退有操持當仁不讓遇貴相爐金鼎銷紅日丹田養紫芝玄風習習千人敬道德巍巍四境馳此則清隱高人之命運行初丁酉淡烟迷柳岸微雨洒斜月丙申運中受清閑而登仙崖待時運始入身衢乙未運中雖則財源進益幾多世事趦趄甲午運中用心之處徒勞力不意之中反稱機癸巳運中欲思表出神仙侶須遇高人與指迷壬辰運中貧囊克足道譽光輝辛丑運中歲寒松栢暮景桑榆庚子運中帰去也

辛丑年　戊戌月　壬戌日　甲辰時

此八字壬戌日德之辰偏官之格食神制伏為荣值此象者生於豐盛長於衣纓椿萱雖並耋鴻雁各飛騰其為人也應上和下別重知輕祖業添新慶声名自琢成學問有成未必名登黄甲才能出衆飛揚特達清名鄉邦仰羨雨露恩深此則貴人之命鶯棲木命須年長桂子枝枝孝義深運行初丁酉只宜庇下何慮生平丙申運中如花初展似月始升乙未運中未遇東風之便焉能奮翮飛甲午運中髙人相引逢機會始覺前程可穩行癸巳運中声權從此顯風浪不為驚壬辰運中威權有布人欽伏財帛豐饒家愈荣辛卯運中樂閑田里庚寅運中一夢難醒

辛丑年　戊戌月　戊子日　癸亥時

此八字戊子日元相配柱中金水襍氣才官之格人生得此生於右族長於西房椿親磊落萱歸副天邊鴻雁各翺翔其爲人也丰姿清秀天性果剛聰明書藝遠倜儻世情長過火黄金重長價離雲皓月陪清光祖業添新慶才源厚穩藏田園桑柘茂畎畆稻粱奮英雄惟贈劒三尺豪傑相逢酒一觴但領一生才富足何必思登天子堂此則穩厚之命鴛幃得配連理女子嗣生成貴顯郎運行初丁酉上人庇下花放風狂丙申運中水向石邊流出冷風從花裏過来香乙未運中萬里好山雲乍斂一輪明月正光揚甲午運中門迎珠履三千客屏列金釵十二行當此之際風聖滿墻癸未運中才源富足樓閣軒昂壬午運中于簽于罰乃積乃倉辛未運中晚来閑快樂子貴也荣昌庚午運中訃音一播酹酒三觴

辛丑年　戊戌月　甲申日　己巳時

此八字甲申專權之日相配柱中金土雜氣才殺之格喜逢時值金神人生得此生於右族長於西房椿親特達萱帰別天邊鴻鴈各分行其為人也丰姿清秀天性果剛聰明書藝達倜儻是尋常豪問不親顏孟業生平常履貴人鄉重成新事業再整舊門墻福布江山外名聞湖海間英雄惟贈劍三尺豪傑相逢酒一塲才源富足平生好何必思登天子堂此則豐潤之命鸞幃春色麗子嗣有光陽運行初丁酉上人庇下花放風狂丙申運中如花向日枝枝艷似魚穿泥節節長乙未運中水向石边流出登風從花底過來馨甲午運中重重風雪過萬物被春陽癸巳運中門迎珠履三千客屏列金釵十二行壬辰運中子蔭子寫乃積乃倉辛卯運中晚年快樂庚寅運中一枕黃梁

辛丑年　戊戌月　壬午日　庚子時

此八字六壬生臨午位号曰祿馬同鄉月上偏官之格喜印綬扶身值斯象者丰姿瀟洒性格明良椿萱先別萱尤去鴻鴈天邊各奮翔聰明書藝遠倜儻世情長萬里春風樂頌四時佳趣端祥光逢兇終有救遇难幸無妨雖然不是青雲客也應声势壓邦此則穩足之命仇幃配合須年長子嗣先虧後發芳運行初丁酉幼年長下不發不涼丙申運中雪晴天未燰行樂尚悠揚乙未運中德德精神爽看看茅宅昌當是時也一度淒涼甲午運中不是一番寒徹骨焉梅花噴鼻香癸巳運中到此始知光景好才源滾滾旺門墻當此之際跌跌無方壬辰運中近賓玩物會交流觴辛卯運中子秀孫賢家業旺庚寅運際藍摧玉折悵何當

辛丑年　戊戌月　甲申日　丙寅時

此八字甲申專權相配柱中金土雜氣才官之格
傷官制殺之格主人生於遊宦長於西席椿親榮晚
萱歸鄙天邊鴻鴈有翔翔其為人也丰姿清秀天
性果剛心胸藏錦綉筆底好文章東海驪珠能我
見豐城雷劍不終藏終是功名客豈為田舍郎能
李科場鷩試院莫辭翰院沐恩光清映梅窗兼有
雪寒生栢府凜秋霜此則榮貴之命然幃美麗霞
裳贈子嗣生成貴顯即運行初丁酉鷩濤小驟雨
捲滄浪丙申運中欲遂平生志宜覲孔孟堂乙
未運中起鳳騰蛟從此始果然秉笏拜明王片時風
雲尚不成佛甲午運中躍過禹門三級浪濟、衣冠
拜褒章當是時也柳絮飄揚癸巳運中佇看官爵
三階貴金紫煌、照省堂壬辰運中未許懸車轉
還留作棟梁辛巳運中正宜侍明主何事返家鄉
庚子運中夕陽空照一抹黃梁

辛丑年　戊戌月　己丑日　癸酉時

此八字己土配合柱中金水傷官助才之格運行背
地福力稍亏主人生於平淡之族長於廷吏之門椿
萱有倚成無倚鴻鴈聯群又各群丰姿清秀天性爭
能李問不親顏孟業怡氣下氣近高人事業每從忙
裏就才源自向閙中生但願貴人青眼顧勝似平生
僥倖中此則近貴生才之命鴛幃有碍該年敵子嗣
秋來孝義深運行初丁酉上人庇下未斷亏盈丙申
運中登臨雨淨賞翫春陰乙未運中既濟尤防未濟
得經尤慮失經甲午運中狼虎窠中得食荊棘叢裏
安身癸巳運中倘逢貴客相提挈萬物光華百事通
當此之際人事亏盈壬辰運中家居有慶萬事咸亨
辛卯運中桑榆暮景庚寅運中流水滔滔

辛丑年　戊戌月　辛卯日　己亥時

此八字辛卯之日相配柱中火土雜氣殺印之格才神在柱減我功名主人生於右族長於華宗椿父早帰萱耐晚天邊鴻鴈各飛鳴其為人丰姿清秀天性聰明謀動君子威伏小人世事頗能將就般般學問精通重成新事業再整舊門庭禄在江山外名聞湖海中田園桑柘茂畝畝稻梁齊花無桃杏非春色人有笙歌見太平好意番成悪真心換得嗔雖然不是金鞍客也應鄉黨衆推尊此則穩厚之命鴛幃火命須年小子嗣枝頭有果萊運行初丁酉上人庇下風雪初晴丙申運中青帰柳葉晴初变紅入桃花燦未匀乙未運中雖則財源旺足也應人事虧盈甲午運中人生正在風光處一度風波也恠人癸巳運中禄神漸退灾星併平地風波吉变凶雨晴山聳罢雲散月當空壬辰運中延賓玩物會友開樽辛卯運中春光去也一枕佳城

辛丑年　戊戌月　癸未日　丙辰時

此八字癸未之日相配柱中火土褋氣才官之格三奇之助五行宜合四庫喜冲主人生於望族長於華宗椿萱先帰萱晚耐天边鴻鴈各博飛丰姿磊落天性聰明理旁古事兼今事書對賢經與聖經衣冠濟濟人中傑和氣怡怡席上珎珪璋自顯清朝器律吕諧編治世音終是文拱折桂客宣為田舍鑿耕人乱門变化登青浪朋路逍遥萬里程鳳凰池上客龍虎榜中人一從姓字傳揚後金紫萊君次第隆此則榮傑之命鴛幃土命須年畝子嗣榮門一果成運行初丁酉上人庇下詩礼趣庭丙申運中讀殘茅店月裏聚萊頭螢乙未運中雖則幃宮高折桂一番雪霽困橋門甲午運中逢名標金榜多光霽百里終須樂太平癸巳運中
皇恩有感重加禄蓮慕声名眎眎新當此之際金紫重萊江山遡五馬花梆拂双旌黎花舞雪雨過山青壬辰運中佐政省堂名德重堦陞二品位居尊辛卯運中一方宰政重金貴後見襃能任亞卿外字之中得効淵明子榮重再贈樽酒樂怡情庚寅運中春光去也一枕風清

辛丑年　戊戌月　乙酉日　丙子時

此八字乙酉日元相配柱中金土財殺之格人生得此丰姿磊落性理剛明生於將闈長於長於芳营椿萱荣傑雅双耄鴻鴈天邉各奮鳴深明黄石畧稍識聖賢祚風生紫塞秋横劍月落黄河夜點兵此則武勇之命鴛幃配合須偏正桂子秋来有继荣運行初丁酉止人庇下樂享昇平丙申運中威稜肅肅氣猷騰騰乙未運中百卒軍中瞎独步揔兵帳下振威名甲午運中財權雖振顕人事有相荣癸巳運中百戰功名加禄位旺中尚有一番驚過此壬辰運中英雄慱令器蘿下樂高情辛夘運中惟有猿啼處小頭目淡明

辛丑年　庚子月　壬申日　甲辰時

此八字壬申長生之日相配柱中金[illegible]殺生印綬之格本顯功名只嫌陽刃持命事不食全主人生於右族長於高門椿親先別萱帰後天邊鴻雁各行鳴其為人也丰姿清秀天性聰明奉問曾窮今古功名儼若浮雲般般稍覽件件不精謀動君子感伏小人重成新事業再整旧門庭身將隱矣文何用人不知知味更真時至才源旺足運來福祿駢臻拙於自己巧與他人雖不青驄肥馬自然湖海馳名此則不羈之命舊幃正副方偕老子嗣枝頭有挺萗運行初己亥幼年之下未斷平生戊戌運中聞詩李禮終怠始勤丁酉運中刻鵠不就畫虎不成丙申運中精神又憔悴憔悴又精神乙未運中雖則行藏有慶幾番人事虧盈甲午運中才源滾滾家居好还愁花落尚風生過此癸巳運中子貴晚年多快樂何愁白髮鬢邊生壬辰運中春光去也一枕唯醒

辛丑年　庚子月　庚午日　壬午時

此八字庚午日貴之辰相配柱中之水傷官之格人生得此丰姿清古天性慈祥椿萱早歲難依奉鴻雁天邊各奮翔學問粗知書史志謀好向禪堂六根清淨五戒堅剛尋窮天下無名水行盡人間不到崗佇眷時來逢助名山主席位安昌此則清僧之命運行初己亥上人庇佑未必安祥戊戌運中斷雲依古剎寒月浸蓮塘丁酉運中得道人多助風波不致傷丙申運中貴人交敬處才旺事華張乙未運中到此行藏漸順未應人事光揚甲午運中容顏甚奇好光明照十方癸巳運中悠悠處樂壬辰運中夢入何鄉

辛丑年　庚子月　甲子日　甲子時

此八字甲子重逢旺水印綬之格亦有遥祿之意值新象者注人多機变善持操般般歷李件件粗知堂上椿萱分别早天邊鴻雁少聯飛祖業重華麗財囊自整齊但願一生逢貴助何必躍馬上卯鐵此則守成之余鴦幃帶疾方偕老桂子秋風秀一枝運行初已亥上人庇下風雪飛飛戊戌運中春寒風料精未是可人時丁酉運中狼虎関中得肉荆棘叢裏施威丙申運中才源益旺家居好旺処須防惹是非乙未運中陽春回大地紅紫開芳菲甲午運中冲擊之所月入雲衢癸巳運中桑榆暮景壬辰運中梦断華胥

辛丑年　庚子月　戊寅日　辛酉時

此八字戊寅日相配柱中金水傷官助才之格人生得此丰姿雅淡動止多威生於善順之族長於詩禮之居椿萱难並耄鴻雁少聯飛學問有成早登蟾窟攀英玉英才特達快向天門沐寵歸祿位非階進腰金便帶犀此則高荣之命鴦幃剋後重偏正桂子秋来西出奇運行初已亥上下人庇風雲相欺戊戌運中雖則雲程有路未應祿馬交馳丁酉運中雖過禹門三汲浪果然平地拜皇威丙申運中位擢金堦闈十郡一番風雪洒門閭乙未運中改引風霜成物色語回天地斡璇璣甲午運中明時柱石國世倫魁癸巳運中荣回故里壬辰運中夢斷華胥

辛丑年　庚子月　乙亥日　戊寅時

此八字殺生印綬之格殺重身輕終身有損遇斯命者生於仁門長於良族椿父先歸萱後別天邊鴻鴈有飛騰其為人也丰姿清雅天性聰明善決善断多見多聞雖不成名利生平近貴人祖業增新慶才囊自葺成月掛碧天多皎潔名楊湖海豈無榮雖然不是青驄客也應鄉黨衆推尊此則穩厚之命鴛幃正副方偕老子嗣秋有有显榮運行初已亥上人庇下猳椂平生戊戌運中雨晴山有色雲散月重明丁酉運中畫水無声空有浪綉花雖艷不聞馨丙申運中才源滚滚家居好片時風雨片時驚乙未運中簾捲香風生百福軒開化日禄元增當此之際人事虧盈甲寅運中延賔翫物會友開樽癸巳運中無思無慮壬辰運中梦返佳城

辛丑年　庚子月　癸未日　壬戌時

此八字癸未之日相配柱中火土才官之格水居冬旺生平樂自無憂女人得此生於右族配於高門其為人也姿容雅麗髮貌清奇過如男子勝似丈夫鮮同心於妯娌不並倚於翁姑一苑吉桃鋪錦綉滿山松栢映幃屏楊柳無風枝婀娜梅花有月薄光輝萬象光華沾沛澤四時佳趣勝當時易嗔易喜難觸難犯雖然不作榮封婦自然財源有盈餘此則助旺之命良人火命須年少子嗣森枝一果生運行初辛丑上人庇下無憂無患壬寅運中如花向日似笋穿籬癸卯運中淡烟楊柳岸薄霧杏花村甲辰運中雖則家園旺足還愁人事趍翅乙巳運中財旺家寬多快樂何期果損轉悠悲丙午運中歲寒松栢暮景桑榆丁未運中安閑晚景使婢驅奴子榮孫秀安樂何知戊申運中春光一去無消息江水東流明月西

辛丑年　庚子月　戊辰日　丁巳時

此八字戊辰日德之辰傷官帶財之格日祿歸時之勛伏此根基主人丰姿平穩天性能為性不受觸心不藏機君子敬貴人攜萱親耐晚椿父先歸游山翫水攜詩軸對月臨風把酒卮倘若留心於仕路豈數終世着麻衣晚年壯觀蒴綻東籬此則特達之命鶯幃有礙須相紙子嗣金風蘭桂奇運行初己亥無榮無辱景不暖不寒時戊戌運中盈沼芙荷馥郁滿園花木芳菲丁酉運中雖則財權秉羨幾多世事盈虧丙申運中春風寒料峭心急馬行遲乙未運中驀地威權遍布藹然雨露溉濡甲午運中一番風雪依舊無危癸巳運中安享華堂福壬辰運中庭前杜宇啼

辛丑年　庚子月　辛丑日　壬辰時

此八字辛丑日相配柱中之水傷官之格人生得此丰姿英雅作事狐疑椿萱難並耄棠棣有聯枝學識聰明未必仕途騰踏智謀宏遠也須湖海奔馳祖業添新慶才囊自積存但額市廛生意廣何須天府掛朱衣此則富實之命鴛幃配合須年少桂子庭前三兩枝運行初己亥上人庇下燕語鶯啼戊戌運中恰似洛陽三月景牡丹開處柳花飛丁酉運中到此精神豁爽看看才帛來肥丙申運中湖海生涯益旺庭前花木芳菲乙未運中世事多饒裕風霜一旦欺甲午運中老當發旺癸巳運中歸去來兮

辛丑年　庚子月　甲申日　庚午時

此八字甲申日相配柱中金水敍印之格人生得此福發晚年椿親皓首萱先别棠棣庭前各立根人材洒落氣象清新祖業終當覆功名自立身十載泮林淹苦志橋門一旦拜皇恩佇看風雲便仁風遠近聞此則榮達之命鴛幃春色尤重副桂子秋來秀色純運行初己亥上人庇下化日陽春戊戌運中螢窓篤志雪案勞神丁酉運中跋踄幾番探月依然困志未伸丙申運中歷盡冰霜道雲程馬跡新乙未運中榮沾新寵渥德澤布生仁甲午運中重加禄位帶縮花眼癸巳運中榮回處樂夢入風壓

辛丑年　庚子月　戊寅日　辛酉時

此八字戊土日元配合柱中金水傷官帶財之格仗此根源豈得不貴椿萱一榮眷鴻鴈幾行飛其為人也丰姿穩秀性格能為才全文武氣吐虹霓鰲逐玉蟾攀桂去馬隨青帝踏花帰赫赫公台位譚譚相府居此則社稷良臣之命鴛幃全正福桂子晚芳菲運行初己亥風和日麗燕語鶯啼戊戌運中藏珎韞匱待賈沽諸丁酉運中一從姓字傳臚後凛齋威名四境馳丙申運中金紫高廷權萬里西風洒雪使人悲乙未運中朔雪初消承帝命名尊藩臬勢輝輝當此之際擢職天墀甲午運中股肱盛世未許思帰癸巳運中欲全晚節宜先退不待秋風始見機壬辰運中一夢仙遊帰路迥芳名全在夕陽碑

辛丑年　庚子月　甲申日　壬申時

此八字甲申日相配柱中金水殺印之格人生得此爾振權衡椿親萼銳萱同耄鴻鴈天邊有共翔丰姿慷慨天性忠良對月夜窮黃石略望雲秋計黑山庄濟濟旌旗遮曉日輝輝劍戟凜秋霜佇看來晚節皂纛按諸方此則將帥之命鴛幃簇錦桂子聯芳運行初己亥上人庇下冬煖夏涼戊戌運中詩書多篤志弓矢便斯張丁酉運中到此威稜振作紛紛人事軒昂丙申運中一番風雪過覽令肅風霜乙未運中萬馬不嘶听掌握諸方世事樂安康甲午運中麾分司閫勢壓邊疆癸巳運中黃花綠酒壬辰運中夢入仙鄉

辛丑年　庚子月　乙亥日　乙酉時

此八字乙亥日相配柱中金水殺生印綬之格人生得此丰姿慷慨性理剛明生於戈矛之室長於詩禮之庭椿萱不逮祿養鴻鴈有不聰明識見高名動君子機謀宏遠近賢英祖業增華麗才源自積成但顧才多名勢重一朝頭角聳崢嶸此則豪傑之命鴛幃有碍須偏正桂子森然一挺榮運行初己亥不榮不辱快樂和平戊戌運中自有貴人相救豈應傑士交盟丁酉運中倦書攻箭戟行樂尚妨驚丙申運中雖則才名榮旺尚防人事相干乙未運中英雄惟贈三尺劍豪傑相逢酒一鍾甲午運中孫賢子秀第宅光榮癸巳運中桑榆晚景壬辰運中夢入巫峯

辛丑年　庚子月　戊辰日　丁巳時

此八字戊辰日德之辰傷官帶財之格偏嫌日祿歸值此象者行藏特達作事三思般般曾習學件件不深知親昆難倚托祖業必遷移游山翫水携詩軸對月臨風把酒巵莫思仕路登雲險且喜江湖樂有餘此則特達之命鴛幃連理合子嗣辨斑衣運行初已亥乍晴乍雨或喜或悲戊戌運中柳綠三陽景花紅二月時丁酉運中空使惜花春起早枉教愛月夜眠遲丙申運中從教貧富皆前定何必區區費盡機乙未運中財源增盡快樂自如甲午運中一番駁雜幾度崎嶇癸巳運中延賓酌酒會友觀棋壬辰運中春光短也歸歟歸歟

辛丑年　庚子月　庚午日　丙子時

此八字財上偏官之格宗喜子午冲官官必顯達堂上之親先別父庭前棠棣發春蓁其為人也智謀百变性格多能喜則千金易舍逆之半點難容學豈儒冠誤螢窗愈用勤剖石終逢玉淘沙始見金金闕恩波曾潤已瑤林御滴莫沾唇此則榮達之命鴛幃宜硬宜格副子嗣花開果必成運行初已亥春花灼灼曉鳥嚶嚶戊戌運中欲遂平生志須留燈火心丁酉運中繡花看有艷畫水聽無声丙申運中機會來時人壯觀果然祿馬旺前程乙未運中習習清風揚播輝輝化日昭明甲午運中皇恩有感加陞賞黎庶傾心頌太平癸巳運中眞思苦恋恩波洽且喜田園識性情壬辰運中花已落月尤況

辛丑　庚子　己巳　癸酉

此八字傷官生財之格金神之助值此象者椿父先歸萱後別西風鴈字不聯非其爲人也有方圓之智知動靜之機恒拾君子欲自有貴人携十年筆力另神思一旦功名可有朋行看頭角聳青雲潤黔黎此則貴顯之命鴛幃年少霜添鬓子嗣秋深秀幾枝行初已亥不寒不暖無是無非戊戌運中登臨尚值踈、雨未是尋春可意時丁酉運中東風忽有吹噓力從此升騰樂暮支丙申運中雪霽嚴凝會有阻依然雲散月朗輝乙未運中蔫然名德顯素服換緋衣甲午運中不但財源豐阜尚喜權祿兩奇癸巳運中未許閑田里壬辰運中東風杜宇啼

辛丑年　庚子月　辛卯日　戊子時

此八字辛金日主相配柱中水木傷官助才之格人生得此宜乎仕路榮登注人丰姿磊落性理剛明生於詩書之族長於華黌之庭椿萱堂上難双耄鴻鴈天邊各奮騰理究今古事詩對聖賢經一從折得蟾宮桂祿位榮看次第陞此則清貴之命鴛幃金玉潤桂子沐恩榮運行初已亥不榮不辱庇下安寧戊戌運中讀書映雪觀史引燈丁酉運中芳名登月殿政化啓儒生丙申運中皇恩有感重加貴梨雨無端不放晴乙未運中銀章紫綬奸雞奔鶩甲午運中金魚初縮帶未許樂昇平癸巳運中人生從此別無復見儀形

辛丑 庚子 癸酉 壬子

此八字水居東旺平生樂自無憂印綬之格人生得此丰姿慷慨天性剛明椿萱不逮双荣養鴻鴈天邊各奮鳴知古今之事分枉直之情應聘定須預紫誥節趨不待試文英時來借得吹噓力足馬登天沐寵荣此則薦荣之命鴛幃魁後重偏正桂子庭前簇錦荣運行初巳亥上入庇下快樂升平戊戌運中志思登仕路也讀聖賢經丁丑運中文四方之豪傑生一度之悲驚丙申運中幾番空跌跣依舊困鄉

城乙未運中到此貴人薦引沾恩便報威声甲午運中黎元沾沛澤事妥財加陞癸巳運中荣囘籬下壬辰運中夢入蓬瀛

辛丑年 庚子月 丙寅日 壬辰時

此八字丙寅日相配柱中旺水偏官之格女人得此姿秀雅麗天性良賢生於善族配於高門椿萱有倚成無倚妯娌聯群不入群掌家有道歷事辛勤萬象光華臻福祿晚年荣看麗釵群此則守常女命良人配合分中道桂子須看假吐蓁運中初辛丑不荣不辱庇下安身壬寅運中鸞歌鳳舞樂處遨巡癸卯運中到此風霜都歷過裙釵濟濟壯精神甲辰運中細雨湿衣看不見閑花落地聽無聲乙巳運中雲開月皎雲霄皆春丙申運中晚年

安享福氣臻臻丁未運中歸去也

辛丑年　庚子月　庚辰日　甲申時

此八字井欄叉格喜逢日祿歸時注人生於邃室長於高居椿親皓首棠棣芳菲丰姿磊落氣岸高奇知今古覽詩書一舉首登龍虎榜十年身到鳳凰池此則清顯之命鴛幃正副桂子斑衣運行初己亥上人庇下有何損虧戊戌運中燈前觀史籍窗下習詩書丁酉運中禹門三級浪平地一聲雷丙申運中銀馬跨鞍光赫赫烏臺展鏡月輝輝正欲重金紫胡為樂處悲乙未運中紫衣烏帽晦跡東籬甲午運中一番霜雪令人悶依舊身心幸不危癸巳運中子秀孫賢多快樂壬辰運中香魂杳杳返僊都

辛丑年　庚子月　乙丑日　丁亥時

此八字乙丑日元相配柱中金水柔生印綬格柔印相生功名顯達主人生於右族長於名門椿萱有倚先考父天邊鴻鴈各行鳴其為人也丰姿清秀天性聰明胸羅今古事參識聖賢心麗句妙為天下白高才俊似海東青際會風雲伸志氣頃刻還成採月人一從沐得天邊寵祿位崇看次第陞此則清貴之命鴛幃有犯須招副子嗣生成貴顯人運行初己亥上人庇下未斷平生戊戌運中明窗用意淨几勞神丁酉運中時來當奮發何患少前程丙申運中一從折得蟾宮桂濟濟生徒集泮宮乙未運中一月聞文三石來明倫卯酉訓儒生須臾風雨雨過山青甲午運中伊川門外雪明道座間風午字之中一番風雨癸巳運中正宜加爵祿何事便辭榮壬辰運中花已落月微沉

辛丑年　庚子月　戊寅日　壬子時

此八字戊寅專權之日傷官助才之格人生得此生於右族長於高門椿萱中道先亡父天边鴻鴈各飛鳴其為人也丰姿清典天性老誠機謀輙伏夲用人欽祖業增新立才囊有積存不向仕途求聞達却来湖海覓黃金庭前竹扉平安日檻外花開富貴春雖不建侯封爵自然潤屋潤身此則旺足之命鴛幃年長須招贅子嗣全風綫粟英運行初已亥上人庇下天朗風清戊戌運中行藏雖有慶人事尚丐盈丁酉運中雪晴春信至萬物被陽春丙申運中人生正在風光処只恐閙非素耗生乙未運中不是一番寒徹骨焉得梅花噴鼻馨甲午運中冲擊之御多發福才源富足樂無窮癸巳運中黃花晚節壬辰運中一枕難醒

辛丑年　庚子月　丁卯日　甲辰時

此八字丁卯日元相配柱中金水財殺之格喜逢印綬生身遇斷命者生於右族長於名門萱母先歸椿後別天邊鴻鴈各行鳴其為人也丰姿清秀天性剛忠順知禮義稍識古今有近貴親賢之德應上和下之能祖業添新慶財源厚積存常為萬里客有抱百年身是非莫會門前客得失須憑塞上翁遇險終無險逢凶幸不凶雖不建侯封爵貴也應潤屋而潤身此則穩厚之命鴛幃有犯須年長子嗣秋来朶朶馨運行初已亥上人庇下来斷升沉戊戌運中春圍雖雨過桃李未生英丁酉運中乍雨乍晴留客景或寒或煖困人春丙申運中雖則行藏有慶幾多人事斟盈乙未運中得中有失晦後還明甲午運中湖海遨遊多壯觀須史晦耗不為驚癸巳運中天上三陽泰人間五福增壬辰運中一枕黃粱夢千年永不醒

辛丑年　庚子月　甲子日　甲戌時
此八字甲子之日相配柱中金水偏官助印之格
人生得此生於右族長於名門椿萱有倚先虧父
天邊鴻鴈各行鳴其為人也丰姿清秀天性聰明
謀動君子懺伏小人祖業須新慶根源勝舊風笋
長名園過舊竹花開上苑勝前春兩都秋色皆畜
本臺舊風流有幾人門外田疇千古計庭前花木
四時春朝中無姓字囊底乏珍珠拙於自己巧於
他人雖不健侯封爵自然才祿豐盈此則穩厚之
命鴛幃有犯須招硬子嗣秋未孝且忠運行初已
亥上人庇下未斷平生戊戌運中春園雖雨過桃
李未生英丁酉運中正是梅青月白還愁人事虧
盈丙申運中才源滾滾家居好尚有閒非索耗生
乙未運中威權有布人欽伏財帛興隆福禄增當
此之際風雨無驚甲午運中冲擊之所仍還發財
源富足樂無窮午字之中風生花放癸巳運中晚
年快樂壬辰運中月沉花落

辛丑年　庚子月　乙酉日　庚辰時
此八字乙酉專權之日殺生印綬之格人生得此
生於詩書之族長於劍戟之門椿父先歸萱耐晚
天邊鴻鴈各行群其為人也精神烱烱智慧明明
頗知今古事稍識聖賢心般般好學件件不精謀
動君子威伏小人祖業添新慶根源勝舊風遊山
玩水携詩卷對月觀花把酒斟英雄惟贈劍三尺
豪傑相逢酒一鍾終是榮華之客豈為田舍之人
晚年有子登黃甲也應冠冕受榮封此則晚顯之
命鴛幃同属如魚水森枝棠棣各呈榮運行初已
亥上人庇下未斷平生戊戌運中娟娟雲裏月灼
灼葉中英丁酉運中着意種花花不發無心插柳
柳成陰丙申運中雖則財源旺足還愁人事虧盈
乙未運中有子登科多壯觀喧喧車馬集門庭當
此之際恩贈加封甲午運中無慮盡傳詩禮樂有
朋來自遠方親癸巳運中心事數莖之白髮生涯
一片之閑情壬辰運中落花踈踈啼山鳥香夢悠
悠入九重

辛丑年　庚子月　丙寅日　壬辰時

此八字丙寅長生之日偏官之格書逢寅木以扶身遇斯命者生於平淡之族長於藝業之門萱毋早帰椿悪喪天边鴻鴈不聯飛其為人也丰姿磊落氣宇平肱稍知今古事頗識聖賢心祖業添新慶根源勝旧風笋目落籜方成竹魚為奔波始化龍君若有心於仕路貴人一薦禄源豊不負十年苦李定應三載成名此則榮貴之命鴛幃正副方偕老子嗣秋来尚庶生運行初己亥上人庇下未断平生戊戌運中如日初出似月始升丁酉運中貴人指引登臺省旺処还愁雪滿身丙申運中有才堪嘆任卑戝只与豪豹促去程當此之際徽雨無驚乙未運中但得高人提挈方能禄位加陞甲午運中冲擊之術何不思籌癸巳運中延賓玩物會友開樽壬辰運中恭臨墓命帰雲

辛丑年　庚子月　戊子日　壬子時

此八字戊土日元相配柱中金水傷官財才之格才旺生官終身有變主人生於右族長於名門椿萱不並禄養鴻鴈有各飛逆丰姿點佈詩礼吟嘲多聞多見不剛不柔姓字必登龍虎榜声名高薦鳳凰池一從揚姓字未帶立於朝此則榮耀之命鴛幃宜有贈子嗣誇金韶運行初己亥上人庇下其樂滔滔戊戌運中螢窓用意雪案心劳丁酉運中禹浪三層都躍過衣冠濟濟皇朝侍丙申運中除奸乱浪怒令重虎風生乙未運中戝位任金紫衣冠拜冕旒甲午運中未應田里樂榮詔尚頻留癸巳運中天邊無沛澤雛下酌香醪壬辰運中百年繾綣戊何用花落春殘夕以收

辛丑年　庚子月　壬申日　甲辰時

此八字壬水長生之日偏官合刃之格女人得此多機變會支吾翁姑难並侍妯娌不同居姿容清秀天性能為克勤克儉易喜易悲有針綴之巧立業之機平生喜無荣辱一世又不盈虧此則平穩之命良人兩敵須年長子嗣秋来有出奇運行初辛丑上人庇下未斷高低壬寅運中乍雨乍晴留容景不寒不暖困人時癸卯運中淡烟楊柳岸薄霧杏花堤甲辰運中片雲蔽日景色昏迷乙巳運中萬里青天如洗一輪明月揚輝丙午運中冲擊之所月入雲衢丁未運中安閑悅景戊申運中花落春歸

辛丑年　庚子月　癸酉日　甲寅時

此八字癸酉之日相配柱中木火傷官助財之格亦有刑合之蒉頗同主人生於右族長於名門椿萱有倚先亡母天邊鴻鴈各飛騰其為人也丰姿清雅天性聰明般般精覽件件不精有近貴親賢之德應工和下之能出土黃金顯十分之貴色離雲皓月布萬里之清明重成新事再整旧門庭福布江山外名闐湖海中兩都秋色皆喬木昔旧風流有幾人遇險終無險逢凶幸不凶好意番成惡真心換得嗔初運平和中不順晚年財祿自然興此則穩厚之命鶯啼金命須年小子嗣技頭一疾荣運行初己亥上人庇下未斷平生戊戌運中如花向日似月離雲丁酉運中乍雨乍晴留容景或寒或煖困人春丙申運中世事有增有減財源或靡或興乙未運中人生正在風光處只恐閑非索耗生甲午運中冲擊之鄉遂発福雨收雲散又天晴癸巳運中晚年快樂壬辰運中花落月況

辛丑年　庚子月　乙未日　己卯時

此八字乙未日元相配柱中金水發生印綬之格殺印相生功名顯達主人生於右族長於名門椿父先歸萱耐晚天邊鴻鳫各搏風其為人也丰姿清秀天性聰明鋒頴利疑無敵筆力縱橫若有神太山北斗千年在和氣光風四座傾終是功名之客豈為田舍之翁鵬路高搏知健翼龍門深躍見脩鱗一從揚姓字東努拜金門此則榮貴之命鴛幃烛夜添新萶子嗣森枝有挺榮運行初己亥上人庇下來新平生戊戌運中欲向雲中擧足須

從窓下留心丁酉運中扰卷幾田空探月時來有日便作騰丙申運中到此始知文學好長安道上馬啼輕梨花舞雪雨過山青乙未運中已把嚴威摧酷吏更将仁政播黎氏職遷金紫宇內澄清甲午運中赤心扶日月素志展經綸癸巳運中歸去松筠三径晚来滿終是一毫輕壬辰運中訃音已根醇酒三鍾

辛丑年　庚子月　己丑日　己巳時

此八字己未天元相配柱中金水傷官助才之格人生得此生於仁門長於良族椿萱有倚难双鳶天边鴻鳫各飛鳴丰姿清雅天性年能般般好李件件不精算長名園過旧竹花開上苑勝生春雖不成名利生平近貴人但願江湖風味好何須騎鶴入青雲此則穏足之命鴛幃有碍須羊敵子嗣秋来有挺榮運行初己亥上人庇下不辱不榮戊戌運中綉花看有艷盈水听無声丁酉運中雖則行蔵有慶何愁人事虧盈

丙申運中着意種花花不發無心插柳柳成陰乙未運中雨晴山聳翠雲散月當空甲午運中延賓玩物會友開樽癸巳運中春光去也花落月沉

辛丑年　庚子月　癸卯日　甲寅時

此八字癸卯日貴之良相配柱中木火傷官助才之格亦有刑合之意主人生於右族長於西序椿親貴顯萱居副天邊鴻鴈各翺翔其爲人也丰姿清秀天性果剛般般精覽件件平常奈閒不覩顔孟業生平常履貴人鄉樓臺疊疊生涯好才帛盈囊又積倉過火黃金重長價離雲皎月倍清光但願一生才祿旺何必思登天子堂此則穩富之命鶺鴒春色麗子嗣晚光揚運行初幼年之下灾晦一場已亥運中水向石邊流出冷風從花底過來香戊戌運中近水樓臺先得月向陽花木早芬芳丁酉運中春草春江相妬綠新鶯新柳競爭黃須臾風雪頃刻滄浪丙申運中隱隱輕雷抽碧筍徵細兩潤垂楊乙未運中門迎珠履三千客屏列金釵十二行甲午運中于箴于筍乃積乃倉癸巳運中晚年開快樂會友以流觴壬辰運中歸去也

辛丑年　庚子月　戊申日　癸丑時

此八字戊辰之日相配柱中金水傷官助才之格才旺生官終身有慶遇斷命者生於右族長於仁門椿萱不並双荣增天邊鴻鴈陣行分其爲人也丰姿清秀天性聰明窮書覽史學足三冬不特驪珠能秉還應超壁擬連城定向月中攀桂子信知天上錫陽春奮身離白屋舉步入青雲一朝騰踏飛皇去秉筍金鑾拜聖明此則荣貴之命允怫春色麗子嗣晚光荣運行初己亥上人庇下月朗風清戊戌運中不負寸陰之功豈辜題柱之功丁酉運中雨浪三層都躍過秉筍朝班立縉紳當此之際花放風生丙申運中一番風雪初晴後再整衣冠拜九重乙未運中衣惹御爐抱錦繡恩沾皇澤渥青霖甲午運中赤心扶日月素志盡終身庚巳運中一帆青風

辛丑年　庚子月　戊寅日　甲寅時

此八字戊寅專祿之日相配柱中水木才殺之格人生得此生於右族長於仁門椿萱雖垂耄鴻鴈不同群其為人也丰姿清秀性格聰明般般好覽件件不精閑處愛走冷處不行筆下有救人之意心中無毒害之情祖業添新慶根原勝舊風筍長名園過舊竹花開上苑勝先春消閑棋一局遣興酒三鍾雖不成名利生平近貴人田園來拓茂畝紬稻粱馨過險終無險逢兇幸不兇好意番成惡真心換得嗔祿元成岳瀆威勢壓鄉民此則特達之命鴛幃正副尤添寵子嗣秋來尚廣生運行初己亥上人庇下月白風清戊戌運中青歸柳葉猜初变紅入桃花𡮢来匀丁酉運中雖則行藏有慶也愁人事虧盈丙申運中狼虎窟中得食荊棘叢裏安身乙未運中世事有隆有減才源或廢或興甲午運中松尚茂栢尤青癸巳運中子秀家充多快樂壬辰運中訃音一播衆傷情

辛丑年　庚子月　戊子日　丁巳時

此八字戊土相配柱中金水傷官助財之格喜逢日祿以帰時遇斯命者生於温潤之族長於清白之門椿文先帰萱後别天邊鴻鴈稍同群其為人也丰姿清秀天性聰明善决善断多見多聞常行熱閙處不向冷中行祖業添新慶財源自琢成門外生涯曠潤江湖活計駢臻樞於自己巧與他人不向仕途求聞達好来術藝也光榮佇看幼年光霽景徽霜令蘭綻蘺東此則旺益之命鴛幃有碍須年敵子嗣秋成孝感人運行初已亥上人庇下未断平生戊戌運中世事宛如春夢人情渾似秋雲丁酉運中財源頗旺只人事尚虧盈丙申運中世事有增有減財源或廢或興乙未運中財旺福與家業旺尚恐閑非晦耗生甲午運中滔滔享福晚景昇平癸巳運春光去也一枕清風

辛丑年　辛丑月　丙申日　戊子時

此八字丙火日元相配柱中金水雜氣才官之格女人得此生於古族配於高堂椿父先歸萱後別西風鵷鴻各翱翔其爲人也姿容清秀髮皃異常翁先別姑後忘有針綫之巧立業良雖是女流之輩過如男子竹葳風送浮雲歸古洞雨資花萼發新粧蘋蘩頻繁存礼節相夫教子踏賢良心靜似月明雲漢性急如風捲滄浪雖不鳳冠帔服貴貌年子顯贈霞裳此則旺足之命良人連珠高一載桂子森枝一顯榮運行初壬寅上人庇下毓秀蘭房癸卯運中共酒絲羅山海固永諧琴瑟地天長甲辰運中正是風青月白还愁人事悠揚乙巳運中須臾雲掩月依舊月光輝丙午運中片雲能發千山雨雨過千山依旧粧丁未運中才源富足羅綺盈箱戊申運中子貴孫賢沾寵渥果然行樂勝如常己酉運中春殘花落水滔滔

辛丑年　辛丑月　戊午日　庚辰時

此八字戊午日刃之辰相配柱中金水傷官助才之格女人得此生於右族長配名門椿萱有倚難雙毫天邊鴻鴈各行群其爲人也姿容清秀髮貌精神勝丈夫之氣槩有男子之才能雲收華岳千山秀水到湘江一樣清萬里無雲天一色三秋好景月常明蘋蘩頻繁存礼節相夫教子蹈賢明滔滔無阻滯步步助夫門克勤而克儉易喜而易嗔若非向度明花燭天定生来配舊婚晚年子秀日福祿享無窮此則穩享之命良人有倚須年長子嗣生成貴顯人運行初壬寅上人庇下未斷平生癸卯運中路入桃源花爛熳橋横銀漢水澄清甲辰運中片雲能發千山雨雨過千山依舊晴乙巳運中幾度樂中有悶數番歡裏憂生丙午運中雖則夫門財業旺旺中尚有事難盈丁未運中一度愁心對蒼雪沙禽也鮮把升平戊申運中晚年子秀多歡樂己酉運中一枕黃粱永不醒

辛丑年　辛丑月　戊申日　戊申時

此八字戊申之日生長生雜氣財官之格兩干不雜秀氣挺然金木椿萱双皓首幾枝業棣向陽妍其為人也行藏知進退動用識方圓不就三場選先將力筆拈自有順天之慶豈無福地之緣貴人挈提去顯角聳雲間此則貴達之命鶯幃金命双諧老子嗣秋風長桂蘭運行初庚子上人庇下承論義姉巳亥運中始知氣轉漸覺香還戊戌運中遇貴提携方壯觀不愁人事有逸運丁酉運中報道聲名漸揚構來然祿位旺於前丙申運中聲名聞遠近恩溪及黎元乙未運中日晞積雪祿位高遷甲午運中樂閑晚景癸巳運中夢入巫山

辛丑年　辛丑月　乙巳日　丙子時

此八字乙木相配辛金偏官之格丙辛作合有功值斯象者注人丰姿敦厚處用多機生於平順之族長於豐潤之居一對椿萱先別毋天邊鴻雁各分飛不攻戰戟懶習詩書一生自得田園樂不問江湖路上馳祖業有依增秀麗才囊旋積旋操持但願一樽花下醉任教白髮鬢邊綠此則富貴之命鴛幃有犯重交登桂子森森秀一枝運予初庚子一番風雪不損花資巳亥運中春入洞房生喜氣花開上苑有光輝戊戌運中焦桐聲聞歌重復誦閑睢丁酉運中才源滾滾家居好福慶悠悠氣拶嵬丙申運中一番風雪過依舊旺才綏乙未運中不獨樓臺疊疊尚祈康慶依依甲午運中春歸花落尽堆厥子規啼

辛丑年　辛丑月　己亥日　乙亥時

此八字己亥日相配柱中金水雜氣才官之格食神制去殺為良人生得此丰姿慷慨志氣英豪生於望族長於衣纓簪萱雖擬双荣養鴻鴈天邊各奮騰學問有成一舉沖天之勢英才特達片言有折獄之能長安春似海花映彩旗明此則荣秀之命鴛幃重疊擴桂子有華荣運行初庚子光庇之下暮史朝經己亥運中志欲登天炎月身還剪雪裁氷戊戌運中一聲春霹靂躍過浪三層丁酉運中驅奸投悪激濁揚清當此之際風雪相仍丙申運中皇恩有感重金貴萬里風煙起海城當乙未運中九天閶闔紫詔下荣徵甲午運中荣回故里癸巳運中一枕夢難醒

辛丑年　辛丑月　丙申日　丁酉時

此八字丙申日相配柱中之金雜氣才官之格丙辛作合有功人生得此大器晚成搢萱不逮双荣贈鴻鴈天邊有各鳴手姿慷慨天性剛明理貫古今之李心明賢聖之経雖不瞻傳姓字尤能身沐恩荣此則荣显之命鴛幃有犯須偏正桂子秋来有維荣運行初庚子初来上庇詩礼趨庭己亥運中欲遂平生志潜心對短檠戊戌運中詩書穿萬卷仕路未擾名丁酉運中桃巻幾回探月依然困守青灯丙申運中足馬盈天路悠悠沭寵荣乙未運中東特重柄未鮮簪纓甲午運中荣回故里癸巳運中一夢难醒

辛丑年　辛丑月　癸卯日　癸亥時

此八字癸卯日相配柱中金土雜氣殺印之格人生得此宜乎金玉之榮主人生於茂盛之族長於詩礼之庭心胸瑩潔手采澄清一對椿萱難並耄庭前棠棣不同榮學識通明今古筆鋒能洗寃危一從姓字登黃甲鉄面生風鬼魅驚此則肅烈之命鴛幃正副須招健桂子秋來綻錦英運行初庚子上人庇下樂享昇平己亥運中雖則雲霄路達未應鴈塔高登戊戌運中盃浪三層都躍過寒生栢府振威稜丁酉運中避身攻箭戟依舊虎風生

丙申運中威布一方虬浪怒重重金紫再加陞乙未運中一番風浪息四海望儀刑甲午運中榮四處樂癸巳運中春夢不醒

辛丑年　辛丑月　丙午日　丁酉時

此八字丙午日刃之辰傷官帶才之格女人得此注人心怜機変外肅内莊有男子之權謀勝丈夫之氣槩生於茂族長於華堂椿萱有倚成無倚鴈字聯行又失行有扰膽助勤之德断機教子之方不獨裙釵耀日尚祈羅綺盈箱此則助夫之命良人火命方諧老子嗣花前果後香運行初壬寅蘭房刺繡其樂何當癸卯運中杏艷桃嬌春色麗雨晴雲歛月光揚甲辰運中氣轉閨門多喜慶陽回宇宙樂平康乙巳運中福庇門闌生意廣何期酒

雪落斜陽丙午運中雖陽三月花如錦又被狂風撓一塲丁未運中提綱冲擊一度凄涼戊申運中上五年安享暮年之福慶下五年倏然一夢入黃梁

辛丑年　辛丑月　甲午日　乙丑時

此八字甲午日相配柱中金土雜氣才官之格人生得此丰姿穩重立性剛柔分清理白扶弱抑強椿萱有倚双榮壽鴻鴈無情不共行祖業重磨麗財源晚積蔵中年番覆何為慮晚節興隆不可當交賢納貴光家世何必天堦沐寵光此則富實之命運行初庚子不榮不辱乍煖乍涼己亥運中頗窮詩礼入室升堂戊戌運中風弄名花含笑色雨濕殘蓝帶幽香丁酉運中旺中曾有趑趄事事過依然福祿昌癸巳運中人生從此別三徑菊尤經

辛丑年　辛丑月　乙卯日　壬午時

此八字乙卯日相配柱中之金偏官之格食神喜坐於時人生得此丰姿英傑天性能為椿萱半道難全侍鴻鴈天邊不共飛學識聰明終作仕途之客英才持達堂教田野耕勵泮林十載淹青志一旦天門沭

聖歲此則榮貴之命篤帶有碍命健齊眉桂子有成晚年孝感運行初庚子工人庇下未必為奇己亥運中欲遂平生志潛心下董帷戊戌運中幾回執卷空嗟嘆風雪嚴凝阻馬蹄丁酉運中時來機會好也擬上

皇畿丙申運中橋門困守光陰速白髮相看鏡裏衰乙未運中榮露寵渥百里名馳甲午運中榮回故里癸巳運中歸去來兮

辛丑年　辛丑月　庚子日　丙戌時

此八字庚金相配柱中火土殺印之格羊刃合殺有功之主得此宜乎金紫之榮注人生於茂族長於華家丰姿洒落志氣豪洪椿萱雖並鸞鴻鷹各西東錦繡胷藏對聖學珠璣口吐武文風躍過禹門三級浪名登爲府振威雄此則金紫之命鸞閣多獲桂子少叢萱運行初庚子不榮不辱雪案加功己亥運中雖則騰身高雪案未應此際化魚龍戊戌運中一從參班宴鉄面有生風丁酉運中雪晴開閶闔金紫戰加封丙申運中但知玉樹能朝

日只恐楊花不耐風乙未運中山河開十郡未許向籬東甲午運中悠悠樂處癸巳運中夢入巫峯

辛丑年　辛丑月　癸卯日　癸亥時

此八字癸卯日貴之辰偏官制殺之格兩干不雜卯綬生身女人值此生於茂族適于仁門翁姑得倚准双鸞鴻鳳配行吞舊雲裙釵秀麗發兄精神治家能儉立事頗勤性快如江濤春壯心安似山月秋清万象光華沾沛澤四時佳趣樂昇平此則起家之命良人年長方偕老子嗣虧中尚有盈運行初壬寅風和日麗柳暗花明癸卯運中冰人報喜春光好月老傳盟福壽增甲辰運中秋雨梧桐不落月春風桃李滿

園英乙巳運中失之非孕得也非榮丙午運中意之生涯富重之羅綺榮丁未運中雲籠皓月浪泛青萍戊申運中梅香竹秀月白風清己酉運中龐眉白髮庚戌運中玉鏡生塵

辛丑年　辛丑月　甲寅日　甲子時

此八字甲寅專祿之辰雜氣財官之格兩干不雜四柱粹純椿萱皓首分中道鴻雁分飛陽水雲其爲人也衣冠濟濟文質彬彬君臣藥在寧憂病子母錢成豈患貧作一生之好事迎四遠之高人郭道晚年全福貴子榮孫秀樂無垠此則特達之命鴛幃宜硬須年小柱子班衣孝義源運行初庚子雖居庇下未稱登臨己亥運中乍晴還乍雨尚未可人心戊戌運中雖有貴人而交散幾多心事未安寧丁酉運中得也非榮失非辱看來由命莫勞

神丙申運中漸看春雪霽始覺瑞祥生乙未運中財源進益福祿駢臻甲午運中晚年蘭桂秀車馬集門庭癸巳運中夕陽有限春梦無憑

辛丑年　丁酉月　癸巳日　壬戌時

此八字癸巳貴人之日配合巳酉丑金印綬之格財官喜值於時主人生於邃室長於高居椿萱雙白首鴻雁各飛其爲人也立仁立義多見多知惡不避善不欺嘗將好意番成惡每把真心換得嗔重成新事業再整舊根原晚年有子承恩寵名德輝輝冠里閭此則傑人之命鴛幃金命雙諧老桂手枝枝秀色奇運行初丙申不虧不益無是無非乙未運中寒向梅邊盡春從柳上歸甲午運中乍晴還乍雨未是可人時癸巳運中不意之中增世

業用心之處又成非壬辰運中財源旺足行藏順此少風波來是悲辛卯運一番風雪後萬事稱心機庚寅運中家門饒裕世態光輝己丑運中兒孫榮晚節車馬集門閭戊子運中歸去也

辛丑年　辛丑月　戊戌日　己未時

此八字傷官滞財之格女人得此生於右族適於得門娟姑难及孝妯娌必同心儀容清標格清神善事夫主和於倡隨能言能語易喜易嗔雖然是竹榮封婦壮日區區多少年宜待晚年富貴満和氣艷陽春此則光榮之命良人同下兵癸卯運中契合翠鸞成好夢鴛緣紅葉叙佳盟甲辰運中歆登臨而雨濟時賞翫以春陰乙巳運中精神又㨗猝㨗猝又精神丙午運中待得陽春消息至花紅柳綠福緣臻丁未運中韶華満目氣象推新戊申運中晚景優游多享福己酉運中清風引夢到蓬瀛

辛丑年　辛丑月　庚申日　丙戌時

此八字庚申日相配柱中之火時上偏官之格羊刃作合為良人生得此多機多智不柔不剛椿親先別萱尤去鴻雁天迎有合翱動止公清理白所為扶弱抑強祖業重磨琢才除自積蓄貨利文通歷湖海英雄聚會旺門墻此則富旺之命外惟魁後重年少桂子秋來榮、香運行初庚子春風播與行樂軒昂己亥運中氣象瀟洒人事変霜凋椿樹折外戊戌運中漸、生光露浥、財满囊丁酉運中貴人交教學人事異於常丙申運中財旺重、行樂順一番風雨洒斜陽乙未運中有子承家業延賓飲玉醴甲午運中正直享用夢到仙鄉

辛丑年　辛丑月　庚申日　辛巳時

此八字庚申日相配柱中之水時上偏官之格人生得此丰姿英厚天性明良椿父先歸萱老別鳳行天際不同翔知今識古扶弱抑强十齡九成建事業三番四覆整門墻晚年更有財來旺子秀孫賢福慶長此則富實之命鴛幃魁後重年少桂子庭前四果芳運行初庚子上人庇下椿樹凋傷已亥運中財源來未旺行樂事乖張戊戌運中萱草已凋絃入斷絲絲歷過旺財囊丁酉運中成四時之佳趣立千古之門墻丙申運中英雄交敵財源旺此少風波不致傷乙未運中孫賢子秀甲午運中猿斷人傷

辛丑年　辛丑月　辛酉日　己亥時

此八字辛酉日相配柱中水土傷官用印之格人生得此丰姿平穩志行端方椿萱難共養鴻鴈各分翔學識聰明終是功名之客英才特達豈爲田舍之郎泮林踏過橋門去吹笛登天沐寵光此則顯榮之命鴛幃有犯須相骶桂子秋果吐異香運行初庚子如年之景快樂何當己亥運中尋章摘句入室升堂戊戌運中幾當空枕卷依舊困書窓丁酉運中跌跌風雪過足馬到龍淵丙申運中風清月朗橋門夜霜落猿啼空斷腸乙未運中榮沾新寵漫百里姓名揚甲午運中榮歸故里癸巳運中夢入仙鄉

辛丑年　辛丑月　庚申日　己卯時

此八字庚申專祿之辰雜氣印綬之格印綬者上格也人生得此豈不為榮其為人也精神炯炯智慧明明衣冠濟濟翰墨騰騰青雲路獨步黃榜占魁多樽酒風流有今夕玉堂人物部昇平此則貴欽宰相之命鴛幃重疊桂子登瀛運行初庚子禨祿之下月入雲房己亥運中胷中學業五車齊筆底詞源三峽傾戊戌運中玉墀平步驄馬高乘丁酉運中萬里清名金馬貴三秋風色錦衣新當此之際微雨再晴丙申運中光分御燭星辰爛拜賜宮壺雨露香乙未運中不思蓴鱸歸田里大展經綸拜玉京甲午運中酒飲巳盃吾快樂菊開三徑我安寧癸巳運中白頭未損生前志青史還當後世名

辛丑年　辛丑月　己未日　甲戌時

此八字己未陰刃之日雜氣才官之格運行皆地名利難全一對椿萱俱皓首數行鴻雁獨居先其為人也立仁立義可方可圓雖不通今博古尤能近貴親賢當仁不讓見善則遷重成新事業再整舊根原市井之間生計好自然安逸暮年閒此則成家立業之命鴛幃偏正合子嗣早年難運行初庚子無思無慮不煖不寒己亥運中漸看春晝永始信杏桃妍戊戌運中區區役役何時暇只為當家心未安丁酉運中宜得閑中生駿雖不妨靜裏見逍遙丙申運中日晚西風洒蒼雪雪晴門戶倍光鮮乙未運中生涯長旺家族閒閒甲午運中梅已白菊尤妍癸巳運中莊生曉夢迷胡蝶望帝春心托杜鵑

辛丑年　辛丑月　庚子日　丙戌時

此八字庚金相配柱中火土殺印之格羊刃殺合有功人生得此冝乎金紫之榮注人生於茂族長於華家手姿洒落志氣棠洪椿萱难並老鴻雁各西東錦綉胷藏賢聖李珠璣口吐氣風躍過禹門三汲浪名登清府振威雄此則金紫之命鴛幃多簇簇桂子火叢叢運行初庚子不榮不辱雪案加功己亥運中雖則騰身離雪案未應此際化為龍庚戌運中一從恭瓊宴鉄面自生風丁酉運中雪睛開閭陶金紫職加封丙申運中但知玉樹能翻

日只恐楊花不耐風乙未運中山河開十郡未許向籬東甲午運中悠悠處樂癸巳運中棗入五風

辛丑年　辛丑月　乙巳日　丙戌時

此八字財殺之格傷官制伏得冝值此象者生於邃室長於高居椿萱白首先亡毋鴻鴈随風各奮飛其為人也多聞多見不勇不慈高人敬之小人妬九破十成為活計三翻四覆整根基鄉黨有聲財帛旺不思跨馬上邦畿此則守成之命鴛幃金命連理之枝桂子有成兩枝發秀運行初庚子只冝庇下何論興衰己亥運中天邊雲歛迹窓外月揚輝戊戌運中雖則行藏兩有慶幾多世事尚崎嶇丁酉運中閑中曽駁雜依舊不為危丙申運中飄

殘楊柳絮行樂斷標奇乙未運中嚴霜積雪都經過終日呼盧樂有餘甲午運中子孫昌盛家資旺晚景風光孰可如癸巳運中夕陽有限逝水無廻

辛丑　辛丑　乙未　丁丑

此八字乙未日相配柱中之金偏官之格女人得此儀容清雅歷事勤勞生於善念之族配於豐潤之居椿萱難倚老妯娌更相和性急如江濤滷湧心安似山月光輝初運平和中末好果然福慶樂安舒此則起家女命良人配合須年啟桂子枝枝秀色奇初運壬寅庇佑之下樂守安居癸卯運中配匹成佳偶鸞歌鳳亦儀甲辰運中財旺夫門臻福慶一番風雨主傷愁乙巳運中裙釵加壯麗梨雨未晴時丙午運中淡霧輕烟迷綠柳微風微雨洒花枝丁未運中到此財豐福旺裙釵總勝常時戊申運中依然安樂己酉運中鏡掩晨光

辛丑　辛丑　己亥　甲戌

此八字己亥日相配柱中水木雜氣才官之格女人得此福足以榮椿萱棠棣難相守妯娌翁姑不共盟儀寵秀春天性良能有立業掌家之道相夫教子之能性急風翻濤怒心安天朗氣清行看來晚節帳幃麗層層此則榮夫顯子之命良人配合功名客桂子生成錦秀英運行初壬寅上人庇下快樂昇平癸卯運中匹配成佳偶鸞歌鳳亦鳴甲辰運中雖則裙釵壯麗幾番晴處傷情乙巳運中到此精神壯固雪情紅紫鮮明丙午運中羅綺千般過弥羞百味馨丁未運中志當沾沛澤日日樂昇平戊申運中華堂安享己酉運中機柳無聲

辛丑　辛丑　庚戌　丁丑

此八字庚戌魁罡之日相配柱中火土雜氣殺印之格人生得此多機變善持操絥絥好學件件粗知椿親耐晩萱先別鴻鴈天邊不共飛祖業重新慶才囊自積齊但顛生涯旺湖海自然豪傑擁門閭晩年時運達日日旺家資此則穩旺之命鴛幃連珠高一歲一枝丹桂攙芳林運行初庚子無思無慮庇下之奇巳亥運中行藏便擬生財利何必窓前苦讀書戊戌運中但覺財源來旺不妨人事傷悲丁酉運中一番風雪過家業穩豐肥丙申運中黎花雨過天明朗萬紫千紅色色奇乙未運中冲擊之所財帛盈餘甲午運中依然昌樂癸巳運中歸去來了

辛丑年　辛丑月　己未日　甲子時

此八字己未日相配柱中木木雜氣才官之格人生得此多機變善操持椿萱難並奉鴻鴈各分飛祖業重新慶才囊自整齊湖海有情生貨利市壓用意有名馳但顧貴人相覷樂何須跨馬上京師此則富貴之命鴛幃有碍須相觝桂子秋來舞絲衣運行初庚子不榮不辱無慮無思巳亥運中雖則春陽和晌也防風雪霏霏戊戌運中一番風浪急依舊樂安然丁酉運中才源來穩旺人事又縈紆丙申運中才名兩旺倉廩豐腴乙未運中晩年壯觀車馬交馳甲午運中孫賢子貴癸巳運中歸去來兮

辛丑年　辛丑月　辛巳日　己亥時

此八字辛巳之日身生長於雜氣官印之格正謂有官有印無破作廊廟之材伏此根基焉得不貴椿萱含晚翠棠棣發春蓁丰姿洒落天性聰明辟鋒穎利疑無敵筆力縱橫似有神一日跨鞍登上國定教雨露沐深恩此則宦達之命鴛幃春色麗桂子襁衣新運行初庚子娟娟秋月灼灼春英己亥運中欲跨騰雲驤思囊照露螢戊戌運中風雲際會頭角峥嶸丁酉運中政化東西洽仁風遠近清丙申運中一番風雪過祿位再加陞乙未運中正宜輔國未許思蒓甲午運中光陰如指指一夢返佳城

辛丑年　辛丑月　戊寅日　甲寅時

此八字戊寅專權之日相配柱中金木傷官制殺之格傷官者剛毅之物也主人生於右族長於名門金水椿萱棠晚贈天邊鴻鴈各行鳴其為人也精神烱烱智慧明明辭鋒穎利疑無敵筆力縱橫若有神不特驪珠能照秉還應趙壁擬連城終是功名之客豈為田舍之翁早登蟾窟攀丹桂快向龍門奪錦鱗一從揭姓字秉笏拜明君此則榮貴之命鴛幃連珠須配小子嗣森枝朶朶榮運行初庚子上人庠下突門幸過詩禮趨庭己亥運中雪案須留苦志天階未許榮登戊戌運中到此始知文學好融融禹浪躍三層片言折獄權衡重須吏素耗不為驚丁酉運中職廷金紫貴風雪又還侵丙申運中藩臬階陞當此際山河十郡甚威雄乙未運中明明柱石咸世股肱甲午運中子貴重封贈癸巳運中花落水流東

辛丑年　六月　己酉日　癸酉時

此八字己土相配柱中金水傷官助才之格傷官者怜變之物也人生得此生於平順之族長於藝之門椿萱有倚離雙耄天邊鴻鴈各行群其為人也丰姿清雅天性聰明頗知禮義稍識古今自有順天之慶豈無福地之深常親貴客每近高人難成新事業覆整舊門庭詩禮文章焉習學取伐良材近斧斤一朝時運至才帛有餘盈此則旺足之命鴛幃有碍須年少子嗣金風孝且忠運行初庚子上人庇下未斷平生己亥運中世事宛如春夢人情薄似秋雲戊戌運中雨過山方秀雲開月始明丁酉運中春風播蕩微雨弄情丙申運中才權雙羨克足增新乙未運中成四時佳趣立萬古門庭甲午運中安閑晚景癸巳運中春夢無憑

辛丑年　六月　己巳日　甲戌時

此八字己己日相配柱中金水傷官助財之格甲己化土為奇主人生於右族長於名門椿樹聯珠萱歲長天邊鴻鴈各飛騰其為人也丰姿清秀天性聰明千古文章逞榮耀一天星斗煥心胸驪珠照衛光難掩雷劍生風氣自充終是攻名之客豈如田舍之翁鵬路高搏知健翼龍門深躍見脩鱗一從姓字傳揚後九五雲門沐寵榮此則榮貴之命鴛幃帳裏添新壻子嗣金風孝且忠運行庚子上人庇下未風船蕩夏日炎烝己亥運中焚膏展卷稟燭觀文戊戌運中雪案須留苦志天階未許榮登丁酉運中霹靂一聲雲霧合龍門躍過浪三層丙申運中郎署官銜何足羨大夫金紫又重陞當此之際風雪滿空乙未運中佇看官封三級酌然祿享千鍾未字運中權重生驚甲午運中一枕清風

辛丑年　　月　辛酉日　甲午時

此八字辛酉專祿之日相配柱中火土雜氣敎印之格人生得此生於右族長於名門椿萱晚榮贈鴻鴈各行鳴其爲人也丰姿清秀天性乖能高謀遠見機関别慨慷春風一妙人過火黃金重長價離雲蔽月亦清明機謀輙服擧動人欽筝長名園過舊竹花開上苑勝先春一朝自有良機會也應天府沐皇恩此則機會成名之命鴛幃燭夜添新丟子嗣森枝朶朶榮運行初庚子上人庇下花放風生蟲蛮運中雨過山房秀雲開月始明戊戌運中聲名從此顯汩沒一朝伸丁酉運中威德時時長恩波日日開丙申運中富貴榮華當此際還愁風雪滿門庭乙未運中耿耿聲名重滔滔雨均甲午運中聲權倍擢福祿無窮癸巳運中晚年閑快樂壬辰運中一枕了平生

辛丑年　　月　己亥日　乙亥時

此八字己亥之日相配柱中金木食神制殺之格正謂身强殺淺假殺爲權主人生於文望之族長於詩禮之庭椿親儒貴終先别五枝棠棣各光榮其爲人也丰姿磊落天性聰明胸羅今古事學識聖賢心衣冠濟濟人中傑和氣怡怡席上珍終是傳芳之客豈爲田舍之翁鳳凰池上客龍虎榜中人一從姓字傳臚後凜凜威風四海清佇看官封三級酌然祿享千鍾此則榮貴継顯之命鴛幃有犯須招劊子嗣榮門晚節馨運行初上人庇下擢保平生己亥運中焚膏偎卷束燭觀文戊戌運中時来高折桂春浪便升騰丁酉運中禹浪三層都躍過風生鐵面鬼神驚丙申運中七品重陞三品貴九江四海澒民新當此之際須吏風雨過此乙未運中佇看官超二品酌然祿享千鍾甲午運中未許還田里還留侍聖明癸巳運中晚年離下樂一枕入巫峯

辛丑年　月　辛亥日　戊戌時

此八字辛亥之日相配柱中火土雜氣殺印之格人生得此生於良族長於高門椿萱半道先亡父天邊鴻鴈各行鳴其為人也手姿清秀天性忠誠言不妄發事不胡行謀動君子感伏小人祖業添新慶根源勝舊風遊山翫水携詩養對月觀花把酒斟福布江山外名聞湖海中兩都秋色皆喬木耆舊風流有幾人不以功名為念豈將冠冕磨礱好意番成惡真心喚得嗔雖不青驄肥馬自然鄉黨推尊此則身旺之命鴛幃有剋重偏正子嗣秋來有挺榮運行初庚子上人庇下化日陽春已亥運中世事宛如春夢人情薄似秋雲戊戌運中雖則行藏有慶也愁素耗相侵丁酉運中世情濃又淡淡處又還濃丙申運中貨利交通千里順片時風雨不為驚乙未運中冲擊之鄉還發福財源滾滾旺門庭須史風雨不損精神甲午運中子貴多歡樂癸巳運中無常促去程

辛丑年　月　己亥日　己巳時

此八字己亥日元相配柱中火土雜氣官印之格去才畫便可馳名主人生於豐阜之堂長於深邃之門椿父先歸萱耐晚天邊鴻鴈不行群其為人也手姿清秀天性聰明理窮古事兼今事書對賢經典聖經泰山北斗千年在和氣春風四座傾終是功名客豈為田舍翁一日風雲相際會九天雨露沐皇恩此則榮貴之命鴛幃有犯須怡小子嗣金風有挺榮運行初庚子上人庇下未斷平生己亥運中雨晴夫未燦芹泮有書聲戊戌運中執卷幾回空探月時來有路入神京丁酉運中到此始知文學好長安道上馬蹄輕當此之際風雪滿庭丙申運中錦衣肥馬重重貴天上恩波浩浩新乙未運中佇看官封三級酌然祿享千鍾甲午運中榮回故里美酒盈樽癸巳運中歸去也

辛丑年　辛　·　乙未日　甲申時

此八字乙木相配柱中旺金雜氣才殺之格人生得此生於右族長於高門萱母先歸椿後別天邊鴻鴈各行群其為人也丰姿清淡天性聰明胸藏今古事李識聖賢心麗句妙為天下白高材俊似海東青終是功名之客豈為田舍之翁嘉穀不早實大器當晚成瓊林雖不忝高宴自有仁風四境清佇看頭角聳德澤惠黎民此則榮貴之命鴛幃春麗百年雖悵佳姻子嗣有成晚歲斑衣孝感運行初庚子上人庇下化日陽生已亥運中欲遂平生志潛心對短檠戊戌運中踏破泮橋霜幾枝請殘茅店月三更丁酉運中執卷鶯回空探月時來機會入橋門丙申運中太學淹留兆載寒氈鐵硯辛勤乙未運中皇恩有感百里馳聲甲午運中一褒一貶名揚抑能盡忠誠反有陞癸巳運中榮回籬下一枕清風

壬寅年　壬寅月　庚午日　庚辰時

此八字庚金相配寅午木火財官之格丙午不搀之助萱親先別椿遅殞天外風高鴈字分其為人也雖無深智慧頗齊淡聰明君子敬小人嗔祖基再整事業重成滿世功名不甘頓但無荣辱定平生此則和穩之命死怖金命須年小子嗣枝枝孝義深運行初癸卯無虧無益不雨不晴甲辰運中登臨雨露賞翫春陰乙巳運中雖則行藏有變尚恐人事無盈丙午運中失之非是悶得也未為荣丁未運中但遇高人引贻知祥瑞生戊申運中家居饒裕福禄添增己酉運中桑榆暮景松栢寒心庚戌運中花已落月尢沉

壬寅年　壬寅月　己丑日　乙丑時

此八字己丑日相配柱中水木才殺之格人生得此丰姿洒落處用多機萱母早歸椿後別鴈行天際各分飛祖識古今之李辨分時務之機祖業三番四覆財粮十盈九虧但願貴人相處樂自然湖海貨財肥此則晚成之命鴛帏半道須相損桂子庭前三两枝運行初癸卯庇仰之下芦絮生悲甲辰運中行藏人敬仰財帛未豊肥乙巳運下重成新事業樂處又趑趄丙午運中漸、精神爽看、氣勢巍辛未財源來穩旺風雪又輕飛壬申運中老當發旺家業揮、癸酉到甲戌運中歸去也

壬寅年　壬寅月　丙寅日　庚寅時

此八字丙寅之日身坐長生偏官之格喜逢印生身值此象者豈不成名堂上椿萱難並秀庭前棠棣獨光榮其為人也衣冠濟楚礼樂維新聖賢之學古今之文維喜青雲得路还愁黄名耽、声名显紛、雨露深此則貴達之命鴛幃得碍須偏正桂子全風有栗英運行初卯少年之際何論升沉甲申運中芸窓事業時、長雪案工夫日、增已巳運中一旦揚名姓春風絳帳融丙午運正欲加仁民頌太平戊申運中莫变思波洽帰思欲里中已酉運中花落花開誰是主香䰟杳、赴佳城

壬寅　壬寅　庚辰　丙子

此八字庚辰魁罡之日時上偏官之格食神制伏為良椿萱難遂隻榮養鴻鴈隨飛不共行其為人也聰明謀知遠瀟洒世情長不精明武藝非熟味文章皷攄清韻動石擊紫烟揚機會来時名必顕瀛洲不歩也風光此則榮達之命鴛幃有碍須偏正蘭桂風清散遠香運行初癸卯陽回喬木氣轉鴻鈞甲辰運中欲伸男子志宜用待時昌乙巳運中時来風送滕王閣何必區區鎮日忙丙午運中運中人民畏服功光著雖有趦趄亦不妨丁未運中東風急有吹嘘力沛澤加壓樂莫當戊申運中正宜臨政事未許返家鄉已酉運中晚年閒逸庚戌運中一夢黄粱

壬寅年　壬寅月　乙亥日　乙酉時

此八字乙木相配柱中金水煞生印綬之格人生值此主人生於濟世之家長於名望之門椿萱難雙耄棠棣有連叢其爲人也丰姿清穩處事從容高人相敬遠客相欽但把岐黃爲事業也須頭角從峥嵘簾捲香風生意好門迎車馬祿元豐此則逢貴榮身之命鴛幃重合丞桂子兩枝榮運行初癸卯叨光之下日未升東甲辰運中雨過園桃簇錦風吹堤柳拖金乙巳運中幾欲思高慕遠依然履雪踏氷丙午運中一旦貴人提挈起幾番皇命有加封丁未運中無心輻輳權勢英洪戊申運中化日麻桑茂黎庶仰仁風己酉運中辞印已田田土樂蓼蘋秋色四時紅庚戌運中春光一去万水流東

壬寅年　壬寅月　辛未日　壬辰時

此八字財官之格只嫌華蓋重逢其爲人也行藏覺瀟灑咲傲任枯榮自有一般氣象豈與凡俗混同親昆不相守妻子総成空附書憑白鶴飛劍斬蒼龍養生自得南華論好客頻斟北海鍾披服頂冠朝上帝登壇秉笏禮玄穹此則清隱之命運行初癸卯不寒不煖不吉不凶甲辰運中款覔仙都道須扶雪裹笻乙巳運中縱有微風起波浪豈將身世逐飄蓬丙午運中尚有世情擾擾亦多人事匆匆丁未運中疊疊生涯旺輝輝道譽隆戊申運中黄冠對紫府緑水映青松己酉運中故人帰去後月冷夜壇空

壬寅年　壬寅月　己卯日　戊辰時

此八字己卯日相配柱中水木才殺之格人生得此行藏洒落幹蠱多方椿萱半道相虧奉鴻雁天邊不共翔梢有賢良之志粗知禮義之方十斷九連成事業三番四覆旺才囊但願門迎湖海何須天外沐恩光此則自旺之命鴛幃有碍須年少桂子金風始發香運行初癸卯上人庇下何論[illegible]京甲辰運中所戀花蝴蝶花貪竹鳳凰乙巳運中飄殘楊柳絮紅紫麗門墻丙午運中樂中生出悶悶過旺才囊丁未運中湖海英雄交敬一番風浪驚狂戊申運中老當發旺人事光揚己酉運中悠悠處樂戊戌運中夢入仙鄉

壬寅年　壬寅月　辛酉日　壬辰時

此八字辛酉專祿之辰相配柱中水木傷官生財之格伏此根基豈得不富焉得不榮椿父先歸萱耐歲天邊鴻鴈各飛鳴其為人也丰姿瀟洒天性英能學問不登翰苑平生也顯名但願有金酬聖主自然祿馬旺前程此則貴顯之命鴛幃重錦帳桂子晚生英運行初癸卯只宜庇下月白風清甲辰運中漸覺春書來始覺瑞祥生乙巳運中自有無心機會莫愁畫虎不成丙午運中奸頑畏服聲名顯頃刻風波未是驚丁未運中風雪初消後皇恩次第陞戊申運中百里人民頌一方彊界寧己酉運中歸來故里庚戌運中一夢難醒

壬寅年　壬寅月　庚午日　丙子時

此八字庚午日貴之辰柱中木火財殺之格人生得此丰姿英厚天性明良椿萱難擬雙榮耄鴻鴈天邊有各翔稍識古今之學粗知禮義之方祖業重新慶才囊自積盈湖海市廛財帛旺田園興趣樂優長此則富旺之命鴛幃有碍須添副桂子秋來有挺芳運行初癸未上人庇下何論炎涼甲辰運中有心生財利無志向書窗乙巳運中財源來旺處風雪又飄揚丙午運中梨雨初消天似洗輝耀紅紫映門墻丁未運中英雄惟贈劍三尺豪傑相逢酒一觴戊申運中老當盈旺金玉滿堂己酉運中孫賢子秀庚戌運中夢入仙鄉

壬寅年　壬寅月　己丑日　戊辰時

此八字己丑日相配柱中水木財官之格女人得此姿容秀爽歷事勤精生於茂族配於賢英椿萱崇棣難全倚妯娌翁姑半合情情急如江濤春壯心安似山月秋清一苑杏桃鋪錦綉滿山松柏映幃屏佇看來晚節福慶自崢嶸此則榮秀女命良人配合連珠客桂子秋來始發英運行初辛丑上人庇下綉閣安寧庚子運中匹配成佳偶鸞歌鳳亦鳴己亥運中雖則夫門財業旺也防人事暗相縈戊戌運中珠玉盈囊家業盛淡雲籠月不分明丁酉運中正是光華之景無端風雪飄零丙申運中晚年光霽福享安榮乙未運中依然享用甲午運中機杼無聲

壬寅年　壬寅月　甲戌日　己巳時

此八字甲木日元相配柱中火土傷官助才之格時帶食神之洽主人生於右族長於仁門椿父先歸萱後别庭前棠棣有消荣其爲人也手姿清秀天性老誠言不妄發事不胡行有近貴親賢之德應上和下之能重成新事業再整舊門庭閑中愛走冷處不行筆下有救人之意心中無毒害之情好意番成惡真心返得嗔消閑基一局遣興酒三鍾筆耕爲業興才祿獻融多緣白手增脫年生進退依舊發才名此則閒身成家之命鴛幃有犯招偏正

子嗣秋來尚庶生運行初癸卯上人庇下未新平生甲辰運中世事短如春夢人情薄似秋雲乙巳運中狼虎窠中得食劍棘叢裏安身丙午運中才源滔滔家業好尚有閑非素耗生丁未運中着意種花花不發無心插柳柳成陰梨花舞雪梅耗相侵戊申運中幾番駁雜隨緣過依舊才源倍有增己酉運中晚年多快樂庚戌運中一枕了平生

壬寅年　壬寅月　壬午日　壬寅時

此八字壬午日刃之辰相配柱中不火食神重犯傷官助才之格人生得此仕路声揚椿萱荣處难全養鴻鴈天边各奮翔丰姿慷慨天性果剛理穷今古事學貫聖賢章琝林雖不及高宴政藹春陽照一方此則榮貴之命鴛幃年少須招副桂子森森有継芳運行初癸卯幼承上庇冬暖夏凉甲辰運中尋章摘句入室升堂乙巳運中志欲登天步月身還履雪輕霜丙午運中時來飛驥足騰踏到天堂丁未運中荣沾新寵渥德政引春陽戊申運中權衡千百里祿位又加昌乙酉運中悠悠慶樂庚戌運中夢入仙鄉

壬寅年　壬寅月　壬辰日　甲辰時

此八字壬騎龍背之格其為人也丰姿濟楚立性聰明學問有成終自利名之客英才出類豈為田舍之翁一朝馬上衣冠外此自男兒當自強長安人滿路爭看緑衣郎此則榮貴之命篤幃正副桂子榮華運行初癸卯上人庇下甲辰乙巳運中报道自能還不信果然奪得袍還丙午運中玉節遠傳天上信綉衣獨帶御炉香丁未運中重重禄位耿耿声名戊申己酉運中銀馬跨鞍光赫赫烏臺展鏡月團團庚戌運中江山不盡豈陰興一入南柯再不還

壬寅年　壬寅月　壬辰日　庚戌時

此八字壬辰魁罡之日相配柱中旺木傷官之格傷官者剛毅之物也人生得此生於茂族長於華宗椿萱先別去鴻鴈以聯鳴丰姿清秀性格聰明祖業多華麗才囊晚積盈學問粗知礼義機謀稍識賢英但願門蘭生意廣何須騎馬上神京佇看晚年光霽景何源滾滾旺門庭此則晚富之命鴛幃配合須年以桂子秋來有俊英運行初癸卯上人庇下未斷升沉甲辰運中登臨雨澤賞翫春陰乙巳運中人生富貴皆前定何必區區費盡心丙午運中若是才源來愈旺一番風雪又相侵乙未運中精神又憔悴憔悴又精神戊申運中爆竹聲催残臘盡折梅香引早春來己酉運中暮年安享庚戌運中春夢無憑

壬寅年　壬寅月　乙亥日　辛巳時

此八字殺生印綬之格人生得此注人歷事風騷
行藏豪傑才全文武氣吐虹腹内包羅今古事脳
中學就五車書堂上萱親曾再續鴈行各葉有聯
枝雲霄有路終須到黄甲成名擬有期早歲空懷
恨馳名在晚時此則晚達之命鶯幃永結鸞膠好
子嗣花前果後奇運行初癸卯雖居庇下未足為
奇甲辰運中螢窓篤學雪案攻書乙巳運中畫虎
未成君莫嘆声名未顯不須悲丙午運中有名将
顯日大志始伸時丁未運中耀輝名望赫赫威儀
戊申運中一番禎福豈得為危己酉運中萬民樂
業四境咸皈庚戌運中英雄盡也花落人歸

壬寅年　壬寅月　庚辰日　丙戌時

此八字庚辰魁罡之日時上偏官之格食神制伏
無黨無偏其為人也莊容肅語天性良賢有博古
通今之志高謀遠見之機椿父先歸萱晚茂西風
鴻鴈有行聯學問異常定取成名顯姓英才出類
豈教鑿井耕田一朝雲霧合跨馬去朝天此則飛
黄騰踏之命鴛幃貞淑子孕秋娇運行初癸卯上
人庇下春苑春山甲辰運中雪案論今古芸窓誦
簡編乙巳運中登雲不得志攀桂捻徒然丙午運
中禹門三級浪從此去朝天丁未運中一番風雪
過萬民姓名傳戊申運中秉笏主朝野安能解印
還己酉運中安享高堂福庚戌運中香魂逈杜鵑

壬寅年　壬寅月　丙子日　戊子時

此八字丙火配合柱中水木殺印之格值此象者雖不成名亦能致福萱親耐晚椿歸早鴻鴈分飛各一天其為人也多機多變能語能言當仁不讓見善則遷整齊事業琢立家園自有順天之慶豈無福地之緣壽山高峙福海淵泉此則穩足之命鸞幃木命雙諧老子嗣枝頭數果妍運行初癸卯輕寒輕暖日不雨不晴天甲辰運中信知氣轉漸覺春還乙巳運中雖則家門饒裕幾多世事不安丙午運中淒雨寒風漸消息春風和氣遍塵寰丁未運中但遇良用扶助自然行樂勝前戊申運中一番風雪後四景樂怡然己酉運中松之感柏之堅庚戌運中春光短也一夢巫山

壬寅年　壬寅月　戊辰日　庚申時

此八字戊辰日相配柱中之木偏官之格人生得此手姿洒落天性果剛椿萱雖並耄鴻鴈各分翔學識粗知書史筆鋒能理憲章機會來逢貴助勞形案牘沐恩光此則顯身之命鸞幃年少双諧老桂子庭前吐異香運行初癸卯上人庇下也同書窓甲辰運中行藏人敬仰有志未鷹揚乙巳運中案牘風雪過才名兩旺昌丙午運中三疊陽關臨上國九重天府沐恩光丁未運中榮沾寵渥光耀門墻戊申運中仁風揚百里此際便還鄉己酉運中春殘花落後斷人夕陽

壬寅年　壬寅月　甲午日　乙丑時

此八字甲午日相配柱中火局傷官之格亦有金神之意值斯豕者注人丰姿秀爽志氣豪洪父母生離死別馮行各度長空藕穿平地生荷葉無過東家作竹叢頹窮黃石器不繼聖賢風祖業無依宜自整才囊还擬晚豐隆貴人引入天山路百戰功成沐聖容此則有功之命死怫有犯須年少桂子秋枝發錦叢運行初癸卯不榮不辱奔走西東甲辰運中貴人提挈處忻馮有成功乙巳運中方象光華沾沛澤四時佳趣樂從容當此之際樂處生凶丙午運中衣冠雅麗人欽伏旺處須防雪舞風丁未運中重新氣豕第宅豐隆戊申運中惟有猿啼處人歸林下空

壬寅年　壬寅月　甲午日　乙丑時

此八字甲午日相相配柱中火局傷官用印之格亦有金神之意女人得此福足以榮椿萱棠棣分中道妯娌翁姑侍不常儀容秀爽性理明良主業掌家有道相夫教子多才羅綺臨風麗裙釵絢日光夫榮身貴沾恩寵帔服輝輝福與常此則榮夫之命良人配合須年長桂子須看假奮芳運行初辛丑庇佑之下其樂何當庚子運中匹配文房生喜氣鸞款鳳舞福榮昌巳亥運中雖則夫門顯煥也防人事乖張戊戌運中雪晴臻福慶錦繡藹春香丁酉運中滿目奇珍玩物滔滔福慶綿長丙申運中華堂安享福旺身昌乙未運中歸去也

壬寅年　壬寅月　辛巳日　己丑時

此八字辛巳日相配柱中木火財旺生官之格正謂財盛生官終身有慶值斯象者注人半姿慷慨性格剛明生於仁厚之族長於詩礼之庭椿萱崇養双雛鸞鴻鳳天邊各奮騰學識高明折桂蟾宮称妙手英才敏捷馳名泮水啓儒生佇看來晚節全榮戬加陞此則榮貴之命鴛幃全正副桂子秀英英運行初癸卯上人底下榮享昇平甲辰運中芸窓多勉力黃卷對青灯乙巳運中騰身雖泮水鴈塔未高登丙午運中政化東西洽仁風遠近清丁未運中百里絃鳴民樂業皇恩有感戬加陞戊申運中冲犇之所跋涉無驚己酉運中金魚綰帶回田里一夢俄看了此生

壬寅年　壬寅月　辛巳日　壬辰時

此八字辛金相配柱中水木傷官助才之格傷官者歷事風雲之象行藏伶変之能人生得此半姿豪邁天性聰明勉已剋恭人仰敬施仁施德貴賢欽其為人也生於高堂大廈長於有名之門椿萱顯美前後鴻鴈行出我壽弥深學問博覽潤屋雕梁真富貴英材出類錦衣肥馬貫鮮英非獨家門榮顯耀湖海馳名福不輕觀花玩柳酌酒迎洒性不受禍理白分清初運中年多勞碌暮年積玉子重金此則富貴之命鴛幃有剋宜正副桂子中掐有富榮運行初癸卯蔭庇之下便習書經甲辰運中意欲登天而步月何期運滯未成名乙巳運中便有聲名揚外境其中耗晦又因循丙午運中然則財源來愈旺旺中危素逐非驚丁未運中戚權有布尊令重官破实憂謹已身戊申運中富貴兩全堆金玉仍見憂非耗晦延己酉運中有子朝帝關竹紫葉運青庚戌運中黃梁有夢日落西沉

壬寅年　壬寅月　庚寅日　丁亥時

此八字庚寅日相配柱中木火才旺生官之格人生得此不慈不勇多智多機堂上椿萱雙耐晚天邊鴻雁各分飛知古今之事明曲直之機貴人接引登台府九載功成拜鳳池一從沾聖澤德化服黔黎此則崇身之命鸞幃偕老須招副桂子金風舞彩衣運行初癸卯上人庭下誦詩讀書甲辰運中家業多豐富潛心下董帷乙巳運中料想文場行不到莫如揮筆向曹司丙午運中寵渥未應使沐九重闕下趨趨丁未運中嶄然頭角聳光華舊門閭戊申運中風和

民樂業祿位又加舒己酉運中榮由処樂庚戌運中歸去來兮

壬寅年　壬寅月　戊子日　戊午時

此八字戊子之日相配柱中水木才殺之格喜逢陽刃有時遇斯命者生於良族長於仁門椿父先歸萱晚茂天邊鴻雁各行群其為人也雖知礼義稍識古今行藏瀟洒嘆汪枯榮終是功名之客豈為閑逸之人不貫十年苦學定應九載成名信看來晚節德澤惠軍民此則吏貴之命鸞幃兩敵方諧老子嗣秋來孝且忠運行初癸卯上人庇下未斷平生甲辰運中如日初出似月始升乙巳運中人生富貴皆前定何必區區費盡心丙午運中貴

勞刑案牘多光膏尚有趨趨未順情丁未運中兩晴雲路達天府沐深恩當此之際一番風雪戊申運中皇恩有感重沾澤拜授除書雨露均己酉運中歸去松筠三徑足倘來軒冕一毫輕庚戌運中楚臺雲散空留夢漢苑香消不返魂

壬寅年　壬寅月　庚申日　丁酉時

此八字庚申專祿日相配柱中木火才殺之格傷官制殺生才人生得此生於右族長於名門椿萱有傍先剋母天邊鴻鴈不同群其為人也丰姿磊落天性老誠言不妄發事不胡行頗知礼義術識古今有近貴親賢之德有應上和下之能不以功名為念豈將冠冕磨礱但領鄉民称領袖何須天府沐皇恩此則豐饒之命鸞幃會合須早長子嗣森然有挺荣運行初癸卯上人底下未斷平生甲辰運中世情濃又淡淡處又還濃乙巳運中幾度閑中有悶數番靜裡憂生丙午運中財源雖旺足人事尚然豐丁未運中福元昌茂當斯際還忌闌非素耗生戊申運中斬開化日千祥集簾捲香風百福增己酉運中晚年快樂一夢入佳城

壬寅年　壬寅月　戊子日　壬子時

此八字戊子日元相配柱中水木才殺之格喜逢印綬生身女人得此生於右族長配衣襟椿萱有倚奚雙老天邊鴻鴈各搏風其為人也姿顏闌朗髮貌超群治家有道處事克勤衣冠濟濟三從備家業昂昂四德新每懷丸膽意時抱擇隣心丈夫有半臂之權待人有玉石之分紅日點穿湘水碧白雲堆破碧山青雞鶵難飛易喜易嗔停看夫榮子貴重重帔服榮時此則榮顯之命良人同屬棣梁客子嗣生成奪錦人運行初辛丑上人庇下繁秀閨門庚子運中匹配名門友花從錦上增當此際來生貴子一番家內座公卿己亥運中叢雄沼沛澤同沐帝王恩戊戌運中光華疊疊沛澤紛紛丁酉運中重重榮贈當斯際有子高科又贈歸須史風雨雨過山青丙申運中無限韶華恩澤廣果然羅綺贈千層中字之中風雨還侵乙未運中彩中加彩色紅上贈紅英甲午運中晚年閑快樂癸巳運中一枕入巫峯

壬寅年　壬寅月　癸巳日　乙卯時

此八字癸巳貴人之日相配柱中木火傷官助才之格人生得此生於石族長於高門椿父先歸萱後別天邊鴻鴈不同群其為人也丰姿清秀天性聰明胸羅今古事學識聖賢心謀動君子威伏小人大山北斗千年在和氣春風四座傾終是功名客豈為田舍翁嘉谷不早實名利當晚成三載登科非吾願自有仁風四院清此則榮暮之命鴛幃水命須年少子嗣雙雙有晚榮運行初癸卯上人庇下未斷平生甲辰運中欲遂平生志須加灯火

工乙巳運中雪案須留苦志天階未許榮登丙午運中幾欲思高慕遠番成剪雪栽冰丁未運中時來機會好寄跡入橋門戊申運中藏器待時時必達時來天府便承恩己酉運中黎花皎父母政化洽西東庚戌運中晚年樂故里辛亥運中一枕入巫峯

壬寅年　壬寅月　甲戌日　甲戌時

此八字甲木相配柱中火土食神重犯謂官助才之格背祿重逢減吾貴氣主人椿萱不相守鴻鴈各行聯其為人也丰姿清爽天性機關不慈不勇方可貞知高識下近貴親瞶煙柳依依遮比斗雲梘疊疊隱南山才源有分清閑好官貴無緣誓不貪簪冠朝榮府東䢱拜諸天此則清傑之命運行初癸卯上人庇下春苑春山甲辰運中投師牽業听法談玄乙巳運中退不後步進之不前丙午運中人道閑中快樂幾多人事逃遁丁未運中片雲

蔽月伉伯嬋娟戊申運中琴樽風月閑生計金玉松鶴伯歲寒己酉運中乾坤清氣歸詩句江海春雲上細聞庚戌運中德過且過得閑且閑辛亥運中青春有限夢入溫盤

壬寅年　壬寅月　壬辰日　丙午時

此八字壬辰魁罡日相配柱中木火食神助才之格亦有壬騎龍背之喜主人生於右族長於高門金木椿萱双脫茂天边鴻鴈各行分其為人也丰姿清秀天性聰明断曲理直處事公平過火黄金量十分重色离雲皓月有万里清風祖業添新慶根源勝旧風五湖生計好四海禄源增田園有意生涯小廊廟無心宇宙輕此則豊盛之命死𢤱運珠須配小子嗣生成貴顯荣運行初癸卯上人庇下未断平生甲辰運中隱隱輕雷抽碧笋微微細雨發紅英乙巳運中小池雨過添新綠深谷春来發旧紅丙午運中桃李千般錦江山一畫屏丁未運中歲四時佳趣主萬古門庭當此時風雲滿空戊申運中天上三陽泰人間五福增己酉運中放鶴徐行三徑晩福緣留醉一壺春庚戌運中無憂無慮辛亥運中一枕清風

壬寅年　壬寅月　辛丑日　辛卯時

此八字辛丑日主相配柱中水火財官之格財盛生官終身有慶人生得此生於右族長於名門耐晚春萱不同壽天邊鴻鴈各分行其為人也丰姿清秀天性果剛頗明書理倜儻以情孝岗不精顏孟業詩書也會二三分樓臺疊疊生涯好才帛盈囊又積倉田園條格茂畝畝稻糧與但碩一生多綏福何必思燈天子堂此則穩富之命死怫速綵用破敵子嗣秋成貴显郎運行初癸卯上人庇下未斷風清甲辰運中如花向日枝枝艶似笋穿泥節節長乙巳運中水向石邊流出冷風從花底道来貿丙午運中財源盈足風雪尤生丁未運中門迎珠履三千客屏列金釵十二行戊申運中于蓋于蔔乃積乃倉己酉運中一夢黄粱俤玄也楚妃詞下以吴歎

壬寅年　壬寅月　庚子日　丙子時

此八字庚子日主相配柱中木火才杀之格傷官制杀有印人生得此生於右族長於仁門會令椿萱双晚贈天邊鴻雁各行鳴其為人也丰姿清秀天性聰明胸藏万古英雄事志抱三場錦綉文遇火黃金重長價離雲皎月倍清明終是功名之客豈非田舍之翁龍飛九五青天上鵬繫三千翰海達一從姓字儒揚後九天雨露沐

皇恩此則榮貴之命比悼連珠須第硬子嗣秋氣有挺榮運行初癸卯天宮有日雲荊棘江湖之風浪自生甲辰運中篤孝居親巷潛心對一經乙巳運中雪案須留吾志天階未許榮登丙午運中到此始々文章好長安道上烏啼鞋丁未運中驛中曉伯催行站江上青風促去程正當之際風雪滿途戊申運中有積應有祿未許綠元豐己酉運中榮沛故里子貴重榮庚戌運中一枕清風

壬寅年　壬寅月　己亥日　乙亥時

此八字己亥日元相配柱中木火殺生印綬之格人生得此才神在柱運行官入南方主人生於右族長於高門椿萱難悅別鴻雁各行鳴其為人也丰姿清秀天性聰明千古文章運榮耀一天星斗煥心胸驪珠照魏光难掩雷劍生豐氣自充終是功名之客豈為田舍之翁雲程坦坦登天去應是悠悠名利成一日風雲相際會九五天門沐寵榮此則榮貴之命鴛幃金土潤子嗣晚光榮運行初癸卯上人庇下雲月朦朧甲辰運中欲窮千古事須加繼晷功乙巳運中鵬路高搏知健翼跳門深躍見脩鱗丙午運中獄折斤言民訟息九天雨露再加陞當此之際風雪滿庭丁未運中誠信兩迁金紫貴十郡山河化日明戊申運中正欲待成瑚璉西風興動矣己酉運中春光去也一枕清風

壬寅年　壬寅月　癸巳日　癸亥時

此八字癸巳日元相配柱中木火傷官助財之格人生得此生於古族長配仁門椿父先歸萱後別天邊鴻雁各行群其為人也手姿清秀髮精神有針線之巧立業之能翁姑翁先別妯娌向情輕勝丈夫氣槩有男子財能風送芰荷香滿院日均花募發春紅斷機會效軻親訓剪髮能傳侃母心雖鐲雖化易喜易嗔雖不佩冠披服自然益旺夫門此則旺足之命良人連珠高一載子嗣秋來二果馨運行初辛丑上人庇下毓秀閨門庚子運中雖是夫門財業旺旺中尚有事虧盈己亥運中雖則安閑行樂順還愁人事有災生戊戌運中一抹曉烟迷芍藥半泓秋水浸芙蓉丁酉運中柳嫩不禁三月雨花殘猶忌五更風過此丙申運中春光都去也一桃入巫峯

壬寅年　壬寅月　癸巳日　壬子時

此八字癸巳貴人之日相配柱中木火傷官助才之格只嫌刑破減我功名主人生於弋弁之族長於清白之門椿父先歸萱後別天邊鴻雁各西東其為人也丰姿清秀天性聰明李開頗知今古筆鋒稍有威稜般般稍覽件件不精風月處友謫洒容情祖業須重立根源再整新雖不成名利生平近貴人施恩惹怨布德成嗔鄉民仰德閭里推尊此則特達之命鴛幃有犯須重續子嗣秋來假當真運行初癸卯幼年之下福祿平生甲辰運中世事宛如春夢人情薄似秋雲乙巳運中乍雨乍晴留客景或寒或暖困人春丙午運中雖則行藏有慶還愁絃斷傷情丁未運中有得有失有喜有驚戊申運中威權有布人欽伏才帛盈隆福祿增申字之中如履薄冰己酉運中晚年開快樂花放尚風生庚戌運中歸去也

壬寅年　壬寅月　壬申日　乙巳時

此八字壬申之日相配柱中木火食神助才之格人生得此生於右族長於名門椿萱有倚如無倚鴻鴈聯群又斷群其為人也丰姿清秀天性聰明般般稍覽件件不精水光浮座盃盤瑩花氣侵人咲語聞萬里無雲天一色三秋好景月常明五湖生計好四海祿元增笙歌沸處曾行樂羅綺叢中幾醉醒得意江山詩句健忘情日月酒杯深但願才源富足何須天府求榮此則穩厚之命鸞幃有犯須年敵子嗣榮門晚節馨運行初癸卯上人庇下未斷平生甲辰運中小池雨過添新深谷春来發旧馨乙巳運中正是梅青并月白還應微雨弄晴丙午運中得中有失暗内还明丁未運中雖則才源旺是幾多人事虧盈戊申運中有名闘富貴無事不從容己酉運中晚年快樂庚戌運中一枕巫峯

壬寅年　壬寅月　丁亥日　壬寅時

此八字丁亥日貴之辰相配柱中水木官印之格有官有印無破作廊廟之材丁壬作合太過事不十全主人生於右族長於門門椿父先帰萱後別天邊鴻鴈各搏風其為人也丰姿磊落天性聰明頗窮黄石畧稍識聖賢經笋長名園過旧竹花開上苑勝先春終是功名客豈為田舍翁三跳御溝沾寵渥萬家灯火樂昇平旗穿曉日雲霞襯山倚秋空劍戟明此則武貴之命鸞幃有犯須招副子嗣生未尚座生運行初癸卯上人庇下未斷平生甲辰運中青帰柳葉晴初変紅入花花燰未匀乙巳運中不労窓下觀書史慈喜天邊雨露悲丙午運中啾啾声名重滔滔祿位榮須吏風雨雨過山青丁未運中雖則威權根作还愁雲月朦朧戊申運中正宜食俸祿何事便思籌己酉運中無思無慮庚戌運中花落月沉

壬寅年　壬寅月　丁丑日　庚戌時

此八字丁丑日元相配柱中水木官印之格人生得此生於右族長於名門萱毋先帰椿後別天邉鴻鴈各行鳴其為人也丰姿清雅天性老誠般般稍覧件件不精有近貴親賢之徳應上和下之能終是功名之客豈為田舍之翁律法父誇勞案牘功名須籍筆刀成佇看頭角聳職位疊加陞此則吏貴之命鸞幃有犯須偏正子嗣秋来始有成運行初癸卯上人庇下未斷平生甲辰運中貴人相指引揮筆入公門乙巳運中去除巾幘簪烏帽厤衣換得緑衣新丙午運中皇恩有感重加禄百萬粮儲日用心丁未運中除奸捉悪聲名顯還愁須見晦相侵過此戊申運中黎民皈父毋精光拂綵新巳酉運中晚年閑故里庚戌運中一枕入巫峯

壬寅年　壬寅月　丙戌日　己亥時

此八字丙火日元相配柱中水木殺生印綬之格人生得此生於右族長於名門椿父先帰萱後別天邉鴻鴈各行群其為人也丰姿清秀天性聰明謀動君子威伏小人般般稍覧件件不精高人起敬貴客相欽出土黄金重長價離雲皎月倍清明祖業添新慶根源勝舊風萬象光華沾沛澤四時佳趣瑞祥生田園桑柘茂畝畝稻粱馨花無桃李非春色人有笙歌是太平無慮盡傳詩禮樂有朋来自遠方親雖不青驄肥馬自然財禄豐盈此則穩厚之命鸞幃有犯須招贈子嗣榮門孝且忠運行初癸卯上人庇下化日陽春甲辰運中娟娟梅月白灼灼葉中英乙巳運中雖則行藏有慶也愁人事虧盈丙午運中財源滚滚家居好旺中尚有事回循丁未運中世事有增有减財源或廢或興戊申運中威權有布人欽伏財帛興隆福禄增當此之際晦耗還生己酉運中子貴孫賢家業旺何愁白髮鬢邊生庚戌運中人生從此別無復見儀形

壬寅年　壬寅月　甲辰日　辛未時

此八字甲辰日相配柱中金火傷官助財之格木在春生處世安然必壽遇斯命者生於右族長於名門水土椿萱萱歲長天邊鳴鴈有行隨其為人也丰姿清秀天性聰明知高識下理白分清謀動君子威伏小人遇火黄金重長價離雲皎月倍清明五湖生計好四海福元增有心於貨利無意慕攻名得意江山詩句健忘情日月酒盃深業陳貫朽行藏好何須跨馬入青雲此則豐盛之命鴛幃連珠須配長子嗣森枝有繼榮運行癸卯清刄之地花柳風生甲辰運中可觀桃李紅紅色且喜清宵淡淡晴乙巳運中一枝梅破臘萬象漸回春丙辰運中桃李千谿錦江山一畫屏丁未運中財源富足家居好素耗閑非尚腦人戊申運中經霜松柏儼然秀冒雨芝蘭分外青己酉運中晚年閑快樂會友以閑樽庚戌運中訃音一播醉酒三鍾

壬寅年　壬寅月　戊子日　壬子時

此八字戊子日元相配柱中木火殺生印綬之格殺印相生名顯達只爍才神在柱減吾金紫之榮壬人生於右族長於名門椿萱双脫茂鴻鴈各行鴜其為人也丰姿清秀天性聰明世事都能瞭見般般學欠精遇火黄金重長價離雲皎月倍精神祖業添新慶根原勝旧風朝中無姓字湖海有声名兩郡春色皆喬木耆宿風流有幾人時來自有翩翩福運至依然路路通一朝機會好献舞也榮身此則田守致全之命鴛幃年長須中女子嗣生成跨灶人運行癸卯上人庇下花政風生甲辰運中青帰柳葉晴初变春入桃花煖未匀乙巳運中爆竹声催殘臘去折梅香引早春逢丙午運中名同秋月家家見声似春雷處處聞丁未運中才源富足家居好風雪飛来尚惱人戊申運中庭前竹报平安日檻外花開富貴春己酉運中春光去也夢入巫峯

壬寅年　壬寅月　壬申日　癸卯時

此八字壬申長生之日相配柱中木火食神助財之格人生得此生於右族長於高門椿父先歸萱後別天邊鴻鴈各行鳴其為人也手姿清秀天性聰明高謀遠見機關別慷慨情懷學識深出土黄金顯十分之貴色離雲皎月布萬里之清明終是公明之客豈為田舍之翁一旦謀為遂還揚三載名住首頭角嶄然聳祿位榮看次第陞此則榮貴之命鴛幃有兆雖招副子嗣榮門晚節興運行初癸卯上人庇下未斷平生甲辰運中貴人相指引祿馬旺前程乙巳運中跨馬起程登上国始知冠冕可榮身丙午運中曉日迎来倍春風促去程丁未運中皇恩有感重光顯粮草何其日用心戊申運中佐政琴堂明月服心灰解組向籬東己酉運中子貴晚年多快樂庚戌運中春風一桃永難醒

壬寅年　壬寅月　丁亥日　丙午時

此八字丁亥日元相配柱中水火財官之格人生得此生於右族長於高門椿父先歸萱到老天邊鴻鴈各行鳴其為人也丰姿清秀天性老成頗知禮義稍識古今自足自能豈無高士敬特有貴人欽水光浮座盃盤瑩花氣侵人笑語馨祖業添新慶根源勝舊風出樹桑柘茂畝畆稻粱馨花無挑李非春色人有笙歌是太平嘗將好意番成惡真心換得嗔財源富足福祿無窮雖然不是金鴦客也應鄉黨黎民尊此則穩厚之命鴛幃正副尤招副子嗣金風發異根運行初癸卯幼年之下未斷平生甲辰運中淡烟楊柳岸薄霧杏花村乙巳運中風帶雪來應覺冷鳥啼花落始知春丙午運中財源雖旺足人事尚虧盈丁未運中威權有布人欽伏財帛興隆福祿增當此之際風雪還生戊申運中雖則行藏有慶還愁閑非索耗生己酉運中延賓玩物會交開樽庚戌運中無思無慮辛亥運中一桃清風

壬寅年　壬寅月　己亥日　甲戌時

此八字己亥日元相配柱中木火官印之格人生得此生於右族長於名門椿萱雙晚茂鴻雁各行鳴其為人也丰姿清秀天性聰明般般稍覽件件不精過火黃金重長價離雲皎月倍清明自有順天之慶豈無福地之深祖業添新慶根源勝舊風田園桑柘茂畎畝稻粱多花無桃李非春色人有笙歌是太平但願一生財祿旺何必天邊沐寵榮此則豊潤之命鴛幃連珠須配小子嗣秋來有顯榮運行初癸卯上人庭下天冷雲還凍江寒風尚生甲辰運中隱隱輕雷抽碧筍微微細雨潤紅英乙巳運中雨過園桃簇錦風和堤柳拖金丙午運中到此始知時運好萬象光榮百事通丁未運中天上三陽泰人間萬福增梨花舞雪雨過山青戊申運中庭前竹報平安日檻外花開富貴春己酉運中無愁無慮庚戌運中花落月沉

壬寅年　壬寅月　丙午日　戊戌時

此八字丙午日火之辰相配柱中水木殺印之格人生得此生於右族長於仁門金土椿萱雙晚茂天邊鴻雁各行鳴其為人也丰姿清秀天性乖能雖無深計較稍有淡聰明知高識下理自分清過火黃金顯十分之貴色離雲皎月布萬里之清明祖業宜乎整事業必添新福布江山外名聞湖海中花無桃李非春色人有生歌是太平月掛瑤天多皎潔名揚湖海有光榮鄉民仰德閭里推尊此則豊勝之命鴛幃有犯須年長子嗣森枝旺足門運行初年之下災悔來紳癸卯運中如日初出似月始明甲辰運中未觀桃李紅紅色且喜湖光淡淡晴乙巳運中萬里烟雲收斂一樓明月初明丙午運中財旺福與人事美守時風雪不為驚丁未運中不獨財源富足尚祈聲勢豪洪戊申運中晚年閑快樂會友必開樽己酉運中無思無慮庚戌運中花落鳥無聲

壬寅年　壬寅月　戊寅日　癸亥時

此八字戊寅專權之日相配柱中木火殺生印綬之格人生得此生於右族長於名門金木椿萱一朝别天邊鴻鴈各行鳴其為人也丰姿清秀天性聰明知高識下理白分清謀動君子威伏小人機謀輒伏舉用人欽過火黄金重長價離雲皎月倍精神祖業添新慶根源勝舊風田園桑柘茂畝畝稲粱馨朝中無姓字囊橐是珍珠福源成岳濤威勢壓鄉民此則豐旺之命雋憶連珠須年少子嗣生成貴顯人運行初癸卯上入底下雲月朦朧甲辰運中隐隐輕雷抽碧笋微微細雨濕紅英乙巳運中萬里烟雲收斂一輪秋月常明丙午運中才如春水滔滔長福似秋蟾皎皎明丁未運中飛風吹過天邊雪從此財源福禄增戊申運中簾捲香風生百福花開上苑勝先春己酉運中人生從此别無復見儀形

壬寅年 己酉月 丙子日 戊戌時

此八字丙子日元相配柱中水土傷官制殺之格一殺一制豈是常人人生得此生於旌宦之族長於詩礼之庭椿萱榮傑萱年長天邊鴻鴈後行聯其為人也丰姿清秀天性機関不慈不勇可員可方英材而出類學問以渊源揚清激濁祛悪除奸名登虎榜身遊鵷班清名已在雲霄上逸氣还充宇宙間緋衣日煖趋金闕宝殺雲開識聖顏此則継顯之命鴛幃火命連珠配子嗣森枝顯桂蘭運行初庚戌幼年之下花衣風顛過此辛亥運中書窓勤十載雪案覧千篇壬子運中報道是龍還不性果然奪得錦標還癸丑運中片言能折獄一筆掃危㝢甲寅運中皇恩重有感金帶繫腰懸當此之際柳絮飄綿乙卯運中日遊金門下行聯鵷鷺班丙辰運中旺殺入墓何不歸閑丁巳運中心閑當得真天爵官散無憂地即仙戊午運中歸去也

壬寅年 己酉月 乙卯日 癸未時

此八字乙卯專權之日相配柱中旺合偏官助印之格人生得此生於右族長於名門萱毋先帰椿耄别天邊鴻鴈各行鳴其為人也丰姿穩厚性格老誠謀動君子威伏小人般般覧件件不精重成新事業再整旧門庭高人起敬貴客相欽遊山翫景携詩卷對月觀花把酒斟田園桑柘茂畝畝稲梁馨花無桃李非春色人有笙歌是太平好意番成悪真心招得嗔雖不建侯封爵自然鄉推尊江湖有意公卿小廟廊無心宇宙輕此則穩厚之命鴛幃水木須偏正子嗣榮門有栗盈運行初庚戌上人庇下化日陽春辛亥運中世事宛如春夢人情薄似秋雲壬子運中正是松青月白還愁微弄猜癸丑運中雖則財源旺足幾多人事鬬盈甲寅運中才源滚滚家居好須曳風雨喜還篤乙卯運中簾捲香風生百福軒門化日禄元增卯字之中雪月朦朧丙辰運中子貴晩年榮旺丁巳運中訃音一枕了平生

壬寅年　己酉月　辛酉日　戊戌時

此八字辛酉專祿之日時上偏官之格人生得此生於右族長於仁門椿萱昌遂雙雙耄鴻雁奚能隊隊群其為人也丰姿清秀天性聰明學問頗知金知筆鋒稍有威稜般般好事件件不精祖基祖業須重立才帛声名自琢成無慮尽傳詩礼樂有朋來自遠方遂名利晚成而顯達早年未遂丈夫心此則穩榮之命鶯偉宜有贈子嗣雖元新運行初庚戌運中上人庇下未斷平生亥運中欲遂平生志豈知繼界功壬子運中欵使登雲步月依然困守青灯癸丑運中文章别有凌雲志德

榮豈無觀困賓一番風雨雪霽晴明甲寅運中声名從此顯泪没一朝神乙卯運中威權有布声名重祿進才高福祿增丙辰運中悠悠晚景丁巳運中花落月沉

壬寅年　己酉月　丁巳日　庚子時　十四刻斷不同

此八字丁火相配柱中時上偏官之格丁壬作合命從才杀之論人生得此生於右族長於高門椿萱有倚雖双耄天邊鴻雁各行群其為人也丰姿清秀天性聰明學問三冬足詩書萬卷通終是功名之客豈為田舍之翁璦林雖不忝高宴也應天府沐皇恩晚年此小風波過一番進退又加陞此則榮貴之命運行到庚戌運中上人庇下未斷平生辛亥運中十年窗下營黃卷與青灯壬子運中幾歎思高慕遠畫成冒雪衝風時來風送滕王閣

果然誇馬上神京癸丑運中三疊陽関斟别酒九重九府沐深恩甲寅運中紅蓮幕下清如水蒞政黃堂德望新當此之際一番跋踄過世事妻始加陞過此乙卯運中化日輝千里彤雲不放晴丙辰運中子貴沾恩澤丁巳運中黃粱夢不醒

壬寅年　己酉月　戊午日　壬子時

此八字戊午日丹之辰相配柱中金水傷官制殺之格才神在柱減我功名主人生於石族長於仁門萱父先歸椿後別天邊鴻鴈各行群其為人也丰姿清秀天性老誠行藏果斷作事更能有抵雪欺霜之智應上和下之能祖業華故事務更新山能觀南北路能履西東栁陌花街曾駐步詩情酒債必留心常為萬里客有愧百年身見戚非為戚非親都是親常將好意番成惡每把真心換得嗔滿世功名身外事五湖風月樂怡情此則發福之命驚慌有碍須招副子嗣虧中始有盈運行初庚戌上人庇下淡淡春雲辛酉運中春歸栁葉晴初変紅入桃花煖未匀壬子運中雖則行藏有慶也愁人事虧盈癸丑運中財源有得失人事尚困滯甲寅運中千里関山千里念一番風雨一番驚乙卯運中到此始知財祿旺滿門祥瑞氣氤氳丙辰運中歲寒松尚茂秋老菊尤馨丁巳運中春光如捻指一枕了平生

壬寅年　己酉月　甲寅日　癸酉時

此八字甲寅專祿之日相配柱中旺金正官之格正官者貴氣之物也主人生於右族長於名門椿父先歸萱後別天邊鴻鴈各行鳴其為人也丰姿清秀天性聰明立仁立義多見多聞行藏果剛作事老成般般稍覽件件不精有近貴親賢之德應上和下睦之能笋長名園過旧竹花開上苑勝先春終是功名之客豈為田舍之翁一旦謀為遂還揚三考名佇看頭角嶄光耀旧門庭晚年光景好德澤惠軍民此則榮貴之命驚慌有犯須重續子嗣秋来始有成運行初庚戌上人庇下未斷升沉辛亥運中揚帆風正順機會便成名壬子運中勞形案牘多光霽雨晴跨馬上神京癸丑運中去除巾幘簪烏帽麻衣換得綠衣新甲寅運中幾回田里閙榮樂一旦重沾雨露恩乙卯運中黎民歸父毋德澤惠軍民丙辰運中莫恋恩波洽宜思故里尊丁巳運中春光去也花落月沉

壬寅年　己酉月　壬辰日　丁未時

此八字壬辰魁罡之日相配柱中金土官印之格女人得此生於右族長於配名門椿萱堂前露晞日妯娌翁姑分上輕其為人也姿容清秀髮兒精神勝丈夫之氣槩有男子之材能雲收雪霽千山秀水到湘江一派清每懷允膽意時抱擇隣心衣冠濟濟三從備家業昂昂四時新难觸雅犯易喜易嗔佇看夫榮子貴也應福祿無窮此則榮貴之命鴛幃良人得配榮華客子嗣秋來有挺榮運行初戊申上人庇下未斷平生

丁未運中名園雖雨過桃李乘生英丙午運中雖則夫門多快樂幾多人事尚亏盈乙巳運中淡烟楊柳岸薄霧杏花村甲辰運中秦辦沾沛澤福祿享無窮當此之際風雨還生癸卯運中光華疊疊沛澤紛紛外字之中如履薄氷壬寅運中粧樓人去也臺鏡捲晨明

壬寅年　己酉月　戊戌日　丙辰時

此八字戊戌魁罡之日相配柱中金木傷官制殺之格人生得此生於右族長於天堂椿萱不相守鴻雁各分行其為人也手姿清雅立行端方智足以決疑量足以包荒聰明書藝遠凋倘世情長終是功名之客豈為田舍之郎少年一旦將身淨贏得声名根八荒一世赤心扶日月萬年社稷撇相封巾此則衛顯宦之命運行初庚戌上人庇下苦恨何當辛亥運中声名從此顯泪沒一朝揭壬子運中恩光從此布寵渥在椒房癸丑運中皇恩浩浩雨露洋洋甲寅運中內外權威烜赫忠心扶助朝綱乙卯運中弥綸天地燮理陰陽丙辰運中老來尤鞠國年高未許閑丁巳運中晚年閒逸樂樽樂綢繆戊午運中春光去也流水湯湯

壬寅年　己酉月　甲子日　癸酉時

此八字甲子日主相配柱中金水官印之格有官有印無破作廊庙之材主人生於武族長於名門椿萱荣耀鴻鴈分鳴其為人也丰姿清秀天性頗能不慈不愛有武有文過火黄金運赤色離雲皎月陪清明終显弓馬之客豈享田舍之翁三跳御瀟沾寵渥百年喬木挺楓宸旌旗耀日雲霞襍山倚秋空劍戟横此則武貴之命鴛幃連理偕年少子嗣生成貴显人運初行庚戌上人庇下未斷吉凶辛亥運中雨過雲还惨江空風尚生壬子運中水向石边流出沼風從花底過来香癸丑運中時来機會好運至显光荣甲寅運中耿耿声名布深深雨露均一番風雨雨過山青乙卯運中正宜展奇策未許便閑身丙辰運中子荣從客故里丁巳運中一夢飛入蓬瀛

壬寅年　己酉月　辛丑日　丁酉時

此八字辛丑日元相配柱中金土發生印綬之格丁壬作合有功過斯命者生於良族長於高門椿萱有倚先彫父天退鴻鴈各行鳴其為人也丰姿清淡天性老成頗知禮義稍識古今行藏果斷作事乎能過火黄金重長價離雲皎月倍清明重成新事業再整舊門庭福布江山外名聞湖海中西都秋色皆喬木舊風流有幾人花無桃李非春色人有笙歌是太平身將隱矣文何用人不知之味更真才源旺足平生好身外無名了此生此則發福之命鴛幃重合晉子嗣晚光榮運行初庚戌上人庇下未斷平生辛亥運中春園雖雨過桃李来生英壬子運中世情濃又淡淡處又還濃癸丑運中着意種花花不發無心插柳柳成陰甲寅運中庭前竹報平安日檻外花開富貴春乙卯運中門楣壯觀樓閣凌雲丙辰運中無思無慮丁巳運中花落月沉

壬寅年　己酉月　己酉日　丙寅時

此八字己酉之日相配柱中金火傷官用印之格正謂己臨木局時見丙寅乃顯簪纓遇斯命者生於右族長於名門椿親荣贈难双耄天邊鴻鴈獨飛鳴其為人也丰姿清秀天性聰明胸羅今古事學識聖賢心嚴句妙為天下白高材俊似海東青終是功名之客豈為田舍之翁鳳凰池上客龍虎榜中人一從姓字傳臚後金紫荣看次第陞此則荣貴之命鴛帏有犯須招硬子嗣秋来有挺荣運行初庚戌上人庇下未断升沉辛亥運中讀殘第

店月囊聚棨頭螢壬子運中禹浪三層都躍過朝班粉署職權衡癸丑運中郎署官函何足羡大夫職位貴重陞須叟進退不損權名甲寅運中江山迎五馬花柳拂双旌當此之際風雪還生乙卯運中皇恩有感重加祿金麟先照紫微宫丙辰運中荣田故里丁已運中花落月沉

壬寅年　己酉月　庚申日　甲申時

此八字庚申專祿日相配柱中水木傷官助才之格人生得此生於右族長於名門椿萱有倚難双耄天邊鴻鴈各行鳴其為人也丰姿清秀天性聰明筆底詞源三峽水胸中營潔一天星驪珠照魏光難掩雷劍生豐氣自充終是功名之客豈於田舍之翁學問有成青取秋闈深得意英材敏捷誰知金榜不馳名從看沼寵渥金紫職階陞此則荣貴之命鴛幃有犯須招贈子嗣秋来有挺榮運行初庚戌上人庇下霽月光風辛亥運中朝親孔孟

日近顏曾壬子運中欲速不達揚帆待風癸丑運中駕一時之鶴馭奮萬里之鵬程甲寅運中幾年困守播門内一朝天府沐皇恩乙卯運中千里仁風揚遠近雨晴祿位又加陞丙辰運中晚年歸故里有酒且盈樽丁已運中花已落月尤沉

壬寅年　己酉月　壬申日　戊申時

此八字壬申長生之日相配杜金土來生印綬之格人生得此生於石族長於高門椿萱連珠萱歲長天边鴻雁各飛議其為人也手姿清秀天性聰明断高理直処事公平胸襟澄傲廣量寬洪欺霜抵雪知連識輕祖業添新廢根源再整新朝中無姓字閭里有声名田園廣潤福禄駢臻得意江山詩句絶忘情日月酒盃深雖不建侯封爵貴農中積室富家翁此則稳足之命也惜連珠須配小子嗣秋來朶朶榮逢行庚戌上人底下天須雲足決江意風尚生辛亥運中青帰桃杏晴初絳紅入桃花暖未匀壬子運中爆竹声催残臘尽折梅香引早春逢子字之中如月入雲癸丑運中到此始知時運好萬里光華百事通雪梨花舞雪雨過山青甲寅運中豊年田舍禾盈與臘日山家滿帶斟乙外運中三百圓纂消日永八千美酒賞芳宸丙辰運中安閒晚景會友開樽丁巳運中帰去也

壬寅年　己酉月　戊申日　庚申時

此八字戊申之日身坐長生傷官帯財之格合禄之論只嫌寅申冲破福力稍歹其為人也多智慧有操持性不受觸心不蔵機椿萱有倚難双鴦鴻雁聯飛又各飛游山翫水携詩巻對月臨風把酒卮但惟田里好不上利名途此則中和之命鴛帳兩硬既當重叠之杯子嗣有歹須信晚年有慶運行初庚戌輕寒輕煖日不雨不晴時辛亥運中花紅柳緑燕語鶯啼壬子運中春到園林花熳爛月離海嶠色光輝癸丑運中不為惜花春起早多應愛月夜眠遲甲寅運中雖然人事廣樂處見躊躇乙卯運中延賓玩物會友弾棋丙辰運中歳寒松栢暮景桑榆丁巳運中帰去也

壬寅年　己酉月　癸丑日　癸亥時

此八字癸水拥配柱中金土殺生印寝之格亦有拱禄之意人生得此生於良族長於高堂大合椿萱雙皓首天边鴻雁合翱翔其為人也平恕雅淡性格采明淺知礼義鮮識文章月離海嶋山山秀春入園林處富方才源湖海狂姓字遠方揚重添事業一冊登門墻雖不青駿肥馬貴自然勝狂樂何當此則穩狂之命鴛幃有碍重羊敵子彫枝頭脱葉當運行初庚戌上人庇下添小生麒驥冊山出鳳凰辛亥運中雖則行藏有慶还愁人事悠揚壬子運中才源滾滾家居好一度風波辛不妨癸丑運中悲風生盈閣依舊落何當甲寅運中狂中尚有盈頭雪梅花肖添弟宅昌乙卯運中桑榆暮景行樂勝丙辰運中子賢孫秀丁巳運中一枕黄粱

壬寅年　己酉月　壬子日　壬寅時

此八字壬子日刃之辰相配柱中金土官印之格人生得此生於西室長於名門椿親獨貴萱歸室天边鴻雁各行鳴其為人也平姿清秀天性聰明頗知禮義稍識古今親賢近貴理白分清過火黄金重長價離雲皎月倍清明琴樽風月為生計金玉松筠旧歲青雖不成名利生平近貴人月掛碧天多皎潔名揚湖海有光榮但願粟陳并貫朽有金有寶也光榮此則因富致貴之命妃幃東西錦帳子嗣周鳳華麟運行初庚戌天冷雲还凍江寬風尚生辛亥運中隱隱輕雷抽碧笋微微細雨潤紅英壬子運中雖則行藏而有慶还慮閑非素耗生癸丑運中到此始知時運好万物光華百事通梨花舞雪雨過山青甲寅運中富貴榮華開快樂何愁第宅不光榮乙卯運中簾捲香風生百福軒開化日禄元增丙辰運中安閑晚景丁巳運中春夢無憑

壬寅年　己酉月　丙辰日　乙未時

此八字丙辰日德之辰相配柱中金火才官之格喜逢印綬相生人生得此生於右族長於高門椿父先歸萱耐晚天邊鴻鴈各行鳴其為人也丰姿清秀天性聰明般般秘覽件件不精行藏果斷作事老誠學問不親顏孟業筆鋒稍有威稍豈無高士敬時有貴人欽終是功名之客豈為田舍之翁腰銀不用三塲科選顯達还須九載勞勤佇看頭角聳祿位疊加陞此則榮貴之命鴛幃有犯須年少子嗣生枝晚節榮運行初庚戌上人庇下未斷平生辛亥運中藏器待時時必達時来遇貴入公門壬子運中勞刑案牘有光榮雨晴跨馬上入神京癸丑運中皇恩重有感天府沐皇榮甲寅運中幕聲名振須史風雨生乙卯寅運中祿位尊名德風烟起海城丙辰運中晚年多快樂一枕入邳峯

壬寅年　己酉月　壬戌日　癸卯時

此八字壬戌日德之辰相配柱中金土官印之格人生得此生於右族長於高房椿萱有倚先虧父鴻鴈各行鳴其為人丰姿清爽天性聰明粗知禮義稍識詩書有近貴親賢之德應上和下之幾見善則持於己當仁不讓於師終是功名之客豈為田舍耕鋤不就三塲選好將刀筆施六曹知古律三語覺今非佇看頭角聳德澤惠黔黎此則榮貴之命鴛幃得配能家女子嗣秋来有出奇運行初庚戌上人庇下未斷高低辛亥運中淡煙楊柳岸薄霧杏花堤壬子運中勞形案牘多光霽雨晴跨馬入雲衢癸丑運中去除巾幘簪烏帽管取麻衣換綠衣甲寅運中困守家門內一旦時来天府聽榮除乙卯運中幕聲名職顯何其解組懸車丙辰運中子貴晚年重又贈丁巳運中春歸花落鳥空啼

壬寅年　己酉月　戊午日　己未時

此八字戊午日月之辰相配柱中金木傷官制殺之格人生得此生於溫潤之族長於穩厚之門椿萱有倚難雙耄天邊鴻鴈各行鳴其為人也丰姿清秀稟性聰明頗知禮義稍識古今有近貴親賢之德應上和下之能重成新事業再整舊門庭福布江山外名聞湖海中無慮盡傳詩禮樂有朋來自遠方親花無桃李非春色人有笙歌是太平雖不建侯封爵自然鄉黨推尊此則特達之命篤悼重合丞子嗣晚登庸運行初庚戌上人庇下未斷平生辛亥運中風帶雪來應覺冷馬啼花落始知春壬子運中世情濃又淡淡處又還濃癸丑運中得中有失晦後還明甲寅運中着意種花不發無心插柳成陰乙卯運中沖擊之鄉還發福片時風雨尚愁人丙辰運中無思無慮丁巳運中春夢無憑

壬寅年　己酉月　戊午日　癸亥時

此八字戊午日月之辰相配柱中金水傷官助才之格人生得此生於溫潤之族長於清白之門椿萱有倚難双耄天邊鴻鴈各行群其為人也丰姿清秀天性聰明頗知禮義稍識古今謀動君子威伏小人東嶺栽松西嶺秀南園種樹北園青祖業須重立才源自首成能觀地脉知休咎善觀江山定吉凶一生自得高人敬何必求榮上帝京晚年勝似初中限始知春日色融融此則九流發福之命篤悼兒後重招水子嗣枝枝旺宅門運行初庚戌上人庇下未斷平生辛亥運中娟娟雲裏月灼灼葉中英壬子運中盃水無聲空有浪繡花雖艷不聞馨癸丑運中不意之中曾得意用心之處不如心甲寅運中天生一叢才源旺高仕欽尊福祿增須更風雨幸不成凶乙卯運中成四時佳趣立萬古門庭丙辰運中高朋滿座美酒盈樽丁巳運中青雲過也一枕難醒

壬寅年　己酉月　壬戌日　癸卯時

此八字壬戌日德之辰官印之格人生得此生於右族長於名門椿萱有倚蒼年別天邊鴻鴈不同群半姿清秀天性聰明窮今覧古李足三冬終是功名之客豈為田舍之人瓊林雖不忝高宴祿位榮看次第陞此則榮貴之命鴛幃有碍須年敵子嗣秋來有繼榮運行初庚戌上人庇下霽月光風辛亥運中朝親孔孟日近顏曾壬子運中雖則蟾宮折桂未應賜宴瓊林癸丑運中一從沐得天邊寵濟濟生徒集泮宮當屼之際一番風雨甲寅運中難星想是难留住取伐良材遇斧斤一番風雪乙卯運中仁風千里盛雨露再加陞丙辰運中榮帰田里丁巳運中夛返佳城

壬寅年　己酉月　丁巳日　壬寅時

此八字丁火相配柱中金水才官之格人生得此生於温潤之族長於穩厚之門椿萱有倚先亡父天边鴻鴈各摶風半𫇭魁偉天性忠誠作成名利客且喜近高人湖海声名播田園畝畝增恩中常惹怨喜处却成嗔佇看晚年光霽景才源豐足樂平生此則穩福之命鴛幃火命須添寵子嗣秋來尚庚生運行初庚戌未分好悪吕断平生辛亥運中雖則春光明媚何期微雨弄晴壬子運中得失相半憂喜並行癸丑運中人生正在風光处只恐閑非素耗生甲寅運中一番風雪淫此脏才名當此之際活是弄人乙卯運中天賜平安福門迎富貴春丙辰運中晚年安享丁巳運中花落月況

壬寅年　己酉月　丙寅日　癸巳時

此八字丙寅長生之日相配柱中金水才官之格才藏生官終身有慶本顯科第成名官殺混雜事不十全主人生於右族長於名門椿父先歸萱耐晚天邊鴻鴈各行群其為人也丰姿清秀天性老誠行藏覺瀟洒唉傲任椿榮世事頗能將就般般學久精通雖不成名利終身作貴人祖業添新慶根原勝舊風高人起敬貴客相欽遊山翫水尋書卷對月觀花把酒斟福布江山外名聞湖海中非吏非儒非汗馬也應頭角崢嶸此則晚顯之命篤幨有犯須招副子嗣金風有挺榮運行初庚戌上人庇下未斷非沉辛亥運中如花開上苑似月皎中庭壬子運中雖則行藏有慶也愁人事虧盈癸丑運中貨利交通千里外須臾風雨未為驚甲寅運中人生正在風火憂尚有閑非素耗生乙卯運中富貴榮華當此際何愁人事不亨通丙辰運中春夢無憑

壬寅年　己酉月　甲寅日　甲子時

此八字甲寅專祿之日相配柱中金土官印之格人生得此生於右族長於名門椿父先歸萱後別天邊鴻鴈各行鳴其為人也手姿清秀天性聰明善决善斷多見多聞有近貴親賢之德應上和下之能萬里春風行樂頌四特佳趣瑞祥生祖業雖重立根源再整新不向仕途求聞達却來湖海覓黃金得意江山詩句健忘情日月酒盃深花無桃李非春色人有笙歌是太平雖不建候封爵自然潤屋潤身此則穩厚之命篤幨有尅須招土子嗣榮門孝且忠運行初庚戌上人庇下未斷平生辛亥運中世事究如春夢人情薄似秋雲壬子運中雖則行藏有慶也愁絃斷重新癸丑運中正是梅青月白還愁微雨弄情甲寅運中得中有失悔後還明乙卯運中千里關山才祿旺須臾風雨素何蘢丙辰運中子貴孫賢家業旺丁巳運中一枕入巫峯

壬寅年　己酉月　癸卯日　甲寅時

此八字癸卯日貴之辰煞生印綬之格亦有刑合之意甲己作合有功遇斯命者生於茂族長於高門丰姿磊落天性聿能學問三冬足詩書萬卷通嘉穀不早實大器向晚成一朝沐得天還寵耿耿声名四境聞此則業顯之命鴛幃宜有贈子嗣秀秋英運行初庚戌上人庇下花栁分春壬子運中讀書映雪觀史引燈癸丑運中幾欲思高慕遠畨成剪雪栽氷甲寅運中寄跡橋門十載寒毡陰硯辛勤乙卯運中處事但憑三尺法理刑渾似一團春丙辰運中仁風揚遠近政化洽西東丁巳運中榮回故里戊午運中春夢無憑

壬寅年　己酉月　庚申日　辛巳時

此八字庚申專祿之辰陽刃合刃之格女人得此生於茂族配於高門姿容閨朗髮兒起群治家有理處事克勤勝丈夫之氣槩有男子之材能深明閨壼理洞識古今情錦綉花闈家富貴琅玕竹報日昇平此則穩福之命良人同屬雖偕老子嗣花前果後成運行初戊申香閨之內未断平生丁未運中匹配名門叐花鋪錦上增丙午運中雖則夫門才業駈駈中尚有事迍邅乙巳運中平坡防有穽崚嶺豈無驚過此甲辰運中重添新氣象再整仪容癸卯運中夫榮子秀樂意忘情壬寅運中暮年安享辛丑運中一道訃音

壬寅年　己酉月　丙辰日　庚寅時

此八字丙辰日德之辰相酏柱中金水才殺之格人生得此生於良族長於高門萱母先歸椿後別天邊鳴鴈各行鳴其爲人也丰姿清秀天性聰明知高下識重輕頗知礼義稍識古今高人相敬貴客相歎萬里無雲天一色三秋好景月長明祖業添新慶根源勝旧風遊山翫水携詩卷對月觀花把酒斟坐歌沸處曽行樂羅綺叢幾解醒好意番成恶真心換得嗔五湖四海生涯好時来因富也成名此則富貴之命死歸有犯須偏正子嗣栄門

晚節香運行初庚戌上人庇下未断平生辛亥運運中如日初出似月始升壬子運中正是雲騰旋月徵雨弄晴癸丑運中不意之中曽得意用心之處不如心甲寅運中雖則遨遊湖海幾多人事斷盈乙卯運中才源滾滾家居好尚有開非耗晦生丙辰運中有名聞富貴無事樂平生丁巳運中子貴晚年榮贈何期一夢難醒

壬寅年　己酉月　癸卯日　甲寅時

此八字癸卯日貴之辰殺印之格傷官合殺有功遇斯命者丰姿磊落天性豪洪當仁不讓見善則欽窮今覽古博古通今終是文墻英顕客豈爲田舍鑿耕人瓊林雖忝高宴自有仁風四遠聞此則榮貴之命鶯帏宜硬須招贈子嗣秋来孝且忠運行初庚戌上人庇下樂育無窮辛亥運中貽破泮橋霜幾板讀殘茅店月三更壬子運中歛速不達揚帆待風癸丑運中到此始知文學好習教寄跡虎闈中甲寅運中名聞遠近澤潤軍民乙卯運中

已道退藏宜謹守免得藍関遇雪驚丙辰運中悠悠離下丁巳運中一枕難醒

壬寅年　己酉月　丁巳日　戊申時

此八字丁火相配柱中金水才旺生官之格女人得此生於溫潤之族配於清白之門姿容清秀髮皃精神有治家立業之道助勤九勝之能處事無偏無黨治家克儉克勤處世素無榮辱生平喜不富貧此則旺足之命良人土命須年少子嗣花開果有成運行初戊申上入庇下未斷平生丁未運中孔雀屏開花爛漫芙蓉捉焰氣氤氳丙午運中須史風浪頃刻波平已巳運中天寒有雪欲凍抵江淵無風浪自生甲辰運中古樹含風常雨寒岩四月始知春過此癸卯運中孫賢子秀壬寅運中一枕難醒

壬寅年　戊申月　乙酉日　丁亥時

此八字乙酉專權之日相配柱中金水殺生印綬之格殺印相生功名顯達主人生於右族長於名門椿萱榮贈难双老天邊鴻鴈各竹鳴其為人也半姿清素天性聰明胸羅今古事李識聖賢心麗句好為天下白文材俊似海東青衣冠濟濟人中傑和氣怡席上珎終是功名之客豈為田舍之翁看門变化三層浪鵬路逍遥萬里程佇看姓字傳揚後秉笏朝瑞拜紫宸待漏寒光早金紫職階陞此則榮貴之命篤幃有祀須招　敵子嗣秋未有顯榮運行初己酉幼年之下未斷平生庚戌運中欲向雲中舉足須從灯下留心辛亥運中莫愁雪阻藍關道特未頃刻自飛騰壬子運中自飲瓊林後威飛郡縣驚當此之際風雪滿庭癸丑運中此運不際陞還降暫居百里秉權衡片時風雨過還陞甲寅運中佐攺黄堂民悅服職廷金紫位須登乙卯運中大抵居官只如此不如解組日安榮丙辰運中夢入佳城

壬寅年　辛亥月　乙巳日　辛巳時

此八字乙木配合金水發生印綬之格遇斯命者本顯功名何期四柱刑沖減虧福一對椿萱不耐晚鴈鴻行斷只成雙其為人也聰明書藝遠倜儻世情長須剋光華日月須臾鄙吝行藏初運平和中進退晚年依舊樂尚伴此則穩和之命鴛幃有魁須重續桂子秋深果始生運行初壬子杏風習習蘭露瀼瀼癸丑運中不泰榮華事安心只守常甲寅運中舉為進退行樂悠揚乙卯運中萬苦千辛都歷盡春來頻覺福澤昌丙辰運中軒開化日迎祥叶簫捲香風襲慶長丁巳運中沖擊之所或暖或凉戊午運中安享晚年之福己未運中夢魂杳杳泉鄉

壬寅年　辛亥月　丁巳日　乙巳時

此八字丁巳日相配柱中之水正官之格入生得此丰姿穩厚性格聰良萱母先歸椿後別鴈行天際各飛翔般般都歷覽件件只如常祖業三番四覆寸源十虛九藏自有英雄交敬果然湖海名揚佇看來晚節家業愈軒昂此則守成之命鴛幃魁後重年少桂子秋來有發芳運行初壬子上人庇下快樂安詳癸丑運中恰似洛陽三月景楊花飛處壯丹香甲寅運中一番風雪過財帛愈豐肥乙卯運中萬象光華家業盛無端彈出斷絃悲丙辰運中行藏人敬仰才旺事趑趄丁巳運中老當發旺家豐足湖海聲華日日馳戊午運中依然昌樂己未運中歸去來兮

壬寅年　辛亥月　壬戌日　庚子時

此八字壬戌日配于柱中金土殺印之格正得水居冬旺平生樂自無憂人生得此富而久壽椿萱分別早鴻鴈各飛鳴丰姿慷慨天性公平每有濟人之德素無殺害之聲祖業多華麗財囊厚積成珠履三千交好崇揄八百芳榮鄉邦尊德望何必問功名此則巨富之命鴛幃配合須偏正柱子庭前有挺榮運行初壬子幼承尊庇快樂升平癸丑運中財源來愈旺何必守書燈甲寅運中僕馬從行樂笙歌擁醉醒乙卯運中財多田宅廣珠履擁門庭丙辰運中正欲身榮沾沛澤胡為門外杜鵑聲

壬寅　辛亥　庚辰　戊子

此八字丙辰日相配柱中之水偏官之格人生得此丰姿壯重天性公平心下有濟人之德胸中無殺害之情萱母早歸椿後別鴈行天際不交鳴祖業新重慶財源自積成一聯美景無暇玉回遠財源日日生此則富厚之命鴛幃同屬尤同老桂子森森彩彝成運行初壬子幼承尊蘆絮悲生癸酉運中洞房生喜氣財帛便生成甲寅運中雪情紅紫麗樂處事相榮乙卯運中財帛豐盈家業旺無端風雪又飄零丙辰運中粟餘貫朽金玉滿堂丁巳運中蘭眺年桂秀快樂更何當戊午運中悠悠昌榮己未運中夢入仙鄉

壬寅　辛亥　乙卯　己卯

此八字乙卯相配柱中金水杀印之格人生得此丰姿洒落天性仁慈椿萱堂上相承别鴈天边各奮情歷學般般不精件件祖業重新重慶才囊自積自成但願生涯旺湖海自然財帛旺門庭此則自成之命鴛幃尅後重年少桂子光明後有奇運行初壬子上人庇下快樂怡怡癸丑運中便有財源生旺何愁人事趦趄甲寅運中椿樹已凋萱又別無端家業有興衰乙卯運中行歲雖順利樂慶又生悲丙辰運中滔滔旺家業又擬理新營丁巳運中晚年當發旺才帛積多餘戊午運中依然享用己未運中歸去來了

壬寅年　辛亥月　甲辰日　乙丑時

此八字甲木相配柱中金水官印之格主人生於茂族長於華宗椿親帶傑中途別棠棣朝陽吐異紅其為人也丰姿魁俊天性英雄頗奮干戈之勇曾留燈火之功金距鬪鷄三市北玉鞭跨馬五陵東瓊林雖不忝高宴名德光揚湖海中此則英傑之命鴛幃有碍宜偏正桂子枝頭秋色濃運行初壬子上人光庇煖日和風癸丑運中陽回喬木氣轉鴻濛甲寅運中驀地財權振作藹然桃李芳榮乙卯運中莫道一程常穩去須知吉處有微凶丙辰運中英雄惟贈劍三尺豪傑相逢酒數鍾丁巳運中雖則財名浩浩也愁人事匆匆戊午運中心事數莖白髮生涯一片青峯己未運中光陰如過隙花落水溶溶

壬寅　辛亥　甲子　乙亥

此八字甲木趨乾聯印綬之格印綬者上格也本有金紫之榮惜乎透官無氣福氣稍虧值斯象者注人丰姿清致志圓行方生於武肅之門長於文明之世椿樹先凋萱後别一双鴻雁逐雲翔學問頗知今古干戈未許威揚祖業有依宜再琢財源自覓淵篁箱但願子孫蒙至澤晚年光彩耀鄉邦此則安榮之命鴛帳招賢須遇土桂蘭藹藹發秋香運行初壬子上人庇下其樂何當癸丑運中梅須讓雪三分白雪亦輸梅一段香甲寅運中竹志花蝴蝶花貪竹鳳凰乙卯運中財源滾滾家居好福慶滔滔第宅昌當此之際跌跌無傷丙辰運中洛湯三月景又被顛風攪一場丁巳運中延賓玩物會交流觴戊午運中享子孫之福慶樂老景之常康己未運中一自知音歸去後高山流水自湯湯

壬寅年　辛亥月　甲寅日　癸酉時

此八字甲寅日相配柱中金水官印之格正謂有官有印無破作廊廟之材人生得此丰姿厚重天性英賢椿観先别萱存晚鴻雁天邊不共聯祖業重華麗聲華一旦傳泮林行到橋門去榮沾寵渥撫黎元此則榮顯之命鴛幃魁後重年少桂子秋来孝義全運行初壬子上人庇下花放風顛癸丑運中志思登仕路風雪洒窓前甲寅運中風飄揚柳絮未得到長安乙卯運中到此漸知行樂順陽関三疊拜金臺丙辰運中榮沾雨露千里威權丁巳運中金紫榮遷權任重未應藩下乞身閑戊午運中悠悠樂處己未運中一夢九泉

壬寅　辛亥　辛酉　戊子

此八字金生水傷官之格亦有朝陽之意人生得此貴顯晚年椿萱雖並鶺鴒不成聯丰姿灑落性格良賢學問有成素志十年遊泮水英才卓冠芳名一旦達長安橋門踏出朝天去榮沐恩波秉大權此則榮顯之命鴛幃水命須年少桂子秋來朶朶妍運行初壬子庇佑之下不煖不寒癸丑運中志思登仕路窓下讀殘篇甲寅運中遨遊泮水未必名傳乙卯運中執卷幾回探月時來方離寒氊丙辰運中榮沾新雨露黎庶聽鳴絃丁巳運中重還禄位未許回轅戊午運中榮回籬下樂己未運中花落怨啼鵑

壬寅年　辛亥月　戊戌日　己未時

此八字戊土生於亥月財官之格其爲人也丰姿穩厚有剛斷明敏之事能取方圓之德堂上椿萱有倚庭前棠棣無緣祖基祖業還添慶財帛貲囊再琢磨此則守己之命鴛幃得合桂子芬芳運行初壬子癸丑上人庇下無榮無辱不煖不寒甲寅乙卯運中雖則行藏而有慶人情還似半開梅丙辰運中財源滔滔長福似月離雲丁巳運中冲擊之所一番進退戊午運中上五年優悠享福下五年一夢巫峯

壬寅年　辛亥月　壬戌日　己酉時

此八字壬戌日德之辰相配柱中金土官印之格正謂有官有印無破作廊廟之材人生得此丰姿莊重天性剛忠萱母先帰椿萱別鴈行天際武成功錦綉胷藏賢聖學珠璣口吐武文風禹浪三層連躍過棠沾寵渥虎風雄此則宰輔之命鴛幃正副双諧老桂子文榮武有功運行初壬子幼年之景霽月光風癸丑運中路遂平生志宜加董子功甲寅運中騰踏飛黄沾寵渥禄元階進勢豪洪乙卯運中威壓百僚騰肅氣揚清激濁播清風丙辰運中須臾阻節權依旧雪霽棠看位再封丁巳運中身膺瑚璉貴權任棟梁洪戊午運中儀刑四海己未運中夢入巫峯

壬寅　辛亥　丁巳　乙巳

此八字丁火生於亥月正官之格本顯功名只嫌四柱沖刑減兮福力萱親先别椿遲殞鴻鴈無行形影單其為人也悪上和下随方逐圓順則天晴氣朗逆之風怒濤翻姓字不登天闕生涯發旺市廛歷風霜於早歲全福壽於晚年此則穩旺之命鴛幃有赸續絃土命乃天緣子嗣無多戲舞班衣承父業運行初壬子少年之景或煖或寒癸丑運中雨過江山欝秀雲開星月輝梢甲寅運中生計有增春潟蕩鴛鴦分散恨綿綿乙卯運中不着意中曾得意但劳力震事徒然丙辰運中貴人擡路滔滔順縱有崎嶇我尚安丁巳運中門闌增彩色財福廣增添戊午運中有子克家吾快樂滿堂賓客擁華筵己未運中訃音播也萬古難還

壬寅　辛亥　己丑　甲戌

此八字財官之格財盛生官終身有慶椿父早歸萱後别西風鴻雁不同飛其為人也雖無深智慮稍有淡操持悪不遜善不欺祖業應加立根基再豫齊遊山翫水携詩軸對月臨風把酒巵但使一身無寵辱何須跨馬到邦畿此則平穩之命鸞幃水命須年少子嗣先難晚發輝運行初壬子慈親庇下安樂何如癸丑運中雨過園桃簇錦風和堤柳垂綠甲寅運中親昆難倚托百事自撐持乙卯運中得非為喜失未為悲丙辰運中惜花春起早愛月夜眠遲丁巳運中家居壯觀田畝膏腴戊午運中如松含晚翠似菊綻秋籬己未運中訃音播也萬事皆虛

壬寅年　辛亥月　丁巳日　戊申時

此八字丁火配合柱中之水正官之格寅申巳亥四座長生人生得此必顯光榮萱親先别椿父後行其為人也應上和下理白分青學詩學禮多見多聞春入水光成嫩綠日匀花影發新紅必是功名客豈為田舍翁一朝雲霧起蛇莽化成龍此則貴達之命鸞幃土命双偕老子嗣枝頭挺秀榮運行初壬子烟花慘淡雲月朦朧癸丑運留意螢牕下専心雪案中甲寅運未遂青雲志何時路始通乙卯運不意之中頗伸志寒氊陰硯每相從丙辰運到此始知名德顯果然恩拜九重封丁巳運皇恩有感禄位髙崇戊午運消閑棋一局遣興酒三鍾己未運一夕不来都是夢落花片片水淙、

壬寅年 辛亥月 辛酉日 辛卯時

此八字辛酉專祿日相配柱中水木傷官取才之格傷官者剛毅之格也主人生於遊宦之族長於閥閱之門萱毋賢能椿曡貴天边鴻鴈各行分其為人也丰姿清秀天性機能千古文章逞榮耀一天星斗煥心胸驪駒自是清朝物律呂偏偕治世音終曡功名之客豈為田舍之翁龍門变化三層浪鵬路逍遥九萬程一朝姓字傳楊後祿秩榮看次弟陞此則榮貴之命鴛幃連理須配少子嗣生成貴曡人運初行壬子上人榮庇天净雲还淡江空風尚生癸丑運中十年窓下苦時至步蟾宮甲寅運中踏過禹門三級浪濟濟衣冠拜九重當此好風雪特侵乙卯運中郎署官榮何曡耀大夫金紫貴重陞丙辰運中十郡山河吾耿掌九天恩詔自加陞还愁須吏風雪雨過山青丁巳運中赤心扶日月忠志展經綸戊午運中子貴榮歸樂東籬菊酒新已未運中繁華已矣春去無憑

壬寅年 辛亥月 己亥日 乙亥時

此八字時上偏官之格食神制伏為良其為人也行藏知進退動用可圓方椿萱雙耄中途别鴻鴈聯飛又失行祖基祖業添新慶財帛資囊勝舊芳市廛生意好畎畝稻粱香但使清樽花下醉任教白髮鬢邊生此則守成之命鴛幃土命須年少子嗣崇門晚愈芳運行初壬子未分榮辱曷斷灾祥癸丑運中如花向日枝枝艷似笋穿籬節節長甲寅運中雖則行藏有慶幾多人事悠揚乙卯運中但得高人指引果然行樂勝常丙辰運中正是梅清并月白何愁第宅不風光丁巳運中冲擊之所悲喜兼行戊午運中安享晚年之福己未運中一宵夢入泉鄉

壬寅年　辛亥月　丙午日　己亥時

此八字丙午日刃之辰相配柱中水木來生印綬之格人生得此生於右族長於仁門椿父早歸萱後別夫遺鴻鴈各行鳴其為人也丰姿清秀天性聰明世事頗能將就般般孝欠精通祖業須重立根源再整新豈無高仕敬時有貴人欽有心於貨利無意慕功名好意者成惡其心換得嗔但願才源旺足何須天府求榮此則穩厚之命鴛幃有犯須重續子嗣秋來尚慶生運行初壬子上人庇下來斷平生癸丑運中世事死如春夢人情薄似

秋雲甲寅運中雖則才源旺足也愁人事虧盈乙卯運中才源滚滚家居好尚有閑非索耗生丙辰運中精神又憔悴憔悴又精神丁巳運中到此始知特運好萬物光華百事通戊午運中脫年快樂己未運中一枕巫峯

壬寅年　辛亥月　乙丑日　戊寅時

此八字乙丑日相配柱中金水救生印綬之格女人得此福足門榮注人儀容雅麗歷事勤助生於茂族配於高居椿萱棠棣情尤薄妯娌翁姑分尚疎裙釵多壯艷羅綺積盈綜佇看夫榮身顯煥悠悠福慶自來綏此則掌家助夫之命良人木命年高客桂子生成有出奇運行初庚戌不榮不辱樂守香閨己酉運中春色凝羅綺鸞歌鳳亦儀戊申運中雖則才源榮旺東風花落輕飛丁未運中百味珍羞盛饌千般錦綉羅衣丙午運中行樂多光

彩寒雲散亂飛乙巳運中沖擊之所花放風欺甲辰運中秦樓人去也寒月照機絲

壬寅年　辛亥月　辛酉日　己亥時

此八字辛酉日相柱中之水傷官之格人生得此半安俊秀處置多方豈毋早歸椿後別雁行天涯各分明粗知韜畧法鮮讀聖賢書祖基祖業難相倚才帛才囊自積成湖海市廛才帛旺椰宮名勢也先昂此則自旺之命鴛幃魁重萬桂子難為假滿香運行到壬子初承上庇芦絮悲傷癸丑運中片雲飛碧落人事尚荒凉甲寅運中湯圓和宇宙樂處有悲傷乙卯運中世事翻翻覆覆斷孩声慘愁腸丙辰運中才帛有成人敬仰只愁蘭桂不生香丁巳運中卷當安逸何愁奔忙戊午到己未運中歸去也

子平遺書　十九

壬寅年　辛亥月　乙卯日　癸未時

此八字乙卯專祿之辰相配柱中之水印綬之格人生得此仕路光揚椿萱不逮雙榮養鴻雁天邊各奮翔半姿洒落天性明良學識窮通今古筆鋒能理憲章不向泮林求聞達可從公府振權衡一從沾寵渥儲蓄旺才囊此則顯身之命鴛幃有碍須招副桂子秋來吐異香運行初壬子上人庇下何論炎凉癸丑運中詩書雖有志焉得入文場甲寅運中案牘功成風浪過陽関唱徹上天堂乙卯運中榮沾新寵渥光顯舊門墻丙辰運中天門重沐寵旈政向封疆丁巳運中祿元重顯擢化日向農桑戊午運中黄花綠酒己未運中夢入黄梁

子平遺書　二十

壬寅年　辛亥月　癸丑日　乙卯時

此八字癸丑日相配柱中金木傷官用印之格人生得此宜乎金紫之榮丰姿洒落志氣英豪生於劍戟之門長於戈矛帥閫椿親曾顯武鴻鴈各飛遥深明豹畧熟識龍韜旌旗日暖龍蛇動宮殿風微燕雀高肅氣騰邊塞功勲著漢朝此則武烈之命鴛帳年高猶納寵桂蘭還擬奪英標運行初壬子上人庇下其樂淘淘癸丑運中雪消春信至浩氣直冲霄甲寅運中萬馬不嘶聽號令一方疆界沐恩饒當此之際一番跋跡乙卯運中但願財名榮旺何愁風捲波濤丙辰運中令嚴鼓角三更月咲醉春風二月桃丁巳運中英雄傳令器離下酌香醪戊午運中春殘花落盡風景自蕭條

壬寅年　辛亥月　丁巳日　壬寅時

此八字丁巳日相配柱中旺水正官之格喜逢印綬以扶身禀得五行之秀氣人生得此丰姿清致性格果剛生於茂盛之族長於詩禮之堂椿萱不遠雙棠麾鴻鴈天邊各奮翔學問有成一舉可冲天之勢英材特達片言有折獄之良一從姓字傳揚後濟濟衣冠拜衮章此則貴顯之命鴛幃金玉叢子嗣桂蘭香運行初壬子上人庇下樂享安康癸丑運中讀書源參觀史偷光甲寅運中躍過三層浪權名倍振揚乙卯運中祿元階進功光齊何處楊花乱夕陽丙辰運中威風肅肅金紫煌煌丁巳運中山河歸舊国管籥煥宮商戊午運中依然光霽己未運中夢熟黄梁

壬寅年　辛亥月　己亥日　乙亥時

此八字己土日元相配柱中水木財殺之格食神制伏得宜椿父先歸萱後別西風鴻鴈各分飛其為人也丰姿清雅言語標奇知輕重識高低筆畫晉字行行遵律按蕭何歎欺知韜道晚年多顯耀果然名譽四方馳此則貴達之命鴛幃有續絃土命齊眉子嗣先難晚有榮門之慶運行初壬子花明柳暗燕語鶯啼癸亥運中利名濃似酒從後費心機甲寅運中貴客相携手聲華異昔時乙卯運中一朝機會至跨馬上京畿丙辰運中聲名從此始黎庶四方服丁巳運中皇恩有感澤潤黔黎戊午運中樂閑田里己未運中歸去來兮

壬寅年　辛亥月　乙巳日　甲申時

此八字乙巳傷官之日相配柱中金水殺印之格值斯象者主人丰姿敦厚志氣剛忠生於茂族長於高門椿萱祿養難雙壽鴻鴈天邊各奮風學問聰明終顯姓英才敏捷擬成龍一從姓字傳揚後爵祿須看次第封此則清貴之命鴛幃有妨須帶硬桂蘭遲擬長秋叢運行初壬子庇佑之下樂享雍容癸卯運中螢窗篤志雪案加功甲寅運中到此始知文學好長安道上躍花驄乙卯運中仁風揚遠近政化洽西東丙辰運中皇恩有感重加祿千里桑麻感化功丁巳運中衣冠多壯麗樽酒會隣翁戊午運中斷猿声切處木葉舞西風

壬寅年　辛亥月　庚戌日　丙子時

此八字庚戌魁罡之日相配柱中之火偏官之格人生得此本然功名只嫌制殺大過減些福力椿萱堂上分中道鴻鴈天邊各奮飛手姿清秀撑幹能爲筆下有救人之力胸中無半點之私祖業重新振江湖姓字馳行看來晚節壯觀鵲門閭此則富實之命鴛幃內助須多塞桂子秋來舞綵衣運行初壬子上人庇下快樂安舒癸丑運中恰似洛陽三月景牡丹開處柳花飛甲寅運中湖海英雄交敬一番人事趑趄乙卯運中行藏多順利風雲又輕飛丙辰運中歷過冰霜道才名異昔時丁巳運中孫賢子秀晚景輝輝戊午到已未運中歸去也

壬寅年　辛亥月　丁巳日　壬寅時

此八字丁巳日相配柱中旺水偏官之格偏官者剛勇之物也人生得此手姿慷慨性理剛明生於岳岳侯門長於潭潭相府椿親顯武中途別鴻鴈天邊不共鳴學識深明黃石畧胷中頗覺聖賢經風生紫塞秋橫劍月落黃河夜點兵此則武將之命鴛幃疊疊須相觝桂子榮看瑞晚英運行初壬子輳門福庇天朗氣清癸丑運中威權驅武士梅柳度春榮甲寅運中笙歌沸處曾遊樂劍佩聲中肅氣騰乙卯運中筆掃兇危權任重旺中何慮事相縈丙辰運中騰騰氣歛肅肅威稜丁巳運中皇恩有感重加貴未許雞邊醉復醒戊午運中悠悠處樂已未運中夢入蓬瀛

壬寅年　辛亥月　辛丑日　丙申時

此八字辛金相配柱中水木傷官助才之格丙辛作合有功其為人也丰姿聰俊禮樂雍容椿萱難並老鴻鴈各西東從古覓珠敲水府自來求劍掘豐城一旦遷高貴業擴取功名此則榮顯之命鴛幃宜兩畝桂子發秋叢運行初壬子只宜花下未柝登臨癸丑運中幾欲思高暮遇當成芳雪裁冰甲寅運中貴人相指引揮筆到公門當此之際人事相蒙乙卯運中皇恩而有感頭角聳崢嶸丙辰運中政化東西洽仁風遠近清乙巳運中沖擊之所何不思尋丙午運中人生從此别無復見儀形

壬寅年　辛亥月　甲子日　甲子時

此八字甲木日元配合柱中金水官印之格亦有還巳之意值此象者生於名勢之家長於仁義之域嚴慈榮茂中途别棠棣根同氣有殊其為人也善機變會施為庸人不足君子敬之樓臺聳漢生涯旺禾黍盈疇谷粟餘自然足安泰何必上邦畿此則傑者之命允幃兩硬辛案齊眉子嗣有成數枝官秀運行初壬子襁褓之下萬事成飛癸丑運中坐覓樹凉池雨過看知首澗野橋低甲寅運中報道上林春信到果然花木逞芳菲乙卯運中活計增添人事廣西風洒雪幾番空丙辰運中心事區區未安跡必須苛旧待享時丁巳運中解悶三盃酒消閑一局棋戊午運中幾寒松栢暮景桑榆已未運中夢客從此子芳草夕陽微

壬寅年　辛亥月　己未日　甲午時

此八字陰刃之日財官之格財盛生官終身有慶萱

母先帰椿後別西風吹斷鴈行孤其為人也多智慧

會支吾惡不遜善不欺事業終重葺貲囊再整

齊市廛生計廣湖海祿元彌不思登仕路非慕上

京畿此則穩厚之命鴛幃水命須年小子嗣森

枝發秀奇運行壬子雙親襁褓安樂何如癸丑運中

不愁不喜何是何非甲寅運中行樂頗如意崎嶇

幸不危乙卯運中人生正韶媚風雯满庭飛丙辰運

中寒向梅中盡春從栁上帰丁巳運中才權兼美

尚祈福祿盈餘戊午運中黄花晚節己未之中歸去

来兮

壬寅年　辛亥月　丙寅日　丁酉時

此八字丙寅長生之日相配柱中水木杀生印

綬之格杀印相生功名顯達丁壬作合有功人生

得此生於右族長於名門椿萱有倚先蔭父天

邊鴻鴈各行鳴其為人也丰姿清秀天性聰明高

謀遠見機関別慷慨春風一妙人豈無高仕敬

時有貴人欽終是功名客豈為田舍翁三汲浪中

难变化九重場上却馳名晚年光霽景德澤惠

黎民此則崇貴之命鴛幃犯重相贈子嗣榮門

有粟英運行初壬子上人庇下未斷平生癸丑運

中莫道儒冠悞螢窓患不勤甲寅運中幾欲崇

登月窟却来從事公門乙卯運中九載辛勤甘

苦守一朝天府便沾恩丙辰運中幾年困守家

門内一旦天邊又寵崇丁巳運中除奸提悪声名

顯須史雨過始加陞戊午運中此運見陞还見退

子崇晚節樂無窮己未運中一枕清風

壬寅年　辛亥月　己亥日　甲子時

此八字己亥日元相配柱中水木才官之格女人生於右族長配名門椿萱雖並耄鴻鴈各行鳴其為人也姿容闓朗髮貌精神勝丈夫之氣槩有男子之材能雲收華岳千山秀水到湘江一様新斷機曾效軻親訓剪髮能傳侃母心楊柳無心枝嫋嫋梅花有月夢精神滔滔無阻滯步步助夫門性急如風翻浪心安似月離雲雖不鳳冠帔服自然福祿無窮此則穩厚之命良人火命須年長子嗣秋來有顯榮運行初庚戌上人庇下毓秀閨門己酉運中契合翠鸞成好夢寅緣紅葉是良媒戊申運中雖則夫門閑快樂幾度人事尚虧盈丁未運中片雲能發千山雨雨過千山依舊青丙午運中羅綺臨風多壯觀須臾雲月尚朦朧乙巳運中正好倚樓觀皎月無端又被黑雲生甲辰運中妝樓去也臺鏡掩晨明

壬寅年　辛亥月　辛巳日　戊戌時

此八字辛巳之日相配柱中水木傷官助財之格喜逢印授生身人生得此生於右族長於名門萱毋續絃椿歲長天邊鴻鴈有飛騰其為人也丰姿清秀天性聰明千古文章逞榮耀一天星斗煥心胷不恃魏珠能照乘還應超壁擬連城終是攻名之客豈如田舍之翁北海蛟龍頭角聳南山豹變爪牙新一從傳姓字威勢稟權衡此則榮貴之命鴛幃連珠須配小子嗣金風有顯榮運行壬子上人庇下花柳風生癸丑運中欲向雲中攀足須從灯下留心甲寅運中輾道是元還不信果然奪得錦蛟新乙卯運中寒拂紫衣催驛騎光生玉節下雲層丙辰運中腰横金作帶符剖玉為鱗當此之際風雪滿空丁巳運中赤心扶日月素志展經綸戊午運中榮歸故里子貴光榮己未運中花已落月先沉

壬寅年　辛亥月　壬子日　壬寅時

此八字壬子日刃之辰相配柱中木火食神助財之格人生得此生於右族長於名門萱毋先帰椿後別天邊鴻鴈各行鳴其為人也丰姿蒼古天性豪洪知高下識重輕謀動君子盛服小人搬搬相覽件件不精重成新事業再整旧門庭門外田疇千古計庭前花木四時新水光浮座盃盤瑩花氣侵人笑語馨不以功名為念豈將冠冕磨礱常將好意番成悪每把真心換得嗔雖不建侯封爵貴也應御黨管人民此則穩厚之命鴛幃剋後重招副子嗣枝枝孝義深運行初辛亥上人庇下風雪初晴癸丑運中雖則行蔵有慶还愁綉閣悲風甲寅運中爆竹声傳残臘尽折梅香引早春邊乙卯運中財源滾滾家居好須史風雨幸何驚丙辰運中人生運到風光處尚有閑非素耗生過此丁巳運中威權有布人欽服才帛興隆福祿增戊午運中祇賓玩物會友開尊己未運中享子孫之福慶庚申運中魂杳杳之佳城

壬寅年　辛亥月　庚申日　乙酉時

此八字庚申日相配柱中水木傷官助才之格女人得此姿容朗秀歷事勤劬椿親先別萱无去妯娌翁分尚蹂立業掌家有道針綫剌綉能為一苑杏花呈艷麗滿山松栢挺寒姿晚年福慶融融旺子秀孫賢事業齊此則穩旺女命良人木命須年長柱子秋來朶朶奇運行初庚戌椿萱庇下樂守香閨己酉運中恰似洛陽三月景壯丹開處柳花飛戊申運中風雪初晴之似洗一輪皓月自揚輝丁未運中旺中生阻節依旧福元綏丙午運中旺處尚防人事变还看才帛勝常時乙巳運中孫賢子秀樂享恰恰甲辰運中悠然增福慶癸卯運中寒月照機絲

壬寅年　辛亥月　戊申日　丙辰時

此八字戊申長生之日才殺之格寅申巳亥不全逢福力減虧無貴氣主人生於平淡之族長於更变之門椿親先别萱毋後行半姿清秀天性乖能知高下識重輕祖業童成立才囊自菁咸花無桃李非春色人沒榮枯是太平但存陰騭方延壽兑致中年喪命免佇看晚年光霽景孫賢子秀樂昇平此則平隱之命鸞幃有碍須重續桂子秋来有挺茱運行初壬子上人庇下化日陽春癸丑運中盈水無声空有浪綉花雖艷不聞馨甲寅運中雖則行藏有慶还愁微雨弄情乙卯運中人生正在風光處一番風雨阻行程丙辰運中惟恐皎月無長夜堪嘆奇花不耐春丁巳運中重添新氣象再整旧威稜戊申運中歸去也

壬寅年　辛亥月　己酉　壬申時

此八字己土相配柱中金水傷官助才之格人生得此生於弋弟之族長於溫厚之門椿親耐脫萱毋先行手姿穩厚天性聰明恒招君子敬特有貴人欽萬里春風行樂須四時佳趣瑞祥生番幾謀用空劳力數遍求為枉用心待到晚年光景好傲霜金菊綻籬東此則中平之命鸞幃同屬該年低桂子春英孝義深運行初壬子上人庇下未斷平生癸丑運中娟娟雲裏月灼灼葉中英甲寅運中世事宛如春夢人情薄似秋雲乙卯運中淡烟迷弱柳微雨洒晴宜丙辰運中崎嶇都歷過從此樂昇平丁巳運中暮年安享戊午運中一枕清風

壬寅年　辛亥月　甲子日　乙丑時

此八字甲子之日相配柱中金水官印之格女人得此生於右族長配仁門其椿萱雖並鴻雁各行鳴其為人也姿容清秀天性良真勝丈夫之氣槩有君子之才能衣冠濟濟三從備家業昂昂四德新斷機曾効軻親訓剪髮能修侃母心磨穿鉄硯非吾事繡折金針却有功性急如江濤形狀心寬似江月秋深才源旺足家業豐盈可惜青春年小女教奴半世守孤燈此則貞良之命良人有纪先分别子嗣枝頭一菓榮運行庚戌上人庇下毓

秀閨門己酉運雖則夫門才業旺旺中还有事彰盈戊申運中夫唱婦隨多雅意何期鳳隻與鸞分丁未運中誰將北水流更漏共滴樵楼一夜深丙午運中正是揚春月自還愁花放風生乙巳運中一輪明月當秋夜無限奇花正遇春巳字之中風雨还生甲辰運中晚年快樂癸卯運中一道訃音

壬寅年　辛亥月　己未日　甲子時

此八字己未陰丹之日才官之格人生得此椿父光帰萱耐晚天边鴻雁独飛鳴其為人也丰姿清雅天性乖能知高下識重輕高士敬貴人欽閑處愛走冷處不行般般琢立件件當心春入園林香遍塵寰之藹月離海嶠光揚宇宙之明花元桃李非春色人有笙歌是太平此則平穩之命鴛幃有剋須重續子嗣生成孝感人運行初壬子上人庇下未斷平生癸丑運中未觀桃李紅紅色且喜湖光淡淡晴甲寅運中才源雖穩旺人事尚亏盈乙

卯運中狼虎窠中傷食剎棘叢裡安身丙辰運中関山千里念風雨一番驚丁巳運中英雄惟贈劍三尺豪傑相逢酒一鐘戊午運中梅須遜雪三分白雪亦輸梅一段馨己未運中帰去也

壬寅年　辛亥月　乙未日　丙戌時

此八字乙未日元相配柱中金水然生印綬之格人生得此生於右族長於名門椿萱有倚先虧毋天邊鴻鴈各行嗚其為人也丰姿清雅天性果忠知高下識重輕有近貴親賢之德應上和下之能祖業新重整根原勝舊風有心於貨利無意善功名兩都秋色皆喬木舊風流有幾人得意江山詩句絕忘情日月酒盃深時至才源富足運來福祿駢臻莫道枯枝難結果東君留意更殷勤此則穩盛之命鴛幃重合晚子嗣旺

森森運行初壬子幼年之下未斷平生癸丑運中登臨雨濟賞翫春陰甲寅運中正是梅青月白還愁風雪相侵乙卯運中世事有增有減財源或旋或興當此之際素耗還生丙辰運中萬里烟雲收斂一樓秋月光明丁巳運中延賓翫物會友開樽戊午運中楚臺雲散空留夢漢苑香消不返魂

壬寅年　辛亥月　壬寅日　庚戌時

此八字壬寅之日相配柱中水火食神助才之格人生得此生於右族長於名門椿萱武星准以鸞天邊鴻雁各處明其為人也丰姿清秀天性不吟頻窮廣大多謀識聖賢心智長為國過舊竹花開上苑勝先春功名旅此途才帛自介盈萬人起敬貴客相侵三跳御海行龍屈百家上宰我為尊晚年光香景遇貴祿已增此則武貴之命鴛幃有化須偏正子嗣宗門晚節馨運行初壬子上人庇下未斷平生癸丑運中雨過萬重山有色雲開十里月光明

甲寅運中先從疊疊沛澤紛紛乙卯運中巷還不入天山路怎得焉為將有功丙辰運中雖則榮華多快樂須是風雨尚因滑關山千里念風雨一番驚丁巳運中正宜食祿未許佯眾戊午運中英雄傳今將雖下樂高清已未運中春光去也一枕清風

壬寅年　辛亥月　乙卯日　癸未時

此八字乙卯專祿之辰相配柱中金水發印之格女人得此生於仁門適於右族椿萱中道相分手鴻鴈隨風不共鳴其爲人也治家有道處事惟誠深明閨閫理洞識古今情勝丈夫之操幹有男子之才能裙釵濟濟生平好福祿綿綿沛澤新驅奴遣婢發福享榮此則榮夫榮子之命良人百歲如魚水子嗣無多一果成運行初庚戌雲開山聳翠雨過竹重青己酉運中漸覺春陽遍布始知和氣發生戊申運中綉花看有艷畫水聽無聲丁未運中家門盛旺行藏順頃刻之間雲霧凝丙午運中榮華當此際風雨幸無驚乙巳運中羅綺臨風舞金釵化日明甲辰運中身閑心樂且安且寧癸卯運中夢重翠禽啼不覺落花流水恨何勝

壬寅年　辛亥月　戊戌日　丁巳時

此八字戊戌魁罡之日相配柱中水木才祿之格女人得此生於右族配於名門椿萱雖並老鴻鴈各行鳴其爲人也姿容清秀天性聰明勝丈夫氣概有男子材能雪爲輕粉憑風傳霞作胭脂仗日匀箕帚頻繁存礼節相夫教子蹈賢明磨穿鐵硯非吾事綉拆金針却有功才源旺足家業餘盈目古紅顏多薄命如何半世守孤燈此則貞良之命良人三九年外別子嗣森枝有挺榮運行初庚戌上人庇下蔭保平生己酉運中匹配名門交花從錦上增戊申運中夫唱婦隨多雅意只恐鴛鴦拆散群丁未運中倚欄默默思無語愁听孤鴻嘹嚦声丙午運中淡烟楊柳岸薄霧杏花村乙巳運中有子當家吾快樂還愁人事尚虧盈甲辰運中門楣壯觀福祿駢臻癸卯運中春光去也一道訃音

壬寅年　辛亥月　辛丑日　癸巳時

此八字辛丑日主相配柱中水木傷官助才之格刑冲太重減我功名主人生於右族長於高門萱母先歸椿晚別天邊鴻鴈各隨鳴其爲人也丰姿消洒天性聰明李閻貿知竟羣書貫一經太山北斗千里在和氣春風四座傾終是功名之客豈爲田舍之翁雖登名科甲第自然天府沐恩榮此則榮貴之命鴛幃水命須年小子嗣生成貴顯人運初壬子幼年之下未斷平生癸丑運中欲遂平生志須加董子功甲寅運中幾欲思高慕遠當成翦雪裁氷乙卯運中寄跡權門十載客氈陰硯辛苦勤丙辰運中皇恩有感執法理刑當此之際風雪滿空丁巳運中処事只憑三尺法理刑渾似一團春戊午運中須防風雨多有迍邅己未運中榮故里庚申運中花落鳥無聲

壬寅年　辛亥月　己亥日　乙亥時

此八字己亥日元相配柱中水木才煞之格只嫌身弱減我光榮主人生於右族長於名門椿萱有倚難双老天邊鴻鴈各搏風其爲人也丰姿清秀天性聰明胷羅今古事學識聖賢心太山北斗千年在和氣春風四座傾終是功名之客豈爲田舍之翁文章別有凌雲志事業豈非觀國賓佇看頭角聳德澤恵黎民此則榮貴之命鴛幃有祀須招副子嗣秋来有顯榮運行初壬子上人庇下未斷平生癸丑運中欲向雲中舉足須於燈下留心甲寅運中幾欲思高慕遠翻成剪雪裁氷乙卯運中特來機會好跨馬入神京丙辰運中橋門寄跡天府沾恩丁巳運中佐政琴堂民悅服還愁風雪滿頭生戊午運中天邊無沛澤籬下有高情己未運中春光去也一枕難醒

壬寅年　辛亥月　戊申日　甲寅時

此八字戊申長生之日相配在中水木才殺之格刑冲大重減我功名主人生於右族長於名門萱毋先歸椿後別天邊鴻雁各淩雲其為人也丰姿清秀性格聰明機謀輙伏舉用人欽重成新事業弄整舊門庭萬里無雲天一色三秋好景月長明田園桑柘茂畝畝稻粱馨不以功名為念豈將冠冕磨礱消閑棊一局遣興酒三鍾好意當成愚真心換德嗔遇險終無險逢凶幸不凶鄉民仰德閭里推尊此則穩厚之命簪帽有祀須重續子嗣枝頭一果馨運行初壬子上人庇下天朗氣清癸丑運中隱隱輕雷抽壁笋微微細雨潤紅芙甲寅運中歷水春聲空有浪誇花雖艷不聞馨乙卯運中精神又樵悴樵悴又精神丙辰運中正是梅青月白錢多人事虧盈丁巳運中威權有布人欽伏才帛興隆福祿增戊申運中子秀孫賢家業旺己酉運中訃音一播衆傷情

壬寅年　壬子月　己卯日　甲戌時
此八字己卯專祿之日相配柱中水木才官之格
人生得此生於溫潤之族長於穩厚之門椿萱雙
晚則鴻雁各行鳴其爲人也丰姿清秀天性聰明
世事頗將就般般事久能高人起敬貴客相欽水
光浮座盃盤瑩花氣侵人咲語馨祖業添新慶根
源勝舊風欲爲了　募功名兩都秋色皆喬木
耆舊風滿有　中江山外名聞湖海中遣興
基登高　奇衣錦綉也應獨賞
衆生　山副方皆老子嗣　文
枝老　下化日陽春甲
運中世　似半開美乙卯運
中精神又樵悴忽悴又精神丙辰運中雖則行藏
有慶也愁索耗相侵丁巳運中小池雨過添新綠
深有春來發舊枝當此之際尚有虧盈戊午運中
子貴孫賢家業旺自然享福樂無窮己未運中有
田皆種玉無樹不生英庚申運中含光去也一枕
清風

壬寅年　壬子月　丙午日　庚寅時
此八字丙午日刃之辰相配柱中旺水偏官帶印
之格寅戌作合不冲女人得此生於文望長於名
門椿萱榮晚茂鴻雁各行鳴其爲人也丰姿清秀
性格超群有針線之巧立業之勤箕箒蘋蘩存禮
節相夫教子蹈賢明青入水光成嫩綠日勻花萼
發新紅滔滔無阻滯步步助夫門難觸難犯易喜
易嗔夫榮何足羨子貴又光榮此則榮華之命良
人年長　生成奪錦人運行初辛亥上
人舐　運中契合翠鸞成好夢姻
緣紅　天上三陽泰人間萬福
增戊申　連霄皎萬里秋波徹底清
丁酉運中夫榮子秀福祿無窮丙午運中光華滾
滾沛澤紛紛癸巳運中子貴重榮賜甲午運中春
歸鳥不吟

壬寅年　壬子月　己巳日　乙丑時

此八字己巳日元相配柱中水木財殺之格女人得此生於右族長配高門椿萱雖並鴻雁各行鴻其為人也丰姿清秀髮絕精神勝丈夫之氣槩有男子之材能一苑杏桃鋪錦綉滿山松柏耿幃屏克勤而克儉易喜而易嗔楊柳無風枝婀娜梅花有月募精神磨穿鉄硯非吾事綉折金綉却有功歸綉花開春富貴琅玕竹報日平升此則益旺之命良人木命須年長子嗣秋來有延榮運行初辛亥上人在下毓秀閨門庚戌運中青歸柳葉轉初变紅入桃李暖來匀己酉運中雖則夫門多快樂還愁人事有虧盈戊申運中乍雨乍晴留客景或寒或暖困人春丁未運中幾變樂中有悶數番靜裏發生丙午運中旺中當得趣趣事事安依然福禄增乙巳運中享子孫之福慶甲辰運中變杳杳之佳城

壬寅年　壬子月　己丑日　乙亥時

此八字己丑日元相配柱中水木財殺之格人生得此生於右族長於名門椿父先歸萱後別天邊鴻鴈各行鳴其為人也丰姿清秀天性聰明般般稍覽件件不精謀動君子、威伏小人行藏竟瀟洒咲傲任枯榮曰福曰榮自有順天之慶長安長樂豈無福地之深重成新事業再整舊門庭福布江山外名聞湖海中得意江山詩句健忘情日月酒盃深不以功名為念豈將冠冕磨礱好意番成惡真心換得嗔但顧財源富足何須天府求榮此則穩厚之命鶯幃有犯須招硬子嗣秋來孫孫榮運行初癸丑上人庇下化日陽春甲寅運中春歸柳葉晴初变紅入桃花煖未匀乙卯運中古樹含風常帶雨寒岩四月始知春丙辰運中雖則行藏有慶幾多人事虧盈丁巳運中得中有失晦後還明戊午運中簾捲香風生百福軒開化日禄元增午字之中花放風生己未運中松尚茂栢尤青庚申運中花落春歸去哀猿三兩聲

壬寅年　壬子月　庚辰日　己卯時

此八字庚辰日德之辰相配柱中水木傷官助才之格歲未得制為奇主人生於右族長於高堂椿父先歸萱後別鳫行天際各翺翔其為人也丰姿清秀天性果剛般般稍覧件件不全不聽不覓可負可方李閒不覷顏面業生平常履貴人鄉重成新事業再整旧門墻英雄惟贈劍三尺豪傑相逢酒一鍾月掛碧天多皎潔名聞湖海有光輝施恩惹怨布德成冤但願一生多富足何必思登天子堂此則旺足之命鸞幃有犯須年小子嗣枝頭一果芳運行初癸丑上人鹿下未斷炎涼甲寅運中水向石邊流出冷風從花底過来香乙卯運中雖則行藏有慶幾多人事悠揚丙辰運中人生正在風光處只恐閑非索耗妨丁巳運中才源旺之家居好片時風雨晴滄浪戊午運中福无昌熾花放風狂過此己未運中歲寒松尚茂秋老菊尤香未字之中一番陰節庚申運中春歸花落流水無聲

壬寅年　壬子月　己卯日　丙寅時

此八字己卯專權之日才殺之格正謂己臨木局時入見丙寅乃顯簪纓人生得此生於喬族長於名門椿樹高榮亡不萱庭前萱母獨年尊天边鴻鳫有各飛騰其為人也丰姿魁偉天性忠誠筆底倒流三峽水胸中事業五車書萬里扶搖鷲騰蛰一声霹靂躍潛鱗長安人淌路争看錦衣新凛凛威風寒鬼膽煌煌金紫戢加陞此則継榮之命鸞幃正副方偕老子嗣生成貴顯人運行初癸丑上人榮庇詩礼趨庭甲寅運中十年窓下業黄卷與青灯乙卯運中禹門三級浪平地有雷声丙辰運中千里威声金斧重三秋風色綉衣輕戢迁金紫宇内澄清令望昭昭布衆宇更將德澤恵儒林丁己運中君恩三度喜風木一番驚戊午運中政引風霜成物色語同天地到陽春乙未運中子榮孫秀鮮組靡榮庚申運中訃音一播酹酒三樽

壬寅年　壬子月　辛未日　戊戌時

此八字辛未之日相配子中壬癸之水寅戌之火為傷官助才之格人生得此生於右族長於高門萱毋先歸椿後別天边鴻鴈不聯群其為人也丰姿清雅天性老誠言不妄發事不胡行雖不成名利生平近貴人祖業增新慶根源勝舊風水光浮座覓盤瑩花氣侵人笑語馨田园桑柘茂話計四時春卿黨有名人仰慕功名無分樂偏生此則旺足之命鰥悼年少須年敵子嗣秋来有挺荣運行初癸丑上人庇下月白風清甲寅運中雖則行藏占慶还愁人事虧盈乙卯運中世事有增有减才添或廢或興丙辰運中正是梅青芥月白还愁人事有遂处丁已運中才權東羡弟宅增新戊午運中歲寒松尚茂秋老菊尤馨己未運中子荣孫秀梅白竹青庚申運中歸去也

壬寅年　壬子月　丁丑日　丁未時

此八字丁火日元相配柱中水木偏官助印之格正謂殺印相生功名顯達主人生於詩書之族長於文望之門椿父先歸萱後别天邊鴻鴈各飛騰其為人也天性聰明丰姿清秀筆底詞源三峽遠胷中學業五車深麗句好為天下白高才俊似海東青終是文場榮顯客豈為田舍耨耕人瓊林雖不參高宴金紫榮看次第陞晚年禄位滔滔顯金鑾稟笏侍明君此則榮貴之命鰥幃春麗須招副子嗣森枝有挺榮運行初癸丑上人庇下詩禮趨庭甲寅運中何事不辭今日苦時來頃刻便升騰乙卯運中巍科已擬名雖顯尚恐歡中憂又生橋門須寄跡依舊守清燈丙辰運中莫嫌金榜無名字且喜黄堂禄位新皇恩應有感五品大夫榮丁巳運中一番風雨初晴後金紫煌煌雨露澄當是時也三度遷榮戊午運中位列金屏當此際九天恩詔入神京己未運中子貴重沾新寵庚申運中胡為一夢難醒

壬寅年　壬子月　丁丑日　甲辰時

此八字丁丑日元相配柱中旺水偏官之格傷官助殺印綬扶身人生得此生於右族長於高門椿親耐晚萱先别天邊鴻鴈各行鳴其為人也丰姿清秀天性聰明腦羅今古事學識聖賢心太山北斗千年在和氣春風四座傾終是功名之客豈為田舍之翁文章别有凌雲志德業豈無觀國賓文御萬古江山氣道繼千年竹帛声晚年光齊景疊疊祿元增此則佳貴之命鴛幃連珠須帶梗子嗣秋來旺宅門運行初癸丑上人庇下未断平生甲寅運中欲遂平生志須加董子功乙卯運中幾欲思高慕遠番成剪雪裁冰丙辰運中機會未時離泮水橋門寄跡便沾恩丁巳運中一從沐得天邊寵儒林振鐸又加陞戊午運中耿耿声名重滔滔雨露增午字之中解組思尋已未運中晚年閑故里會友以開樽庚申運中春光去也一枕清風

壬寅年　壬子月　丙戌日　庚寅時

此八字偏官之格喜得印綬扶身人生得此椿親耐晚萱先别鴻鴈天邊各舊翔其為人也丰姿清小性格明良聰明書藝遠倜儻世情長祖基宜革古事業必更張笋長名園過旧竹花閑上苑勝先芳田園桑柘茂畝畝稻梁香但領青樽花底醉任他白髮鬓边霜此則守成之命鴛幃春麗如魚水子嗣花前果後香運行初癸丑上人庇下不熳不凉甲寅運中雪晴天未煖行樂尚悠揚乙卯運中得之未喜失之未忙丙辰運中片雲蔽日不損其光丁巳運中到此始知光景好旺中崇悶不為傷戊午運中有茶留客有酒盈觴已未運中桑榆暮景宴飲高堂庚申運中無思無慮辛酉運中一夢黃梁

壬寅年　壬子月　丁酉日　辛丑時

此八字丁酉日貴之辰相配柱中旺水偏官助印之格自若官多減吾科第氏占王人生於右族長於仁門椿萱半道先亡父天還鴻鴈各行鳴其為人也丰姿平淡天性老誠般般捎覽件件不精頗知禮義捎識古今終是功名之客豈為田舍之翁雖不三登科甲自然頭角崢嶸過險終無險逢凶吉不凶一朝但得風雲便九天雨露沐深恩此則微貴之命能帶有祀須年敘子嗣秋來有挺榮運行初癸丑上人庇下未斷平生甲寅運中欲遂平

生志須加董子功乙卯運中人生富貴皆前定何必區區苦盡心丙辰運中時未機會好資次入橋門丁巳運中皇恩有感光家世幾載宗繁粮税心當此之際人事虧盈戊午運中進退一番雖破耗
然敵勢　光榮己未運中天邊無沛澤雖下樂高情庚申運中人生從此別無後見儀形

壬寅年　壬子月　乙未日　丙戌時

此八字乙木相配柱中水火傷官帶印之格人生得此生於茂族長於名門萱毋先別椿後別天边鴻鴈奮長空丰姿磊落天性聰明季問有成向文場鏖戰筆雄健却來翰苑馳名非吏非儒非汗馬如何日日覲明君此則英貴之命鸞幃正正偏偏子嗣滴滴庶庶運行初癸丑未分榮辱昌斷平生甲寅運中欲速不達揚帆待月乙卯運中到此始知文季好貴人薦聘上神京丙辰運中欣欣声名重諂諂雨露均丁巳運中戰廷金紫倚執權衡

當此之際一番風雪戊午運中正欲忠君輔國來教解祖思尊己未運中榮回故里庚申運中春夢無憑

壬寅年　壬子月　乙亥日　甲申時

此八字乙木日元相配柱中金水官印之格女人得此生於右族長配名門椿萱雖並耄鴻雁各行鳴其為人也姿容清秀髮貌精神翁姑翁先別妯娌各行鳴勝丈夫之氣緊有男子之財能萬里無雲天一色三秋好景月長明每懷九瞻意時抱擇隣心相夫應有道訓子攏成群揚椰無風枝娘娜梅花有月萼精神難觸雅紀意喜意嗔伶看晚年夫貴顯也應同沐帝王恩此則榮秀之命良人連珠低一戴子嗣森枝果出奇運行初辛亥上人庇下未斷平生庚戌運中如花向日似月離雲已酉運中春歸柳葉晴初變紅入桃源暖未匀戊申運中雖則行藏有蹇幾多人事齟齬丁未運中幾度樂中有悶數番靜裏憂生丙午運中夫榮此際多歡樂何愁第宅不光榮子字之中如履薄冰乙巳運中晚年享福羅綺千層甲辰運中人生此去長為別花飛流水各西東

壬寅年　壬子月　辛未日　甲午時

此八字傷官制殺之格人生得此生於右族長於高門椿萱不逮祿養鴻雁有不聯群丰姿清推天性老成世事頗將就般般學久精學問有成曾到明倫堂上科名不遂却未案牘馳名伶看頭角聳光耀舊門庭此則更貴之命鸞幃兩敵方偕老子嗣秋未有繼榮運行初癸丑上人庇下員芨趨庭甲寅運中幾歆思高慕遠高揮劍筆威捷乙卯運中雨晴雲路飛天府沐恩榮丙辰運中皇恩有感重榮貴拜授除書雨露新丁巳運中耿耿聲名重滔滔祿福陞戊午運中榮中生阻節何不早思尋己未運中花落水流春已失蘭摧玉折恨何明

壬寅年　壬子月　庚辰日　丙子時

此八字庚辰日德之辰相配柱中水火傷官制赤之格人生得此生於良族長於名門椿父先帰萱後別天边鴻鴈不同鳴其為人也丰姿清秀天性聰明般般稍覧件件不精有近貴親賢之德應上和下之能祖業添新慶根源勝旧風早年當向公門内仕路空労名不成江湖有意公卿小廊廟無心宇宙輕好意番成悪真心換得嗔遊山翫水携詩卷對月觀花把酒斟但願一生湖海樂何必天边沐寵榮此則穏厚之命死帰有碍須年敵子嗣

秋來旺益門運行初癸丑上人庇下未断平生甲寅運中貴人相接引把筆入公門乙卯運中雖則財源有望幾多人事虧盈丙辰運中刻鵠不就畫虎不成丁巳運中精神又憔悴憔悴又精神戊午運中着意種花花不發無心揷柳柳成陰己未運中歳寒松柏茂秋老菊花馨庚申運中人生從此別無復見儀形

壬寅年　壬子月　丁亥日　癸卯時

此八字丁亥日貴之辰殺印之格人生得此生於文堂之族長於詩礼之庭椿親耐脱萱先別鴻鴈天邊後列群羊姿磊落天性聰明詞源三峽水斈業五車書文嘉谷早實大器當晚成橋門自有栄身路何必龍門奪錦英此則栄貴之命鴛幃配合須年少子嗣花前後果成運行初癸丑上人庇下化日陽春甲寅運中篤志十年窓下未應一舉成名乙卯運中栽歇攀龍附鳳番成剪雪裁冰丙辰運中機會來時離津水橋門依旧守青灯丁巳運中皇恩有感德洽民心

戊午運中一天膏雨隨車至千里仁風遂扇生己未運中栄回故里庚申運中一道訃音

壬寅年　壬子月　庚辰日　丁亥時

此八字庚辰日德之辰傷官之格金水傷官喜見官
人生得此生於名門長於右族萱堂先歸椿後別西風
鴻雁各行群半姿清秀天性聰明李閣三冬足群書滿
卷通終為登第之階豈為避世之隱雙林雖不叅高
宦祿但榮看疊疊之封誥則榮貴之命儔幃正副方偕老
子嗣秋來有挺秀運行初癸丑上人庇下秉燭觀文甲寅
運中十年窗下業一舉便成名乙卯運中十載橋門資遊
賣筆硯辛勤丙辰運中為黑蛙鳴民衆業敲夢風而不
驚窮丁巳運中重添新氣象再整旧威稜戊午運中
正宜榮加金紫豈教解組思尊己未運中榮歸覓樂
庚申運中一枕難醒

壬戌年　壬子月　戊午日　癸亥時

此八字戊午日辰相配柱中旺水財旺生官之格
財盛生官終身有慶遇斯命者生於右族長於名
門椿萱有倚暮年別鴻雁天邊各唳風其為人也
半姿清秀天性聰明千古文章逞崇耀一天星斗
爛心胸衣冠濟濟人中傑和氣怡怡席上珍終是
功名客豈為田舍翁鵬路高搏知健翮龍門快躍
見騰鱗一朝姓字傳揚後九天雨露沐皇恩此則
榮傑之命鴛幃重合叠子嗣晚登榮運行初癸丑
上人庇下未斷浮沉甲寅運中欲向雲中舉足須
從燈下留心乙卯運中雖則秋幃穩步春闈還用
叮寧丙辰運中躍過三層浪聯班在縉紳當此際
風雲滿庭丁巳運中南陽郡杜名高著西漢龔黃
令大行戊寅運中皇恩有感重加祿金麟光照紫
薇宫己未運中解組思尊九地可憐埋片玉五雲
無復見儀形

壬寅年　壬子月　甲戌日　甲戌時

此八字甲戌日元相配住中旺水印綬之格女不得此生於良族長配高門椿萱難並美鴻鴈各行鳴其為人也姿容清秀髮貌精神勝丈夫之氣槩有男子之才能深門閨閫礼勤識古今情每懷丸膽意時抱擇隣心衣冠濟、三從倫家業昂、四德新萬里無雲天一色三秋好景月長明克勤而克儉易喜而易嗔玉產崐岡蔵韞色蘭生楚澤散清馨住看夫榮子貴也應同沐天恩君非二姓明花燭天定生来配舊婚此則榮貴之命良人火命榮華客子嗣秋来貴顯榮運行初辛亥上人㢊下毓秀閨門庚戌運中淡烟楊柳岸薄霧杏花村己酉運中綉花看有艷畫水聽無声戊申運中契合翠園成好夢盈園紅葉是良烟丁未運中漸覺夜涼池雨過信知花放曉風輕丙午運中夫榮子秀多如意還愁風雨斥時生過此乙巳運中春光去也花落月沉

壬寅年　壬子月　己巳日　甲戌時

此八字己土日元相配柱中水木才官之格喜逢印綬生身遇斯命者生於良族長於仁門椿萱相继先亡父天遐鴻鴈各行群其為人也本姿清秀天性聪明多聞多見知重識輕高士敬貴人尊有理白分清之智蔵長補短之能祖基祖業須重立才帛資囊自豕成福布江山外名聞湖海中好意番成悪真心換得嗔月離海嶠山山秀春入園林處處英雖然不是金鞍客自然湖海發才名此則穩厚之命鴛幃火命須龍属子嗣双双孝且忠運行初癸丑上人庇下月白風清甲寅運中世情濃又淡淡處又還濃乙卯運中乍晴乍雨留客景或寒或煖困人春丙辰運中雖則行蔵有慶也愁人事虧盈丁巳運中小池雨過添新緑深谷春来發舊馨戊午運中才源富足弟宅重新子賢孫秀梅白竹青己未運中青春去也流水沄沄

壬寅年　壬子月　庚寅日　己卯時

此八字庚寅之日相配柱中水木傷官助才之格人
生得此生於右族長於高門椿萱有倚先爵父天邊
鳴鴈各行鳴其為人也丰姿清秀天性聰明胸羅
今古事夅識聖賢心太山北斗千年在和氣春風
四座傾終是功名之客豈為田舍之翁瓊林雖不
叅高宴自有声名達帝家晚年光霽景疊疊祿
元陞玉鄧萬古江山氣道継十年竹帛声此則
清貴之命鶯幃有犯須重續子嗣秋來朶朶茉運
行初癸丑上人庇下未斷平生甲寅運中欲遂平
生志須加董子功乙卯運中执卷幾回空探月
時來攀桂步蟾宮丙辰運中一從沐得天邊寵
濟濟生從集泮宮丁巳運中伊以門外雪明道座
間風戊午運中教鎡當能留得伍皇恩有感舟加
陞子字之中花放風生己未運中天邊少恩澤
籬下樂高情庚申運中春光去也一枕風清

壬寅年　壬子月　甲申日　丁卯時

此八字甲申專祿之日相配柱中金水殺生印綬
之格為人得此生拎穩盛之族長配名望之門萱
母先帰椿後别天邊鴻鴈各行鳥其為人也姿容清
秀髮兒精神勝丈夫之氣象有男子之材能一苑杏
桃鋪錦綉滿山松栢联幃屏渠明閨臺理洞識古
今情箕帚頻繁存礼節相夫教子動賢明克勤而
克儉易喜而易嗔雖然不作茶封婦自然才祿足
豊盈可惜命中逢寡宿教好半世守孤灯此則賢
良之命良人年少先分别子嗣枝頭一果成運
行初辛亥上人庇下毓秀閨門庚戌運中紅葉溝
中傳密意赤繩月下結良姻己酉運中雖則夫門才
業旺中尚有事虧盈當此之際風雪滿庭戊
中運中梧桐夜雨曽愁听鏡破釵分游落襟丁
未運中福星漸退灾星併平地風波吉变祖函
除此丙寅運中冲繫之所如履薄氷乙巳運中
春光一去無消息花落黃昏月正沉

壬寅年　壬子月　庚辰日　丁亥時

此八字庚辰日旺辰相配柱中水木傷官助才之格人生得此生於右族長於名居椿父先歸萱後別鴻鴈天边有隊飛其為人也丰姿清雅天性操持知高識下不勇不慈有近貴親賢之德應上和下之機祖業添新慶根原勝舊風萬里無雲天一色三秋好景月揚輝消閑棊一局遣興酒三危花盈上苑果盈園稻满田疇水满池自有順天之意豈無福地之期施恩惹怨布德成嗔但須才源多旺足何須蹚馬入雲衢此則豐潤之命鴛幃有配須相觝子嗣先虧後有奇運行初癸丑上人庇下未斷高低甲寅運中淡烟楊柳岸薄霧杏花堤乙卯運中乍雨乍晴留客景或寒或煖困人時丙辰運中正是太平當客景還愁人事尚盈虧丁巳運中有榮有貴一喜一悲戊午運中才源厚足方為好一番風雨未如機己未運中晚年身快樂庚申運中花落鳥空啼

壬寅年　壬子月　戊寅日　己未時

此八字戊寅專權之日才殺之格人生得此生於名望之族長於深邃之門椿萱已皓首棠棣不聯英丰姿清秀天性聰明世事頗將就般般好欠精恒格君子敬時有貴人欽田園桑柘茂畝乱稻梁馨財源滚滚家居好福禄駢臻第宅興雖不建侯封爵自然潤屋潤身此則旺足之命兆幃有碍添新寵子嗣秋来有挺崇運行初癸酉上人庇下未斷平生甲寅運中如花散彩似月離雲乙卯運中雖則行藏有慶还愁微雨弄人丙辰運中世情濃又淡淡處又还濃丁巳運中一番風雪過從此禄元增戊午運中富貴榮華當此際何愁地宅不增新己未運中桑榆暮景庚申運中一夢難醒

壬寅年　壬子月　乙酉日　丁亥時

此八字乙木相配柱中金水棧印之格水泛木浮滅我光崇福享清閑之樂主人丰姿清秀性格慈悲足賤如來之地身穿忍辱之衣六根清淨五戒堅持竹影掃階塵不染香雲滿座法頻施俾看客貌奇妙光明普照無私此則清孤之命運行初癸丑上人庇下未誦祢袍甲寅運中天花艷香心無慮明月清風得自宜乙卯運中莫道僧家多冷淡宝珠纓絡百般奇丙辰運中月明雲騎花放風欺丁巳運中名山主席善信皈依戊午運中離行三寶地也有一番虞己未運中散祖烟霧外何愁是興非庚申運中莫道西方無去路金蓮步步接天池

壬寅年　壬子月　己丑日　庚午時

此八字才官之格喜逢日祿以歸時主人椿萱有倚分中道鴻鴈天邊各奮翔其為人也丰姿磊薄天性明良有應上和下之能近貴親賢之德須成新事業復琢舊田庄時至自然壯觀運來方覓軒昂此則中和之命篤悕宜有贈子嗣蓑秋香運行初癸丑只宜花下未斷灾祥甲寅運中如花向日枝枝艷似笋穿林欝欝長乙卯運中幾番駁襍都經過依舊春回萬事昌丙辰運中行截有慶動用乖張丁巳運中但得貴人相指引無心插柳柳成行當此之際一慶悠揚戊午運中始知光景好行樂勝於常己未運中蒼顏鶴髮樂享華堂庚申運中春光去也夢遶先鄉

壬寅年　壬子月　丁亥日　乙巳時

此八字丁亥日貴之辰露官藏殺之格喜逢申綬生身人生得此生於茂族長於高貴椿萱雙晩茂鴻鴈有飛黄其為人也手姿清爽天性果剛聰明書藝遠倜儻世情長般般好事件件平常樓臺疊疊生涯富才帛盈囊又積倉金勤馬嘶芳草地玉樓人醉杏花香玉産崑崗藏韞色蘭生楚澤散清香不入文場非業牘也教頭角聳崢嶸此則富貴榮華之命驚怖有碍須年少子嗣先舒始晩香運行初癸丑上人庇下其樂何當甲寅運中如花向日枝枝艷似爭穿離節

節長乙卯運中水向石邊流出冷風從花底過來香丙辰運中雖則行藏有慶幾多人事悠揚丁巳運中正是梅青并月白何愁風雨暗滄浪戊午運中愈老黄花香發郁歲寒松柏晩蒼蒼己未運中有子登黄甲滔滔福禄昌庚申運中歸去也

壬寅年　壬子月　丙戌日　丙申時

此八字丙火相配柱中旺水偏官之格丙干不雜秀氣挺然遇斯命者宜乎禄誚腰銀主人生於武族長於轅門椿萱舅鏡難同壽天邊鴻鴈不聯郿其為人也丰姿清秀天性乖能頗知黄石畧稍識聖賢輕功名不向文場內姓字還揚劍戟中雖然不是腰金客百卒之中獨我尊此則武官之命驚怖有犯須年斂子嗣秋来有捷榮運行初癸丑上人庇下月白風清甲寅運中是非莫管門前客得貴須憑與上箇乙卯運中頭角崢嶸多壯觀庚時

風雨不為驚丙辰運中不入六山路為資將有功丁巳運中人生正在懽衛慶尚有災非素耗生戊午運中子傑未美承事業厭心為遂向籬東午字之中生進退悠悠籬下樂高情己卯運中安閑晩景庚申運中一枕清風

壬寅年　壬子月　庚辰日　己卯時

此八字庚辰日德之辰傷官助才之格女人得此治家有理處事克勤生於茂族配於高門有針綫之巧主業之勤萬里無雲天一色三秋好景月長明處事素無荣辱生平喜不富貧此則穩足之命良人同屬須年敵挂子花開果不成運行初年亥上人庇下未斷平生庚戌運中孔雀屏開花爛熳芙蓉帳煖氣氤氳己酉運中幾度樂中有悶数番靜裏憂生戊申運中旺中尚有盈虧事事妥依然福禄增丁未運中紅晉點穿湘水碧白雲堆破楚山青丙午運中冲擊之所憂喜並行乙巳運中暮景安閑樂甲辰運中黄粱夢不醒

壬寅年　壬子月　壬申日　庚子時

此八字壬申長生之日相配柱中木火食神助才之格水居冬旺生平樂自無憂主人生於右族長於名門椿父先歸萱後别鴈行天際不同群其為人也半資清秀天性聰明頗知禮義稍識古今有近貴親賢之德應上和下之能祖業添新慶財源自積成門庭壯觀福禄駢臻水光浮座盃盤堆花氣便人笑語馨雖不成名利知高近貴人豐年田舍禾盈疊洛日山家酒滿斟福元成岳瀆威勢壓鄉民此則穩厚之命鶯幃木命須年長子嗣救來一朶成運中初癸丑上人庇下未斷平生甲寅運中漸漸精神爽看看氣象增乙卯運中財如流水滔滔長福似秋波滾滾生須臾風雨頃刻廻迴丙辰運中不獨財源旺足尚祈樓閣凌雲丁巳運中桃李千蹊錦江山一畫屛巳字之中月明風雨戊午運中庭前竹報平安日檻外花開富貴春一番風雨驟雨過又山青己未運中引鶴徐行三徑曉約梅同醉一壺春庚申運中春光去也一枕清風

壬寅年　壬子月　己卯日　辛未時

此八字己卯專權之日才旺生官之格遇斷命者生於良族長於高居椿親耐晚萱光別人遇鴻雁不同飛其為人也丰姿清秀天性聰明行藏果斷作事三思高人起敬貴客相欽般般好學件件粗知滿世功名身外事五湖風月樂多餘此則旺足之命兆幃丈命須年少子嗣生成俊傑兒運行初癸丑上人庇下安樂何如甲寅運中雖則行藏有慶还愁人事趦趄乙卯運中淡烟楊柳岸薄霧杏花堤丙辰運中正是梅青月白还愁人事盈虧丁巳運中才源安穩風浪不驚戊午運中孫賢子秀暮景桑榆己未運中安閒晚景庚申運中帰去来兮

壬寅年　壬子月　丙申日　辛卯時

此八字丙申偏才之日相配柱中水木殺生印綬之格人生得此生於良族長於名門椿萱双晚茂鴻雁各摶風其為人也丰姿清秀性格聰明緩〻稍覽件〻不精行藏果斷作事老誠笋長名園過舊竹花開上苑勝先春重成新事業再整舊門庭花無兆李非春色人有歌歡是太平豐年田舍禾盈疊腰日山家酒滿斟不以功名為念豈得冠冕磨礱滿世功名身外事五湖風月樂怡情此則饒裕之命鴛幃有碍須重續子嗣秋来尚庶生運行初癸丑工人庇下未斷井況甲寅運中淡〻染花月翩〻柳絮風乙卯運中世情濃又淡淡処又還濃丙辰運中片雲蔽日雨過山青丁巳運中得中有失暗處還明戊午運中人生正在風光處只恐官非素耗生己未運中門楣壯觀樓閣凌雲庚申運中春光去也花落月沉

壬寅年　壬子月　戊寅日　癸丑時

此八字戊寅專權之日才殺之格從殺之論人生得此
宜守金紫之榮主人生於茂族長於名門椿萱蔭
遂雙雙耄鴻麗奚能潋潋群其為人也手慈青秀
天性聰明錦繡胸藏賢聖亭珠璣口吐武文風龍虎
九五青霄近鵬擊三千幹海中懸中承寵日金紫
戰權衛此則表顯之命鴛悌正副方無趣子晚秋成
貴顯人運行初癸丑上人庇下樂享升平甲寅運中
何事不辭金日芳特來恐刻潛鱗乙卯運中高浪三重
都躍過光生丑節下雲層祿位湝陞金紫貴峻登
御相戰權衛丙辰運中山何想鎮三千里凜凜威風
四海清丁巳運中啟聰成世輔復明君戊午運中天上
手曾扶日月人間位正遍台星己未運中春光歸去也
花落水流來

壬寅年　壬子月　甲戌日　戊辰時

此八字甲木相配柱中旺水印綬之格女人得此
生於茂族配於高門姿容清秀髮鬼精神有治家
之道針綴之勤雅閑雅伊芳喜為噴雲收華十山
秀水到湘江一樣清錦綉花閑家富貴瓊瑤竹母報
平安自古紅顏多薄命節教半世守孤灯正則
清福之命良人半道相離別子嗣秋來孝且忠運
行為辛亥上人庇下未斷平生庚戌運中路入桃源花
爛熳橋橫銀漢水澄清己酉運中雖則夫門才業
旺之中常有事逆迴戊申運中正是梅清作明白
迷愁徵雨洒情宮丁未運中傳斛獨坐思無限處
憐鴛鴦綉不成丙午運中沖擊之所如復薄冰已
乙運中安閑晚景甲辰運中壽多無憂

癸卯年　戊午月　乙酉日　戊寅時

此八字乙酉專推之日傷官助才之格女人得此生於良族配於高門椿萱掌提爾睎日妯娌家姑待不有姿容清雅天性柔能勝大夫之氣槃有男子施為萬里無雲天一色三秋好景月光搽步々有助夫之樂滔滔無阻滯之危此則助旺之命良人大命須年長子嗣然未有盛衰運行初已未上人庇下酥衣深閨庚申運中雨晴山有色雲散月於輝辛酉運中雖則夫門才業旺々中尚有事迎趣壬戌運中一番風雨過依旧樂多餘癸亥運中簷捲秋風生百福軒開化日祿充齊當此之際一番風雪甲子運中夫賢子秀暮景桑榆乙丑運中歸去也

癸卯年　戊午月　丙戌日　甲辰時

此八字傷官之格亦有倒冲之意人生得此椿萱先别母鴻雁少和鳴其為人也丰姿清秀性格聰明李問三冬足詩書萬卷通終是功名客豈為田舍人瓊林雖不忝高宴祿位榮看次弟陞此則榮貴之命鴛幃有碍重讀桂子秋來有継榮運行初丁巳上人庇下未斷升沉丙辰運中聞詩李礼負笈趋庭乙卯運中踏破泮橋霜幾板讀殘茅店月三更甲寅運中執卷幾回空探月寄跡虎闈中當此之際風雨之聲癸丑運中皇恩應有感千里姓名聞壬子運中一天膏雨隨車至金紫榮看祿位陞辛亥運中莫恋恩洽宜思故里尋庚戌運中春殘花落夢入蓬瀛

癸卯年　戊午月　庚辰日　丁亥時

此八字丁辰魁罡之日相配柱中午火正官之格正官者貴氣之物也人生得此手娶磊落志氣清高堂上椿萱先別父天邊鴻鴈各飛遙源流三峽誰能及筆掃千軍志氣豪名登桂籍足踏靈鼇佇看飛黃走麻衣換錦袍此則榮達之命篤幃有碍須偏正桂子秋風奪錦標運行初丁巳上人庇下快樂滔滔丙辰運中幾歎登天步月雲程萬里迢遙甲寅運中行藏困蹇執卷徒勞癸丑運中躍過三層浪覃恩上九霄壬子運中皇恩有感紫綬金章辛亥運中榮回故里庚戌運中蓬島相招

癸卯年　戊午月　乙未日　庚辰時

此八字乙未日相配柱中金土才官之格喜逢印綬透天干人生得此丰姿瀟洒處用多方椿萱分別去鴻鴈各分翔祖業多華麗才囊自積成理明今古事智慧動賢良不向仕途求闡達却來湖海歷風霜佇看來晚節車馬集門墻此則富足之命篤幃赴後重年少桂子枝頭數果香運行初丁巳上人庇下其樂何當丙辰運中兩過園桃婣烟輕堤柳長乙卯運中恰似落陽三月景楊花飛處壯丹開甲寅運中焦相声闡歇才帛旺門墻癸丑運中延賓翫物多光霽一度花開風又狂壬子運中千斯倉万斯箱辛亥運中悠悠享用庚戌運中夢熟黃粱

癸卯年 戊午月 壬午日 丙午時

此八字壬午日相配柱中旺火才旺生官之格戊癸有化火之功人生得此丰姿磊落天性聰明椿萱不逮雙榮蓄鴻鴈天邊有奮鳴理窮今古事學貫聖賢經一從姓字登蟾窟三疊陽関沐寵榮此則顯榮之命鴛幃配合須偏正桂子秋來始有英運行初丁巳庇佑之下快樂昇平丙辰運中讀殘窓下月囊聚案頭螢乙卯運中蟾宮雖折桂憂咽尚関情甲寅運中刻鵠未成人事変趑趄經歷又安榮癸丑運中雨露恩沾權要重輝輝德化洽民情壬子運中金魚初綰帶未許解簪纓辛亥運中榮回故里庚戌運中一夢難醒

癸卯年 戊午月 甲戌日 甲戌時

此八字甲木相配柱中火土傷官助才之格傷官者傲物氣高常以特人焉及己人生得此主人丰姿毫迈天性多能剋己剋恭人仰敬施仁施德達賢欽其為人也生於富族長於名庭堂上恩親前後謝鴈行出我壽弥深祖業宜更整才禄自用心學問也知今古事行蔵湖海貴高尊遠望一天星月皎才囊萬斛足誅非獨家居而顯達四遠馳名把酒斟觀花翫梆性不仗人般般磨琢有斟有盤初運中年多剥雜晚年積玉子孫榮此則英雄之命鴛幃有剋宜當贈桂子運來出歸人運行初丁巳是榮之下不足談論丙辰運中讀書曾映雪觀史學偷螢乙卯運中遠方出入經勞碌其中快樂未如心甲寅運中千里江山千里念一番風雨一番驚癸丑運中然財源淵而有進仍見官非耗財侵壬子運中滿門才宝多豐富還有滿滿破晦是辛亥運中門迎珠履三千客積玉堆金子顯榮庚戌運中英雄不知何處去夢逢巫山十二峯

癸卯年　戊午月　辛卯日　己亥時

此八字辛卯日相配柱中木火才殺之格人生得此本顯功名只嫌用殺帶才不貴而富椿萱堂上先虧父鴻鴈天邊有奮騰手姿洒落歷事老成明古今之事識賢聖之経雖不仕途騰踏並教田野躬耕行看江湖尊德望自然市井旺財名此則豪傑之命鴛幃配合須招硬桂子秋來朶朶馨香運行初丁巳上人庇下詩礼趨庭丙辰運中春園風雪過桃杏吐紅英乙卯運中行藏人敬仰家業又番更甲寅運中英雄交敬享日日醉還醒癸丑運中不獨金珠滿目尚祈第宅光榮壬子運中晚年昌樂景蘭桂挺芳榮辛亥運中悠悠享用庚戌運中花落日沉

癸卯年　戊午月　辛巳日　辛卯時

此八字以金相配柱中旺火偏官之格戊癸有化火之功人生得此手姿英傑天性忠誠椿親先别萱尤去鴻鴈天邊不共鳴學問聰明未必瓊林賜宴筆鋒雄健尤能案牘馳名佇看天官奏最恩沾雨露光榮此則榮貴之命鴛幃火命須年少桂子秋來吐錦英運行初丁巳上人庇下快樂昇平丙辰運中志思登仕路曾讀聖賢經乙卯運中到此雪晴雲路達貴人薦引有威稜甲寅運中匹馬登天路悠悠未称情癸丑運中榮沾沛澤光輝門庭壬子運中黎元頌積德祿位又加陞辛亥運中榮回甲里庚戌運中一夢蓬瀛

子平遺書

癸卯年　戊午月　乙未日　戊寅時

此八字乙木相配柱中火土傷官助才之格傷官者傲物氣高歷事風雲之象行藏恰變之能值斯象者丰姿磊落天性剛明順之則春風和氣逆之則雷電轟轟非為人也生於故舊之族長於豐富之庭椿萱有慶前後須庭宇行中我壽增祖業宜整新北園麥苗青李問博親終是有名之客英材豪邁豈為田舍之人非獨府縣高賢敬且喜鄉邦大小欽服般般歷過件件勞心簪花賞酒理白分清初運中年官破晦暮年積玉子馳名此則賽親強宗之命舊愇有剋馬同老桂子遲來富興榮運行初丁巳蔭庇之下不足談論丙辰運中讀書曾努力有晦有逃乙卯運中然有貴人來指引其中進退素非驚甲寅運中便有声名揚外境才源增減雪灾侵癸丑運中然則成家而立業官破灾非耗臨壬子運中此運必然光霽好还有灾逃素耗尋辛亥運中再置樓臺添產業門迎賢貴乱紛紛庚戌運中萬頃良田將不去見孫李錦夢西沉

子平遺書

癸卯年　戊午月　丙戌日　己丑時

此八字丙戌日相配柱中之土傷官之格人生得此本是功名只嬉日月虧盈減我秀氣當世早帰椿後别鷹行天際不同鳴丰姿英雅歷事多精十斷九達成事業三番四覆整門庭湖海生財益旺晚年家業方興此則操持之命舊帰趋後重年少桂子前凋後發英運行初丁巳幼年之景風雪輕輕丙辰運中芦花為絮身上寒生乙卯運中才源來益旺人事有悲驚甲寅運中江湖有意才源旺絃斷悲傷再合情癸丑運中財源来来聚蘭桂始生戌壬子運中晚年益旺重整門庭辛亥到庚申運中帰去也

癸卯年　戊午月　辛丑日　己丑時
此八字辛金坐於庫配合提綱午火月支偏官之
格人生得此本乎得祿得名惜乎運入財鄉拭厨
福力值斯象者主人丰姿魁曠性格果剛生於文
望之家長於仁義之族椿庭熱死萱親壽鴻雁還
看後兩行識見高明不向文場求聞達英才敏捷
錯教湖海歷風霜等閑自有高人敬財帛紛紛積
滿箱但願子孫榮顯日烏紗白髮繞羅裳此則晚
榮之命鴛幃年少始齊眉子嗣双枝而一茂運行
初丁巳風清月白柳暗花明丙辰運中梨花雨過
天明朗鳳舞鶯鳴喜氣生乙卯運中門外田疇千
古計庭前花木四時馨甲寅運中英雄惟贈劒三
尺豪傑相逢醉一醒當此之際坦道生荊癸丑運
中万山開霽色四境播財名壬子運中子秀孫賢
家富貴喧喧車馬集門庭辛亥運中桑榆暮景多
光彩杜宇無端叫一聲

癸卯年　戊午月　辛卯日　乙未時
此八字辛卯日相配柱中木火才杀之格戊癸化
火有功人生得此行藏洒落性格剛雄欺猶不受
觸擊难容合土椿萱歸晚鄭鴻雁各西東般般都
好學伴、不粗通祖業难相倚才囊自積豐文貴
親賢生意足自然湖海播高風此則自成之命外
幃年少須偏正桂子先凋晚岀叢運行初丁巳初
承尊祇行樂從容丙辰運中便有才源來旺朝、
交會英雄乙卯運中世事儼如新折柳人情迷佀
半開運甲寅運中才旺福興家業旺請車声散快
無窮癸丑運中風波都歷过家業愈豐隆壬子運
中冲擊是所跋涉無忘辛亥運中晚年宜享用豈
料夢王峯

癸卯年　戊午月　丙申日　戊午時
此八字偏官之格戊癸化合福無限量值此象者萱親荷祿養椿父早傾匕其為人也天資明敏志氣果剛喜則春風和氣怒則烈日秋霜驥足千程隨蹀躞青雲萬里任翱翔挺百年之喬木為一代之棟梁此則光顯之命鴛幃宜少宜招副予嗣金風蘭桂芳運行初丁巳迎祥襲慶入室升堂丙辰運中必達功名之志還宜熟讀文章乙卯運中龍門變化三春浪暖服昂昂掌憲綱甲寅運中抑職曾將民事撫陛禁還把憲章揚癸丑運中一番風雪祈消後萬里山河屬秉衛壬子運中此運見陞還見退田園好景樂徜徉辛亥運中晚年快樂庚戌運中一夢黃梁

癸卯年　戊午月　己亥日　辛未時
此八字己土配合午火提綱亥卯木局殺生印綬之格印綬者上格也注人生於富室長於高門衣冠濟濟禮樂雍雍有剛斷明敏之才出類超群之志有德有才終作棟梁之器多豐多潤豈無貫朽粟陳納粟奏名沾沛澤攀賢援貴沐恩光此則貴顯之命裏羅帳重重子秋風粟粟運行初丁巳丙辰上人庇下日燦風輕乙卯運中刻鵠未就畫虎不成甲寅運中雖則聲光照著一番梨雪交頋癸丑運中威權依舊新象新增當此運中還有變遷之喜壬子運中耿耿威名位滔滔福位陞辛亥運中莫悲恩波洽歸思故里榮庚戌運中英雄盡也夢入巫峯

癸卯年　戊午月　乙亥日　丙子時

此八字乙亥日相配柱中火土傷官助才之格人生得此手姿英傑天性聰明椿萱堂上双双耄鴻鴈天邊不共鳴學問有成清志不勞淹泮水英才特達天川一旦沐恩榮行看來晩節黎旗听弦鳴此則榮貴之命鴛幃連珠高一歲桂蘭还挺兩三英運行初丁巳上人庇下月白風清丙辰運中欲遂平生志潛心對短檠乙卯運中讀殘窗下月未挺登科名甲寅運中橋門寄跡烏悽捷三疊陽關恨莫勝

癸丑運中榮沾新寵渥百里振威稜壬子運中一番風雪過祿位又加陞辛亥運中榮歸故里庚戌運中夢入蓬風

癸卯年　戊午月　丁丑日　辛丑時

此八字天元丁火克丑中之金為偏才之格其為人也椿萱榮耀棠棣凋零精神炯炯和氣雍雍黄甲登三級秋闈占一經臈雪破除金榼酒朔風飄拂柳綿衣壓此則榮耀之命鴛幃正副慈祥好子嗣森森桂粟香運行丁巳丙辰上人庇下未有興衰乙卯甲寅運中威而不猛和而不同癸丑壬子運中重重祿位赫赫聲名辛亥運中鬱鬱佳城閑翩翩

銘旐揚

癸卯年　戊午月　己亥日　戊辰時

此八字己土相配柱中木火殺印兼全之格殺印相生聲名特達人生得此丰姿老誠天性剛能有慈祥愷悌之德無酷毒害人之心其為人也生於名族長於良庭嚴慈前後別鴻鴈壽彌深學問也知今古事行藏出類貴賢欽祖業宜添整財囊去復盈非獨家門而有慶四遠融名福不輕般般勞碌件件操心初限中年曾駁雜暮年享福積金銀此則成家立業之命鸞幃有剋宜敵配桂子遲來

勝祖親運行初丁巳災憂之下學禮攻書丙辰運中意欲思高并纂遠進退憂非不順心乙卯運中便有聲名揚遠近總有憂非喜不侵甲寅運中正在成家而立業危難憂非不損身癸丑運中指望此運身安泰官非災險破憂迍壬子運中富貴兩全家宴樂崎嶇憂耗保身行辛亥運中正享兒孫福一夢入巫峯

癸卯　戊午　丁丑　丙午

此八字丁丑日相配柱中火土傷官之格人生得此仕路聲揚椿萱不逮雙榮養鴻鴈天邊各奮翔丰姿慷慨天性果剛學問有成終是功名之客英才卓冠豈為田舍之郎泮林踏過橋門去次第登天沐寵光此則榮貴之命鸞幃有犯須招副桂子秋來有異香運行初丁巳初承上庇其樂何當丙辰運中尋章摘句入室升堂乙卯運中志欲登天步月身還履雪經霜甲寅命運中三疊陽關空探月依然固守勢膺揚癸丑運中疋馬登天路悠悠

沐寵光壬子運中榮沾新寵渥百里姓名揚辛亥運中再加祿位便擬還鄉庚戌運中落日青山外西風猿斷腸

癸卯年　戊午月　乙酉日　癸未時

此八字乙酉專權之日食神制煞之格仗此根基焉得不貴椿萱中道別棠棣獨芳妍其為人也丰姿雅秀志行方圓研精今古事玩習聖賢篇盈科後進仲尼水學海觀瀾孟子泉一旦風雲相際會驊騮奮躍到長安此則顯達之命鶩幃有碍須偏正子嗣班斕孝義全運行初丁巳小池雨過幽谷春還丙辰運中十年窓下業陰硯共寒氊乙卯運中新向月中攀桂去便從天上領恩旋甲寅運中絳帳衣冠傑特生徒道統相傳癸丑運中頃刻風濤息須臾祿位遷壬子運中雍容祿秩悅服黎元辛亥運中名利熏心戒老懶溪山招隱盍歸閑庚戌運中冥杳杳草芊芊

癸卯　戊午　庚子　壬午

此八字庚金相配柱中火土官印之格值此象者豈不英雄椿親惟耐歲萱母早歸空其為人也行藏果決志氣折親韜畧存心整詩書不復窮根原須再琢事業復磨礱赤土流星劍烏號明月弓声名赫赫沛澤重重此則武將之命鶩幃重合吾子嗣晚昌隆運行初丁巳名花灼灼旭日融融丙辰運中自是人中傑還回馬上翁乙卯運中權名雖耿耿人事又匆匆甲寅運中正宜施勇勢橋小路難通癸丑運中氣象重新聲價显焰焰皓月滿樓中壬子運中莫思天上乘金勒且飲籬邊酒数中辛丑運中酩揬滴滴雖限重重

癸卯年　戊午月　甲戌日　壬申時

此八字乙木相配柱中之金時上偏官之格值斯命者椿萱先別父鴈字有聯行其爲人也丰姿出衆處事異從包羅今古事頗讀錦雲章青雲黃甲難淒足泮水橋門也顯揚此則榮貴之命鴛幃正副方偕老桂子枝頭果果香運行初丁巳雙親庇下冬暖夏凉丙辰運中讀書映雪觀史偷光乙卯運中淹留志氣困守門墻甲寅運中難攀桂子登蟾室易見梨花應曉霜癸丑運中皇恩有感身榮貴送往迎来禄自康壬子運中一番風雨遇禄位又加昌辛亥運中子登帝闕輝煥門墻庚戌運中上五年優游享福下五年夢入黃梁

癸卯年　戊午月　壬辰日　己酉時

此八字壬辰日相犯柱中火土才杀之格人生得此生於藝業長於高居丰姿魁厚性格能爲椿萱分別後鴻鴈不聯飛學業頗窮黃石略心胸稍蘊聖賢書但遇時来機會至高乘疋馬捧旌旗此則貴人之命鴛幃全正副桂子秀秋姿運行初丁巳上人庇下快樂安舒丙辰運中陽光囬宇宙万物自生輝乙卯運中威稜從此振財帛勝常時甲寅運中士卒紛紛敬仰一方疆域名馳癸丑運中威稜肅肅禄位重孫壬子運中冲擊之鄉還顯擢一尊未許向東籬辛亥運中悠悠處樂庚戌運中歸去来兮

癸卯年　戊午月　丁酉日　庚戌時

此八字丁酉日貴之辰相配柱中金土傷官助才之格人生得此本顯功名只嫌身旺才衰不貴而富椿親先別萱光去鴻鴈天邊各奮飛手姿洒落處用多機相業添新慶財囊自積齊但願生涯旺湖海何須身到鳳凰池此則發旺之命篤帏有犯重婕娌桂子秋來舞綵衣運行初丁巳上人庇下快樂怡怡丙辰運中詩書雖有志絃断理新絲乙卯運中行藏多順利貨財自有肥甲寅運中財源來旺人欽伏風雪生寒財又虧癸丑運中歷過崎嶇道家門始有鮮壬子運中老當發旺辛亥運中歸去來兮

癸卯　戊午　丁丑　丁未

此八字丁丑日相配柱中水土傷官合殺之格人生得此忠誠器宇慷慨行藏椿父先歸萱後別雁行天際各飛翔學識粗知人事智謀能動賢良十斷九連成大業三番四覆整門墻交貴親賢歷湖海財源滾滾積盈囊此則富貴之命篤帏趋後重年少桂子先難後發芳運行初丁巳幼承上庇快樂安祥丙辰運中不向書窓篤志却來湖海磨揚乙卯運中椿樹凋零家業支鎡基重整又經霜甲寅運中人事光華財業旺斷絃聲裡夜荒凉癸丑運中滔滔旺家業珠履擁華堂壬子運中老當發旺樂飲壺觴辛亥運中身榮子顯庚戌運中傣斷人傷

甲辰年　丁卯月　戊辰日　壬戌時

此八字戊辰日德之辰相酛柱中旺木正官之格人生得此丰姿英俊天性果剛生於茂族長於華堂椿萱丰道雖全奉鴻鴈天邊各奮翔學識通今博古筆鋒愈有堅鋼一從姓字登黄甲肅肅威稜肅憲綱此則英顕之命雋幃有妨須正副桂蘭还擬脱芬芳運行初戊辰上人庇下冬暖夏涼已巳運中讀殘茆店月踏破板橋霜庚午運中風雲相際會躍馬到朝陽辛未運中威揺山岳動風雪不爲傷壬申運中雖則位遷金紫尚防一度水張癸酉運中老年加禄位肅氣壓邊疆甲戌運中金馬玉堂休戀慕且宜雍下樂壺觴乙亥運中帰去也

甲辰年　丁卯月　戊辰日　庚申時

此八字戊辰日德正官印綬之格印綬者上格也主人生於乖覺性格聰明春到身沾新雨露時来自有貴人扶春風習習滿園花木芬菲夏日炎炎盈治芰荷香馥此則成家之命妻招年長家方好子嗣蘭芳桂子香運行初上人庇下春風運行中禄元增進何愁第宅不風光印綬無傷正是格青并月白運行暮一霄春夢不歸便是北忙山下鬼

甲辰年　丁卯月　戊午日　辛酉時

此八字戊午日丑之辰去官留殺之格主人生於茂族長於仁門嚴慈中道一分別鳩鴈遥天幾各鳴其爲人也頗知高下稍識重輕百般好習李一事不能不意之中生利用心之處虛名難然夜相千般計但遇嗟福自增此則穩福之命死帏有碍宜年少子嗣秋深綻栗英運行初戊辰淡淡天邊月輕輕壠上雲己巳運中登臨雨榭賞翫春陰庚午運中失之飛是辱得也未為榮辛未運中但宜守分常為吉妄有謀求反不享壬申運中宿霧寒烟都散尽明星皓月見長空癸亥運中雖有片時風波依然福禄進增甲戌運中晚年壯觀暮景昇寧乙亥運中蒐遊閬苑覓返佳城

甲辰年　丁卯月　戊辰日　庚申時

此八字戊辰月德之辰相配柱中之木去殺留官之格人生得此生於劍戟之門長於戈矛之室丰姿高古性理剛明椿萱榮養中年别棠棣庭前有挺榮學識高明不向天山攻戰戟英才特達却来翰苑試丈英一聲春霹靂躍過浪三層此則蕭列之命鴛帏有磚須偏正桂子秋香有継榮運行初戊辰上人庇下暮史朝經己巳運中踏破泮橋霜幾載讀殘茅店月三更庚午運中一從宴賜瓊林後鉄面生風兜膽驚辛未運中十郡山河開戟掌九重天闕詔重徵當此之際柳絮風輕壬申運中戢兼文武兵刑事風浪無端一旦驚癸酉運中螢梅調鼎鼎彝舟楫濟川濵甲戌運中身膺瑚璉貴未許便辭榮乙亥運中榮回正享無窮樂一夢胡爲了此生

甲辰年　丁卯月　丁卯日　庚戌時

此八字丁火生於卯月印綬之格印綬者上格也雖不為官亦能發福萱親耐晚椿先別鴻鴈西風各奮雲其為人也雖無深智量稍有淡聰明威權有布擧用人欽萬象光華沾沛澤四時佳趣樂昇平掌管一鄉之領袖流傳萬古之芳名此則里豪之命鴛幃重疊如魚水桂子秋深旁果成運行初戊辰踈雲掩月未稱登臨己巳運中漸漸精神爽看看氣象新庚午運中閑中生駁雜靜裏致迍邅辛未運中雖則財權而兼美幾多世事尚縈心壬申運中生涯廣潤家業崢嶸癸酉運中一番風雲過依舊瑞祥生甲戌運中且享安和福乙亥運中無常又促程

甲辰年　丁卯月　己酉日　乙亥時

此八字己土相配柱中乙木偏官之格食神制伏為良人生得此半姿情慨性理剛明生於茂族長於衣纓椿親耐壽萱先別鴻鴈天邊有奮明不用淨林求聞達却從案牘有聲名貴人相為引頭角爭崢嶸此則貴人之命鴛幃有缺須重疊桂子秋來繼榮運行初戊辰上人況下天朗氣清己巳運中機會來時逢貴助高揮劍筆列公廳庚午運中三疊陽關斷別酒九重天府沐恩榮辛未運中兆民樂業四境昇平壬申運中雲霄山河開杜臘皇恩有感職加陞癸酉運中正在風光處何須返故城甲戌運中落日青山外哀猿三四聲

甲辰年　丁卯月　庚戌日　丁亥時

此八字庚戌魁罡之命相配柱中木局才官旺生官之格人主得此本乎得禄得名只嫌生身弱才多減乎福力值斯象者注人丰姿慷慨處用多機生於望族長於華居椿萱皓首方帰去鴻雁天边各奮飛𢦤𢦤好學件件粗知祖基祖業終番覆才帛資囊衛有乎遨遊湖海奔走花衝佇看晚年通泰日孫賢子秀始安舒此則不覊之命篤情正嗣挂子晚輝奇運行初戊辰上人庇下乖李芳菲己已運中雲開月皎雨過山輝庚午運中湖海風雪空歷花街酒市尚奔馳辛未運中不犯田園零落尚祈人事款趄壬申運中財源来有益花木再芽菲癸酉運中子秀孫賢家業旺始知行樂有威儀甲戌運中春殘花落尽空怨子規啼

甲辰年　丁卯月　戊午日　甲寅時

此八字戊午日刃之辰相配柱中木火殺印之格殺印相生功名顯達人主得此丰姿豪邁天性剛能高謀遠見機関別慷慨情懐志氣深其為人也生於名族長於豊門椿萱前後別鴻鴈挺飛鳴學問有成三場舉業終無分英才出類九年六載顕宗親威風凜凜人中罕氣宇昂昂席上珎佇看四遠揚名日腰横銀束治人民此則貴顯之命篤情有犯須添贈桂子遲来是貴人運行初戊辰上人之下學礼趋庭己已運中然有貴人来指引進退憂非不順心庚午運中南北京都然有姓危非憂耗不傷身辛未運中門楣壯觀非耗憂驚壬申運中里息有感陞加爵官非憂破素灾逃癸酉運中一運二陞銀帶貴仍見崎嶇仔細行甲戌運中子顯身快樂乙亥運中一夢入巫峯

甲辰年　丁卯月　乙巳日　庚午時

此八字乙巳日相配柱中木火殺印之格人生得此大器悅成椿萱半道存鴆養鴻鴈天邊各奮翔丰姿英傑天性明良理明今古事學貫識文章終是功名之客豈為田舍之郎時來驥足登天府寵渥榮沾姓顯揚此則貴顯之命鴛幃配合須年少桂子秋來桑桑芳運行初戊辰幼年之景何論炎涼乙巳運中尋章摘句入室升堂庚午運中志欲登天步月身逐履雪經霜辛未運中時來登上道名勢望輝揚壬申運中仁風舒遠近德政引岐黃癸酉運中再加祿位跋涉一場甲戌運中悠悠離下乙亥運中猿斷人腸

甲辰年　丁卯月　癸酉日　癸丑時

此八字癸酉日相配柱中木火傷官生財之格人生得此多機多智不柔不剛椿萱不逮双年鶱鴻鴈天邊有共行稍有賢能之志粗知禮義之方祖業重整囊材帛旋豐藏湖海英雄交敬厚自然財帛旺門墻晚年蘭桂秀光齊更何當此則守成之命鴛幃有尅須偏正桂子秋来有挺方運行初戊辰上人庇下快樂安詳己巳運中風雪初消春信轉半親書史半經商庚申運中事業有隆有替威聲無抑無揚辛未運中豪傑滿門才業旺旺中何慮有悲傷壬申運中湖海重增光價不妨浪急風狂癸酉運中晚年新氣象車馬集門墻甲戌到乙亥運中歸去也

甲辰年　丁卯月　戊辰日　乙卯時

此八字戊辰日德之辰相配柱中之木偏官之格值斯格者椿父早歸萱白首邊天鴻雁有成聯其為人也善決善斷能語能言親貴容近高賢立四時之佳趣成萬古之田園雖不綺羅衣錦繡也須鄉黨姓名傳此則傑人之命鴛幃得合須年少子嗣金風發桂蘭運行初戊辰無思無慮不燥不寒巳巳運中雨過萬山蒼翠雲收輪月嬋娟庚午運中雖則財權振作幾番人事迍遭辛未運中縱使人欽伏身心未許閑壬申運中人羨人欽財業壯

一番風雪一番酸癸酉運中清歌夜醉花前月行樂朝看攏上山甲戌運中悦景悠悠樂乙亥運中東風呼杜鵑

甲辰　丁卯　己未　乙亥

此八字己未陰刃之日偏官之格值此象者豈不成名一對椿萱先別姆幾行鴻雁各分群其為人也氣高傲物自是自能謀動君子威伏小人祖基不守事業重成汗馬有功名譽顯貴人提挈祿元增聲權赫奕祿位崢嶸此則雄顯之命鴛幃木命須年少子嗣秋深綻粟英運行初戊辰雲裹月華中英巳巳運中漸覺精神豁爽何愁風浪未平庚午運中鬧裡威雄布忙中世利新辛未運中但逢機至愈覓旺前程壬申運中正是風光之處只愁

飛雪滿庭癸酉運中須臾風浪息依舊勢豪生壬申運中黃花晚節辛未運中一夢佳城

甲辰年　丁卯月　乙丑日　丙戌時

此八字乙木相配柱中之火傷官之格女人值此翁姑無倚姑嫂失群與親失奉鴻鴈各鳴其為性也姿容雅麗易喜易嗔勝丈夫之氣槩有男子之才能初年行運崛崛過待教晚景樂安寧此則辛勤女命良人有碍重夫命桂子蘭花共有成運行初丙寅上人之下快樂昇平乙丑運中契合翠鸞成好夢始知紅葉是良姻甲子運中死衾枕冷有語無伸癸亥運中輕寒輕暖乍雨乍晴壬戌運中雨過萬重山有色雲開千里月光明辛酉運中晚

年光景好金帛始稱心庚申運中正享堂前兒孫福豈料無常有促程

甲辰　丁卯　戊辰　壬子

此八字戊辰日德之辰財官之格財盛生官終身有慶椿叉先歸萱後別鴻行鴈字失和鳴其為人也立仁而存義可武而鮮文喜則風輕日煖怒則電射雷轟声名揚朔塞氣焰燭邊城鼓角聲催巫峡曉旌旗影動錦江春此則武官之命鴛幃有魁猶重續桂子先虧後秀榮運行初戊辰皎皎雲中月紅紅葉底英己巳運中春寒風料峭行樂未歡娛庚午運中雨露沉濡声價顯紛紛士卒悉歸心辛未運中榮中幾度趑趄事籍貴扶持福又盈壬

申運中融融和氣赫赫威稜癸酉運中百事千軍瞻獨步功勳未許付兒甲戌運中華堂慶壽美酒盈樽乙亥運中三盃辞故友一枕了平生

甲辰　丁卯　癸亥　庚申

此八字癸亥日相配柱中金木傷官用印之格人生得此丰姿英傑性格明良椿親耐脫萱先別鴻雁天邊各奮翔學問粗知今古知謀能動賢良祖業重新慶才囊自積箴交貴親賢生貨利市壟湖海有名揚此則穩旺之命鴛幃尅後重尋少桂子秋來始有芳運行初戊辰庇佑之下其樂尚洋己巳運中尋財覓利懶習文章庚午運中斷絃重續財來旺風雪無端忽一場辛未運中行箴人敬仰風絮又飄殘壬申運中才旺家肥行樂順風任椿樹又凋傷癸酉運中老當發旺金玉滿堂甲戌運中依然光壽乙亥運中夢入仙鄉

甲辰　丁卯　丁未　戊申

此八字丁未日配乎柱中之木印綬之格人生得此仕路身榮椿萱難並耄鴻雁不同鳴丰姿洒落天性聰明學識窮通書史筆鋒能理冤情定擬揚名顯姓豈教華野躬耕時來借得吹噓力考最成功沐寵榮此則榮貴之命鴛幃尅後重偏正桂子庭前吐錦英運行初戊辰幼年之景庇下昇平己巳運中詩書心力倦奮志向公庭庚午運中辣辣風雪過躍馬上神京辛未運中榮沾新寵渥光耀門庭壬申運中政化東西洽仁風遠近清癸酉運中再加祿位便辭簪纓甲戌運中人生從此別無復見儀形

甲辰　丁卯　壬戌　乙巳

此八字壬戌日德之辰相配柱中木火財旺生官之格女人得此姿容朗麗性格賢明堂上椿萱雖並奉闈中妯娌少知情夏日炎炎盈沼芰荷馥郁春風習習滿園桃李色芳榮掌家全禮道教子有良能晚年自有榮華福羅綺輝輝絢日明此則發旺女命良人配合江湖客桂子生成俊秀英運行初丙寅閨門之内月白風清乙丑運中紅葉溝中傳密意赤繩月下結佳盟甲子運中裙釵加濟楚人事有悲生癸亥運中樂中生出悶悶過福源增壬戌運中到此精神豁爽財多家業有增辛酉運中晚年臻福慶蘭桂挺豪英庚申運中依然享用己未運中機杼無聲

甲辰年　丁卯月　戊申日　戊午時

此八字戊申日相配柱中木火官印之格正謂有官有印無破作廊廟之財值斯象者丰姿英傑性格剛忠椿親耐晚萱先別鴻鴈天邉各奮風學問有成青志[illegible]年淹泮水英才特達芳名一旦沐恩封橋門踏出登天去千里榮晉化日融此則榮顯之命鴛帏年並雙諧老桂子先難後育叢運行初戊辰尋章摘句雪案加功己巳運中幾欲登天步月依然昌雪衝風庚辰運中到此榮臨辟水徐徐身跨花驄壬申運中仁風揚遠近政化洽西東癸酉運中晚年加祿位名授大夫封甲戌運中榮囬正享悠悠樂一夢南柯信不通

甲辰年　丁卯月　癸亥日　丁巳時

此八字癸水日元配合柱中木火傷官帶財之格傷官傷盡格局粹純女人值此生於富室長於名門萱母次房椿命晚芬芳棠棣各苗生治家克儉五事争能性快猶如風捲浪心安儼似月離雲春入水光来嫩緑日旬花影發新紅此則起家之命良人貧過和偕老桂子庭前一朵馨香運行初丙寅閨門藴秀未論枯榮乙丑運中帳前新縮鴛鴦帶堂上初開孔雀屏甲子運中助夫門之財祿長自已之光榮癸亥運中梨花雨過依舊稱心壬戌運中

尋常一樣窓前月纔有梅花便不同辛酉運中沖擊之所月入雲屏庚申運中抱孫弄子樂意忘情已未運中花已落月猶况

甲辰年　丁卯月　壬戌日　丙午時

此八字壬戌日德之辰相配柱中木火傷官助才之格女人得此生於右族長配名門萱母先帰椿後別天邊鴻鴈各行鳴其爲人也丰容清秀髮貌精神勝丈夫之氣槩有男子之材能雲收華岳千山秀水到湘江一様清断機萱教軻親訓翦髮能傳侃母心萬里無雲天一色三秋好景月明憂禍自能辞肉味素琴應解辨絃声難觸犯易喜易嗔雖不鳳冠帔服自然福禄無窮此則穏厚之命鴛幃連珠貞金徤子嗣秋来朵朵栄運行初

丙寅幼年之下未断平生乙丑運中紅入桃源花爛熳橋横銀漢水澄清甲子運中正是梅青月白還愁人事虧盈癸亥運中幾度樂中有悶数番静裏憂生壬戌運中雖則夫門快樂還愁憂喜並行辛酉運中花嬌復含宿雨梢尤滯金風庚申享子孫之福慶已未運焚香杳之佳城

甲辰年　丁卯月　壬申日　甲辰時

此八字壬申長生之日相配柱中木火傷官助才之格食神制杀為奇主人生於右族長於仁門椿父先歸萱後別天边鴻鴈各摶風其為人也丰姿清秀天性聰明有理自分青之志應上和下之能祖業須重立根源勝旧風万里無雲天一色三秋好景月長明高人起敬貴客相欽門外生涯曠瀾庭前活計維新消閑棊一向遣與酒三鍾好意番成悪真心換得嗔雖不建侯封爵自然旺足平生此則穩厚之命鴛幃有犯須同屬子嗣秋來朶朶馨運行初戊辰上人庇下月白風清己巳運中春歸柳葉晴初變紅入桃花暖未匀庚午運中昼水無声空有浪綉花雖艷不聞馨辛未運中雖則行藏有慶幾多人事虧盈壬申運中才旺祿盈家業廣何愁人事尚因循癸酉運中迎賓玩物會友開樽酉字之中花放風生甲戌運中無思無慮乙亥運中一道訃音

甲辰年　丁卯月　己巳日　乙丑時

此八字己巳之日相配柱中木火官印之格本顯功名只嫌官殺混雜越我光榮主人生於望族長於高門萱母先歸椿後別天邊鴻鴈各行鳴其爲人也丰姿清秀性格豪洪斷高理自處事公平雖無深計較稍有淡聰明兩都秋色皆喬木耆舊風流有幾人重成新事業再整舊門庭月掛碧天多皎潔名揚湖海有光榮英雄惟贈劍三尺豪傑相逢酒一鍾拙於自己巧於他人但願一生財祿旺任他白髮鬢邊生此則饒裕之命鴛幃命健頭生雪子嗣秋來旺宅門運行初戊辰上人庇下未斷升沉己巳運中娟娟雲裏月灼灼葉中庚午運中古樹含風常帶雪寒岩四月始知春辛未運中須史雲捲月頃刻雖雲壬申運中得中有失悔後還明癸酉運中軒開化日千祥集簾捲香風百福增酉字之中花發風生甲戌運中無慮盡情詩禮樂有朋自遠方親乙亥運中歸去也

甲辰年　丁卯月　庚戌日　辛巳時

此八字庚戌魁罡之日相配柱中木火才殺之格女人得此福足以榮椿萱棠棣難依養妯娌翁姑半適情其蘋蘩有託相夫教子多能錦綉花開富貴琅玕竹報安寧子秀夫榮臻福慶裾釵濟濟絢霞明此則榮夫顯子之命鴛幃配合榮中別桂子生成三兩英運行初丙寅幼年之景月白風清乙丑運中帳綰鴛鴦帶花開孔雀屏甲子運中裾釵雖壯麗樂處有悲生癸亥運中到此精神快爽財源旺處悲生壬戌運中行藏多遂意榮處有閑情辛酉運中鴛鴦分析後人事尚相榮庚申運中子貴身榮樂已未運中花殘杜宇聲

甲辰年　丁卯月　庚戌日　庚辰時

此八字庚戌魁罡之日相配柱中木火才官之格人生得此生於右族長於高居椿萱有倚先虧父天邊鴻鴈各行飛其為人也丰姿清秀氣岸為奇頗知礼義稍識詩書有近貴親賢之德應上和下之機羅綺飄香風蕩蕩壺觴列座草萋重成新事業再整旧根基五湖生計好四海福緣齊消閑棊一局遣興酒三巵常將好意番成悪毎把真心換得嗔但願一生才禄旺何須跨馬入雲衢此則特達之命鴛幃正副方偕老子嗣秋来并異枝運行初戊辰上人花下有何是非己巳運中寒向梅中尽春從柳上歸庚午運中淡烟楊柳岸薄霧杏花村辛未運中才源滚滚家居好还愁耗及閑非壬申運中嚴霜積雪都経過次第春風到故廬癸酉運中晚年閑快樂才禄愈豐盈酉字之中犯孜風顛過此甲戌運中無思無慮當斯際一枕黃粱永不迴

甲辰年　丁卯月　庚申日　庚辰時

此八字庚申專禄之日相配柱木火才官之格才盛生官終身有慶遇斯命者生於右族長於名門椿萱有倚难双耄天邊鳴鴈各行鳴其為人也丰姿清秀天性聡明有近貴親賢之德截長短補之能遊山翫水携詩卷對月觀花把酒斟田園桑柘茂畝畒稻梁馨無還尽傳詩礼衆有朋来自遠方覩花無桃李非春色入有笙歌是太平雖不建侯封爵自然閭屋閭身此則穏厚之命鴛幃年長頂相郎子嗣崇門朶朶馨運行初戊辰上入庇下来断平生巳巳運中世事宛如春梦人情薄似秋雲庚午運中正是梅青月白还愁人事虧盈辛未運中着意種花花不發無心揷柳柳成陰壬申運中雖則才源旺足还愁人事虧盈癸酉運中進實玩物會友開樽酉字之中頃刻風雲甲戌運中子貴孫賢家業旺乙亥運中春歸花落鳥無聲

甲辰年　戊辰月　辛巳日　庚寅時

此八字辛巳日相配柱中木火雜氣才官之格女人得此福享清榮椿親先別萱沈去鴻鴈天邊各奮鳴翁姑缺侍妯娌緣輕儀容秀爽天性良能性急如江濤春壯心安如山月秋清掌家立業多勤儉刺繡拈針愈益精仔看夫榮身慶泰裙釵濟濟福元增此則掌家女命良人同屬榮還富不重生男女有成運行初丁卯庇佑之下天朗氣清丙寅運中雖則裙釵壯麗喜有尚有悲生乙丑運中家業有成人事廣只愁蘭桂不添榮甲子運中風霜都歷過羅綺麗層層癸亥運中夫門輝煥精神爽驟雨梨花月淡明壬戌運中婦道之鄉臻福慶堆金積玉旺家聲辛酉運中依然享用庚申運中夢入蓬瀛

甲辰年　戊辰月　癸卯日　丁巳時

此八字癸卯日貴之辰相配柱中火土雜氣才官之格人生得此丰姿穩重天性公平心下存救人之德口中無絲害之聲萱母先歸椿後別鴈行天際有和鳴祖基祖業添新慶財帛財囊自琢成但願生涯旺湖海自然財勢益鄉城仔看沾沛澤氣猷自核核此則富榮之命鴛帳連珠低一藏桂蘭藹藹發秋萱運行初己巳雖然居庇下人事尚遇清庚午運中雨過春園色麗雲開秋月揚明辛未運中到此財源來愈旺何期風雪又嚴凝壬申運中楊花飛盡處錦繡發春榮癸酉運中萬象光華家業成一番阻隔不為驚甲戌運中采陳旧枯子秀孫榮乙亥運中老來重壯觀丙子運中一枕夢難醒

甲辰年　戊辰月　壬辰日　辛亥時

此八字壬辰魁罡之日相配柱中之土偏官之格入生得此行藏穩重性格聪明萱毋先歸椿耐晚鴈行天際各飛鳴類知今古略少識聖賢經祖業重新慶財囊自積存但顧英雄來四遠自然湖海有才名佇看晚節身罹疾耳不聪兮目不明此則穩富之命鴛幃有碍須羊屬桂子秋來朵朵馨運行初己巳上人庇下快樂昇平庚午運中但覺行藏有慶不妨風雨飄零辛未運中財源來旺處一庚見悲驚壬申運中英雄交敬仰財旺勢崢嶸癸酉運中財厚福興家業盛無端風疾又相縈甲戌運中老當發旺子秀祿榮乙亥運中依然昌樂丙子運中夢入蓬瀛

甲辰年　戊辰月　乙亥日　丁亥時

此八字乙木相配柱中火土雜氣財官之格傷官者性急能為行藏出類注人手姿平穩性格操持生於名宦之宅長於盛室之庭萱椿榮殯萱傾謝鴻鴈行踈獨挺鳴根基雖有新加整財帛声名開裏成有欺強扶弱之志分清理白之能學問廣親知禮義詩書輾轉貴人蓮早歲風霜經跋跡時通脱景福元增一日風雲齊際日子必身沾雨露恩此則暮福之命鴛幃有克重諧老子獨簪纓不黍覩運行初己巳任君縱有通天志其中風耗阻行程庚午運中雖則己身而近貴況兼朝暮有憂心非翅之伴樂處因循辛未運中此景然須声價好何當官破陷吾驚若無工客相扶助安得雲開月復明壬申運中正在子成名顯地連年災耗吉官逃促防枝葉謹己而行癸酉運中萬里無雲天一色春來依舊百花馨身沾恩沛澤喜氣藹門庭甲戌運中澗壁潤身名遠播子榮五柳治人民延賓而酌酒車馬鬧迎門乙亥運中上五年華堂而納納慶會友共論文下五年英雄不知何處去獨留孤鶴淚黃昏

甲辰年　戊辰月　甲午日　己巳時

此八字雜氣財官之格喜得時值金神人生得此椿父早歸萱晚別聯枝棠棣有個荣其為人也精神烱烱智慧明明李闇ㄅ深親貴客行藏特達動賢英根源加立事業重增仕途牖進步湖海家多情生涯豐阜福祿崢嶸此則淵座闊身之命鴛幃水命須年小子嗣双双有挺荣運行初己巳秋風描奥徽雨弄晴戊辰運中漸看春色煖始覔端祥生辛未運中失之非是辱得也未為荣壬申運中幾番静裡生風浪依旧身安不致驚癸酉運中着意種花花不發無人揷郴郴成陰甲戌運中益友相過訪中庭酌兒毻乙亥運中安福兒孫福丙子運中南柯夢不醒

甲辰年　戊辰月　癸卯日　丙辰時

此八字癸卯日貴之辰相配柱中土火稞氣才官之格惜乎傷官破局減其分数人生得此丰姿魁偉体貌鬚髯有慈祥愷悌之德無酷毒害人之心其為人也生於名族長於豐居鶴髮萱別椿壽殞天邊鴻鴈我飛鳴祖業宜脩整才囊虧復盈學問聰明湖海遨遊人仰敬英材出類返来業櫝顯榮身威風凛凛人中罕氣宇昂昂席上珎初限中年官灾耗暮年銀束子重金此則吏官之命鴛幃金命宜當贈桂子除卿顯祖親運行初己己上人之下不足談論庚午運中萬志已勞窓下苦馬得騰達顕声名辛未運中貴人指引鄉邦敬官灾憂破不傷身壬申運中片帆稳稳朝京闕崎嶇憂悔幸無侵癸酉運中荣回故里棃花白非憂耗悔謹身行甲戌運中嚴霜消盡灾非破破後荣除百里遵乙亥運中一運二陞威顕耀辞官辭印子攀龍丙子運中三盃别酒一夢巫峯

甲辰年　戊辰月　乙酉日　丁亥時

此八字乙酉日相配柱中之土雜氣才官之格人生得此生於高門長於右族萱花先損椿尤去鴻鴈各奮遥丰姿瀟洒志氣英豪學識頗知禮義英財稍有風騷祖基重整頭財帛自豐饒但願一樽交貴客何須騰踏上青霄此則穩富之命鴛幃有碍須相能桂子秋風長嫩苗運行初巳已上人庇下其樂滔滔庚午運中飄殘柳絮杏艷桃嬌辛未運中行藏覺瀟洒咲傲醉酕醄壬申運中才源進退何須慮一旦無端雪亂飄癸酉運中才源来滚滚樓閣聳雲高甲戌運中冲撃之所一度辛劳乙亥運中桃源将去也蓬島信来招

甲辰年　戊辰月　丁丑日　庚戌時

此八字天元陰火配合辰戌丑未之土論作傷官之格双親有倚鴈字孤飛祖基祖業重更改財帛財源再琢磨學問有成機謀出類忙則講堂披法服閑来對月了残經此則出家之命運行初双親廕下樂以忘憂運行中投師學業听法閑經運行暮有人問我修行路雲在高山水在瓶若北方之人運到辛未之中居官食禄廕子封妻声名浩浩財帛孜孜此則有禄之命若辛亥之時一位貴格注人丰姿敦厚性格軒昂双親榮顯家業如常李問頗知塵世事財源須積粟陳倉此則富足之命妻死帳良方年紀小子嗣廉孝更多能運行巳已庚午之中桃李春寒未吐芬芳之蕋行辛未運中荷蓮夏到且開蕣蓕之花行壬申癸酉運中万疊好山雲乍歛一輪明月兩新晴甲戌乙亥運中夢重翠禽啼不覺生来又是一番新

甲辰年　戊辰月　癸未日　壬戌時

此八字癸未日相配柱中之土雜氣才官之格人生得此宜乎仕通榮登主人行藏倜儻性理剛明生於詩書之族長於華翠之庭椿萱棠棣難榮倚祖業根基自琢成學問有成終顯達英才卓冠必騰升綉衣躍日金紫光榮此則榮肅之命鸞幃有碍須年長桂子秋來長嫩英運行初已巳上人庇下朝史暮經庚午運中雖則芸窓篤志未膺黄甲標名辛未運中一從姓字傳臚後鈇面生風神鬼驚壬申運中飄殘楊柳絮祿位又加陞癸酉運中金鱗帶綰威風霽旺處須防一慮生甲戌運中晚年跋踄未許辭榮乙亥運中落日青山外哀猿三兩聲

甲辰年　戊辰月　丙子日　壬辰時

此八字丙子日相配柱中之水偏官之格人生得此半姿英傑天性剛明椿萱難擬雙同楚鴻鴈天邊有各鳴理明今古事能别是非情十斷九連成大業三翻四覆旺門庭晚年自有光華日車馬喧喧擁滿庭此則富厚之命鸞幃正副方齊壽桂子秋來朶朶榮運行初已巳幼承上庇快樂昇平庚午運中便有威稜振作豈無才帛生成辛未運中才源來滚滚風雪一番生壬申運中旺中生折挫依舊樂昇平癸酉運中家業多饒裕風雪一旦生甲戌運中門閭壯觀人事昌榮乙亥到丙子運中歸去也

甲辰年　戊辰月　甲申日　戊辰時

此八字甲申日相配柱中之土襍氣財官之格兩干不襍最為奇人生得此手姿灑落稟賦良能生於衣纓椿親先別萱犹去鴻鴈天邊不共鳴奔門空遊於泮水功名可向於公廳一朝自得風雲便刀筆高揮衆讀成此則榮顯之命鴛幃年長須招副桂子秋來長嫩英運行初巳巳上人庇下詩禮趨庭庚午運中躡破斷橋霜幾枝雲程万里實難登辛未運中倦書廢却凌雲志衆讀功成沐寵榮壬申運中政化施滄海天寒雨未晴癸酉運中万民樂業四境昇平甲戌運中皇恩有感重加祿紫綬銀貂戟分清乙亥運中榮回籬下樂一枕夢難醒

甲辰年　戊辰月　乙亥日　丁亥時

此八字乙亥日相配柱中旺土襍氣才官之格人生得此生於茂族長於高堂手姿平穩性格明良椿親早別萱尤去鳴鴈天边吹斷行祖業重新整才源晚積藏但頗江海生意好何須跨馬到朝堂此則穩足之命鴛幃同屬雅同老桂子須看一朵香運行初巳巳椿親庇下一度風霜庚午運中雖則行藏有慶也妨行業平張辛未運中貴人扶助才源旺旺處須教恠一場壬申運中江湖生計好畝畝稻粱香癸酉運中雨晴山有色雲散月揚光甲戌運中晚年安樂子秀昌榮乙亥運中落月屋梁

甲辰年　戊辰月　庚子日　庚辰時

此八字庚子相配柱中水土傷官用印之格傷官者傲物氣高常以時人不如己歷事有風雲之象行藏有果斷之機堂上萱歸椿壽頒厲行惟我有声名有理白分清之志親賢近貴之能丰姿豪邁處事公平祖業田園重新整財囊成就晚年興學問聰明一日貴人提挈起声名特達堪為領袖閙中行不是青春宜努力安能暮景子孫英此則發達之命鴛幃内助宜招硬子招册桂又蘭馨運行初巳已不分寒與暑正在困人時庚午運中漸看

春晝永未許有權名辛未運中幾欲登高蕉慕遠焉能機會返非侵壬申運中堪作一鄉之領袖惟留萬古之声名下民仰德威壓小人就此之中非不傷身癸酉運中正在得權得勢處誰知驀地頹豪名甲戌運中有子接承而振作依然丰彩播鄉鄰延賓須酌酒又是一壺春乙亥運中福德兩全兼有壽徙來皆是富豪人華堂享福米谷倉盈丙子運中百年豪傑知何處水流花落夜沉沉

甲辰年　戊辰月　甲辰日　乙亥時

此八字雜氣財官之格喜逢六甲趣乾萱母早歸疾老庭前棠棣兩枝鮮其為人也不慈不勇能語能言多智惠有威權重成新事業再整舊根源一苑杏花當檻外滿山松柏映庭前功名身外事閭里振讓尊賢此則傑特之命鴛幃得配連珠女子嗣先難後有妍運行初巳已新開錦蓋初掛玉蟾庚午運中始知氣轉漸覺春還辛未運中但得高人助方知勝似前壬申運中閭里江海難顯姓幾番幾樂迍邅癸酉運中積雪嚴霜經歷過光華㳂

此勝當年甲戌運中時時富貴日日平安乙亥運中暮年晚景子孫賢丙子運中歸去也

甲辰年　戊辰月　癸未日　癸亥時

此八字癸未日相配柱中之土雜氣才官之格人生得此手姿高古性格仁慈生於望族長於高居椿萱雖久侍鴻鴈各分飛祖業有依宜且遠才囊運擬晚豐腴尋窮天下無名路行盡人間不到溪仲晋容顏奇妙日十方善佑自皈依此則清高之命運行初己巳庇佑之下花枚風欺庚午運中足賤如來之地身穿忍辱之衣辛未運中雖則行藏有慶一番人事趦趄壬申運中叢林尊德望名勢也輝輝癸酉運中怪來詩思清人骨流水淙淙落滿溪甲戌運中晚年多逸樂詩酒與琴棋乙亥運中悠悠然樂丙子運中一夢西歸

甲辰　戊辰　甲午　己亥

此八字甲午日相配柱中之土雜氣之格人生得此手姿厚重天性慈祥父早歸萱後別鴈行天際各分翔祖業重新慶才源自積蓄但須江湖交貴客自然才帛積盈囊此則穩富之命兆幃姓後重偏正桂子秋來吐異香運行初己巳庇佑之下快樂何當此之際椿樹凋霜庚午運中詩書雖有志行樂尚悠揚辛未運中陽回橋木氣轉萱堂壬申運中萱花有損心崇門之過才源漸漸昌癸酉運中遇貴提携才勢旺旺中尚有事乖張甲戌運中晚年晚安崇景何必蕩風霜乙亥運中孫賢子秀丙子運中腸斷人傷

甲辰　戊辰　丁酉　乙酉

此八字丁酉日貴之辰相配柱中金土雜氣才官之格人生得此大器晚成椿萱不逮双棠餋鴻鳫天邊各奮鳴丰姿慷慨天性公平理貫古今之李心明賢聖之經十載泮林淹素志橋門一旦表芳名崇沾新寵渥黎庶听絃鳴此則榮貴之命鴛幃有碍須年敵桂子秋来有繼荣運行初己巳上人庇下詩礼趨庭庚午運中欽遂平生志潜心對短檠辛未運中撓卷幾回探月風霜阻折難行壬申運中機會忽從天上降陽関三疊馬蹄輕癸酉運中長安多困志綏歷沐恩榮甲戌運中山河千百里化日靄春榮乙酉運中再加祿位便鮮簪纓丙子運中桃源春去也杜宇兩三聲

丙午　甲午　庚午　丙戌

此八字陽金得煉太過夭折之命也

己卯　乙亥　己卯　丁卯

此八字己臨卯位夭折之命也

甲辰年　戊辰月　庚子日　丙戌時

此八字庚子日相配柱中之火偏官之格人生得此姓显名揚椿萱榮壽分年耄棠棣庭前我挺芳嚴毅資稟慷慨行藏濟濟旌旗遮晚日輝輝劍戟凜秋霜一從沐寵施威令士卒皎心福慶昌此則将官之命鴛帳招賢須納寵桂蘭还擬孕天香運行初己巳上人福庇其楽何當庚午運中詩書歷覧弓矢斯張辛未運中蹀躞風雪過便擬上天堂壬申運中威飛声價重晦慮不為傷癸酉運中輕風翻浪過加倍振權衡甲戌運中秉持重柄又樂壷觴乙亥到丙子運中帰去也

甲辰年　戊辰月　辛巳日　甲午時

此八字辛巳日相配柱中之火時上偏官之格喜逢印綬守提綱人生得此倍振權衡椿棠不逮双榮養鴻鴈天边未共翔手姿奇古天性賢良知韜畧之法明賢聖之章朝趨丹陛暮侍丹房武士文臣尊德望威非名振果軒昂此則福崇之命運行初己巳上人庇下花放風狂庚午運中樂中生出悶悶過沐恩光辛未運中歷遍風濤怒悠悠樂意長壬申運中到此威稜進作禄元崇擢軒昂癸酉運中万馬不嘶听号令威飛四遠戢非常甲戌運中再遷再擢威鎮封疆乙亥運中老當享用樂引壼觴丙子運中英雄尽也梦入先鄉

甲辰年　戊辰月　丙申日　壬辰時

此八字丙申日主相配柱中水土食神制殺之格人生得此生於右族長於仁門椿父先歸萱後別天邊鴻鴈各行鳴其爲人也手姿清秀天性老誠機謀輒腹舉用人欽有近貴親賢之得應上和下之能水光浮動千山秀日影搖紅萬里香有心於貨利無意慕功名萬里無雲天一色三秋好景月長明田園桑柘茂畝畝稻粱馨香是非莫管門前客得失由來塞上翁好意畜成惡真心換得嗔但顧一生財禄旺何須天上莫皇恩此則豐餘之命篤幃連珠伍一連子嗣秋來有显榮運行初辛巳上人庇下未断平生庚午運中雪晴天未煖行樂未不如心壬子運中着意種花花不發為心裁揶揶成林丙申運中雖則行藏有慶幾番人事虧盈癸亥運中才源旺足家居好風雨還生陰又晴甲戌運中如履薄氷過此乙亥運中春光去也一枕難醒

甲辰年　戊辰月　乙酉日　丁丑時

此八字乙酉日元相配柱中金土祿氣才殺之格只嫌身弱減我功名主人生於右族長於名門椿萱父先歸萱老則天邊鴻雁不同鳴其為人也丰姿清雅天性志誠行藏知進退作事識重輕頗知禮義稍識古今有近貴親賢之德應上和下之能十斷九連成事業四番三覆立門庭有心於貨利無意慕功名酒解平生恨衣沾湖海塵常將好意番成怨每把真心換得嗔但時來才祿旺何必天邊沐寵恩此則是達之命篤怖金命須早少子嗣

秋來發異根運行初巳巳上人庇下雲月朦朧庚午運中驀地才源湧果然桃李馨香壬申運中雖則行藏有慶遂愁索耗相侵癸酉運中不意之中还得意用心之處不如心須臾風雨過山青進退甲戌運中世情濃又淡淡處又還濃戊字之中如履薄氷乙亥運中晚年閑快樂一枕了平生

甲辰年　戊辰月　庚辰日　丙子時

此八字庚辰日德之辰相配柱中火土祿氣殺印之格殺印相生功名顯達主人生於右族長於名門椿萱有倚難雙老天邊鴻雁各行鳴其為人也丰姿清秀天性聰明學問有成筆底詞源三峽遠英材敏捷胸中萬象一天星終是功名之客豈為田舍之翁雲程坦坦登天去牽足悠悠名利成豹變南山霧鵬搏北海風一日風雲相際會九天雨露沐皇恩佇看官封三級酌然祿享千鍾此則榮貴之命篤怖有犯須

招副子嗣榮門孝且忠運行初巳巳上人庇下禾雲月朦朧庚午運中何事不辞今日苦時來頃刻便飛騰辛未運中到此始知文字好長安道馬蹄輕壬申運中權衡千萬里風波不為驚癸酉運中重紫重金當貴顯須臾風和雨尚困循甲戌運中此則運見陞遷見退悠悠籬下樂高情乙亥運中夕陽有限春夢無憑

戊年　戊辰月　甲午日　巳巳時

此八字雜氣財官之格喜得時值金神人生得此椿父早歸萱晚别聯枝棠棣有凋荣其為人也精神烱烱智慧明明學問不深親貴容行藏特達動貫英根原立加事業增添仕途𢝷進步湖海最多情生涯豐阜福祿崢嶸此則潤屋潤身之命鴛幃水命須年少子嗣生双有捷荣運行初巳巳秋風播奥微雨弄晴庚午運中漸看春色暖始竟瑞祥生辛未運中失之非是辱得也未為荣壬申運中幾番静裏生風浪依舊身安不自驚癸酉運中着意種花花不發無心插柳柳成陰甲戌運中益友相過訪中庭酌兕觥乙亥運中安享兒孫福丙子運中南柯夢不醒

辰年　戊辰月　戊子日　壬子時

此八字戊子日元相配柱中水木雜氣才杀之格人生得此生於右族長於高門椿萱難並鸛鴈不同行其為人也丰姿清秀天性聰明知高識下理白分清高謀遠見機關别慷慨春風一妙人風月處交清洒容情萬里無雲天一色三秋好景月長明雖不成名利生平近貴人祖業添新慶根源勝舊風朝中無姓字閭里有声名拙於自巳巧與他人無慮盡傳詩禮樂有朋来自遠方親鄉民仰得閭里推尊此則穩厚之命鴛幃有犯須年敵子嗣秋来旺宅門運行初巳巳上人庇下未断平生庚午運中春閨雖兩過桃李未生英辛未運中淡煙楊柳岸薄霧杏花村壬申運中雖則行藏有慶幾多人事虧盈癸酉運中世事有增有減財源或發或與甲戌運中晚年閑快樂會友以開樽乙亥運中無思無慮不辱不榮丙子運中落花飛飛啼山鳥香夢悠悠入九重

甲辰年　己巳月　壬戌日　丁未時

此八字壬水配合柱中火土才官之格女人得此姿容秀麗歷事勤劬生於富室配於高居椿親耐晚萱先別妯娌翁姑分上疎初運安榮中歲寞晚年依旧守空幃此則貞節之命良人半道相分桂子難為一菓奇運行初戊辰上人在下庭秀深閨丁卯運中棄鸞匹配花柳芳菲丙寅運中藁砧一別傷懐抱秋雨梧桐點點悲乙丑運中雖則才源穩旺無端人事趑趄甲子運中暮年安享福慶加綏癸亥運中沖擊之所月被雲迷壬戌運中惟有猿啼霜寒雲掩夕暉

甲辰年　己巳月　己未日　乙亥時

此八字巳土相配柱中木火殺印之格甲己作合有功人生得此生於文望之族長於詩禮之庭椿親先別萱尤在鴻鴈天邊各奮鳴丰姿清秀性格聡明學問有成終是利名之客英才特達豈為田舍之人橋門自有榮身日祿位榮看次第封此則榮貴之命兆幃有虬須重續桂子秋來舞彩成運行初庚午上人庇下詩禮趋庭辛未運中讀書映雪觀史引燈壬申運中踏破泮橋霜幾板讀殘笋店月三更癸酉運中執卷幾回空嘆月時來跨馬上神京當此之際風雲滿庭甲戌運中皇恩有感政化西東乙亥運中祿位榮遷日宜思故里尊丙子運中春光去也花落月沉

甲辰年　己巳月　甲子日　己巳時

此八字甲子日相配柱中火土食神生才之格亦有金神之意女命值之德温性善内肅外莊椿親雖會面萱母壽綿長相夫全禮節訓子總成行烟潤緑楊含翠色雨滋紅杏發新粧初運光華中蹇剝晚年羅錦積成箱此則旺夫益子之命良人木命須年長桂子庭前兩朶芳運行初戊辰萱親福庇毓秀蘭芽丁卯運中屏開金孔雀帶綰翠鴛鴦丙寅運中夫門雖有財来旺風雪無端恼一場乙丑運中不獨楊花乱舞尚防宊脢牽長甲子運中雲開山有色雨過月揚光癸亥運中到此精神加壯国珎羞百味列華堂壬戌到辛酉運中帰去也

甲辰年　己巳月　丙午日　甲午時

此八字丙午日刃相配柱中土木傷官用印之格亦有倒冲之意人生得此丰姿英雅性格良能椿萱堂上先虧父鴻鴈天邊不共鳴學問粗知禮義智謀能合賢英祖業增新慶才囊旋積成但顧生涯来四遠何須天府沭恩榮此則富實之命鴛帏有碍須同属桂子秋来緜舞成運行初庚午庇佑之下天朗氣清辛未運中雪晴春信轉梛緑百花明壬申運中雖則行蔵有慶幾番樂處悲生癸酉運中梨雨初晴天似洗英雄交敬勢峥嵘甲戌運中門外生涯長旺庭前花木芳荣乙亥運中晚年增氣勢車馬集門庭丙子運中依然享用丁丑運中花落月傾

甲辰年　己巳月　乙巳日　甲申時

此八字乙巳日相配柱中土火傷官助才之格女人得此福足以榮椿萱棠棣分輝妯娌翁姑半有情有相夫之理道教子之良能錦繡花開富貴琅玕符報安寧行看夫榮子秀霞衣帔飄層層此則榮淋女命良人年長容華吝桂子秋来綻錦英運行初戊辰閨門之内快樂昇平丁卯運中書艷桃還媚鸞鼓鳳亦鳴丙寅運中夫門生顯煥人事有傷情乙丑運中羅綺千般色珎羞百味馨甲子運中夫顯身榮雖錦麗一番風雪辭門庭癸亥運中金鞍玉歸夫旺子榮壬戌運中重加添澤辛酉運中機杼無聲

甲辰年　己巳月　壬子日　丁未時

此八字壬子日刃之辰相配柱中土木去官留杀之格女人得此生於茂族適髙門椿萱棠棣难相守妯娌翁姑不共群有針線之巧立業之勤性急如江濤春壯心安似山月秋高一苑杏花鋪錦綉滿山松柏睽幃屏初運安和中享福晚年羅綺積千層此則榮旺女命良人土命須年少桂子秋来長嫩英運行初戊辰上入庑下雲淡風輕丁卯運中女工機巧毓秀閨庭丙寅運中秦楼年少吹簫女漢院風流傳粉人乙丑運中片雲能發雨雨過千山依旧晴甲辰運中楊柳無風枝裊娜梅花有月募精神癸亥運中沖擊之所月入雲屏壬戌運中正享堂前福庭前杜宇声

甲辰年　己巳月　甲戌日　戊辰時

此八字甲戌日相配柱中火土食神生才之格人生得此丰姿厚重性格仁慈恩中生出怨義處反招非椿親先別萱尤去鳴鴈無情各奮飛才囊宜自整祖業必新齊自有順天之慶豈無福地之基但顧江湖尊德望自然豪貴擁門閭此則穩富之命鴛幃有偶須年少桂子榮華舞綵衣運行初庚午庇佑之下有何是非辛未運中但知貨利生湖海何必琴書達鳳池壬申運中風雪初消春信轉千紅萬紫開芳林癸酉運中囊厚人欽伏趨趄事不危甲戌運中財旺家肥昌樂景無端烟雨一番悲乙亥運中樂意怡怡丁丑運中歸去也

甲辰年　己巳月　庚申日　戊寅時

此八字庚申日相配柱中之火偏官之格甲己化即最為奇人生得此大器晚成椿萱不逮双榮眷鴻鴈天邊未有各鳴學問胸中廣詞源筆下精素志十年淹雪案芳名一旦達天廷瓊林雖不登高宴千里榮看化日明此則榮顯之命鴛幃諧老須招副桂子榮看沐寵榮運行初庚午幼氷上庇快樂昇平辛未運中讀殘窓下月囊死案頭螢壬申運中志欲登天步月身还剪雪裁冰癸酉運中三疊陽關斟別酒九重恩命未加榮甲戌運中恩沾新雨露千里播清声乙亥運中再加祿位未擬辭榮丙子運中榮回故里丁丑運中一夢難醒

甲辰年　乙巳月　庚子日　丙子時

此八字庚子日元相配柱中水火傷官制殺之格女人得此生於右族配於衣纓椿萱难並鸞鴻各西東其為人也姿容清爽德茂行真勝丈夫之氣槩有男子之材能雲妆華岳千山秀水到湘江一樣清無懷九膽意時挹擇隣心楊柳無風枝婀娜梅花有月夢精神心靜侶月明雲漢性急如風捲殘雲夫榮子貴同沐天恩此則榮貴之命良人衛國先分別子嗣生成社稷臣運行初戊辰上人庇下毓秀閨門丁卯運中孔雀屏開花爛熳芙蓉帳煖氣氤氲丙寅運中雖則夫門榮享福須叟風雨不為驚乙丑運中光華疊疊沛澤紛紛甲子運中正是太平光霽景何期鏡破與釵分當此之際有子承蔭癸亥運中晚年開快樂疊疊受榮封亥字之中如履薄氷過此甲戌運中粧樓人去也臺鏡掩晨明

甲辰年　己巳月　己未日　辛未時

此八字己未陰刃之日相配柱中木火官印之格七殺暗藏為奇主人生於右族長於高居椿萱不逮祿養鴻鴈有各分飛其為人也丰姿清雅天性乖能般般稍覽件件不精筆鋒雅健親君子心術靈通造化機盈沼芰荷香發郁滿園桃李色芳菲終是功名之客豈為田舍耕鋤不就三場選却来刀筆施晚年光霽景德澤恵黔黎此則榮貴之命鴛幃有犯須抬副子嗣秋来有貴奇運行初庚午上人庇下有何是非辛未運中欲速不達藏器待時壬申運中貴人相指引揮筆入公門癸酉運中雨晴露達跨馬入京畿甲戌運中雖則榮沾雨露還宜省察待時乙亥運中

皇恩有感天府聽榮除當此之際迎送奔馳丙子運中解組帰田里籬邊樂酒卮丁丑運中歸去也

甲辰年　己巳月　己未日　己巳時

此八字己未陰刃之日印綬之格喜有金神之助值此象者椿萱中道相分手鴻鴈隨風不共聯其為人也雖無深智慧頗有淺機関李識粗知今古終身相近高賢琢磨新事業整頓舊根原江湖有意公卿小廊廟無心宇宙寬此則特達之命鴛幃有碍須年少子嗣班衣教義全運行初庚午疎雲捲月薄露迷山辛未運中錢欲尋春去何其春又還壬申運中行藏未見彩人事尚迍邅癸酉運中萬事失之易千般得最難甲戌運中到此始知光景好財源增進福元全乙亥運中沖擊之所頃刻之難丙子運中安享和平福丁丑運中春殘叫杜鵑

甲辰年　己巳月　癸亥日　丙辰時

此八字癸水相配火土財殺之格其為人也有識微之討策淡淡之聰明行藏倜儻舉用人欽椿親先别萱毋後行祖基終少倚鴻鴈各飛騰萬象光華沾沛澤四時佳趣樂昇平江湖有生意閭里有光榮此則猛足之命鴛幃贅得金庚女子嗣森枝兩果成運行初庚午惠風而和暢天朗以氣清辛未運中春寒料峭未称昼臨壬申運中畫水無聲空有浪繡衣雖艷不聞聲癸酉運中世情雖煖熱人事尚纏縈甲戌運中萬里春風行樂頌滿庭佳氣瑞祥生乙亥運中一番跋踄依舊無凶丙子運中安享優游福丁丑運中無常又促程

甲辰年　己巳月　庚午日　丙戌時

此八字庚金配合柱中之火偏官之格時逢印綬以生身嚴慈早相背骨肉墮風塵其爲人也知進退識盈虚盈諸般曾習學百事不許精容易喜快相嗔不居文武官僚列也作金門玉殿人君王加勅命禄厚位還尊此則享福篤慓無困子嗣少成運行初庚午娟娟雲裏月灼灼桌中英辛未運中氷霜漸解釋和氣逐春生壬申運中富貴榮華當此際威權有布萬人欽癸酉運中佐輔皇明推傑特綺羅叢裏且安身甲戌運中令威赫赫氣勢層層乙亥運中雷掣雷轟曾恐懼雨收雲散海天青丙子運中晚年有慶丁丑運中夢遊湘雲

甲辰年　己巳月　戊午日　癸亥時

此八字戊午日刃之辰印綬之格人生得此丰姿清俊性理明良生於宦室長於高堂椿親榮殁萱尤去鴻鴈天邊不共翔稍有賢良之志粗知礼義之方祖業三番四覆才源進退不常幾欲思登仕路依然困守鄉邦此則特達之命篤幃年少方偕老桂子秋来有挺芳運行初庚午上人庇下一度風霜辛未運中飄殘楊㭗絮萬物被春陽壬申運中志欲登天步月身还履雪経霜癸酉運中非農非賈快樂時光甲戌運中雖則才源来旺幾番人事牽張乙亥運中晚年壯觀樂飲壺觴丙子運中桑榆暮景丁丑運中猿斷斜陽

甲辰年　己巳月　丁未日　庚子時

此八字丁未陰刃之日時上偏官之格傷官制合爲良椿父先歸萱後別西風雁字各分翔其爲人也多聞多見可圓可方逢凶化吉遇難無傷重成新事業再整舊華堂田園千古好福祿四時昌姓名播湖海聲譽振鄉邦晚年蘭桂秀車馬集門墻此則豪傑之命鴛幃霜鬓白子嗣有蘭芳運行初庚午春風習習秋月蒼蒼辛未運中漸知春色暖始覺月光揚壬申運中雖則行藏有慶幾番心事奔忙癸酉運中洛陽三月花如錦曾被顛風攪一塲甲戌運中到此始知光景好春風桃李滿園香乙亥運中沖擊之所一柳一揚丙子運中榮享兒孫福紛紛雨露長丁丑運中黄粱未熟清夢先亡

甲辰年　己巳月　丙寅日　戊戌時

此八字丙寅日相配柱中土木傷官用印之格人生得此大器晚成椿萱不逢双双鸞鴻雁天邊各奮鳴窮今博古覽史觀經北海蛟橫頭角聳南山豹变爪牙新十載泮林淹素志一朝天府沐恩榮此則榮显之命鴛幃正副方諧老桂子森森向晚榮運行初庚午庇佑之下黄卷青灯辛未運中欲遂平生志思囊照卷螢壬申運中執卷幾回探月依然困守鄉城癸酉運中天門墜下徵賢詔三疊陽關馬足輕甲戌運中榮沾寵渥光耀門庭乙亥運中大夫千里職氣歇壓專城丙子運中再加祿位

丁丑運中一夢難醒

甲辰年　己巳月　戊午日　癸丑時

此八字戊午日刃之辰相配柱中旺火印綬之格印綬者上格也人生得此本顯功名只嫌身旺刃彊減虧福力椿親離祖從萱姓鴻鴈天邊各奮翔半姿清致性格果剛學識精窮今古事筆鋒能理憲條章十斷九連成事業三番四覆整門墻佇看貴人提挈處醉鄉廣大旺財囊此則遇貴之命鴛幃年少尤宜硬桂子花開果有芳運行初庚午上人庇下志習文章辛未運中倦讀交高貴行藏有抑揚壬申運中財旺名高人敬仰旺中便有事乖張癸酉運中財去財來人敬仰貴人携手福元康甲戌運中味招雲外客珠履擁華堂當此之際風雪飛揚乙亥運中安榮當晚節蘭桂有清香丙子到丁丑運中歸去也

甲辰年　己巳月　戊申日　甲寅時

此八字戊申日相配柱中木火殺印之格女人得此福足以榮椿萱棠棣難相守妯娌翁姑半有榮儀容朗朗智慧明明有相夫之理道教子之良能錦綉花開富貴琅玕竹報安寧夫榮子沾恩寵晚節霞衣絢日明此則榮淑女命良人年長榮華客桂子前凋後有榮運行初戊辰上人庇下快樂昇平丁卯運中匹配成佳偶鸞歌鳳亦鳴丙寅運中裾釵雖壯麗風雪又傷情乙丑運中踈踈梨雨過福慶享崢嶸甲子運中片雲掩月何須慮一段風霜一段驚癸亥運中晚年享用快樂昇平壬戌運中榮沾寵渥辛酉運中機杼無聲

甲辰　巳巳　癸亥　甲寅

此八字癸水配合柱中火土財殺之格傷官制伏
為良一對椿萱先別毋幾枝棠棣獨呈芳其為人
也行藏特達動止軒昂學問鮮能知味筆刀尤顯
声光時至始沾新雨露身榮方整舊門墻此則名
利兩全之命篤憚水命宜年少子嗣森枝孝義昌
運行初庚午雲衩岳嶠水瑩瀟湘辛未運中登臨
尚值睞〻雨悶倚闌干憶格陽壬申運中不整詩
書几速登案牘場癸酉運中雖然頭角肇祿位欠
光揚甲戌運中四境人民樂淵郊禾黍香當此之
際瑞雪沾裳乙亥運中腰銀不在三場舉治政還
逆九載昌丙子運中頭蒼貌古梅白菊黄丁丑運
中莫道豪翁無了日也隨鶴夢逐雲翔

甲辰年　巳巳月　癸酉日　壬戌時

此八字癸酉日相配柱中火土財殺之格喜印局
以扶身人生得此丰姿英俊天性剛良椿靚先別
萱尤去鴻雁天邊不共翔李門有成青志十年德
泮水英才卓冠芳名一旦達朝堂橋門踏出登天
去榮沐恩波祿位昌此則榮顯之命篤憚連珠低
一歲桂蘭還擬發秋香運行初庚午榮庇之下快
樂安詳辛未運中尋章摘句入室升堂壬申運中
執卷幾回空跋涉冲風冒雪又還鄉癸酉運中到
此雪豁雲路達綏騎疋馬上龍崗甲戌運中榮沾
新沛澤千里布威光乙亥運中晚年加祿位名列
大夫行丙子運中榮回故里戊午運中夢入仙鄉

甲辰年　己巳月　壬申日　乙巳時

此八字壬申日相配柱中火土財旺生官之格正端才盛生官終身有慶值斯象者丰姿英傑天性聰良椿父先歸萱後別鴈行天際有聯翔稍有賢良之志粗知禮義之方祖業多華麗財囊自積歲難不建封侯爵也須盛服鄉邦此則富貴之命駕幃土屬尤指副桂子荣看晚挺芳運行初庚午初承上庇其樂何當辛未運中詩書雖篤志焉得入科場壬申運中風雪初消天似洗三千珠履擁華堂癸酉運中飄殘楊柳絮金玉積盈囊甲戌運中行藏人敬仰貫朽粟盈倉乙亥運中老當發旺沛澤加昌丙子運中悠悠昌樂丁丑運中夢入仙鄉

甲辰　己巳　乙丑　乙酉

此八字乙丑日相配柱中金局時上偏官之格人生得此大異晚成椿萱不逮双榮贈鴻鴈天邊各奮鳴丰姿慷慨天性平公學問胷中廣詞源筆下精定擬仕途騰踏豈教華野躬耕一從沾寵渥政化洽民情此則顯榮之命駕幃有碍須偏正桂子秋來有繼榮運行初庚午上人庇下詩禮趨庭辛未運中欲遂平生志潛心對短檠壬申運中志欲登天步月身还剪雪裁冰癸酉運中到此始知文學好長安道上馬蹄輕甲戌運中榮加新寵渥黎庶仰威棱乙亥運中再遷再擢風浪尤生丙子運中榮回处樂丁丑運中一夢難醒

甲辰年　己巳月　戊申日　庚申時

此八字戊申日相配柱中金火傷官用印之格人生得此福享清榮堂上椿萱分別早天邊鴻雁查無刑丰姿清淡處置多能祖業終須遠禪門擬許行烟霞清淨塵無染水月虛空惟自明此則清僧之命運行初庚午雖然居庇下樂處又悲生辛未運中松筠爲道友日月是禪燈壬申運中財旺人堅行人敬仰一番阻節幸無驚癸酉運中主蒂名山尊德望交爭事妥法身清甲戌運中一体生驚山月淨三衣行拂積雲經乙亥運中老當益壯普放光明丙子運中依然清送趣丁丑運中夢斷了·無生

甲辰年　己巳月　甲戌日　壬申時

此八字甲戌日相配柱中之金時上偏官之格人生得此本顯功名只嫌財殺相混富而不貴椿父先歸萱後别爲行天際各飛鳴丰姿厚重天性公平祖業重華麗財囊自積成但嶺江湖生意廣何須天府沐恩榮此則富實之命鴛幃虎属須年長桂子秋來始發萌運行初庚午幼年之景快樂昇平辛未運中詩書雖有志貨利又関情壬申運中椿樹凋零人事變依然才帛有生成癸酉運中財源來旺處風雲一番生甲戌運中英雄敬仰才名旺風浪生時我不驚癸酉運中粟陳貫朽家業崢嶸丙子運中依然發旺丁丑運中夢入蓬瀛

甲辰　壬申　戊子　己未

此八字食神帶財之格陽刃合煞爲哀主人生於邃室長於華堂椿萱非遠祿養鴻鴈少有聯行丰姿磊落天性忠良學問三冬足詩書萬卷藏咲顏登試院唾手赴科場馬上衣冠别男兒當自強此則顯達之命兆幃金玉潤桂子有芬芬運行初癸酉只宜庇下未論定祥甲戌運中趨庭以學禮入室以升堂乙亥運中架上有書當熟讀雲中無路莫心忙丙子運中橋門留不住天府沐恩光丁丑運中名傳四境澤潤諸方戊寅運中正宜秉笏臣朝野未許懸車返故鄉己卯運中歸來故里美酒盈觴庚辰運中香魂杳杳流水陽陽

甲辰年　壬申月　丁酉日　庚子時

此八字丁酉日貴之辰才杀之格喜得印綬生身遇斯命者生於文望之族長於詩礼門庭椿萱不遠祿養鴻鴈有不群丰姿清秀性格聪明高謀遠見機関别㨂慨情懷孝識克嘉稻不早實大器當晚成一日風雲際會九天雨露沐深恩此則晚榮之命鴛幃配合須年少桂子秋来孝義深運行初癸酉上人庇下天朗氣清甲戌運中欲速不達揚帆待風乙亥運中未遂平生志何須苦用心丙子運中藏器待時必達時来泪没一朝伸丁丑運中富貴榮華當此際緑揚風送馬蹄輕戊寅運中仁風揚遠近德澤潤黎民己卯運中早宜收拾窗前月庚辰運中一夢黃粱再不醒

甲辰年　壬申月　戊子日　癸亥時

此八字歲殺之格食神持令制伏得宜值斯象者

生於邃室長於高居堂上椿萱秀茂庭前棠棣芬

菲其爲人也能擺布會施爲學問不深君子敬行

藏持達貴人携根基重整頻世業再託移遊山翫

水携詩卷對月臨花把酒巵雖不顯於名利平生

福樂有餘此則穩盛之命鸞幃兩硬方偕老桂子

榮門孝義齊運行初癸酉上人庇下安樂何如甲

戌運中雨過山方秀雲開月有輝乙亥運中行藏

還進退人事尚崎嶇丙子運中莫嫌前路多陰晦

自有良朋與指迷丁丑運中財源豐茂第宅標奇

戊寅運中一得一失一喜一悲己卯運中子秀孫

賢多快樂庚辰運中一宵香夢繞仙衢

甲辰年　壬申月　丁亥日　辛亥時

此八字丁亥之日相配柱中金水才官之格人生

得此多機多變不柔不剛堂上椿萱先別母天邊

鴻鴈不驕翔祖業重整頻才帛自盈囊事業每從

忙裏就才源自向閙中生自有貴人提挈紛紛才

旺門墻此則平穩之命鸞幃金命須年長桂子秋

來一朶香運行初癸酉雖屈庇下未必安祥甲戌

運中雲晴春信轉和氣雍門墻乙亥運中雖有貴

人交敬幾番人事乖張丙子運中行藏頻順生涯

好凄雨顛風攪一場乙丑運中晩景成家立業

不妨人事抑揚戊寅運中冲擊之所月入雲中

己卯運中惟有猿啼處寒雲掩夕湯

甲辰年　壬申月　戊子日　癸丑時

此八字戊土配合柱中金木食神生才之格人生得此年姿老成天性存仁有慈祥愷悌之德無酷毒害人之心其為人也生於名族長於豐居雙親前後別鴻雁我飛鳴學問有成三塲舉業全無分英才出類九年三載必榮身威風凜凜人中罕氣宇昂昂席上珍佇看顯祖馳名日百里人民樂太平此則貴顯之命鶯幃有犯宜當贈桂子蓬來奪錦人運行初癸酉上人之下便習書經甲戌運中然有英雄志所事未如心乙亥運中貴人指引天

山路進退非憂不遂情丙子運中京邦人仰敬危耗不傷身丁丑運中皇恩有感高遷壽黎民樂業慶豐盈官災憂破仔細而行戊寅運中一運二陞擢衛重郡縣相欽福不輕崎嶇非耗惱謹己保無侵己卯運中上五年歸來故里下五年一夢巫峯

甲辰年　壬申月　壬寅日　庚戌時

此八字壬水相配柱中金土殺生印綬之格人生值此年姿穩重有玷柳且性格操持生於有名之之宅長於仁舊之居堂椿晚壽方歸世鴻雁來賓第出奇父親置業吾須整財囊往復用心機學問雖不全孔孟行藏年角有施為三登黃甲然無分店計生涯是可為但顧有酬招遠客何須賤滯構金魚一朝雲霧相交會那時年采旺門閭此則接立之命鶯幃途路微趙疾子嗣初難後有奇運行初癸酉不分金與石何以論盈襄甲戌運中漸漸

精神爽看看氣象輝當此運中小耗風欺乙亥運中然則行藏而振作其中不利事憂疑丙子運中總使家門生意好況兼運見破災非丁丑運中正在起家立業地何當恩親淚傷悲然無大耗官耗趁起戊寅運中桃李爭沾新雨露依然聲價播鄉閭往來皆是高賢客何愁家宅不光輝己卯運中得子名香播蘭蕙滿堂和氣藹門閭庚辰運中一夕不來都是夢鳥催花落日西沉歸去也

甲辰年　壬申月　辛丑日　壬辰時

此八字辛金配合柱中之水傷官之格其為人也氣高傲物難觸難觸見小人每生妬意逢高貴却喜相便椿萱耐歲萱先別鴻鴈隨風各一天時至必沾新雨露運来贏得禄高遷律授蕭何條例熟豈辜業續姓名傳此則顯榮之命鴛幃有剋重整新絃子嗣無虧斑衣之慶運行初癸酉襁褓之下未論暑寒甲戌運中如花開上苑侶出東園乙亥運中未達胸中志長年不快然丙子運中公府雖勞役還知勝侶前丁丑運中幾年多進退一旦顯衣冠戊寅運中翔風飄盡天邊雪禁沐恩波五福全己卯運中正宜為政未許歸閑庚辰運中訃音一道萬古難還

甲辰年　壬申月　丁丑日　甲辰時

此八字丁火相配柱中金水傷官用印之格傷官若用印官殺不為刑人生得此半姿豪邁天性聰明錦綉胷藏賢聖學珠璣口吐武文風其為人也生於名族長於豐庭雙恩前後殯鴻鴈我飛鳴學問有成龍虎榜中先取首英材出類鳳凰池上早標名奏名黄閣繞承詔大明宫抱濟世安邦之策懷經天緯地之心佇看輔佐山河日權壓文臣與武臣此則宰輔之命鴛幃宜正副桂子晚麒麟運行初癸酉上人之下學禮趋庭甲戌運中躍過三層浪朝班立縉紳乙亥運中錦衣烏帽客金馬玉堂賓丙子運中國中事即胷中事閣下名傳天下名灾險耗非謹乙丙行丁丑運中一運二陞威名重還有非灾仔細身戊寅運中朱欄玉闕無人到詔許英材晝日陪己卯運中皇門之砥柱一夢入蓬瀛

甲辰年　壬申月　乙巳日　甲申時

此八字乙木日元相配柱中金水官印之格正謂有官有印無破作廊廟之材只嫌巳申刑破事不十全堂上椿萱俱皓首天邊鴻鴈有行聯手姿磊落天性良賢識古今之事理讀賢聖之簡編重成新事業再整舊根原世利浮生皆若此不如高卧且加飡此則温和之命篤悻得配賢能女子嗣金風發桂蘭運行初癸酉初開錦蓝新掛玉蟾甲戌運中雨過江山蒼翠雲開星月嬋娟乙亥運中求名名不遂覓利利徒然丙子運中難奮雲霄上且遊湖江間丁丑運中軒開化日增光彩簾捲香風進祿來戊寅運中冲擊之所風雪漏天巳卯運中安享晚年之慶庚辰運中一霄花落春殘

甲辰年　壬申月　庚子日　丙子時

此八字庚金相配柱中水火傷官生財之格女人得此姿賴敦厚性格機閑處事克勤克儉治家無黨無偏椿父先歸萱後別西風鴈字奮逐天萬里韶華軒開化日增光彩一簾美景簾捲香風進祿元雖然不作崇封女兹喜平生福慶全此則起家之命良人配合連珠客子嗣螟蛉奉老年運行初辛未深閨逸樂綉閣幽閑庚午運中雨過園桃簇錦風和堤柳拖烟己巳運中須臾雲掩月依稀福湘湘戊辰運中幾番戲雜難如意數次崎嶇未致崇丁卯運中天上三陽交泰人間五福臨門丙寅運中萬里無雲天一色果然快樂勝常年乙丑運中如松之盛似柏之堅甲子運中春光去也一枕難還

甲辰年　壬申月　丁丑日　甲辰時

此八字丁丑日相配柱中金木才旺生官之格正謂才旺生官終身有慶值斯象者嚴毅資稟慷慨行藏量足以決疑智足以包荒椿樹高榮萱母去厲行天際共翱翔學識包羅今古彝倫寄正綱常三躍龍門高登第玉堂金馬倚軒昂此則繼榮之命鴛帳金揮玉潤子嗣桂蘭馥運行初癸酉榮親福庇摘句尋章甲戌運中一從宴錫瓊林後玉潔冰清祿位昌乙亥運中雪霽開山河開壯麗皇恩封鎮舊梅窓丙子運中剩花憔悴後肅氣稟風霜戊丑運中楊柳花飛桃杏艷語回天地到春陽戊寅運中機軸隨夜權任重未應難下樂徵祥己卯運中孫賢子秀閥閱增光庚辰運中英豪一去豪華盡花落猿啼人斷腸

甲辰年　壬申月　乙酉日　丙戌時

此八字乙酉專殺之辰相配柱中金水殺生印綬之格其為人也生於仁門長於善族丰姿沖淡歷事辛勤堂上雙恩俱已逝堦前蘭蕙少聯馨根基祖業番更整財帛資囊再琢成藕穿平地生荷葉筍過東家作竹林一聯美景生涯自有高人敬萬象韶華活計重成駘蕩春初年好似雲遮月待交晚景樂歡放此則成家之命鴛幃命敵招內助子生一朵起家人運行初癸酉不寒不暖乍雨乍晴甲戌運中鬧中生剝襍靜裏起憂驚乙亥運中淡淡梨花飄絮舞紛紛細雨灑門庭丙子運中到此始知才有進綠楊汀外馬嘶頻丁丑運中一帶滔滔無阻滯十年綽綽有餘盈戊寅運中桑榆暮景酌酒論盟己卯運中春光一去無消息月落花殘夢不醒

甲辰年　壬申月　戊戌日　己未時

此八字戊戌魁罡之日歲殺之格陽刃作合有功疊無先亡椿後喪西風鴻雁奮長空其為人也行藏倜儻動止從容諸處高人欽遠方朋友從根基須鑿琢事業再磨磬月掛碧天多皎潔花開上苑勝先紅但願無榮辱何須拜九重此則守成之命篤悼年長方諧老子嗣芬芳孝且忠運行初癸酉火年之下煖日和風甲戌運中漸漸陽回喬木看看氣轉鴻濛乙亥運中雖則家居有慶幾多人事匆匆丙子運中鬧中曾駁雜明處又朦朧丁丑運中英雄惟贈劍三尺豪傑相逢酒數鍾戊寅運中春風桃杏花如歸策杖閑遊興正濃己卯運中脫年多壯觀庚辰運中蓬島信難通

甲辰年　壬申月　丙申日　庚寅時

此八字丙火相配柱中金木水殺印兼全之格殺印相生功名顯達人生得此丰姿豪邁天性聰明高謀遠見機關別慷慨情懷志氣深其為人也生於名族長於詩庭雙恩前後別鴻雁我飛鳴學問有成天生福祿誰能及英才出類錦衣肥馬貫郡英威風凜凜人中罕氣宇昂昂席上珍言不妄發事不胡行初運中年災非耗暮年軍底盡沾恩此則貴顯之命篤悼有犯宜添贈桂子中招奪錦人運行初癸酉上人之下學礼趨庭甲戌運中然有凌雲筆憂悔未能伸乙亥運中名同秋月家家現進退憂非不損身丙子運中此運名揚於四遠其中素耗悔無侵丁丑運中他日威權從此振官災破素謹身行戊寅運中天下馳名威有布崎嶇險路祐無迍己卯運中子孫攀龍貴快樂勝仙人庚辰運中留名萬載一夢蓬瀛

甲辰年　壬申月　己丑日　庚午特

此八字己土相配柱中金水傷官生財之格人生值此年姿利穩性格勤持生於良善之家長於仁德之族嚴父先歸萱有壽厲行利下我能為祖業添增彩声名勝舊特文墨場中無我分蚕絲裏面識高低般般經理過件件自磨為佇看暮年光景好行藏也有貴人提此則穩達之命鴛幃年小齊諧壽子嗣興家狂宅居運行初癸酉不分金與石难以别興衰甲戌運中漸漸春書求初見月光輝乙亥運中然則生涯而有憂吾身苦苦用操心丙子運中順水行舟加櫓棹東君更贈一帆程財源而有進父去決傷情丁丑運中到此成家而立業得子慇懃孙我心戊寅運中自有朋友邀酌酒晚年樂事賀昇平己卯運中愈老轉加香馥郁妻賢子秀谷堆庭庚辰運中三杯辞别酒一枕了平生

甲辰年　壬申月　庚子日　壬午時

此八字庚子日相配柱中之水傷官之格只嫌傷之不盡不貴而富人生得此丰姿穩重天性公平椿萱半道難全奉鴻鳳天邊有異鳴祖基祖業添新才帛才囊自積成但顧江湖尊德望自然才帛旺門庭此則自成之命鴛幃重年長於子須肴晚有馨運行初癸酉幼年庇下天朗氣清甲戌運中行藏覺瀟洒咲傲任秋榮乙亥運中但顧財源旺湖海何愁風雪滿門庭丙子運中世事多翻覆才源日有生丁丑運中英雄敬仰人財利些小趣超心未寧戊寅運中晚節黄花勝舊香孫賢子秀貴才生己卯運中愈昌愈樂庚辰運中一枕難醒

甲辰年　壬申月　丁酉日　戊申時

此八字丁酉日貴之辰相配柱中之金才旺生官之格人生得此丰姿慷慨天性公平指下有捄人之德胸中無殺害之情萱毋先歸椿後别鴈行天際不聯鳴祖業重新慶財囊自積成但願杏林生意好何須天府沐恩榮此則穏富之命鴛幃難属尤招副桂子旁萌一兩英運行初癸酉上人庇下黄巻青灯甲戌運中志不思登仕路便来橘井馳聲乙亥運中財源来旺慶車馬集門庭丙子運中人生正在光華景風雪無端一旦生丁丑運中滔滔旺家業日日會賢英戊寅運中老當發旺金玉盈盈己卯運中依然昌樂庚辰運中一夢難憑

甲辰年　壬申月　丁未日　庚子時

此八字丁未陰刃之日才官之格財盛生官終身有慶值斯象者生於宦室長於將門萱母疊逢椿顯耀庭前棠獨光榮其爲人也丰資俊雅天性剛忠多聞多見自是自能根原孝旧名譽昇新風生紫塞秋横劍月落黄河夜渡兵此威武之命鴛幃有碍宜偏正子嗣秋風綻栗英運行初癸酉和風暖日語鴈啼鶯甲戌運中春至始沾新雨露時来方助旧精神乙亥運中正是權名光霽景微風湃浪不爲驚丙子運中盡尽幾多閑駁雜依然名譽振边城丁丑運中重重禄位赫赫威稜戊寅運中富貴榮華應中限不若解印且寛心己卯運中悠然一夢難醒

甲辰年　壬申月　戊戌日　戊午時

此八字戊戌魁罡之日相配柱中水局食神生財之格人生得此丰姿英傑性格剛忠椿親先別萱猶去鴻鴈天邊各奮風般般都好學件件不全通祖業增華聚財囊裕積隆但願英雄文敬厚自然湖海有威風佇看來晚節財福自融融此則富足之命鴛幃有犯重年少桂子秋來發錦叢運行初癸酉上人庇下快樂無窮甲戌運中志欲登天步月身還冒雪衝風乙亥運中遨遊湖海生財利奔走花衢醉酒鍾丙子運中登山涉水多勞役滾滾財源半積隆丁丑運中貴人處樂生光齊一度風波不致凶戊寅運中老當益壯貨利交通己卯運中安閑籬下庚辰運中人去家空

甲辰年　壬申月　己卯日　戊辰時

此八字己卯日相配柱中之水傷官生才之格人生得此丰姿英厚天性果剛椿萱半道難全奉鴻鴈天邊不共翔學識窮通經史智謀能動賢良笙歌沸擁春遊處羅綺爭扶夜醉鄉佇看江湖尊德望金珠滿目勢軒昂此則富足之命鴛幃全正副桂子有榮芳運行初癸酉劫承上庇冬暖夏涼甲戌運中恰似洛陽三月景楊花飛處牡丹香乙酉運中遊山玩水生財利交貴親賢醉玉觴丙子運中英雄文敬才來旺樂處超超幸不妨丁丑運中貨利交通十里何愁人事乖張戊寅運中晚年享用金玉滿堂己卯運中悠悠處樂庚辰運中夢入仙鄉

甲辰年　壬申月　癸未日　丙辰時

此八字癸未日元相配柱中金土殺印之格人生得此生於右族長於武門萱毋先帰椿後别天邊鳴鴈各行鳴其為人也丰姿清秀天性老誠頗知義礼稍識古今平生親貴客一世近賢英祖業添新慶根源勝旧風世事每從忙裏就才源自向閑中生琴撸風月閑生計金玉松筠舊歲春好意番成悪真心撲得嗔時至自然才禄旺運來遇貴也光荣初運中年有進退晚年子貴显門庭此則晚福之命鴛幃有犯須重續子嗣秋來显宅門運行初癸酉上人庇下來断平生甲戌運中雖則行藏有憂還愁如履薄氷乙亥運中不是一番寒徹骨爲得梅花噴鼻馨丙子運中登臨値雨賞翫春陰丁丑運中時來逢貴助行樂頗如心須叓風雨進退迍邅戊寅運中福若泉湧混財如春氣生當此之際風雪還傾己卯運中庭前竹報平安日檻外花開富貴春庚辰運中帰去也

甲辰年　壬申月　甲午日　甲子時

此八字甲午日辰相配柱中金水殺生印綬之格人生得此雖不成名亦能發福主人椿父先歸萱耐晚天邊鴻鴈各行鳴其為人也丰姿清雅天性老誠言不妄發事不胡行高人能敬貴客相欽雖般捎足件件欠精自有順天之慶豈無福地之深重成新事業再整舊門庭常為萬里客有愧百年身朝中無姓字囊底有黄金拙於自已巧與他人雖不逮侯封爵自然潤屋潤身此則穏富之命鴛幃土金須年小子嗣秋來旺益門運行癸酉上人庇下來断平生甲戌運中娟娟雲裏月灼灼霧中英乙刻運中順里自然才禄旺動為誠恐禍臨身丙子運中才源旺足家居好尚有閑非素耗生丁丑運中弄閑識得登高路來往江湖氣味深當此之際尚有虧盈戊寅運中威權有布人欽服才足興隆福禄增寅字之花發風生己卯運中子貴門揖壯觀庚辰運中訃音一道傷情

甲辰年　壬申月　壬寅日　庚子時

此八字壬水配手柱中金土捉印之格惜乎沖破搣我光崇土又生於邃室長於高門手姿清秀天性聰明立仁立意多見多聞自有順天之慶豈無福地之深市屋生計廣湖海緣元深恒招君子慶時有貴人欽笏長名園過旧竹花開上苑勝先春尊有酒消閑日月若無心緒業功名此則穩足之命鴛幃命健頭生雪子嗣秋来有捉崇運行初癸酉未分寒暑局斷平生甲戌運中如花向日似月離雲乙亥運中雖則行藏有慶還愁世事逡巡丙子運中忤特風浪起頃刻又波平丁丑運中失也非辱得也非崇戊寅運中花嬌黃鳥静荷淨白鷗閑己卯運中暮年享福庚辰運中一枕清風

甲辰年　壬申月　癸未日　甲寅時

此八字癸水天元相配柱中金木傷官用印之格人生得此生於茂盛之族長於廷变之門椿萱皓首方帰去天邊鴻鴈不同群手姿磊落天性聰明世事頗能將就般般學欠精通祖業須重立根源勝舊風笋長名園過舊竹花開上苑勝先春雖不建侯封爵自然潤屋潤身此則穩足之命鴛幃射後重偏正柱子先虧後有盈運行初癸酉上人庇下未斷平生甲戌運中雨過山方秀雲開月始明乙亥運中着意種花花不活無心挿柳柳成陰丙子運中精神又憔悴憔悴又精神丁丑運中重重風雪過依舊樂昇平戊寅運中子秀孫賢家業旺己卯運中蘭摧玉折恨何明

甲辰年　壬申月　癸未日　甲寅特

此八字癸水天元相配柱中金木傷官用印之格人生得此生於大族長於迁变之高門椿萱皓首方帰去天邊鴻鴈不同群丰姿磊落天性聰明世事頗能將就般般學欠精通祖業須重立根源勝舊風箏長名園過舊竹花開上苑勝先春雖不建侯封爵自然潤屋潤身此則穩足之命鴛幃魁後重偏正桂子先虧後有盈運行初癸酉上人庇下未斷平生甲戌運中雨過山方秀雲開月始明乙亥運中着意種花花不活無心揷柳柳成陰丙子運中精神又憔悴憔悴又精神丁丑運中重重風雪過依舊樂昇平戊寅運中子秀孫賢家業旺己卯運中蘭摧玉折恨何明

甲辰年　乙亥月　甲戌日
此八字甲木相配亥
遇斯命者椿萱有倚戌
樹依依遮北斗雲梶疊
好官貴無緣誓不貪六[illegible]
簡當脇朝玉帝頂冠披服礼諸
運行初丙子上人庇下香苑乜
學業安分隨緣戊寅運中
帰来月蒲菴己卯運中閑中
庚辰運中午夜香宿談乚
此之際世事蒙羣辛巳
玉松鶴旧歲寒壬午運
春雲上袖間癸未運中一

甲辰年　乙亥月　癸酉日　壬戌時
此八字癸水日元相配柱中水大傷官助才之格
特春之論主入生於右族長於高堂大木榛[illegible]
别文天边天厲各行辟其爲人也手發清秀天性
老誠謀勤启子威伏小人世事將就[illegible]般文字欠
精祖業添新慶根源再整新福布[illegible]秀名
聞湖海有光榮長爲萬里客有婉百[illegible]好
意蓄戒悪每把真心換得嗔才源富足福[illegible]驕發
初運安和中進退恍年金谷足豐盈東启為甚生
徽疾有何日月上頭是此則發福之命爲帰水命
須笑少子話秋來孝義深運行初丙子上人庇
下月白風清丁丑運中如花向日似月離雲戊
寅運中雖則行歲有慶也愁人事[illegible]乙卯運
中得中有失悔後还明甲申運中[illegible]辟萬
里遠須吏風雨片特驚乙巳運中[illegible]此際風
雪盈庭辛巳運中雲情雲散天如[illegible]從此滔滔
福祿增　午運中才權東美[illegible]豐盈癸未
運中春光去也一枕清風

甲辰年　乙亥月　辛酉日　乙未時

此八字辛酉專祿之日相配柱上水木傷官助才之格人生得此生於右族長於名門萱母先歸椿後別天邊鴻雁各行鳴其為人也[illegible]手姿清秀天性聰明頗知礼義稍識古今豈[illegible][illegible]時有貴人欽終是功名之客豈為田舍之[illegible]式院須藉刀筆成学看頭角偉[illegible]　[illegible]貴之命鴛幃有犯須重續子嗣[illegible]　運

一行初丙子上人庇下未斷平生丁丑[illegible]中欲速

一不達揚帆待風戊寅運中貴人[illegible]提引投筆入

一公庭己卯運中皇恩有感聲名顯果然光耀門庭庚辰運中百萬粮儲獨戢官何愁人事尚弓盈辛巳運中皇[illegible]加祿仕政琴堂德望新[illegible]

癸未運中一桃難醒

子平遺書　三

甲辰年　乙亥月　壬子日　甲辰時

此八字壬子日刃之辰相配柱中木土傷官制殺之格人生得此生於右族長於名門椿萱先[illegible]鴻雁各行鳴其為人也手姿精秀天[illegible]老誠頗知礼義稍識古今有傲雪欺霜之智[illegible][illegible]短之能重成新事業再整舊門庭有心於[illegible]利[illegible]幕功名是非莫豈門前客得失[illegible]憑[illegible]上[illegible][illegible]素無榮辱生平喜不富貪晚年光景好福祿[illegible]無窮此

一則疑旺之命鴛幃有犯須牢緣子嗣秋來始有成

一運行初丙子上人庇下天朗風清丁丑運中嶺梅

一月白溪柳風清戊寅運中須史雲掩月頃刻月雖

一雲己卯運中正是梅青月白還愁人事虧盈庚辰運中莫言此際風光好得一程而失一[illegible]辛巳運中成四時佳趣樂萬古門庭壬午運中[illegible]享閑快樂一枕了平生

子平遺書　四

子平遺書　五

甲辰年　乙亥月　辛亥日　甲午時
此八字辛金相配柱中水木傷官乃木火格人生得
此萱毋先帰椿後别天邊鴻鴈下交飛其為人也能
機变頗操持祖基重整頓事業再添齋[illegible]格君子敬
特有貴人携自有順天之慶豈無福也[illegible]初運平
和中不順晚年行樂常特時通方壯観運至福元齊
此則守成之命鴛幃同偶冝格硬桂子秋来秀幾枝
運行初丙子上人庇下未諭盈虧丁丑[illegible]花向
日似爭穿籬戊寅運中行蔵雖有慶人事尚趑趄己
卯運中雨過萬重山有色雲開千里月揚輝庚辰運
中巖霜積雪起経過次第春風到故廬辛巳運中有
茶留客有酒盈巵壬午運中春去也鳥空啼

子平遺書　六

甲辰年　乙亥月　丁卯日　辛丑時
此八字丁卯之日官印之格人生得[illegible]谷清秀髮
皂精神勝丈夫之氣槩有男子之封能拾萱棠棣霜
幃日妯娌翁姑不共群紅白点穿湘水白雲催破
楚山青青春女子多薄命凋芳二次[illegible]月疾方
延壽無灾壽不長此則平穩一卜一人有碍須重適
桂子秋来朶朶香運行初年　下未斷灾凉
癸酉運中紅絲牽繡[illegible]插鵲[illegible]中運　蹈[illegible]
荷葉飄散死央辛未運中帳前重綰死央帶不料西
風雪滿墻當此之際一番灾晦過此庚午運中重添
新氣象再整旧門墻己巳運中安閑晚景戊辰運中
夢[illegible]

甲辰年　乙亥月　[illegible]日　癸巳時
此八字辛酉專權之日相配柱[illegible]水[illegible]為財
之格傷官者剛毅之物也主人[illegible]於右族[illegible]於名
門椿父先歸萱[illegible]別天邊鴻鴈不同[illegible]其為人也
丰姿清秀天性平能世事般般將[illegible]小學欠精
通祖業添新慶根源勝舊風[illegible]有順天之慶豈於
福地之深有心於貨利[illegible]慕攻名花情酒債暗
縈心情是非莫管[illegible]塞上翁施[illegible]
惹怨有意成嗔但願晚年[illegible]何須天府去求
一榮此則穩厚之命鴛幃土合須招副子嗣秋來旺
一宅門運行丙子上人庇下未斷平生丁丑運中世
事究如春夢人情薄似秋雲戊寅運中古樹含風
常帶雪寒岩四月始[illegible]運中雖則行藏雨
有慶還愁素耗與非生酒退多着意色上每留心
庚辰運中正是梅青月白片時風雨還侵辛巳運
中經霜松柏儼然秀冒雨芝蘭分[illegible]午運中
如履薄氷壬午運中晚年閑快樂同[illegible]阻行程君
若有陰騭癸未也方終

甲辰年　乙亥月　己未日　壬申時
此八字己未陽刃之日相配柱[illegible]水木財煞之格
人生得此生於右族長於宦門椿萱難並鴻鴈
各行鳴其為人也丰姿清秀天性聰明胸羅今古
事學識聖賢經筆落驚風雨詩成[illegible]是傳
芳之客豈為避世之人三級浪中龍變化九霄雲
外鳳飛騰一從姓名傳臚後金紫榮看次第陞衣
冠累世王公月柱[illegible]稷臣此則榮耀之命
鴛幃有艳須招副子嗣生成貴顯人運行初丙子
一上父榮庇詩禮趨庭丁丑運中十年窗下業將至
一舊青雲戊寅運中禹浪三層都躍過班聯粉署職
權衡己卯運中郎署官函何是羨大夫職位貴高
陞當此之際風雪滿[illegible]庚辰運中職位兩遷金紫
貫山河十郡仰威權辛巳運中統百官而均四海
輔聖主而位三公壬午運中子貴晚年多樂事癸
未運中春歸花落鳥無聲

甲辰年　乙亥月　丙子日　辛卯時

此八字丙子日元相配柱中水木殺生印綬之格人生得此生於右族長於名門椿萱有倚先爵父天邊鴻鴈各行鳴其為人也丰姿清秀天性老誠斷高理直處事公平有徽徽之計較[illegible]之聰明世事頗能將就般般學欠精通萬里春風行樂頌四時佳趣瑞祥生不以功名為念宣將冠冕磨礱花無桃李非春色人[illegible]是[illegible]好意者成惡真心換得嗔雖不建侯封爵晚年已許縈門此則一旺顯之命猶嘻有犯須重續子嗣生成貴顯人運行初丙子上人庇下強祿平生丁丑運中世事宛如新折柳人情渾似半開英戊寅運中雨過山方秀雲開月始明己卯運中不意中宵得意用心之處不如心庚辰運中財有何妨悔耗事有吉處不適辛巳運中財源滚滚家居好須臾風雨尚愁人壬午運中子貴沾恩澤癸未運中[illegible]收去程

甲辰年　乙亥月　壬申日　庚子時

此八字壬申長生之日相配柱中土木傷官[illegible]殺之格人生得此生於右族長於名門椿父先帰萱後別天邊鴻鴈各行鳴其為人也[illegible]天性聰明般般都好覽件件不全精幾謀[illegible]用人欽宣無高士敬終有貴人欽琴樽亂月為生計全谷松筠舊歲春不以功名為念[illegible]冠冕磨礱好意者成惡真心換得[illegible]不建侯封爵自然鄉黨推尊此則穩盛之命猶幃有尅須重續子嗣生成孝義人運行初丙子上人庇下末斷平生丁丑運中雨過萬重山有色雲開千里月光明戊寅運中世情濃又淡淡處又還濃己卯運中正是太平光霽景須臾風雨素非[illegible]庚辰運中寸源旺足家居好片時風雨片時驚辛巳運中晚年閑快樂會友以閑樽己字之中如履薄冰壬午運中安閑快樂癸未運中一枕難醒

甲辰年　乙亥月　壬申日　戊申時

此八字壬水長生之日傷官制殺之格主父[illegible]於
平淡之族長於遷亭之庭椿親早歸泉世萱親適
與他人其為人也手姿秀麗天性聰明頗知鑑古
事稍識聖賢經高士敬貴人欽能跎[illegible]上行行捷
津法兵條歎歎明初運平常中發達時來財帛有
餘盈此則閑處生財之命驚[illegible]水命須年少子嗣
先虧後有榮運行初丙午春風駘蕩夏日炎蒸丁
丑運中娟娟雲裏月灼灼葉中英戊寅運中盡水
一無聲空有浪繡花雖艷不聞馨己卯運中狼虎巢
中宵得食荊棘叢裏展才明庚辰運中千里關山
千里念一番風雨一番驚辛巳運中沖犯之所如
月入雲壬申運中暮年不安貴癸未運中春憂無
憑

甲辰年　乙亥月　己未日　丙寅時

此八字己未陰刃之日相配柱中[illegible]才殺格
喜逢印綬生身人生得此生於右族長於名門椿
萱有倚先歸父天邊鴻雁各行鳴其為人也手姿
清爽天性聰明胸羅今古事學識聖賢[illegible]山北
斗千年在和氣生風四座傾終是功名之客豈為
田舍之翁秋闈雖得意春榜不馳吉佇看頭角鑽
光耀舊門庭晚年光[illegible]景德澤惠黎民此則榮貴
之命外帶有祀宜招副子嗣森枝有挺榮運行初
一丙子在人流[illegible]未斷平生丁丑運中踏破津橋霜
一幾校讀殘第[illegible]月三更戊寅運中一從折得蟾宮
桂便將德澤惠儒林己卯運中祿米不過三石九
年訓誨儒生庚辰運中伊以門外雪明道座間風
當此之際風雨無驚辛巳運中教鐸豈能留得住
庭居百里秉權衡壬午運中重、棠贈癸未運中
一道訃音

甲辰年　乙亥月　庚申日　乙酉時

此八字庚辰專權之日傷官劫財之格正謂日虧無氣特逢陽刃不為凶過斯命者生於右族長於名門椿父先歸萱耐晚天邊鴻雁各分飛其為人也年姿清秀天性聰明般般稍覧件件不精謀動君子威伏小人祖業添新慶根原勝舊風光長名園過舊竹花間上苑勝先春門外田疇千古計庭前花木早逢春清閑棊一局得意酒三鍾特將好憂番成患每把真心換得鄉民仰德閭里推尊一此莫非儒作冲焉也應献策得功名此則富是之命鴛幃正副方偕君子嗣森枝貴顯人運行初丙子上入庇下未斷平生丁丑運中堤柳已放新幹綠園梅不改舊時春戊寅運中雖則竹蔵有慶也愁得失相傳己卯運中有花開落景人事尚虧盈庚辰運中福豐漸退顯達幸逢一春風雨雨追山青辛巳運中庭前竹報平安日檻外花開富貴春壬午運中子貴光家世忘情樂此生癸未運中一枕入巫峯

甲辰年　乙亥月　戊寅日　庚申特

此八字合官自殺之格值此豪者主是英姿瀟洒落天性莫能外青理白濟弱扶傾喜則天晴日煖怒則電掣雷轟學識聰明雲程坦坦登天英才敏捷峯步悠悠名利成耿耿聲名藹藹英英氣宇軒軒則顯達之命鴛幃有碍正副為榮子嗣無虧秋風聲彩運行初丙子趙庭李礼東燭論文丁丑運中雖然有志攀蟾窟幾度區區恨未享戊寅運中聲名從此大汨沒一朝伸己卯運中半外刺史威名顯千里昇平民物一庚辰運中掛掛獻布德施仁辛巳運中一運二陛還是退芳樽綺席且忘情壬午運中晚年歡慶老景清享癸未運中山鳥啼風花自落夢隨流水赴蓬瀛

甲辰年　乙亥月　庚戌日　丁丑時

此八字庚戌魁罡之日相配柱中水木食神偏才之格才旺財生官旺主人生於閥望之族長於穩學之門椿父先歸萱後別天邊鴻雁各行鳴其為人也丰姿清秀天性聰明般般稍覺伴伴不精諶動君子感伏小人華下有救人之意心中無毒害之心而抗者法所掌者刑終是功名之客豈爲田舍之翁不貴十年足學定應九載成名晚年光霽景沛澤恩軍民此則榮貴之命鸞幃有犯須招副一子嗣進成貴顯人運行初丙子上人庇下未斷平

平生丁丑運中藏器待時時必達運未遇貴人公門戊寅運中雨晴雲路達騎馬入神京己卯運中去除巾幘簪烏帽麻衣換淨錦衣新庚辰運中皇恩有感重光顯佐政擧堂德望新辛巳運中腰銀不用三陽學治政全憑九載功壬辰運中晚年官又贈癸未運中花落鳥無声

子平遺書

甲辰年　乙亥月　壬子日　甲辰時

此八字壬子日司晨相配柱中土木傷官制殺之格人生得此生於右族長於高堂椿萱先別父鴻雁各行聯其為人也手姿清秀天性良賢不愚不魯可方可圓知高識下近貴親賢自有順天之慶[illegible]無福地之緣烟柳依依遮北戶雲程疊疊隱南山財源有分生涯好官爵無緣誓不貪一旦凡心思色慾半生空向繫玄關早年足優如來地晚年塵俗樂怡然此則不清不淨之命鴛幃招晚子嗣芝蘭運行初丙子上一人庇下未斷平生丁丑運中緣法五更春色生涯一枕蒲

團戊寅運中雖則行藏有變幾多人事迍邅己卯運中世事多更变人情有復番庚辰運中一番風雨驟依旧月嬋娟辛巳運中得過且過得閑且閑壬午運中世態浮生都看遍不如高卧且加食癸未運中歸去也

甲辰年　乙亥月　戊寅日　甲寅時

此八字才殺之格人生得此生於右族長於高門椿萱亡皓首棠棣各敷榮丰姿清秀天性聰明機謀輒伏峯用人欽行藏竟消洒咲傲任枯榮欲為商賈思慕功名常将好意番成悪每把真心換得嗔雖不青雲得路自然潤屋潤身此則特達之命鴛幃年長須招副子嗣枝頭嫡庶生運行初丙子且安且樂不辱不榮丁丑運中莫道儒冠悮藁慈患不勸戊寅運中世事宛如春夢人情薄似秋雲

己卯運中旺中尚有虧盈事事安依然福禄增庚

辰運中人生雖在光華處只恐閑非素耗生辛巳運中有田皆種玉無樹不生英壬午運中花落水流春已失蘭摧玉折恨何明

甲辰年　乙亥月　丙辰日　己亥時

此八字丙辰日德之辰相配柱中水木殺生印綬之格人生得此生於右族長於名門椿父生帰萱耐晚天邊鴻鴈有行鳴其為人也丰姿磊落天性聰明般般稍覺件件不精有近貴親賢之德應上和下之能閒處愛走冷處不行必下有救人之意心中無毒害之心祖業添新慶根原勝旧風門外田疇千古刻庭前花木四時新枉於自己巧與他人消閑棊一局遣興酒三鍾

雖不建候風爵自然鄉黨推尊晚年子貴日向

沐帝王恩此則穩達之命鴛幃同属如魚水子嗣榮門孝義深運行初丙子上人庇下未斷扑沉丁丑運中世情濃又淡淡處又还濃戊寅運中雖則行藏有慶也愁人事虧盈己卯運中莫言此運多光利尚有閑非素耗生庚辰運中威權有布人欽伏才帛興隆福禄增當此之際素皎困循辛巳運中子貴家居多親壯喧喧車馬集門庭壬午運中恩沾雨露癸未運中一枕清風

甲辰年　乙亥月　庚戌日　丁亥時

此八字庚戌魁罡之日相配柱中水木傷官助才之格才旺日生官旺主人生於榮施長於華庭椿親早別萱存晚棠棣庭前有挺榮祖業增華翼才囊腕積存般般稍覧件件不精常將好意畨成惡每把真心換得嗔但須江湖生計好何須快馬入神京此則穩益之命鴛幃連珠低一載桂子还推縱了英運行初丙子上人庇下風雪欺身丁丑運中雪晴天未烓行樂尚凄清戊寅運中雖則行藏有慶还愁人事相榮己卯運中精神又樵翠樵翠又精神庚辰運中正是梅青并月白何愁弟案亨榮辛巳運中桑榆慕景壬午運中春夢無憑

甲辰年　乙亥月　己未日　甲戌時

此八字己未陰刃之日才殺之格遇斯命者精親為甚歸何速我生他死實堪悲丰姿清秀天性能為有理白分清之志截長補短之機東嶺栽松西嶺秀南園種樹北園齊自有順天之慶豈無福地之時花盈上苑果盈圃稻满平疇水满池满世功名身外事但無榮辱得便宜此則穩秀之命鴛幃同合連理枝枝子嗣有成一榮一秀運行初丙子畫親庇下未斷高低丁丑運中春寒風料悄心急焉行遲戊寅運中頗覓行藏有慶還愁人事愁想己卯運中幾度樂中有悶数畨靜裏憂疑庚辰運中遠望漢舟深入汨不雖重問武凌溪當此之際一畨風雪辛己運中雪隱鷺鷥飛始見柳藏鶯鵲語方知壬午運中暮年安樂癸未運中歸去来兮.

甲辰年　乙亥月　甲寅日　戊辰時
此八字甲寅專祿之日相配柱中水印綬
之格為人得此生於右族長於仁門萱母先
歸椿後別天边鴻雁各行鳴其為人也手姿
清秀髮兒精神有針綫之巧立業之勤雪為
傳粉凴風傳霞作臙脂從日匀每懷九臟意
時抱擇隣心楊柳無風枝嫋娜梅花有月魏
精神克勤而克健易喜而易嗔雖見凤冠帔
旺自然才祿豐盈此則穩旺之命良人木命
須年長子嗣双双孝且忠運行初甲戌上中
庇下嫡秀閨門癸酉運中紅葉溝中傳覓書
赤城月下結良姻壬申運中乍雨乍晴有容意
意或寒或煖困人天年未運中幾度樂中有
悶數番耗裏憂生庚午運中疾雲蔽月色如
雨損花容過此巳巳運中冲繫之所如履薄
冰戊辰運中春光去也一枕難醒

甲辰年　乙亥月　戊寅日　庚申時
此八字合官留殺之格值此象者主人手姿洒落
天性英能分清理白濟弱扶傾喜則天晴日煖怒
則電擊雷轟學識聰明雲程坦坦登天去英才
数捷舉步悠悠名利成耿耿聲光著英之氣宇
新此則顯達之命篤㥠有碍正副為榮孫融無
虧秋風馨彩運行初丙子趨庭學礼秉燭論文
丁丑運中雖然有志攀蟾窟歲度區區恨未
亨戊寅運中聲名從此大決浸一朝仲巳卯運中
半分刺史威名顯千里界平民物寧庚辰運中
拴金掛紫布德施仁辛巳運中一運二陞還暴進
芳樽綺席且忘情壬午運中晚年欽慶老景
清寧癸未運中山鳥啼風花自落夢隨流水
赴蓬瀛

甲戌年　乙亥月　戊寅日　癸丑時

此八字戊寅專權之日才來之格其為人也生
於武宦長於將門椿萱一雙並老棠棣不聯行年
姿情秀天性聰明頗知貴右暑試識丞賢經禮
基有倚而重增事業最新而華古享祖宗之蔭餘
承遺蔭之功名雖不勝金紫也淨平生此則蘇貴
之命鴛幃兩敝子嗣秋崇運行初丙子上人底下花
柳分春丁丑運中光華豐之德澤紛紛戊寅運中是
英雄門前客得失須憑塞上翁己卯運中行棲風
雪不換廢段庚辰運中推中生根節依旧翻舊
辛巳運中英雄得令壬午運中一夢道緣識

甲辰年　乙亥月　庚午日

此八字庚午貴人之日相配柱中水土之格人生得此生於右族長於名門朱
雙老鴻雁賢能隊隊鳴其為人也丰姿沖
聰明知高下識重輕高謀遠見機關別懷抱
一妙人祖業添新慶根源勝舊風有心於貨利
意慕功名兩都秋色皆喬木耆舊風流有幾人
月掛碧天多皎潔名揚湖海有光榮但願棠棣
并貫朽何須跨馬入青雲此則旺益之命鴛幃有
犯須年敵子嗣秋來桑桑榮運行初丙子上金
下未斷平生丁丑運中未觀桃李紅紅色未
湖光淡淡精戊寅運中梅須遜雪三分白雪亦
輸梅一段馨己卯運中世情濃又淡淡處又還
庚辰運中精神又樵悴樵悴又精神辛巳運中愈
老黃花香馥郁歲寒松柏耐長青壬午運中晚年
快樂一枕清風

甲辰年　乙亥月　辛酉日　壬辰時

此八字辛酉專祿之辰傷官助才之格過於斯命者生於温潤之族長於平穩之門椿萱有倚成無倚鴻雁雖群又斷群半姿奮古天性非能親貴客近高人世事每逞忙裏就才源自向閑中生十劃九連成事業三番四覆立門庭花無花李卯春色人有生歡是太平此則侍貴生才之命鴛幃正副龙爪葛子嗣金凤綵無成運行初丙子上人庇下祿祿平生丁丑運中未过边初出且花上始開莫戊寅運中狼虎窠中得食難叢裏安身己卯運中得失相半憂喜並行庚辰運中小池雨過添新綠深谷春來發唱聲辛巳運中冲擊之打旺處生驚壬午運中花落水流春已去蘭摧玉折恨何明

甲辰年　乙亥月　戊寅日　壬戌時

此八字戊寅專權之日才殺之格人生得此生於右族長於高門萱母先歸椿从别天边鴻雁後行群半姿清雅天性聰明世事頗能得就般般學又精通閒处愛走靜處不行筆下有救人之意心中無毒害之情君子敬貴人欽常將好德番成恶每把真心換得嗔祖業添新廣才源自葺成雖然不是金鞭客自然声势壓鄉民豐年田舍米盈罌膽日山家酒滿斟此則特達之命鴛幃同屬須招副子嗣花多秋廣生運行初丙子上人庇下木數章生丁丑運中人情似紙番番薄世事如棋局局新戊寅運中着意種花花不發無心插柳柳成陰當此之際風雪盈庭己卯運中雪消雲散天如洗旺處还愁世事紫庚辰運中英雄性情劍三尺豪傑相逢酒一鍾當是時也悔耗还生辛巳運中無慮尽傳詩礼樂有朋來自遠方親和壬午運中安閑晚景癸未運中春夢無憑

甲辰年　乙亥月　乙亥日　丙戌時

此八字乙木相配柱中水火傷官帶印之格遇斯命者生於名門長於右族萱母早歸[illegible]役别天边凄慝有[illegible]行其為人也丰姿清秀天性明良能[illegible]文顛商量[illegible]人起敬貴客相幫般般稍攬件件[illegible]祖業[illegible]麗才帛悦積藏莫思登路湖海樂[illegible]此則[illegible]致之命鴛帏水命須年少桂子秋来[illegible]昌運行初丙子上人庇下襲慶迎祥丁丑運中身衣芦花絮寒来[illegible]自當戊寅運中行藏雖慶人事尚[illegible]揚己卯運中盃水無声空有浪綉花雖艷不聞香庚辰運中[illegible]都歷過方覓瑞祥光辛巳運中到此始知時運[illegible]才源滾滾旺門墻壬午運中桑榆暮景宴飲華堂癸未運中春殘花落流水陽陽

甲辰年　乙亥月　壬申日　庚子時

此八字壬水旺居水局飛天禄馬之格傷官用印之助生得此宜居將師之尊主人丰姿高古天性剛明生於戈矛之族長於劍戟之營樁親顯武雖年耄鴻鴈天邊不共鳴深明黃石略頗識聖賢經萬騎弓刀听號令諸方武士仰威稜此則威武之命鴛帏有犯重偏正桂子秋来挺俊英運行初丙子轅門福庇樂享日升平丁丑運中金鞭閑鶏来比渭玉鞭跨馬向西陵戊寅運中鉄甲去衛胡騎散錦衣帰掃漢雲輕己卯運中汗馬功成閒玉帳一番蹤跡幸無驚庚辰運中戈矛凛凛甲冑層當此之際人事閑情辛巳運中臂健尚然弓力軟眼昏亢識陣圖明壬午運中英雄傳俊子詩酒樂安寧癸未運中芳名上清史香夢到蓬瀛

甲辰年　乙亥月　乙亥日　丙戌時

此八字乙亥日元相配柱中旺水印綬之格傷官帶印為奇遇斯命者生於良族長於高居椿萱不遠祿養鴻雁各行飛其為人也丰姿清秀天性聰明能窮今古琢磨詩書善決善斷不吝不慈豈無高仕敬時有貴人携見善則拜於己當仁不讓於師終是功名客豈為田舍耕鋤雖不三登科甲晚年福祿光臨此則榮暮之命鶯幃有犯須招副子嗣秋來有光榮運行初丙子上人庇下未斷高底丁丑運中聞詩李礼負笈從師戊寅運中幾欲思高暮遠依然困守書帷己卯運中莫言此運多冷淡深谷陽回發旧枝庚辰運中機會未時離泮水跨馬天門雨露深一從沐得天邊寵且向黌堂訓大儒辛巳運中篆煙銷盡文林靜暫向英華後顯馳壬午運中晚年籬下樂癸未運中一枕入巫峯

甲辰年　乙亥月　壬申日　庚子時

此八字水居冬旺生平樂　無憂飛天祿馬之格傷官用印為良人生得此丰姿磊落性格英豪椿萱皓首相分別鴻雁天边各奮遙祖業添新麗才業倍積余學問有成折桂蟾宫誇妙手英才特達標名雁塔上青霄此則顯耀之命鶯幃有碍須招寵桂子金風長嫩梢運行初丙子庇佑之下樂享滔滔丁丑運中歡遂平生志何辞雪案苦戊寅運中青雲生足下騰踏奪金標己卯運中祿元皆進捷出英豪庚辰運中金榮重榮騰氣一番風雪洒紅皐辛巳運中施仁布德功光著祿享千鍾勢位高壬午運中辞榮豪樂雅下香醪癸未運中滿懷無限傷心事息夢鴛鴦　不可招

甲辰年　乙亥月　辛未日　辛卯時

此八字辛金相配桂中水木傷官助才之格女人得此生於茂簇配於英豪姿容雅麗變見妖嬈能機変識見高性急如懸崖能瀑心如似月出雲霄處世素無榮辱知平福享滔滔此則旺足之命良人亡命須長桂子秋来看錦袍運行初甲戌上人庇下風雨飄飄發酉運中雖則大門財業旺还愁風雨擺花枝壬申運中一番風雪過雨過福还饒辛未運中小池雨過添新禄深谷春来發旧条庚午運中富貴榮華當此際驅奴使婢宴羊羔己巳運中安閑境景戊辰運中夢入審宵

甲辰年　乙亥月　庚午日　癸未時

此八字庚午貴人之日相配桂中水木食神助才之格入生得此生於右簇長於名門水命椿萱已酷首天邊鴻鴈各行嶋其為人也丰姿清秀天性聰明源流三峽誰能及筆掃千軍孰與論終是文鴻折桂客豈為田舍鑿耕人璵林雖不參高宴金紫葉看次第陞晚年光疊霄景疊疊禄元增此則榮貴之命鴛幃全正副子嗣桂蘭榮運行初丙子上人庇下来斷平生丁丑運中欲向雲中夅足須從燈下留心戊寅運中雖則蟾宮折桂依然困守青燈己丑運中寄跡橋門十載寒毡陰硯辛勤庚辰運中皇恩有感声名顯黄堂五品大夫榮須叟風雨後依旧又山青辛巳運中江山近五馬花柳拂雙輕富此之際風雪滿庭壬午運中此運須退且退子榮又得贈榮封癸未運中晚年多快樂甲申運中一枕入王宮

甲辰年　乙亥月　辛未日　甲午時

此八字辛未之日相配柱水火傷官制殺之格得此者主人生於右族長於名門椿萱有倚雖雙耄天邊鴻雁各行鳴其為人也丰姿鄙懷天性聰明傲物氣高常以時人焉及已行藏倜儻每嫌世事不如心九流藝術皆徹曉詩禮群書萬卷通終是鳳凰池上客定為龍虎榜中人一從雁塔題名後冠冕輕裘不慕榮無慮盡傳詩禮樂有朋來自遠方親晚年尚得高人摯從此滔滔福祿增此則榮顯之命鴛幃有犯須偏正子嗣秋來有挺榮運行初丙子上人庇下庥淡春雲丁丑運中明窗淨几暮史朝經戊寅運中禹浪三層都躍過衣冠濟濟拜明君己卯運中五夜金風何太速功名之事總成空庚辰運中有名閑富貴無事樂從容辛巳運中天然機會至發德堅明君壬午運中樽罍有酒進佳客蘭室存書教子孫癸未運中春光去也一枕巫峯

甲辰年　乙亥月　癸亥日　丁巳時

此八字癸水日元相配柱中木土傷官之格刑冲大重祿旁旺年主人生於右族長於名門椿萱不並祿養鴻雁有不聯群其為人也丰姿清秀天性聰明孝問有成筆衣倒流三峽水英材敏捷胸中存就五車書終是功名之客豈為田舍之郎文章別有凌雲志湖叢豈無觀國賓佇看頭角崢嶸德澤惠軍民此則榮貴之命鴛幃有礙須重續子嗣金風絡繹成運行初丙子運中上人庇下未斷乎生丁丑運中踏破泮橋霜幾枝讀殘芳店月三更戊寅運中幾款桀登月殿書成捉月捕風己卯運中騰身離泮水牽足入橋門庚辰運中皇恩應有感政化給西東辛巳運中疊疊光華顯滔滔祿位陞壬午運中早宜寧帝闕癸未運中一枕返佳城

甲辰年　乙亥月　己巳日　甲戌時

此八字乙木日元相配桂中水木才弟之格印綠者上板也女人得此生於右族長配名門姿容清秀髮德茂行真椿萱棠棣霜歸日妯娌翁姑尚寡情有針繳之巧立業之勤風送芰荷香滿院日夕花萼舒新紅勝丈夫之氣盤有男子之材能每懷九膽意特抱擇隣心萬里光華須沛澤四時佳趣瑞祥生克勤而儉易喜而易嗔佇看夫榮子貴也應同沐皇恩此則榮益之命良人同命弟昆身手嗣生成貴顯人運行初甲戌上

人庇下毓秀閨門癸酉運中正配名門友花從錦上生壬申運中雖則夫門多快樂也愁人事有乏盈辛未運中威臨山川生秀氣恩沾草木劫陽春庚午運中正是光榮之業須臾風雨無驚己巳運中一輪明月當秋夜無限奇花正遇春戊辰運中子貴夫賢多快樂丁卯運中春殘花落月沉

甲辰年　乙亥月　丙辰日　庚寅時

此八字丙辰日旺之辰配予桂中水木發生印綬之格女人得此生於右族長於名門椿萱雖並老鴻雁各行鳴其為人也豐姿清秀髮貌精神有針綴之巧立業之勤一苑杏桃鋪錦綉滿山松柏映幃屏每懷九膽意時抱擇隣心深明閨閫理洞識古今情憂禍自知辭肉味愛琴瑟應鮮辯絃聲性急便如風捲浪片時言起片時停雖不鳳冠帔服自然福祿無窮此則穩厚之命良人得配名門友子嗣秋來孝且忠運行初甲戌上人庇下毓秀閨門

癸酉運中孔雀屏開花爛熳芙蓉帳煖氣氤氳壬申運中雖則行藏有慶幾多人事虧盈辛未運中月正明時雲翳蔽花好放處惡風生庚午運中一抹曉烟迷芍藥半湖秋水浸芙蓉己巳運中財源富足羅綺臨風當此之際如履薄氷戊辰運中無思無慮丁卯運中一枕難醒

甲辰年　乙亥月　丁巳日　辛亥時

此八字丁火相配柱中水木官印之格形冲太重減我光荣主人生於右族長於名門水火椿萱双晚茂天邉鴻鴈有聯群丰姿清秀天性聪明豪問有成不刹明倫堂上筆鋒雄健都来案牍身佇看頭角聳德澤惠黎民此乜則吏荣之命鴛幃簇簇桂子英英運行初丙子上人庇下天朗氣清丁丑運中欵速不達待凤揚帆戊寅運中貴人相指引禄馬旺前程已卯運中听陽関之三疊天府之九重庚辰運中雲晴開閶闔雨露沐深恩辛巳運中耿耿声名重滔滔雨露均壬午運中軒輗軒冕帰効渊明癸未運中百年纏綣成何用一夢黄梁永不醒

甲辰年　乙亥月　辛未日　甲午時

此八字辛未相配柱中水木傷官助財之格時上偏官助用人生得此宜乎仕路荣登淫人生於茂盛之族長於詩礼之門丰姿洒落志氣超群堂上椿萱先後别庭前棠棣發春蓁李問渊源万里扶搖騰鸑鷟英才特達一聲霹靂躍潛鱗閶闔黄道衣冠拜紫宸此則貴人之命鴛帏春色麗桂子彩衣新運行初丙子上人庇下化日陽春丁丑運中芸窓雖篤志鴈塔未騰身戊寅運中执卷幾回空探月時未一旦上天津己卯運中一從沾寵渥德化被軍民庚辰運中雪霽山河開壮麗位迁金紫到都門辛巳運中雖則權名奕奕也防一度迍邅壬午到癸未運中香魂帰閬苑高塚卧麒麟

甲辰年　乙亥月　乙亥日　庚辰時

此八字乙亥日元相配柱中金水官印之格女人得此生於右族長配名門椿父先歸萱後別天邊鴻鴈各行鳴其為人也姿容清雅髮貌精神有針綫之巧立業之勤萬里無雲天一色三秋好景月長明斷機甘効軻親訓剪髮能傳侃母心處事無偏無黨治家克儉克勤性急如風捲浪心安似月離雲雖不鳳冠帔服自然益旺夫門此則福祿益旺之命良人年小方偕老子嗣生成孝感入運行初甲戌香閨之内母訓是遵癸酉運中孔雀屏開

花爛熳橋横銀漢水澄清壬申運中雖則夫門多快樂須臾風雨不為驚辛未運中花放風生當此際幸然依舊福星臨過此庚午運中精神又憔悴憔悴又精神己巳運中安閑晚景如履薄氷戊辰運中人生從此别無復見儀刑

甲辰年　乙亥月　辛亥日　壬辰時

此八字辛亥日元相配柱中水木傷官助財之格人生得此生於右族長於高堂椿父先歸萱後別天邊鴻鴈各行鳴其為人也丰姿磊落天性果剛聰明書藝遠倜儻世情長學問不親顔孟業生平常發貴人鄉重成新事業再整舊門墻消閑碁一局遣興酒三觴不慈不勇可員可方福布江山外名聞湖海間但願粟陳并貫朽何須蹄馬入長安此則穩厚之命鴛幃有犯須招副子嗣秋來有挺榮運行初丙子上人莊下紹襲迎祥丁丑運中如

花向日枝枝艶似笋穿泥節節長戊寅運中雖則行藏有慶還愁人事悠揚己卯運中財源旺足家居好須臾風雨捲滄浪庚辰運中千里關山千里念一番風雨一番寒辛巳運中門迎珠履三千客屏列金釵十二行巳字之中花放風狂壬午運中子秀晚年多快樂癸未運中訃音一播衆悲傷

甲辰年　乙亥月　戊辰日　己未時

此八字戊辰日德之辰合殺留官之格人生得此生於古族長於良門椿萱雖並老鴻雁各飛鳴其爲人也丰姿清秀天性聰明斷高理直處事公平當仁不讓見善則欽福布江山外名聞湖海中祖業添新慶根原勝舊風笙歌沸處曾行樂羅綺叢中幾醉醒雖不成名利生平近貴人但顧有錢交過客何須跨馬入雲津此則旺是之命鴛幃有碍須添寵子嗣秋成孝感人運行初丙子上人庇下淡淡春雲丁丑運中如花開上苑似菊綻籬東戊寅運中始覺陽和滿目還愁微雨弄晴己卯運中須臾風雨過依舊月光明庚辰運中旺中尚有虧盈事事妥財源倍有增辛巳運中富潤屋德潤身壬午運中黃花晚節福祿駢臻癸未運中歸去也

甲辰年　乙亥月　己酉日　甲戌時

此八字己巳土相配柱中水木財殺之格時墓之論甲己化土有功人生得此生於茂族長於高門椿萱有倚雖雙老天邊鴻雁各飛鳴其爲人也丰姿清俊天性聰明善決善斷多見多聞門外生涯廣闊江湖活計維新恒招君子敬時有貴人欽雖然不是青驄客自然金玉足豐盈此則旺之之命鴛幃有碍須添寵子嗣秋來有顯榮運行初丙子上人庇下何慮平生丁丑運中青帰柳葉晴初变紅入桃花暖未勻戊寅運中滚滚財源來正旺旺中尚有事虧盈己卯運中雖則家居有慶還愁素耗相侵庚辰運中財旺生官家業長福星臨照喜非輕辛巳運中子顯孫賢家業廣壬午運中春宵一枕永難醒

甲辰年　乙亥月　庚戌日　辛巳時

此八字庚戌魁罡之日傷官制殺生才之格人生得此丰姿清秀天性聪明椿萱难並耄鴻鴈各搏精神烱烱智慧明明行藏竟瀟洒咲傲任枯荣水光浮座盃盤並花氣侵人咲語馨田園麻麥秀湖海禄元豊君子敬貴人欽雖不建侯封爵自然潤屋潤身此則穩足之命鴛幃同偶須年長桂子秋来綻錦英運行初丙子上人庇下化日陽春丁丑運中雖則行藏有慶還愁人事虧盈戊寅運中駐中曾駁襟依舊禄元增己卯運中須刻風雲擁須史波浪平庚辰運中小池雨過添新緑深杏春来殘舊譽辛已運中桑榆暮景壬午運中花落月沉

甲辰年　乙亥月　辛亥日　乙未時

此八字辛亥日元相配柱中水木傷官刑才之格尺嬚才多身弱減我功名主人生於良族長於高居椿萱分別先虧父鴈行天際各分飛其爲人也丰姿清秀氣宇高奇頗知禮義稍識詩書當仁不讓見善不欺重成新事業再整舊門閭行藏果斷作事三思萬里無雲天一色三秋好景月揚輝花盈上苑果盈圃稲滿平疇水滿池英雄惟贈劍三尺豪傑相逢酒一巵常将好意番成惡每把真心換得非雖不綺羅衣錦綉也應鄉黨姓名馳此則穩盛之命鴛幃同屬須丰敵子嗣秋来有秀奇運行初丙子上人庇下未斷高低丁丑運中春寒風料峭心急馬行遲戊寅運中雖則行藏有慶還愁人事趑趄己卯運中才滾滾家居好須史風雨幸無危庚辰運中正是一天光霽景幾多人事尚盈虧過此辛巳運中但願家園富足何愁白髮龐眉己字之中一番風雨壬午運中訃音一播酹酒三巵

甲辰年　乙亥月　戊寅日　丁巳時

此八字戊寅專權之日相配柱中水火才殺之格女人得此生於右族長配高門椿萱棠棣霜晞日妯娌翁姑分上輕其為人也姿容清秀髮貌精神有針綴之巧立業之勤雲收華岳千山在水到湘江一樣清頻曉三從理豈全四德情萬里無雲天一色三秋好景月長明春入水光戊嫩綠日匀花夢發新紅觸雖犯易喜易嗔雖不鳳冠帔服自然福祿駢臻一家井水難到老重向人家再結親此則旺益之命良人有碍須重適子嗣枝枝孝義深

運行初甲戌初年之下未斷平生癸酉運中雖則夫門多快樂幾番人事尚虧盈壬申運中正是太平光霽景何期鏡破尚愁人辛未運中帳前後綰鴛鴦帶堂上重開孔雀屏庚午運中花燭後合宵雨柳娼花帶金風過此己巳運中子貴福樂夢杳杳之佳域

甲辰年　乙亥月　丁巳日　己酉時

此八字丁巳日元相配柱中水木才官印綬之奇之格只嫌刑冲有贈減我功名人生得此生於右族長於高堂萱母先歸揩後別天邊鴻鴈不同聯其為人也丰姿清淡天性機關知高識下近貴親賢不惡不勇可方可員重戊新事業再整舊根原旭日桑麻歲盛薰風禾黍連阡飛詔任他來北闕草玄終不出南山琴樽風月閑生計金玉松筠舊歲容好意番戌悪真心撲得窮才源有分生涯好官貴無緣誓不貪此則特達之命鴛幃有犯須年

歒子嗣秋来孝義全運行初丙子初年之下春充青山丁丑運中数點兩余兩一番寒食寒戊寅運中草色傳經細雨濕花枝欲動揩春風己卯運中才源滚滚家居好須史人事有迍邅庚辰運中福元昌熾風雨一番己巳運中得過且過得閑且閑己字之中花放風顛壬午運中脱年多快樂一枕入黄梁

甲辰年　乙亥月　乙卯日　丙子時

此八字乙卯專祿之日相配柱中旺水印綬之格人生得此生於右族長於名門椿萱难並奉鴻鴈各行嗚其為人也丰姿清秀天性聰明理窮古事蕙今事書對賢經與聖經麗句妙為天下白高材俊仕海東青終是文場榮貴客豈為田舍作耕人一朝騰踏飛黃去福位榮名望帝陛舒長化日霜麻茂融落仁風雨露清此則榮貴之命鴛帏有犯須招硬子嗣秋來朶朶榮運行初丙子上人庇下未斷平生丁丑運中十年窓下業黃卷與青燈戊寅運中何事不辭今日至時來頃刻踏澆鱗己卯運中寄跡橋門十載寒毡陰硯辛勤庚午運中皇恩有感声名顯佐政琴堂德旺新辛未運中一天音雨隨車落万里仁風過扇清壬申運中天邊無寵澤蘿下有高情癸酉運中百年繾綣成何自一日無常万事空

甲辰年　乙亥月　丁巳日　辛亥時

此八字丁巳日元相配柱中水木官印之格刑冲太重，歲吾科第成名主人生於右族長於名門水土椿萱双晚茂天邊鴻鴈各行嗚其爲人也丰姿清秀窮書覽史學足三冬太山北斗千年在和氣春風四座傾終是功名客豈爲田舍翁嘉谷不早實名利當晚成雖不三登科甲自然財足愈盈此則榮貴之命鴛幃疊綫重年敵子嗣秋來孝義深運行丙子上人庇下未斷平生丁丑運中說遂平生志須加灯火心戊寅運中踏破津橋霜幾板讀殘第店月三更己卯運中幾會来時登太學依然困守讀書灯庚辰運中三景陽關辭別去九重天府沐皇恩仁風揚遠近政化洽西東當此之際梨花舞雪辛酉運中一百里豈能淹驥足九霄終是列鵷群壬午運中晚年籬下樂癸未運中壹枕入丕辜

甲辰年　乙亥月　辛未日　甲午時

此八字辛未之日相配柱中水木傷官两才之格借上一位貴論主人生於金枝玉葉長於文望之門椿萱有倚難双亀天邊鴻雁各行鴨其為人也丰姿清小天性聡明心存忠孝礼貌温恭裁長補短理白分清俊知立妙術熟讀聖賢經類高荣不顯訟習呂公文終是文場折桂客豈為田舍鑿耕人名登虎榜身到鳳凰城早赴瓊林茶玳宴晚年福禄始光榮此則榮貴之命鴛幃有肥須招贈子嗣秋来叒叒荣運行初

丙子上人庇下未斷升沉丁丑運中十年窓下業黄巻與青灯戊寅運中禹浪三層都躍過衣冠濟濟拜明君己卯運中倹在於前花在後知其屈晦不能伸庚辰運中特来借月吹嘘力從此天邊飛鳥荣辛巳運中耿耿聲名重湝湝雨露均壬午運中白髮半世間豪傑鳥沙海上遇仙人癸卯運中無慮尽傳詩礼樂有朋来自遠方覩甲申運中一時化鶴萬古難醒

甲辰年　乙亥月　壬申日　戊申時

此八字壬申長生之日傷官制殺之格人生得此生於右族長於名門椿萱荣倚难双耄天邊鴻鴈独飛群其為人也丰姿清爽天性聡明理窮古事兼金事書對長經与聖經北海蛟横頭角聳南山豹变爪牙新一朝騰踏飛金紫荣着次第陞政引風霜成物色語同天地到湯春此則榮貴之命鴛幃正副方偕老子嗣秋来有景荣運行初丙子上人庇下未断平生丁丑運中十年窓下業黄巻与青灯戊寅運中根道是龍

还不信果然平地有雷声己卯運中雖則蟾宮折桂依然寄跡橋門庚辰運中自錫瓊林後仁風百里清辛巳運中猛虎渡河名快樂飛皇過境歳豊登壬午運中錦衣肥馬重重見天上恩波浩浩新癸卯運中天邊無沛澤雞下樂高情甲申運中花已謝月尤沉

甲辰年　乙亥月　辛酉日　丙申時

此八字辛酉日干為主生亥月申時為傷官助財之格人生得此生於右族長於名門其為人也丰姿清秀天性卒能理窮古事兼今事書對賢經典聖經終是功名客豈為田舍翁瓊林定擬登高宴金紫榮看次第陞晚年光齊景職位愈加榮此則榮貴之命鴛幃有犯須招硬子嗣枝頭有挺榮運行初丙子上人庇下未斷平生丁丑運中欲遂平生志須加继晷功戊寅運中送客陽関斟别酒時来雲路達飛騰己卯運中一從姓字傳揚後人有笙歌樂太平庚辰運中綉衣鐵面耀日生風當此之際風雪還生辛巳運中職迁金紫布德施仁壬午運中時至松筠三徑足倘来軒冕一重輕癸未運中春光帰去也一枕入巫峯

甲辰年　乙亥月　庚午日　丁丑時

此八字庚午貴人之日食神助才之格才旺轉生官旺主人生於仁門長於右族椿萱有倚先帰父天邊鴻鴈各飛行其為人也丰姿清秀天性機関知高識下近貴親賢自有順天之慶豈無福地之深祖業須重立才囊晚盛先琴樽風月開生計金玉松筠旧歲寒才源有分生涯好官貴無緣誓不貪但願有醪終自酌任他白髮鬢边斑此則穩守之命鴛幃有犯重年敵子嗣班衣孝義全運行初丙子上人庇下春苑春山丁丑運中退不後步進之不前戊寅運中行蔵雖有慶人事尚徒然己卯運中幾度雲籠皓月依然明月當天庚辰運中人生正在光風處只恐花開又被顛至此辛巳運中才源旺足福祿臘閑壬午運中桑榆暮景快樂安然癸未運中帰去也

甲辰年　乙亥月　丙午日　庚寅時

此八字丙午日刃之辰相配柱中水木殺生印綬之格殺印相生功名顯達遇斯命者生於右族長於名門萱親爲甚歸何速我生他死實傷情天邊鴻鴈有各寞生其爲人也丰姿清秀天性聰明五車書賦三冬足兩石弓當萬騏冲終是功名之客豈爲田舍之翁北海蛟龍頭角聳南山豹變爪牙新一從姓字傳揚後九五天門面聖容此則榮貴。之命鸞幃得配名門女子嗣生成貴顯人運行初丙子上入庇下化日陽春丁丑運中欲跨騰雲驥思囊照雪螢戊寅運中一聲春霹靂驚起困中人己卯運中寒拂錦衣催驛驥先生玉節下雲層庚辰運中職遷金紫宇內澄清當此之際風雪滿庭辛巳運中晚年快樂酌酒盈樽壬午運中夕陽有限春夢無憑

甲辰年　乙亥月　丙子日　戊子時

此八字丙火相配柱中之水純殺之格人生值此椿萱先別父鷹字有聯鳴其爲人也丰姿清穩處事能爲有振布會施爲自有貴人指迷豈無貴客提携爭長各園過舊竹花開上苑勝先時此則特達之命鸞幃有尅重年少子嗣初難後有奇運行初丙子上人之下便道何如丁丑運中欲速則未達揚帆且待時戊寅運中天邊初出月嶺上始開梅己卯運中正在春光處無端雪洒衣庚辰運中爆竹聲催殘臘去折梅香引早春歸辛巳運中一番冲擊樓閣催崽壬午運中暮年清泰酌酒圍棊癸未運中百年繾綣成何用一夢南柯舟不回

甲辰　乙亥　癸酉　甲寅

此八字傷官之格刑合之理同推值此象者椿萱雙皓首鴻鴈幾分飛其為人也多智慧有操持般般歷學件件粗知手姿火清秀日月有盈虧高人起敬貴客吹嘘湖海財名盛鄉邦姓字馳何必跨鞍登上國但無崇身足歡娛此則特達之命鶯啼有克三回四次續新絃子嗣多五晚景杖頭留二果運行初丙子少年之景有何是非丁丑運中信知氣雖漸覺春歸戊寅運經南過北人皆敬且喜臨危不致危己卯運財帛往來恒未聚有時觀悅有時悲庚辰運但得高人一揮手撥開雲霧月光輝當此之際風雪傾飛辛巳運近賓玩物會文親慕壬午運安享華堂福癸未運春殘杜宇啼

甲辰年　丙子月　己卯日　丙寅時

此八字己卯專祿之日相配柱中木水才官之格喜逢印綬生身人生得此生於右族長於高門椿萱有倚难雙耄天邊鴻鴈各行鳴其爲人也丰姿清秀天性聰明理窮古事知今事書對賢經與聖經終是功名之客豈爲田舍之翁文章倒底凌雲志浴雲豈無覩國賓佇看頭角贈德澤惠儒村晚年光霽寰咫尺至皇廷此則榮貴之命鴛幃有伉招須副子嗣榮門晚節香運行丁丑上人庇下未断平生戊寅運中讀殘芸店月囊聚案頭螢己卯運中時來自有良機會何須廖戰入塲中庚辰運中騰身離泮水蹄馬沐皇恩教養声名有揚抑成名進退幸無凶辛巳運中媚寵求榮尚進造威風凜凜酷心驚壬午運中榮中其晚節何必早恩尊癸未運中春去也鳥無声

甲辰年　丙子月　戊申日　癸亥時

此八字戊申長生之日才殺之格才多身弱戕我為榮人生得此椿萱有倚先爵毋鴻字天邊各奮鳴其為人也知高下識重輕君子敬貴人欽常將好意番成惡每把真心換得嗔事業每從忙裏就才源自向閙中生江湖有意公卿小廊廟無心宇宙輕此則獨達之命鴛幃有碍須重續桂子秋來孝義深運行初丁丑上人庇下化日陽春戊寅運中娟娟雲裏月灼灼葉中英己卯運中退不發步進不前行庚辰運中数番風雪過舊依長精神辛巳運中小池雨過添新綠深谷春來處處青壬午運中松尚茂栢尤青癸未運中暮年安享甲申運中夢入黃梁

甲辰年　丙子月　丙午日　甲午時

此八字丙午日刃之辰正官之格本顯金紫之榮惜乎冲破事不十全人生得此樁親先別萱歸晚棠棣庭前各挺榮其為人也天資明敏性格乖能理窮古事萬今事書對賢經與聖經嘉谷不早實大器當晚成瓊林雖不忝高宴自有仁風速迈清此則僥榮之命鴛幃有碍須相敵桂子秋來彩舞戍運行初丁丑上人庇下化日陽春戊寅運中十年窓下業黃卷與青灯己卯運中幾歡恩高慕達畬成肩雪衡風庚辰運中機會來時宜伴水橋門依舊守青灯辛巳運中榮沾新雨露光耀舊門庭壬午運中一天膏雨隨車至千里仁風逐扇生姿未運中榮回故里甲申運中春夢無憑

甲辰年　丙子月　壬午日　甲辰時

此八字六壬生堅午位羨白祿馬同鄉偷力合赤之格主人生於喬木長於衣纓叠世光歸椿萱發天边鴻雁鮮聽群羊婆清秀天性聰明頗知今古事稍識聖賢經萬里韶華名利必從天上降一聽楚泉才源自向閑中生初運光華中消沒晚年武職說文林序則雖榮之命鴛幃兩敵方諧老子嗣秋來有提索運行初丁丑上人衆庇未斷平生戊寅運中不須愁不攻書史莽麥天边雨露恩己卯運中潛龍一躍風雲變劍戟叢中滌利名庚辰運中皇恩有威重加貴聽班務著姓名馨辛巳運中威逐金閫振權衡壬午運中正宜輔国來許恩尊癸未運中棄歸故里甲申運中一枕維醒

甲辰年　丙子月　丙午日　己亥時

此八字生官留殺之格喜逢日刃以相幇人生得此丰姿俊彦處用多機生於營苑長於迁移椿萱有倚終难倚鴻鴈聯飛又獨飛豫地栽花多艷麗移殘接李倍芳菲不登翰苑非勞戰也有功名耀里閭此則因富顯貴之命鴛幃年小須添畝桂子秋風聽綵衣運行初丁丑上人庇下有何是非戊寅運中浮雲連野陌柳絮逐風飛己卯運中雖則貴人提助也防行樂趦趄庚辰運中到此漸知時運違虎狼行處振威儀辛巳運中機會來時逢貴助酬金畝粟也名馳壬午運中風雲多恋態樂處恐生悲癸未運中門闌壯觀第宅輝輝甲申運中冲擊之所歸去來兮

甲辰年　丙子月　壬午日　甲辰時

此八字壬午日相配柱中之木火食神助才之格人生得此多機多變不勇不慈椿萱早遇相分手鴻鴈天邊不共飛般般好學件件粗知祖業重新慶財囊自積肥但願市壓生計廣自然湖海有名馳此則穩旺之命鴛幃木命須年少桂子秋来有出奇運行初丁丑上人庇下快樂怡怡戊寅運中恰似洛陽三月景牡丹開處柳花飛己卯運中行藏人敬仰世事有趦趄庚辰運中雨過山方秀雲開月始輝辛巳運中精神加壯觀風浪不成危壬午運中春花秋月蘭桂芳菲癸未運中悠中處樂甲申運中歸去来兮

甲辰年　丙子月　丙戌日　己亥時

此八字丙火相配柱中旺水偏官之格喜逢印綬生身主人生於喬木長於名門椿萱榮倚難双奉鴻雁天邊不共群手姿磊落天性忠誠筆底倒流三峡水胸中學業五車文揚清激濁祛惡除莠雖不登虎榜自然金紫加封政引風霜成物色語回天地到陽春此則英貴之命鸞幃正副方偕老桂子秋來有繼榮運行初丁丑運中上人庇下負笈趨庭戊寅運中朝親孔孟日覲顏曾己卯運中蒐科已擢名雖顯旺處還愁雪滿身庚辰運中愧輪

却使奸邪伏攬轡能令宇宙清當是時也三載諒陰辛巳運中朝廷金紫貴權任棟梁洪壬午運中十郡山河音戟掌九天雨露再加陞癸未運中退身避位歸効淵明甲申運中桃源春去也蓬島信難通

甲辰年　丙子月　庚寅日　乙酉時

此八字庚寅之日相配柱中水火傷官制殺之格日干無氣時逢陽刃不為凶主人生於右族長於仁門椿萱有倚難雙耄天邊鴻雁各行鳴其為人也手姿清秀天性聰明般般稍覺件件不精行藏果斷作事老誠雖不成名利生平近貴人祖業添新慶根原勝舊風世事每從忙裏就財源自向遠方生得意江山詩句徒忘情日月酒盃深施恩惹怨布德成嗔但願一生多發福何須跨馬入青雲此則豐潤之命鸞幃有犯須招副子嗣秋來朵朵

榮運行初丁丑上人庇下未必評論戊寅運中世事宛如春夢人情薄似秋雲己卯運中畫水無風宜有浪綉花雖艷不聞馨庚辰運中雖則行藏有慶幾番素耗相侵辛巳運中財源旺足家居好庁時風雨庁時驚壬午運中正是太平光霽景還愁風雨阻行程癸未運中晚年閑快樂甲申運中一枕入巫峯

甲辰年　丙子月　庚辰日　甲申時

此八字庚辰日德之辰相配柱中水火傷官制殺之格傷官者怜变之宿也主人生於右族長於名門椿萱分别先彫父天邊鴻鴈各行鳴其為人也丰姿儒雅天性聰明學問資先覺群書貫一經驪珠終照魏雷劒豈藏豊終是文場折桂客豈為田舍鑿耕人雖然不錫瓊林宴自然禄位顯光榮文御萬古江山氣道継千年竹帛聲此則榮貴之命駕帏土命須年小子嗣森枝朶朶榮運行初丁丑上人庇下詩禮趨庭戊寅運中雪晴天未暖芹泮

榮運行初丁丑上人庇下未必評論戊寅運中世事究如春夢人情薄似秋雲已卯運中畫水無風宜有浪綉花雖艶不聞馨庚辰運中雖則行藏有慶幾番素耗相侵辛巳運中財源旺足家居好岸時風雨岸時驚壬午運中正是太平光霽景還愁風雨阻行程癸未運中晚年開快樂甲申運中一枕入巫峯

甲辰年　丙子月　庚辰日　甲申時

此八字庚辰日德之辰相配柱中水火傷官制殺之格傷官者怜变之宿也主人生於右族長於名門椿萱分别先彫父天邊鴻鴈各行鳴其為人也丰姿儒雅天性聰明學問資先覺群書貫一經驪珠終照魏雷劒豈藏豊終是文場折桂客豈為田舍鑿耕人雖然不錫瓊林宴自然禄位顯光榮文御萬古江山氣道継千年竹帛聲此則榮貴之命駕帏土命須年小子嗣森枝朶朶榮運行初丁丑上人庇下詩禮趨庭戊寅運中雪晴天未暖芹泮

有書聲已卯運中時來幾會好攀桂步蟾宮庚辰運中仁風開絳帳德化啓儒生辛巳運中教鐸聲名振顯雪晴天府重榮壬午運中濟濟生徒滿目何期鮮組思蓴癸未運中子貴重榮贈甲申運中無常又促程

甲辰年　丙子月　戊戌日　辛卜時

此八字戊戌魁罡之日才殺之格人生得此生於
右族長於高門椿父先帰萱後别天边鴻雁陣行
分其爲人也精神烱烱智慧明明世事将就曉般
般李欠精祖業重立整才源自祿自成當仁不讓
見善則欽雖不綺羅衣錦綉也塵鄉黨有声名功
名身外事湖海即前程此則興敗之命鴛幃魁後
重金命子嗣秋来始有成運行初丁丑上人庇下
未斷外沉戊寅運中始重雲裏月灼灼葉中英已
外運中小池雨過添新緑深谷生来發舊馨庚午
運中庚午運中才源滾滾家居好一度風波也惦
人辛巳運中關山萬里滞風雨一時驚壬午運中
才源富足萬物增新癸未運中桑榆暮景甲申運
中一枕清風

甲辰年　丙子月　戊子日　丙辰時

此八字戊子之日相配柱中水土財煞之格人生
得此生於右族長於名門椿萱有倚雖雙耄天邊
鴻鳫各行群其爲人也丰姿清秀天性聰明高謀
遠見機關别慷慨情懷學識深行藏覺瀟洒笑傲
任枯榮祖業添新慶根源勝舊風月掛碧天多皎
潔名揚湖海有光榮花無桃李非春色人有笙歌
是太平雖不綺羅衣錦繡也應財祿足豐盈此則
穩厚之命鴛幃得配名門女子嗣生成貴顯人運
行初丁丑上人庇下未断平生戊寅運中世事宛
如春夢人情薄似秋雲己卯運中正是梅青弁月
白也愁人事尚虧盈庚辰運中是非莫嘗門前客
得失須憑塞上翁辛巳運中爆竹聲催殘蠟去折
梅香引早春逢壬午運中歲寒松栢茂秋老菊花
馨癸未運中晚年快樂甲申運中花已落月尤沉

甲辰年　丙午月　乙巳日　丁丑時

此八字乙巳日元相配柱中金水殺生印綬之格人生得此生於右族長於仁門椿父先歸萱晚別天邊鴻鴈不同群其為人也丰姿清淡天性老誠般般稍覽件件不精智謀澄徹度量寬洪自有順天之慶豈無福地之深祖業重新整財源自蓄成有心於貨利無意纂功名兩都秋色皆屬木者猶風流有幾人好意番成惡真心換得嗔初運不如中運好晚年才祿愈豐盈此則穩學之命鴛幃豐挨重尤硬子嗣枝枝有挺棠運行初丁丑上人庇下未斷平生戊寅運中雪晴天未煖行樂未如心己卯運中世事濃又淡淡處又還濃庚辰運中財源旺足當斯際須史風雨尚還驚辛巳運中翱凄雲梯闊偉撥漢雕甍當此之際水火交生壬午運中酉風吹過天邊雪從此財源倍有增午字之中花放風生癸未運中晚年子貴安樂無窮甲申運中一枕胡為永不醒

甲辰年　丙子月　乙未日　丁亥時

此八字乙未之日相配柱中旺水印綬之格人生得此生於右族長於仁門椿萱先別父鴻鴈鮮成群其為人也丰姿清秀天性聰明謀動君子感伏小人般般好學件件不精重成新事業難守舊門庭萬象光華沾沛澤四時佳趣瑞祥生有心於道路無意慕功名雲收海嶠諸方朗月出雲霄萬里明君子敬貴人欽拙於自己巧於他人雖不青雲得路也應鄉黨推尊此則旺足之命鴛幃土命須相屬子嗣枝頭一果成運行初丁丑上人庇下淡淡春風戊寅運中人情似紙張張薄世事如棊局局新己卯運中世情還又淡淡處又還濃庚辰運中才源進益行藏順旺處須史悔又生辛巳運中莫言此運多光彩得一程而失一程壬午運中威權有布人欽服才帛興隆福祿增午字之中進退因循癸未運中享子孫之福慶甲申運中夢杳杳之佳城

甲辰年　丙子月　丁未日　辛亥時

此八字丁未陰丑之日偏官之格人生得此格萱堂先斷父鴻鵬天邉各舊風其爲人也有檄檄之計較淡淡之操持祖業雖畜露財源破復齊高人起敬貴客相携自有順天之慶豈無福祐之特初運安和中運襟晚年行樂勝常時但欲有情交貴客何須騎馬謁邦畿此則經營之命鴛幃有魁須宜續桂子秋来秀幾枝運行初丁丑上人庇下未斷盈虧戊寅運中不爲惜花春起早多應愛月夜眠遲己卯運中行藏雖有慶人事得超趨庚辰運中一番風雨驟幸不損威儀辛巳運中爕柎聲催殘臘尽折梅香引早春歸壬午運中德登太娍始入亨衢癸未運中方覺安和晚景甲申運中一宵花落月西

甲午年　丙子月　乙巳日　辛巳時

此八字乙巳日元相配柱中金水殺生印綬之格女人得此生於右族長配名門椿萱崇晚茂棠棣發春英其爲人也治家有道處事勤妖娆体兒消洒姿容相夫廣有道訓子挖成群女工機巧維全晚其蒂頻繁盡頗能順則春風習習逆則波浪層層蛋爲輕粉憑風傳霞作胭脂伏日勻佇看春崇富貴也應福祿崢嶸此則崇旺之命良人年長崇華客子嗣生成貴顯人運行初乙亥運上人庇下如履薄氷甲戌運中悵前新綰帶月下始捻繩序雲遮月未稱登臨癸酉運中春歸棠葉情初変紅入桃花媛未勻壬申運中婦隨夫唱多懽慶鳳舞高歌愜性情辛未運中萬象光華沾沛澤四時佳趣瑞祥生庚午運中頃刻風波起須史月又明己巳運中子貴夫崇贈戊辰運中春歸爲不吟

甲辰年　丙子月　乙巳日　丁亥時

此八字乙未相配柱中旺水印綬之格水泛水浮減虧福力人生得此生於溫潤之格長於清白之門椿萱有倚成無倚鴻鴈聯群又斷群丰姿清雅天性聰明行藏覺瀟洒笑傲枯榮祖基有倚而重增事業鼎新而革古自有順天之慶豈無福地之深打造煎銷何足羨好來湖海作經營一朝時運至才帛愈興隆此則藝業經營之命鴛幃有礙須年敵桂子秋来有挺榮運行初丁丑上人庇下未斷平生戊寅運中娟娟雲裹月灼灼葉中英己卯運中正是梅青月白還愁人事虧盈庚辰運中旺中曾駁襍依舊樂昇平辛巳運中小池雨過添新禄花遇春来發舊馨壬午運中松尚茂竹尤青癸未運中家給人足行樂如心甲申運中歸去也

甲辰年　丙子月　癸巳日　甲寅時

此八字癸巳日相配柱中木火傷官助才之格女人得此福足以授崇封為人儀容清爽性格明良生於戈矛之室配於劍戟之堂椿萱崇且別妯娌各分翔心靜似月明霄漢性急如花捲滄浪夫榮子显天生福沛澤重重福異常此則崇夫显子之命良人勇显頭生雪桂子森森有挺芳運行初乙亥上人庇下快樂安詳甲戌運中杏艷桃夭娟鴦歌鳳亦翔癸酉運中雖則珍羞羅百味也然風雪一翻狂壬申運中裙釵壮麗居縣福不啻籬边菊冒霜辛未運中淡烟迷弱柳微雨洒斜陽庚午運中到此重加沛澤孫賢子秀榮昌己巳到戊辰運中帰去也

甲辰年　丙子月　戊子日　壬戌時

此八字戊子日元相配柱中水木才殺之格人生得此生於良族長於仁門椿萱有倚先爵父天追鴻鴈各行分其為人也丰姿烱烱智慧昂昂頗知礼義稍識古今過火黃金重長價雕雲破月倍光輝重成新事業再整旧門庭高朋滿座美酒盈樽福布江山外名聞湖海中所交者上客所會者高人每事恳中取怨多應布德成嗔但願四方商賈聚何須跨馬入青雲此則旺益之命允幃有犯須招贈子嗣森枝晚節崇運行初丁丑上人在下未斷平生戊寅運中娟娟梅月白淡淡柳風清己卯運中正是梅青月白也愁微雨弄晴庚辰運中才源滾滾家居好旺中尚有事羈盈辛巳運中庭前竹報平安日檻外花開富貴春壬寅運中青松秀北嶺黃菊綻東籬癸卯運中子貴孫崇家業旺甲申運中訃音一播夢入佳城

甲辰年　丙子月　乙酉日　甲申時

此八字乙酉專權之日相配柱中金水偏官助印之格殺印相生功名顯達只緣身翁福發晚年主人生於右族長於名門椿萱不遠祿養鴻鴈有不行同其為人也丰姿磊落天性聰明學足三冬衣冠濟濟人中傑和氣怡怡席上珎終是功名之客豈為田舍之翁嘉谷不早實名利尚須成文章副有青雲志德業豈無觀國賔有冊青之妙手顯名姓於朝廷佇看頭角聳疊疊祿元增此則榮顯之命鴛幃有犯須招硬子嗣秋來有捷榮運行初丁丑上人之下未斷平生戊寅運中欲遂平生志須加董子功己卯運中幾欲思高慕遠翻成剪雪裁冰庚辰運中機會來時離泮水橋門依舊守青灯辛巳運中聽陽關之三疊送天府之九重黎民歸父母政化洽西東壬午運中一天膏雨隨車至千里仁風過扇生癸未運中晚年林下樂子貴又沾恩甲申運中春光去也一枕難醒

甲辰年　丙子月　甲午日　甲子時

此八字甲木相配柱中旺水印綬之格印綬者上格也女人得此福足以庇夫子才足以廣田園姿容清秀德茂行真生於茂族配於名門有針綴之巧九膳之能深明閨壼理洞識古今情一苑杏堯紅錦綉滿山松栢狀帰屏佇看夫榮子秀鈫冠帔服鮮明此則榮旺之命良人得配英豪客挂子虧中尚有盈運行初乙亥上人庇下毋訓報遵甲戌運中春入桃源花爛熳橋横銀漢水澄清癸酉運中旺中尚有趑趄事事安門蘭喜氣增壬申運中雖則夫門才祿位旺中尚有事迍邅辛未運中光華疊疊沛澤紛紛庚午運中萬里無雲天一色三秋好景月長明己巳運中歸去也

子平遺書　二二

甲辰年　丙子月　乙酉日　甲申時

此八字乙酉專權之日殺印之格水泛木浮减予貴氣主人生於邃室長於名門萱毋先帰椿後别天邊鴻鴈各行鳴其爲人也丰姿磊落天性平能有剛斷明敏之才理白分清之智當仁不讓見善則欽萬里春風行樂頌滿庭佳趣瑞祥生田園桑柘茂畝畝稻粱馨酒餅平生恨言消上国塵有名聞富貴無事即仙人此則旺足之命鴛幃正、副方偕老子嗣森枝有挺榮運行初丁丑上人庇下樂享無窮戊寅運中行蔵雖有慶人事尚虧盈己卯運中世情濃又淡淡處又还濃庚辰運中幾度樂中有悶俄然財旺福興辛巳運中莫言前路多光彩尚有趦趄未順情壬午運中青松秀北嶺黄菊綻籬東癸未運中安閑晩景甲申運中一枕難醒

子平遺書　二三

甲辰年　丙子月　戊戌日　乙卯時

此八字戊戌魁罡之日才殺之格女人得此生
於茂族適于高門椿萱棣萼聯姻娌翁姑稍
恭群有微微之計較淡淡之聰明水光浮座畜
醫醞花氣侵人咲語聲性急如懸崖飛瀑心安
似還溪壑星跣年方得優悠子顯夫榮潘壽僧
此則娩福之命良人年長年始齊眉桂子晚年
虧有益運行初乙亥風輕日煖語燕啼鶯甲戌
運中春入桃源花爛熳橋橫銀漢水清澄癸酉
運中片雲蔽日何損其明壬申運中柳嫩不禁
三月雨花嬌猶忌五更風辛未運中萬里無雲
天一色三秋好景月長明庚午運中食則珍羞
百味衣則羅綺千層已巳運中春光去也花落
月沉

甲辰年　丙子月　己亥日　丙寅時

此八字己亥之日相配柱中水木財官之格喜達
印綬生身主人生於良族長於高門椿父先歸萱
後別天邊鴻鴈各分群其為人也手姿清爽天性
豪洪謀動君子威伏小人須成新事業再整舊門
庭田園桑柘茂畝畝稻梁馨萬象光華沾沛澤四
時佳趣瑞祥生欲為商賈思慕功名水光浮座詠
盤螢花氣侵人笑語馨好意畜成真心模得嗔雖
不綺羅衣錦綉也應鄉黨共推尊將身寄到妻身
側移桃接李色鮮明此則穩旺之命鴛幃贅得金
命女子嗣秋來尚庶生運行初丁丑上人庇下蒙
辱未分戊寅運中綉花看有艷畫水聽無聲己卯
運中乍雨乍晴留客景或寒或暖困人天庚辰運
中財源滾滾家居好尚有趑趄未順情辛巳運中
威權有布人欽服財帛盈隆福祿增當此之際晦
耗還生壬午運中歲寒松尚茂秋老菊尤馨癸未
運中晚年多快樂甲申運中一枕入巫峯

甲辰年　丙子月　乙未日　丙子時

此八字乙丑日元相配柱中旺水印綬之格印綬者上格也主人生於右族長於名門萱母先歸重有継天邊鴻鴈各行鳴其為人也丰姿清秀天性聰明頗知礼義梢識古今有近貴親賢之德應上和下之能祖業添新慶根源勝舊風水光浮座杯盤堂花氣侵人笑語聲遊山翫水携詩巻對月觀花把酒斟世事每從忙裡就財源自向閙中生財源富足家業餘盈花無桃李非春色人有窪歉是太平好意番成悪真心換得嗔雖不建侯封爵自

然潤屋潤身此則穩厚之命鴛幃有碍須年敵子嗣秋來始有成運行初丁丑上人庇下未斷平生戊寅運中春園經雪過桃李未生英己卯運中畫水無聲空有浪綉花雖艶不聞馨庚辰運中財源滚滚家居好尚有灾非素耗生辛巳運中庭前竹報平安日檻外花開富貴春巳字之中財源進退人事虧盈壬辰運中門楣壯觀家居好須史素耗尚愁人癸巳運中無思無慮甲午運中一枕難醒

甲辰年　丙子月　丁酉日　庚戌時

此八字丁酉日貴之辰相配柱中旺水偏官之格人生得此生於右族長於高門椿萱先别父鴻鴈各行鳴其為人也丰姿洒落性格老誠謀動君子威伏小人行藏果断作事聡明善決善断多見多聞第長名園過旧竹花開上苑勝先春重成新事業再整旧門庭欲為商賈思慕功名生涯湖海上遺路或西東好意番成悪真心換得嗔消閑碁一局遣興酒三鍾雖然不是青驄客也應郷黨衆推尊此則穩厚之命鴛幃年長須重續子嗣金風桑

孫崇運行初丁丑上人庇下化日陽春戊寅運中青歸柳葉晴初变紅入桃花煖未匀己卯運中雪晴天未煖竹樂未如心庚辰運中世事有增有減才源或廢或興辛巳運中滑中有失晦後還明壬午運中才源富足第宅增新癸未運中子秀家寛樂何愁白髮生甲申運中春光去也一枕難醒

甲辰年　丙子月　甲申日　辛未時

此八字甲申專權之日相配柱中金水殺生印綬之格人生得此生於右族長於仁門播文先歸萱後别西風鴻鴈谷鶯鳴其為人也丰姿清秀天性老誠謀動君子威伏小人行藏竟灑灑傲任枯榮月掛碧天多皎潔名揚湖海有光榮田園桑柘茂畝畝稻粱馨英雄惟贈劍三尺豪傑相逢酒一鍾常將好意番成惡無把真心換得嗔錦綉花闌春富貴琅玕竹報日升平滿世功名身外事五湖風月樂怡情此則穩旺之命鴛幃有礙須相繼子嗣秋來有粟英運行初丁丑上人庇下何慮平生戊寅運中世事宛如春夢人情薄似秋雲己卯運中精神又憔悴憔悴又精神庚辰運中世事有增有減才源或廢或興辛巳運中幾度旺中發祿依然才祿與隆壬午運中延賓玩物會友開樽癸未運中約梅同醉引鶴徐行甲申運中春光去也龜沒龜升

甲辰年　丙子月　壬寅日　丙午時

此八字壬寅趨艮之日相配柱中火土才官之格陽刃合殺有功人生得此生於右族長於名門椿萱難並雙榮贈鴻鴈天邊各奮騰其為人也丰姿清秀性格聰明錦綉胸藏賢聖學珠璣口吐武文風衣冠濟濟人中傑和氣怡怡席上珍定擬得名得祿豈教南畝躬耕嘉谷不早實名利當晚成獲林雖不參高宴自有仁風四境清晚年光睿景疊疊祿無涯此則榮暮之命鴛幃有犯須招贈子嗣秋來有挺榮運行初丁丑昏昏世事淡淡平生戊寅運中十年窗下業黃卷與青燈己卯運中幾欲恩高慕遠番成剪雪裁冰庚辰運中執卷幾回空採月時來騰路入神京辛巳運中太學豈能常久處皇恩有感姓名馨化日揮千里仁風四境聞壬午運中江山迎五馬花柳拂雙旌癸未運中榮歸故里甲申運中春夢無憑

甲辰年　丙子月　丁未日　辛亥時

此八字丁未陰刃之日偏官之格人生得此稟得氣数軽清主人生於茂族長於名門椿萱有倚先亡父棠棣庭前独挺榮丰姿敦篤天性聰明理究金古事李識聖賢心嘉谷不早實大晚當成一朝騰踏飛黄去金榜之中晚顯名此則晚秀之命鴛幃有碍須添寵挂子秋来有挺榮運行初丁丑上人庇下未斷平生戊寅運中讀書用意觀史留心己卯運中幾欲攀龍附鳳番成捉月捕風庚辰運中挑巻幾田空探月依然困守讀書灯辛巳運中有路必達有志必伸當是時也風雪相侵壬午運中声名嵌耿氣宇英英癸未運中榮回故里甲申運中一道訃音

甲辰年　丙子月　丁亥日　壬寅時

此八字丁亥日貴之辰殺印之格主人生於富室長於華居椿萱先別父鴻鴈各分飛其為人也丰姿瀟洒天性操持稍知今古事頗識聖賢書高人起敬貴客扶持門外田疇曠闊庭前花木芬菲花盈上苑果盈圃稻满平疇水满池不獨才源茂盛尚祈黎庶来般比則傾神之命鴛幃有碍須偏正子嗣秋来有出奇運行初丁丑上人庇下明媚之時戊寅運中春寒風料峭心急行馬遲己卯運中雖則人欽人伏還愁人事盈虧庚辰運中一番風雨驟雨過月揚輝辛巳運中重添新氣象再整舊威稜壬午運中歲寒松尚茂秋老菊尤奇癸未運中有茶留客有酒盈盈甲申運中人生到此成何用堆金積玉總成虛

甲辰年　丙子月　甲申日　甲戌時

此八字甲申專權之日殺印之格女人得此生於茂
族配於高官何針綴之巧九縢之良椿萱崇椎霜晞
日妯娌翁姑侍不常萬象光華沾沛澤四時佳趣瑞
祥光紵看夫榮子秀輝輝羅綺千箱此則榮旺之命
良人得配英豪客桂子秋來孝義昌運行初乙亥上
人庇下其樂何當甲戌運中雲散自然孤月朗春來
依舊百花香癸酉運中淡露淡烟迷弱柳微風微雨
洒斜揚壬申運中雖則夫門財業旺旺中尚有事乖
張辛未運中重重沛澤疊疊恩光庚午運中羅綺臨
風舞球羞百味香己巳運中春光苦短夢入黃梁

甲辰年　丙子月　庚寅日　丙戌時

此八字庚值寅而遇丙主旺無危傷官制殺之格
人生得此生於市井長於高居椿親真倜儻鴻鴈
不聯飛丰姿清秀天性能為頗知今古事稍識聖
賢書遊山翫水携書卷對月觀花把酒巵祖業須
重立才囊晚積餘終是功名之客豈教田舍耕鋤
不就三場選先將刀筆施佇看頭角聳德澤惠黔
黎此則榮貴之命鴛幃有碍須偏正子嗣秋來有
出奇運行初丁丑上人庇下未斷高低戊寅運中
貴人相指引劍筆自高揮己卯運中雖則勞形案
牘幾番人事趑趄庚辰運中去除巾幘簪烏帽官
取麻布換綠布辛巳運中皇恩重有感天府昕榮
除壬午運中佐政琴堂名望重片時風雨不為悲
癸未運中榮歸籬下甲申運中夢入仙衢

甲辰年　丙子月　戊戌日　壬戌時

此八字戊戌魁罡之日相配柱中水木才杀之格人生得此生於右族長於仁門椿父先帰萱後別天边鴻鴈陣行分具為人也丰姿濟楚天性剛忠知高下識重輕行藏寬瀟洒咲傲任枯榮祖業重新整才源晚積存自有貴人提挈起無貴客相欽常將好意番成悪每把真心換得嗔江湖有意公卿小廊庙無心宇宙輕但領五湖風味好何須騎馬入青雲此則穩厚之命鴛幃土命須年長子嗣枝枝一挺榮運行初丁丑上人庇下未斷平生戊寅運中綉花看有艷盈水听無声己卯運中正是梅青并月白还愁人事有亏盈庚辰運中得中有失悔後还明辛己運中才源生進退依旧福駢臻壬午運中簾捲香風生百福軒開化日禄允增午字之中微雨弄晴癸未運中子貴家門增益旺甲申運中春殘啼鳥杳無声

甲辰年　丙子月　癸巳日　癸亥時

此八字癸巳日元相配柱中火土才官之格刑冲太重滅我功名主人生於右族長於仁門椿萱半道先亏父天边鴻鴈各行群其為人也丰姿清秀天性老誠頗知礼義稍識古今豈無高士敬時有貴人欽祖業移南就北根原華古鼎新万里無雲天一色三秋好景月長明田園桑柘茂畝秈稻梁馨不以功名為念豈將冠冕磨礱是非莫問門前客得失須憑塞上翁好意番成悪真心換得嗔鄉民仰德閭里推尊此則旺足之命鴛幃有犯宜招小子嗣秋来有益榮運行初丁丑上人庇下未斷平生戊寅運中登塗雨凈賞玩春陰己卯運中既濟尤防未濟得經尤慮失經庚辰運中始覓陽和滿目不愁霧鎖烟凝辛巳運中心欲進而足未進得一程而失一程壬午運中晚年閑快樂粟帛有豐盈午字之中如履薄氷辛未運中一枕清風

甲辰年　丁丑月　癸亥日　己未時

此八字癸亥之日相配柱中全土襍氣才官煞印之格甲己作合有功女人得此生於族長於名門豈毋先歸椿耐晚天邊鴻鴈有行嶲其為人也姿容清秀髮貌精神翁姑有倚妯娌尚情輕一笑杏花鋪錦綉満山松栢映幃屏風送芰荷香満苑日旬花萼發新紅才源富足家業豐盈錦綉花開春富貴琅玕竹報日升平斷機曾勳軻親訓剪髮能傳侃母心但願才源富足何須帔服榮封此則穩旺之命良人年小方借老子嗣榮晚節馨運行初丙子上人庇下毓秀閨門乙亥運中春歸柳葉暗初变紅入桃花煖未旬甲戌運中雖則夫門才業旺旺中还有事虧盈癸酉運中淡煙楊柳岸雲霧杏花村壬申運中須吏風雨過万物被陽春辛未運中晚年快樂暮景昇平庚午運中享子孫之福慶己巳運中夢杳杳之佳城

甲辰年　丁丑月　丁巳日　己酉時

此八字丁火日元相配柱中全土傷官助才之格人生得此生於右族長於仁門椿萱有倚先虧毋天邊鴻鴈各行鳴其為人也丰姿清秀天性聰明豪問三冬足群書萬卷通辭鋒穎利疑無敵筆力縱横若有神終是文墀折貴客豈為田舍鑿耕人發林雖不恭高宴紛紛德澤惠儒林晚年光霽景疊疊福无增此則榮貴之命鴛幃同属如魚水子嗣生成貴顯人運行初戊寅上人庇下未斷升沉己卯運中散遂平生志須加継晷功庚辰運中桃花幾向曾扳得時未攀桂步蟾宮辛巳運中皇恩應有感德化啓儒生須吏風雲頃刻遂巡壬午運中禄元皆進聲名显赫未不久又加榮百里鷰鳴民樂業九天雨露再加陞癸未運中子貴重沾沛澤未應樂言子離東甲申運中安樂晚景乙酉運中春夢無憑

甲辰年　丁丑月　丁卯日　庚子時

此八字時上偏官之格提綱喜值食神值此象者萱親含晲翠椿父早歸冥其為人也虛老實假志誠學問少親題孟業筆力縱横晋義文必是功名客豈為田舍人九年趨事公堂上一旦承恩拜紫宸此則光輝之命鶺鴒有剋且重續子嗣斑衣發秀馨運行初戊寅風和日煖柳勝花明己卯運中乍晴還乍雨行樂未如心庚辰運中貴人相指引律法久勞神辛巳運中財權雖振作世事有虧盈壬午運中到此始知名顯也崢嶸頭角撫黎民當此之際風雪侵身癸未運中正宜蒞政未許思尊甲申運中佳賓良友緑醑青尊乙酉運中翩翩銘旐欝欝佳城

甲辰年　丁丑月　辛未日　壬辰時

此八字辛未之日相配拄中水火傷官合殺之格喜逢印綬生身遇斯命者生於右族長於名門椿萱雙並耄鴻鴈各行鳴其為人也丰姿清秀天性聰明般般稍學件件不精有近貴親賢之德應上和下之能重成新業難守舊門庭有心於貨利無念慕功名世事每從忙裏就才源偏向鬧中生鶺鴒有分尤招寵子嗣生成有顯榮此則穩厚之命運行初戊寅上人庇下淡淡春雲己卯登臨雨淨賞翫春陰庚辰運中失意之中還失意用心之處不如心辛巳運中雖則才源生旺尚然進退趑趄壬午運中楊柳已舒新幹緑園桃不減舊時紅癸未運中花落風生甲申運中春夢無憑

甲辰年　丁丑月　丙辰日　壬辰時

此八字丙辰日德之辰相配柱中壬辰陽刃合殺之格傷官制伏有功主人生於武室長於高門膺登甫倚先躋又天邊鴻雁占先鳴手姿蒼古天性爭能善斷善斷多見多聞溫舣稍覺件件不精謹動君子威伏小人終是儒家之客豈為田舍之翁雖不腰金紫也降七百兵穫穿曉日雲霧襍霜飛千嶺劍氣明此則武貴之命鴛幃有犯須年敵子嗣森枝脫節蔾運行初戊寅上人庇下事斷平生已卯運中不勞窓下攻書史自有天邊雨露恩庚辰運中德感山川成瑞氣恩沾萬木動陽春辛巳運中雖則光華疊疊還愁激雨弄晴壬午運中感權有布声名重幾度趑趄幸不驚癸未運中莫歎儒金器籬下樂高情甲申運中晚年子貴匿快樂胡為一枕入巫峯

甲辰年　丁丑月　癸酉日　庚申時

此八字雜氣官印之格女人得此髮鬼不低微主心多計較不及真男子還為女丈夫性不受觸心不藏機翁姑焉得倚妯娌不相齊根原整琢事業处一處衰惟难到老二人杭蔕始相宜此則勤劬之命良人旺後反子嗣長前枝運行初丙子災祥不審榮辱何知乙亥運中春花總吐艷秋月始揚輝甲戌運中情歡意樂夫唱婦隨癸酉運中日辰而重併悲喜在斯時壬申運中積雪嚴霜歷尽尽一團和氣藹門閭辛未運中暮年清逸晚景歡娛庚午運中蒿砧婦去後隨即赴幽衢

甲辰年　丁丑月　戊辰日　癸亥時

此八字戊辰日德之辰歲殺之格財神在柱滅我功名主人生於良族長於高門椿萱雖並鶺鴻鴈各行鳴其為人也丰姿清秀天性聰明知高下識重輕過火黃金顯十分之貴色離雲皎月布萬里之清明祖業須重立根源再整新欲為商賈思慕功名得意江山詩句建忘情日月酒盃深高人起敬貴客相欽無慮盡傳詩禮樂有朋来自遠方覩雖不青驄肥馬也應鄉黨推尊此則穩厚之命鴛幃有犯須招副子嗣秋来有挺榮運行初戊寅上人庇下化日陽春已卯運中雨過山方秀雲開月始明庚辰運中乍雨乍晴留客景或寒或煖困人春辛巳運中雖則行藏有慶也愁人事虧盈壬午運中財旺祿興家業旺須史風雨不為驚癸未運中高朋滿座美酒盈樽甲申運中安閑晚景乙酉運中花落月沉

甲辰年　丁丑月　癸亥日　癸亥時

此八字癸水天元相配柱中金土雜氣煞印之格人生得此生於右族長於名門椿萱雙晚茂棠棣鮮聯英丰姿磊落天性老成知高下識重輕遊山翫水携詩卷對月觀花把酒斟恒招高仕敬時有貴人欽田園粱柘茂畝畝稻梁馨雖然不是金鞍客也應声勢壓鄉民此則穩足之命鴛幃鼓盆三嘆再整羅幃子嗣有成榮門有慶運行初戊寅上人庇下天朗風清己卯運中雨過山方秀雲開月色明庚辰運中雖則行藏有慶還愁人事逡巡辛巳運中須史風浪急頃刻又波平壬午運中旺中尚有盈頭雪雪霽依然福祿增癸未運中有子登高第往来無白丁甲申運中萬象光華沾沛澤四時佳趣樂昇平乙酉運中夕陽有限春夢無憑

甲辰年　丁丑月　丁酉日　壬寅時

此八字丁酉日貴之辰相配柱中金土襍氣財官之格財盛生官終身有慶只嫌運行背地減我科第成名主人生於西室長於名門椿親榮倚萱招副天邊鴻鴈各飛騰其爲人也丰姿清秀天性聰不窮今古事豈習聖賢經高謀遠見機関别慷愷春風一好人終是功名之客豈爲田舍之翁機會或從天上降崢嶸到此拜明君此則天富榮貴之命鴛幃正副方偕老子嗣秋來貴顯榮運行初戊寅上人庇下未斷平生已卯運中不背窓下攻名

史時來自許有功名庚辰運中威權有倚人欽服財帛高增雨露均辛已運中耿耿聲名重滔滔禄位陞壬午運中一番風雪初晴後天府榮沾聖主恩癸未運中子俊未能承事業灰心焉遂向蘿前甲申運中晚年閑快樂乙酉運中一枕了平生

甲辰年　丁丑月　戊寅日　癸亥時

此八字戊寅專權之日相配柱中木火雜氣財官之格本有功名財神奪去減吾光榮主人生於右族長於明門椿父先帰萱耐晚天邊鴻鴈少聯群其爲人也丰姿清楚天性剛忠般般好學件件不精雖不成名利生平近貴人禄榮添喜慶根基勝舊風英學光華沾沛溢四時佳瑞福缘生門外田疇千古計庭前花木四時生英雄惟贈釰三尺豪傑相逢酒一鍾當将好意番成悪浼把真心换得嗔雖不綺羅衣錦綉也應鄉黨晉人民晚年光霽

景子嗣樂無窮此則穏厚之命鴛幃年長該牛属正副方偕百世姻子嗣雙枝承晚節牝牛孝感旺門庭運行初戊寅上人庇下未斷平生已卯運中風帶雪来應覔冷鳥啼花落始知春庚辰運中一番風雪初晴後始覔春回萬物生辛巳運中財源穏穏家居好旺中之内有虧盈壬午運中水火交来家業变自然不損舊威名當此之際官非耗素未侵癸未運中財源雖旺足行樂尚困循甲申運中晚年光霽暮景昇平乙酉運中人生從此别無復見其形

甲辰年　丁丑月　丁巳日　丙午時

此八字丁巳孤鸞之日傷官之格亦有日祿居時之意女人得此椿萱先別父鴻鴈各飛鳴翁姑少相倚妯娌頗同群助夫家之才業敗外家之門庭有旰食宵衣之懊恨治家立業之辛勤雖是女流之輩過如男子材能深明閨室理洞識古今文治世無榮辱生涯富不貧此則助夫之命良人水命須年少桂子先彫後又盈運行初丙子上人底下未斷升沉乙亥運中片雲蔽日雨過山青甲戌運中契合翠鸞成好夢當緣紅葉是良姻癸未運中雖則夫門才業旺旺中人事有彫盈壬申運中萬里無雲天一色三秋好景月長明辛未運中春富貴日昇平庚午運中粧樓人去也臺鏡掩晨明

甲辰年　丁丑月　戊午日　壬戌時

此八字戊午日元相配柱中木火雜氣穀印之格人生得此生於名族長於名門椿父先歸萱後別天邊鴻鴈各行鳴其為人也丰姿清秀天性聰明學問幽知今古筆鋒稍有威稜豈無高仕敬時有貴人欽衣冠濟濟人中傑和氣怡怡席上珎終是功名容易為田舍人三級浪中能變化九年場上卻馳名佇看頭角聳光耀舊門庭此則榮貴之命鸞幃有犯須招剋子嗣秋來有提榮運行初戊寅上人底下未斷平生己卯運中欲思登仕路須用對青燈庚辰運中勞形業牘多光霽一度趦趄未順情辛巳運中雖則崢嶸頭角還宜看祭門庭壬午運中皇恩有感聲名顯達慕光華似水清當此之際風雪還生癸未運中正欲榮加祿位何期解組思歸甲申運中一道訃音

甲辰年　丁丑月　丙辰日　戊子時

此八字丙辰日德之辰相配柱中金水雜氣傷官之格傷官在柱減吾金榜名題主人生於西室長於名門椿萱有倚难双耄天邊鴻鴈各什鳴其為人也丰姿清秀天性聰明覩書覽史播古通今當仁不讓品第則欽衣冠濟濟体格精神終是功名之客豈為田舍之翁學問有成譽取秋闈深得意英材敏捷誰知金榜不馳名佇看名聲顯金紫戢階陛此則榮貴之命鴛幃有犯須偏正子嗣秋来丞承榮運行初戊寅上人庇下未斷平生己卯運中踏破泮橋霜幾板讀殘第店月三更庚辰運中雖則蟾宮折桂依然困守橋門辛巳運中皇恩有感聲名顯千里寬平父老迎壬午運中高人相携播名重金紫煌煌雨露陛須吏風雨雨過山青癸未運中此運見陛还見退且宜籬下樂高情甲申運中春光去也花落月沉

子平遺書　十三

甲辰年　丁丑月　己卯日　丙寅時

此八字己土相配柱中木火襍氣官印之格主人生於文望之族長於詩禮之庭椿萱堂上先歸父鴻鴈天邊不共群丰姿磊落天性聰明頗知今古事稍識聖賢經常將好意番成恶每把真心換得嗔萬里春風行樂頌四時佳趣瑞祥生欲為商賈思慕功名佇看晚節多膋子榮孫显樂太平此則稳足之命鴛幃配合須年敵桂子生成奪人運行初戊寅椿萱庇下繈褓平生己卯運中娟娟梅月白淡淡柳風清庚辰運中一番風雪過依舊瑞祥生辛巳運中旺處幾番生進退雨散雲收月倍明壬午運中有子皆黄甲往來無白丁癸未運中萬象光華沾沛澤四時佳趣樂昇平甲申運中歸去也

子平遺書　十四

甲辰年　丁丑月　乙卯日　丁亥時

此八字丁卯專祿之日相配柱中金土襍氣財官之格食神生旺盛似財官主人生於右族長於高門椿萱皓首先亡父萱母遲遲玉樹清天邊鴻雁獨自飛騰其為人也丰姿魁偉天性老誠行藏竟消洒唉傲任枯榮世事頗能将就般般學欠精通謀動君子、威伏小人遊山翫水携詩卷對月觀花把酒斟笙歌沸處曾行樂羅綺叢中幾醉醒財源富足地宅增新常將好意番成悪每把真心換得嗔漏世功名身外事五湖風月樂平生時來機會

好頭角倍增嶸此則富而且貴之命兆幃有犯重年少子嗣森枝晚節馨運行初戊寅上人庇下未斷升沉巳卯運中春帰柳葉晴初爽風入桃花熳又旬庚辰運中財足盈囊人事廣斷腸声裏陪傷情辛巳運中雖則遨遊湖海也愁風雪漏身旺中生駿襍依旧祿財興壬午運中財源凜凜家居好福祿駢臻地宅新一番風雨過山青癸未運中有財多富貴無事樂平生甲申運中安閑晚景乙酉運中一枕难醒

甲辰年　丁丑月　壬申日　辛丑時

此八字壬申長生之日相配柱中金土襍氣官印之格人生得此生於右族長於名門午命椿萱先別父天邊鴻雁各行鳴其為人也丰姿清秀天性聰明知高下識重輕般般頗攬件件不精謀動君子威伏小人行藏果斷作事老誠祖業添新慶根源勝旧風門外田疇千萬頃庭前花木四時新拙於自己巧於他人得意江山詩句絕忘情日月酒盃深但願一生才祿旺何必天邊沐寵榮此則穩厚之命兆幃同屬如鼡水子嗣秋來旺宅門運行初戊寅上人庇下天朗氣清巳卯運中娟娟雲裏月灼灼葉中英庚辰運中寒向

梅中盡春從柳上生辛巳運中雖則行藏有慶已多人事虧盈壬午運中才源而旺迭人事尚虧盈癸未運中延賓玩物會友閑樽甲申運中清閑快樂子秀無窮乙酉運中人生遇此别無後見儀容

甲辰年　丁丑月　壬申日　丁未時

此八字壬水長生之日褋氣才官之格人生得此本顯功名運行背地感我光榮主人生於茂族長於仁門椿親先別萱存晩棠棣庭前各挺棨丰姿儒雅天性忠誠知高下識重輕祖業重磨琢才囊自葺成恒招君子敬時有貴人欽初運安和中歲褋晩年光景始精神此則平穩之命鴛幃逢配須龍屬子嗣先虧後有盈運行初戊寅上人庇下未斷升沉己卯運中天邊初出月兎上始開英庚辰運中旺中魯歲褋依舊幸無凶辛巳運中幾度樂中有悶數番靜裏憂生壬午運中須史風浪起頃刻又波平癸未運中才擢秉美福祿駢臻甲申運中桑榆暮景乙酉運中春夢無憑

甲辰年　丁丑月　辛亥日　丙申時

此八字辛亥日元相配柱中火土褋氣救印之格女人得此生於右族長於仁門椿萱雖並耄鴻鴈各行鳴其為人也丰姿清秀髮皃精神勝丈夫之氣槩有男子材能壼苑杏花鋪錦秀滿山松柏映幃屏萬里無雲天一色三秋好景月長明每懷丸膽意時艳擇隣心克勤而克儉易喜而喜易嗔平生有福祿晩節又光榮此則穩享之命良人得配榮華容子嗣秋來旺足門運行初丙子上人庇下未斷平生乙亥運中青帰柳眼精初变紅入嫩花燰未匀甲戌運中正是梅青月白幾番人事歹盈癸酉運中精神又憔悴憔粹又精神壬申運中高疊好山雲收歛一樓明月雨初晴申字之中須史風雨辛未運中罗綺千般色珍羞百味新庚午運中春光去也一枕難醒

甲辰年　丁丑月　丙寅日　庚寅時

此八字丙寅長生之日相配柱中傷官煞印之格人生得此生於右族長於名門椿父先歸萱後別天邊鴻鴈各行聯其為人也丰姿清秀天性機閑知高識下近貴親賢不慈不勇可方可圓萬里無雲天一色三秋好景月嬋娟重成新事業再整舊根基旭日桑麻茂薰風禾稼連阡飛詔任他來北闕生涯端不出南山才源有分家居好官貴無緣誓不貪碧揚風月為生計金玉松筠舊歲寒但願一生多快樂何須跨馬去朝天此則穩旺之命篤帏有兆同歲長子嗣有成晚年榮運行初戊寅上人庇下花放春山己卯運中登臨雨淳賞翫春蘭庚辰運中須史雲掩月頃刻月當天辛巳運中雖則行藏有慶還愁人事地遭壬午運人生正是風光慶還愁風雨幾番寒癸未運中屏列金釵行十二門迎珠履客三千當此之際花放風顛甲申運中正宜享福祿乙酉運中一枕入黄泉

甲辰年　丁丑月　丙寅日　壬辰時

此八字丙寅長生之日相配柱中水土傷官制殺之格丁壬作合有功遇斯命者生於右於長於華宗萱母先歸重有繼天邊鴻鴈各搏風其為人也丰姿清秀天性聰明頗知礼義稍識古今般般稍覽件件不精筍長名園過旧竹花開上苑勝先春兩都秋色皆喬木耆旧風流有幾人終是功名之客豈為田舍之翁不費十年苦孝定奪九載成名佇看頭角聳光躍旧門庭此則榮貴之命篤帏有犯重招水子嗣榮門晚節馨運行初戊寅上人庇下天朗氣清己卯運中款速不達揚帆待風庚辰運中幾載音勤苦守時來跨馬入神京辛巳運中去除巾幘簪烏帽麻衣換得祿衣新壬午運中皇恩有感声名显幾載劳繁国耗心當此之際花放風生癸未運中耿耿声名显滔滔福祿增甲申運中天邊無沛澤籬下樂高情乙酉運中帰去也

甲辰年　丁丑月　乙丑日　甲申時

此八字乙丑相配柱中金土稟氣財官之格人生得此椿萱不相守鴻鴈不行聯其為人也丰姿高古性格良賢㥷樹依依遶北斗雲槐疊疊隱南山散祖烟霞内逍遥雲水間紆胷容顏奇妙光明普照無邊財源不慕清閒好官貴無緣誓不貪此則清孤之命運行初戊寅上人庇下春苑春山己卯運中夭桃艷杏心無慮緑水青山有意觀庚辰運中人道山門清凈幾多世事縈牽辛已運中世事宛如春夢人情薄似秋烟壬午運中高人提挈起無量福綿綿癸未運中過户清風人快樂可庭明夜客婵娟甲申運中無思無慮乙酉運中一枕难還

甲辰年　丁丑月　辛酉日　戊子時

此八字辛酉專禄之日殺印之格人生得此生於戊簇長於高堂椿萱不逺禄養鴻鴈有不聯行其為人也丰姿清小天性明良學問頗知今古筆鋒稍有堅鋼終是利名之客豈為田舍之郎雖不三登黄甲也教頭角軒昂此則微貴之命篤𢚩有碍須年敵桂子秋未有挺芳運行初戊寅上人庇下樂享安康己卯運中幾欲思高慕遠番成履雪經霜庚辰運中雨晴雲路達跨馬上朝堂辛已運中榮沾新雨露光耀舊門墻壬午運中仁風揚遠迫雨露再加昌癸未運中正宜食禄未許還鄉甲申運中榮歸故里乙酉運中夢熟黄粮

甲辰年　丁丑月　庚午日　甲申時
此八字庚午貴辰日相配柱中火土雜氣官印之格
人生得此生於右族長於仁門椿父先帰萱後别天
邊鴻鴈各西東其為人也丰資清雅立性老誠頗曉
三分道理文章一竅不通高人起敬貴客相欽閙处
愛去冷处不行萬里無雲天一色三秋好景月長明
花無桃李非春色人有笙歌是太平拙於自己巧於
他人但願一生親貴客何須天府沐
皇恩此則閙处生才之命鴛幃有兆誰偕老子嗣秋
来旺宅門運行初戊寅上人庇下未斷平生已卯運

中春園微雨過桃李未生英庚辰運中漸覺夜涼池
雨過信知花放晚風輕辛巳運中着意種花花不發
無心插柳柳成陰壬午運中如花向日似月離雲癸
未運中精神又憔悴憔悴又精神甲申運中才源旺
足家居好還愁花放尚風生過此乙酉運中帰去也

甲辰年　丁丑月　甲戌日　丙寅時
此八字甲戌日元相配柱中金土雜氣才官之格
女人得此生於右族長配高貴椿萱有倚先歸父
天邊鴻鴈各分行其為人也丰姿清秀髮貌異人
勝丈夫之氣槩有男子之材能風送美荷香満院
日勻花蕊發新粧心靳似月明雲漢性急如風捲
滄浪萬里無雲天一色三秋好景月長明雖不鳳
冠帔服自然福禄無窮此則旺盆之命良人同屬
尤年長子嗣生成貴顯郎運行初丙子上人庇下蘇
秀閨門乙亥運中兆紅絲牽繡幌翠屏贈鴛枕甲

戌運中正是梅青月白幾皆風雨淒涼癸酉運中
水向石邊流出冷花從花底過来香壬申運中春
新春紅相嫩綠新鶯新柳競芳黄當是特也究晦
一場辛未運中沖擊之所花放風生庚午運中春
光去也一枕黄粱

子平遺書

甲辰年　丁丑月　癸酉日　壬戌時

此八字癸水天元相配柱中金土雜氣官印之格值此格者出於茂族長於高門椿萱不遠祿養鴻鴈有不聯飛半姿清秀天性操持見善則持於己當仁不讓於師李問有成知禮淺筆鋒雄健利名馳一日貴人相指引棠體功先耀里閭此則貴人之命鴛幃有碍宜年畝桂子秋來舞彩衣運行初戊寅上人庇下何是何非己卯運中登臨雨澤當玩春歸庚辰運中欲速不達藏器待時辛巳運中忽然機會至揮筆向曹司壬午運中旺處一番生進退雪消雲散釋思歸癸未運中声名耿耿滓潤黔黎甲辰運中遠歸千里驥闕釣五溪魚乙酉運中歸去也

二五

子平遺書

甲辰年　丁丑月　甲寅日　戊辰時

此八字甲寅專祿之中相配柱中金土雜氣才官之格人生得此生於右族長於名門椿父先歸萱晚別天邊鴻鴈各行群其為人也半姿清秀性格聰明世事頗能造就般般學欠精通高人起敬貴客加欽箏長名園遇旧竹花開上苑勝先英祖業添慶財源勝舊風自有順天之慶豈無福地之深田園桑柘茂畝畝稻粱馨遊山翫水携詩卷對月觀花把酒斟身將隱矣文何用人不知之豈有嗔雖不青驄肥馬自然福祿無虧此則旺足之命鴛幃有犯須招觝子嗣榮門旺且輝運行初戊寅上人庇下未斷升沉己卯運中青歸柳葉初情啟紅入桃花燒來句庚辰運中雖則財源旺足也慈人事虧盈辛巳運中財源雖富足花放又風生福星漸退災星照平地風波吉變兇踰此壬午運中已了之花重吐艷得瀨之水後波興癸未運中子貴孫榮多安樂甲申運中一枕清風

二六

乙巳年　壬午月　癸卯日　丁巳時

此八字癸卯相貴之辰相配枉中旺火財旺生官之格正謂才威生官終身有变值斯命者丰姿敦厚天性忠良倦親勇銳公中道鴻鴈天邊少共行李閒明深韜略法筆鋒能理憲條章五更戰艦驚飛渡万里望成入款降此則武威之命鴛幃内助多磨障桂子父榮與武昌運行初辛巳上人光庇福享何當庚辰運中恰似洛陽三月景楊花飛處杜丹香己卯運中榮沐恩波騰肅氣旌旗劍戟簇秋霜戊寅運中奔馳南北多劳役枉值分明德望楊丁丑運中祿位佇看金紫貴英雄未許付賢郎丙子運中鵂叙幽情篇下樂蹤雲涌雨洒斜陽乙亥運中日落西風急猿啼人斷腸

乙巳年　壬午月　甲申日　乙丑時

此八字甲申專權之日傷官制殺之格值此象者萱親耐晚椿先別鴻鴈分飛各楚天其為人也有英能之氣登科甲之難終許名揚而德振豈應報隱龍蟠一朝馬上衣冠別方有聲名四境傳報道晚年光彩果然黃菊秋妍此則榮達之命姓幃得合宜年小子嗣班衣孝義然運行初辛巳輕寒輕塞景不雨不晴天庚辰運中十年燈窓下留心語聖賢己卯運中有志則不達有路未能全戊寅運中看看待得天書至趨向橋門盖有年丁丑運中壯觀衣冠名位顯須臾風雪片山川丙子運中豈居郎署列終列大夫班乙亥運中安閒既節甲戌運中要入九泉

乙巳年　壬午月　辛卯日　庚寅時

此八字辛金相配柱中木火備官之格人生得此丰姿清致性格良能椿萱年老分中道鴻鴈天邊不共騰祖業根元重整麗聲華才鼎自磨成龍蛇筆底分輕重學業胸中貫一經宜登仕路求榮達莫向江湖樂性情佇看來晚節氣猷愈騰此則榮傑之命鴛幃有碍須招寵柱子秋來有繼榮運行初辛巳上入庇下雲淡風輕庚辰運中棃雨洒開紅芍藥尋芳拾翠折英己卯運中歷覽詩書揮健筆才名榮旺福元增戊寅運中仁風揚遠近化日自煦明丁丑運中騰騰氣焰赫赫威稜丙子運中門闌壯觀才權抱何處風波一旦生乙亥運中悠悠處樂甲戌運中夢入蓬瀛

乙巳年　壬午月　辛卯日　庚寅時

此八字辛金生於午月殺生印凌之格人生值此豈不生於高堂大廈長於華堂名門堂上之親难皓首庭前鴈字我翱翔手姿濟人中表和氣怡怡席上珎李問聰明終是英豪之士声名特達豈為田舍之翁一朝雲霧合晚景祿昌榮此則富显之命鴛幃宜正副桂子發含英運行初辛巳庚辰日薰風和傾竟声名耿耿己卯戊寅運中到此始知名李好綠楊汀外馬嘶風賢元冠帶显閭里姓名馳當此運中氣則昂昂氣序其間也見風趯丁丑丙子運中雷震江山声遠聞於百里月高海嶠光遍照於九州施一己之豪能徒遠聞四方之強霸乙亥運中名揚千里外子显旺門庭丙戌運中美雄一去無夢入黃粮去不回

乙巳年　壬午月　丙戌日　壬辰時

此八字丙火相配柱中水土食神制殺之格人生得此丰姿老誠天性剛能遇豪強全然不惧逢善友相敬相親其於人也生於旧族長於仁門双親先後别何報鴻鴈行中壽倍增祖業宜重整才帛自用心孝問博知今古事行藏四遠貴賢欽非獨家門生涯富鄉里馳名福不輕般般曾劳碌件件費精神初限中年多駁雜暮年快樂享豊登此則壽富之命鴛幃有犯宜敵配桂子遲招勝祖親運行初辛巳上人之下無慮無思庚辰運中讀書空

努力憂悔未如心己卯運中才源多進退灾索不傷身戊寅運中便有声名揚外境灾憂官耗幸無侵丁丑運中正在成家富立業官非灾破險憂逃丙子運中歷過崎嶇路才囊日日新乙亥運中堆金積玉老健精神甲戌運中花已落月尤沉

乙巳年　壬午月　戊子日　丙辰時

此八字戊子日相配柱中木火印綬之格女人得此姿容頗潤性格能為生於富室適於安居椿萱根業終难倚妯娌翁姑分尚疎性急雷声怒心安月影移立業治家多節儉相夫教子總安舒初運平和中頗順晚年福慶足歡娛此則掌家女命良人獲配年高客桂子秋来長嫩枝運行初癸未上人庇下花柳芳菲甲申運中杏艷飛还媚鳶歌鳳亦儀乙酉運中春入園林紅朕紫東風柳絮也輕飛丙戌運中家才雖穩旺人事尚趦趄丁亥運中

月斜花影倒風息漏声遲戊子運中財印混乱樂処生悲己丑運中依然享用庚寅運中月落霜飛

乙巳年　壬午月　癸卯日　丁巳時

此八字癸卯相配柱中火土財旺生官之格人生值此嚴慈皓首先別父泚頭鴻鴈上聯鳴其爲人也丰姿敦厚立事可能善决善断智慧明明理窮今古稍讀聖賢經一日跨鞍登上國方顯平生一動身此則榮威之命鸞幃重合丟桂子夛樣崇運行初辛巳上人之下或雨或晴庚辰運中篤志於顏巷潛心下董庭己卯運中一番梨雨幾變憂驚戊寅運中来攀桂子登蟾窟何期絃断好傷心丁丑運中幾回空跌跌一旦自升騰丙子運中刑名掌判案牘親臨乙亥運中重陞祿位黎世敀心甲戌運中歸来故里暮景康寧癸酉運中縱有金銀将不去也隨鶴夢逐雲庭

乙巳　壬午　己酉　乙丑

此八字己酉日相配柱中木火杀神之格亦有金神之意人生得此宜乎显姓揚名椿親年耄萱同壽鴻鴈天邊杳没声丰姿洒落天性聰明學識穷通賢聖業筆鋒能理憲条情不向泮林養志却從案牘劳形一日風雲相際會蟾宫平步沐恩荣此則文貴之命瓜葛鸞幃尅破重諧副正桂蘭嫡庶枝分六七有聯荣運行初辛巳椿萱庇下苦守青燈庚辰運中趋事公堂揮劍筆趍趄歷過上神京己卯運中不須九載成功績且奮三塲沐寵荣戊寅運中濟濟儒生沾德化断絃重續位加陞丁丑化日輝輝民望重風波歷尽大夫荣丙子運中黄花并綠酒有子繼家声乙亥運中春残啼杜宇魂夢入蓬瀛

乙巳　壬午　戊戌　丁巳

此八字戊戌魁星之日配合柱中木火財官之格人生值此豈不美乎為人丰姿洒落体皃精神生於富室之宅長於仁德名門堂上親恩光別母天邊鴻雁挺能鳴祖基祖業重加整財帛資囊有積成衣冠濟濟人中表氣宇昂昂上客遵雖不錦衣肥馬貴鄉邦也有姓名聞花舞柳枝非春色人有風光是太平煙樹依依遮北斗樓臺疊疊隱衛深逢強不懼性不伏人值此勢權之命鴛幃閒屬宜備納子嗣逢馬脫桂馨運行初辛巳上人之勢下

一度晦風輕庚辰運中雨過自然山有色雲開千里月華明當是時也枝葉久矣己卯運中慣使撓閑多擺布其中耗失破憂愁戊寅運中威權有布人欽伏何愁永遠不如心我多閑欲踄進退有因循丁丑運中莫道中年無好景愈添一子旺門庭隄防官與舌風過再花馨丙子運中潤屋潤身永有慶曰泰曰壽福充深乙亥運中華堂時納慶酌酒有高賓甲戌運中高樹翠禽啼不歇看是又是一番新

乙巳年　壬午月　戊戌日　戊午時

此八字戊戌魁罡之日相配柱中旺火印綬之格人生得此丰姿英俊天性果剛生於茂族長於華堂椿萱中道相分手鴻雁天邊有列行學問三冬足詩書萬卷藏一朝馬上衣冠別此是男兒當自強此則榮達之命鴛幃賢順須年少桂子秋來有繼芳運行初辛巳上人庇下其樂何當庚辰運中讀殘茅店月踏破曉橋霜己卯運中幾欲榮登月殿身還困守書窓戊寅運中到此始知文學好五雲深處沐恩光丁丑運中仁風千里盛沛澤潤諸

方丙子運中金魚綰帶權衡重未許懸車返故鄉

乙亥運中落日青山外猿啼人斷腸

乙巳年　壬午月　庚寅日　甲申時

此八字庚寅日相配柱中火局偏官之格喜逢日祿以歸時人生得此手姿英傑性格聰明椿萱榮顯難双耄鴻鴈天邊不共鳴對月夜窮黃石畧望雲秋討黑山程三跳御溝沾寵渥榮看金紫晚年陞此則武榮之命鴛幃有碍須偏正桂子秋來有繼榮運行初辛巳上人庇下快樂昇平庚辰運中正是登臨之景無端風雨開晴己卯運中威稜驅武士號令肅茅營戊寅運中威權有布人欽伏一度風波幸不驚丁丑運中權名振顯汗馬功成丙子運中重重金紫羅下閑情乙亥到甲戌運中歸去也

乙巳　壬午　辛卯　戊子

此八字辛金相配柱中旺火偏官之格食神制伏有功人生得此手姿雅淡處用多機生於茂族長於高居椿親早別萱榮晚鴻鴈天邊一對飛學識頗知今古筆鋒頗壓曹司印令誰能敵權名衆所推一從天府蒙恩澤滚、才名異昔時此則貴人之命鴛幃金命須年長桂子旁生有秀奇運行初辛巳雲晴天未暖所樂尚趦趄庚辰運中頗窮詩禮未足為奇己卯運中貴人相薦引公府振威儀戊寅運中三疊陽關斟別酒九重天府沐恩時當此運未旺處生非丁丑運中祿位重加貴仁風遠近舒丙子運中弦鳴民樂業財帛積多餘乙亥運中榮回故里甲戌運中歸去來兮

乙巳　壬午　甲申　乙亥

此八字甲申專權之日傷官制殺之格喜逢六甲趋乾蔡義雖並秀鴻鴈不成聯其為人也立仁立義能語能言學問知今古衣冠拜聖賢運至時来豈負登天步月地靈人傑焉教鑿井耕田一旦聲名遍天下淄城桃李屬春官此則榮華之命鴛幃宜有贈桂子發芳妍運行初辛巳微風微雨淡霧淡烟庚辰運中青灯翠幕雪案書篇己卯運中揚帆必得清風送豈易躊躇未進前戊寅運中報道聲名從此顯紫騮騰踏錦長安丁丑運中良民讚仰爵位高遷當此之際風雪生寒丙子運中四方機軸随旋轉一寸丹心未許閑乙亥運中輕裘駿馬無心恋緑水青山有意看甲戌運中春光如過隙一夢永难還

乙巳年　壬午月　甲午日　乙丑時

此八字甲午日元相配柱中火土傷官助財之格喜逢時值食神女人得此生於右族長配名門椿萱雖並奄鴻雁各行鳴其為人也姿容清雅髮皃行真勝丈夫氣槩有男子材能雲狀華岳千山秀水到湘江一様清每懷九膽意時抱擇鄰心滔滔無阻滯步步旺夫門王産昆崗藏蘊色蘭生楚澤散清馨心静似月行雲漢性急如風捲殘雲佇看夫榮子貴也應福禄無窮此則榮益之命良人榮貴須年小子嗣秋来有显名運行初癸未上人薦下毓秀閨門甲申運中路入桃源花爛熳溪横駁漢水澄清乙酉運中雖則夫門快樂幾番人事盈虧丙戌運中正是擾青月白还愁微雨弄晴丁亥運中夫榮子秀當斯際片時風雨漏晴空戊子運中光霽疊疊沛澤明明子字之中如履薄冰己丑運中安閑福慶庚寅運中一夢佳城

子平遺書　十五

乙巳年　壬午月　甲申日　己巳時

此八字甲申專權之日相配柱中金火傷官制殺之格人生得此生於右族長於名門椿父先歸萱後別天邊鴻鴈各行鳴其為人也丰姿清秀天性聰明理窮古事兼今事書對賢經與聖經麗句妙為天下白高材俊似海東青終是文場榮貴客豈為田舍鑿耕人瓊林雖不參高宴祿位榮看次第陞此則榮貴之命鴛幃有犯須招副子嗣榮門孝且忠運行初辛巳上人庇下未斷平生庚辰運中欲遂平生志須加燈下功己卯運中執卷幾回空探月依然用守讀書燈戊寅運中一從折得蟾宮桂濟濟生徒集泮宮丁丑運中文衡萬里江山氣道繼千年竹帛聲須臾風雨不損精神丙子運中教鐸豈能留得住紛紛德澤惠黎民乙亥運中子貴重榮贈蘺遷樂性情甲戌運中夕陽有限春夢無憑

子平遺書　十六

乙己年　壬午月　乙己日　丙子時

此八字乙己日元相配柱中火土傷官助才之格傷官者剛殺之物靈變之星主人生於戈矛之族長於詩禮之庭椿萱不過祿養鴻鴈有各摶風其為人也丰姿蒼古天性聰明胸藏今古事李識聖賢心麗句好為天下白高材勝似海東青終是文章折桂客豈為田舍作耕人一從姓字傳臚後紛紛德澤惠黎民此則榮貴之命鴛幃合壽方偕老子嗣秋來朶朶榮運行初辛己上人庇下仕石適庭庚辰運中欲遂平生志須加謀畧功己卯運中莫愁雲阻陽關道時來光霽許攀英戊寅運中儒門跳出登黄甲百里絃歌號太平丁丑運中榮中宜進退解組向籬東丙子運中世慮盡傳詩禮樂有朋來自遠方親乙亥運中子貴孫賢重沭寵甲戌運中春歸花落鳥無聲

乙巳年　壬午月　丁亥日　丙午時

此八字丁亥日貴之辰相配柱中水土傷官之格人生得此生於右族長於名門椿萱有倚先虧父天邊鴻雁陣行分其為人也丰姿清秀天性老誠言不妄發事不胡行有近貴親賢之德應上和下之能重成新事業再整舊門庭福布江山外名聞湖海中兩都秋色皆喬木看舊風流有幾人不以功名為念豈將冠冕磨礱是非莫管門前客得失須憑塞上翁好意番成惡真心換得嗔但願一生湖海樂何必天邊沐寵榮此則穩厚之命鴛幃有犯須重續子嗣秋來有挺棠運行初辛巳上人庇下未斷孙沉庚辰運中風帶雪來應覓冷鳥啼花落始知春已卯運中世情濃又淡淡處又還濃戊寅運中幾度閑中有悶教番靜裏憂生丁丑運中雖則行藏有慶幾度人事虧盈丙子運中子秀家門多壯觀何愁白髮鬢邊生乙亥運中晚年快樂甲戌運中春夢無憑

乙巳年　壬午月　辛卯日　庚寅時

此八字辛卯日元相配柱中金火傷官制煞之格主人生於右族長於名門椿父先歸萱耐晚天邊鴻雁各行鳴其為人也丰姿清秀天性聰明知高下識重輕謀動君子感伏小人般般精曉件件不精行藏果斷作事老誠門外田疇千古計庭前花木四時新才源富足家業盈餘水光浮座盃盤瑩花氣侵人笑語馨好意翻成惡真心換得嗔福元戊岳潰威勢壓鄉民雖不建侯封爵貴有金有粟也光榮此則因富致貴之命鴛幃有犯重籙簇子嗣秋來茅且患運行初辛巳上人庇下未斷平生庚辰運中如花向日但月罹雲已卯運中雨過園桃簇錦風和堤柳拖金戊寅運中才源富足家居好尚有鬧非索耗生丁丑運中正是太平光霽景还愁花放高風生丙子運中庭前竹報平安日檻外花開富貴春子字之中微雨再晴過此乙亥運中但願家園而富足何愁白髮鬢邊生丙戌運中夕陽有限看夢無憑

乙巳年　壬午月　乙巳日　庚辰時

此八字乙木日元相配柱中金火傷官助才之格女人得此生於右族長於仁門萱母先歸椿晚別天邊鴻鴈不同鳴其為人也姿容清雅髮貌精神有針綫之巧立業之勤萬里無雲天一色三秋好景月長明每懷九膽意時抱擇隣心深明閨壼理洞識古今情雲收華岳千山秀水到湘江一樣清難觸難犯易喜易嗔才源雖旺足命運帶孤星兩次洞房花烛一家難了平生晚年光露景子秀樂無窮此則旺足之命良人有剋重年長子嗣枝枝孝且忠運行初癸未上人庇下蘇秀閨門甲申運中雨過山方秀雲開月始明乙酉運中長江小艇歸何遠鴛散鴦驚兩處分帳前復綰鴛鴦帶堂上重開孔雀屏丙戌運中幾度樂中有悶數番靜裡憂生丁亥運中滔滔無阻滯步步助夫門戊子運中如松含脫翠似菊吐金英己丑運中安閑晚景庚寅運中一道訃音

乙巳年　壬午月　己酉日　己巳時

此八字己酉日元相配柱中木火殺生印綬之格女人得此生於右族配於名門椿萱難並鴻鴈各行群其為人也半精清秀髮兒精神勝丈夫之氣槩有男子之材能雲收華岳千山裏水到湘江一樣清每懷丸膽意時抱澤臨心滔滔無阻滯步步旺夫門住看天崇子快樂煌煌罗綺耀門庭此則崇益之命良人合配榮華客子嗣秋來朶朶成運行初癸未上人庇下蘇秀閨門甲申運中雲澄浩月水泛浮萍乙酉運中雖則天門多快樂幾番撒雨幾番晴丙戌運中淡烟楊柳客薄霧杏花村丁亥運中酒史風雨雨過山青戊子運中當此之際花放風生己丑運中夕陽有限春夢無憑

乙巳年　　壬午月　　庚子日　　甲申時

此八字庚子日元相配柱中火土殺生印綬之格殺印相生功名顯達主人生於右族長於高門椿父先歸萱後别天邊鴻鴈各行鳴其為人也丰姿磊落天性剛忠立仁立義多見多聞五車書富三冬足雨石弓當萬騎冲終是文塲折桂貴豈為田舍鑿耕人瓊林雖不忝高宴金紫榮看次第陞此則榮貴之命鴛幃正副方諧老子嗣森森有挺秀運行初辛巳上人庇下未斷平生庚辰運中篤學十年窓下時来頃刻升騰己卯運中幾欲瓊林忝宴依然困守橋門黎花帶雨雨過山青戊寅運中皇恩有感聲名顯佐政黄堂德澤新當此之際三載諒陰丁丑運中禄位重嘉當是景生花銀帶播聲名片時風雨不損權名丙子運中江山迎玉馬花柳拂雙旌子榮重沭寵綸組向籬東乙亥運中重重沾寵渥甲戌運中一枕入巫峯

乙巳年　　壬午月　　丁酉日　　辛丑時

此八字丁酉日貴之辰傷官助才之格才旺生官旺人生得此宜乎得禄得名主人生於良族長於仁門椿父先歸萱後别天邊鴻鴈各行群其為人也丰姿清秀天性聰明學問有成立志十年留泮水英材敏捷芳名一旦顯朝廷舒長化日桑麻茂融蕩仁風雨露清佇看来晚節戢位至腰金此則榮貴之命鴛幃金玉潤子嗣孝而榮運行初辛巳上人庇下未斷平生庚辰運中欲跨騰雲驥恩囊照露螢己卯運中執卷幾回空嘆月時来頃刻便飛騰戊寅運中陰硯寒毡從此脱千里仁風德化清丁丑運中皇恩重有感金紫大夫榮丙子運中三度錦衣歸故里兩扶日月上天廷乙亥運中榮回故里甲戌運中春夢無憑

乙巳年　壬午月　癸未日　丙辰時

此八卦癸水相配柱中火土才殺之格人生得此生於望族長於高門其爲人也丰姿清秀天性織閱識今古之事理讀聖人之簡編英材浩浩志氣軒軒龍飛九五青霄外鵬翼三千翰苑邊豈條白衣閑故里定扶紅日上青天此則榮顯之命鴛幃正副子嗣挺蘭運行初辛巳上人庇下春花灼灼秋月娟娟庚辰運中芸窓雪案陰硯寒氊己卯運中有志未伸休嘆息時未定許上長安戊寅運中到此始知文李好垠垠環佩玉堦前當此之際風雨一番丁丑運中令重奸心碎威嚴鬼膽寒須臾風雨過金紫朕加廷丙子運中權高曾損福依旧拜天顏乙亥運中安樂晚景甲戌運中雪擁藍關

乙巳年　壬午月　甲辰日　庚午時

此八字甲木相配柱中金火傷官制殺之格人生得此生於右族長於高門豈親先别椿歸晚鴻鴈天邊不共群丰姿清秀天性聰明立仁立義多見多聞筆落驚風雨詩成泣鬼神終是功名之客豈教南畝躬耕一朝騰達飛黄去祿位榮看次第陞此則清貴之命鴛幃兩敵桂子金英運行初辛巳螢窓篤志雪案加功庚辰運中欲速不達揚帆待風己卯運中騰身離泮水牽足上神京戊寅運中一從沐錫天邊龐濟濟生徒集泮宮丁丑運中光風霽月難留恋高人提挈職髙陞丙子運中重重祿位耿耿声名乙亥運中尊鮮味美軒冕豪華甲戌運中歸去也

乙巳年　壬午月　丙戌日　壬辰時

此八字相配柱中水土傷官制殺之格偏官有制豈不為美惜乎運行背地福力稍亐主人生於平穩之族長於信義之門椿萱中道先亡父天逝鴻雁各飛群手姿清秀天性明良雖無深計策稍有淡舉能祖基雖不改宜用再添新藝業好語計初運中年多破耗脫年正直太平春莫言老圃秋容淡還有梅花傲雪香此則平穩之命鴛幃疊損重年長子嗣生成孝感人運行初辛巳只宜庇下何論平生庚辰運中春風繞到朝陽地還忌西風雨弄情己卯運中輕寒輕煖人事亐盈戊寅運中㐲度樂中有悶依然才祿進增當此之際重重風雪丁丑運中雪消青嶂出從此樂昇平丙子運中雖則家居茂盛尚防人事亐盈乙亥運中有子伐劳方享福甲戌運中無常催促入幽冥

乙巳年　壬午月　乙酉日　丁丑時

此八字傷官帶煞之格其為人也生於喬木長於詩禮之門椿親先別沾清澤萱母遲行玉潔清根基零落重新整財帛聲名勝舊風霄次峥嵘書萬卷手姿瀟洒壓群倫為君子儒為英才師手攀月窟足步天池逢強不弱遇善不欺碧海蛟横青鎖文章曾献納蒼椿起鳳玉街禮樂舊數陳却狄安諸夏才高社稷臣此則英貴之命鴛幃鼓盆三嘆再整羅幃桂子挺秀之才傳芳有慶運行初辛巳庚辰趨庭詩禮行樂春風己卯運中懶親泮水下五羊河東詞賦称桓子洛下才名重賈生戊寅運中梨花雨過天上徽書至人間仕路通丁丑運中梨花雨過姓播天門榮沾賜墨恩光重拜授除書雨露深丙子運中已把嚴威摧酷吏爰將仁政釋究民子字運中月明雲弊行樂一驚乙亥運中涼消東閣鱸魚美稻熟南庄酒正馨甲戌運中英雄到此成何用獨留姓字對寒檠

乙巳年　壬午月　庚戌日　丙子時

此八字庚戌魁罡之日露殺藏官之格喜逢印綬
扶身遇斯命者生於百年喬木長於累世衣纓椿
庭衛國萱存晚天邊鴻鴈有飛騰丰姿磊落天性
聰明辞鋒韻利艷無敵筆力縱橫若有神學問不
遊於泮水也教寄跡於翰林一朝頭角聳金鑾職
加陞此則繼榮之命鴛幃正副方偕老子嗣秋來
有挺榮運行初辛巳上人庇下天朗氣清庚辰運
中不勞窗下攻書史茲喜天邊雨露恩巳卯運中
重沐恩波鳳池裏朝朝染翰侍明君戊寅運中重

金重紫秉職權銜當此之際一番風雪丁丑運中
藍梅調鼎鼐舟楫濟川人丙子運中忠心尤壯義
膽未厭乙亥運中榮回慶樂一道訃音

乙巳年　壬午月　丁未日　癸卯時

此八字丁未陰刃之日相配柱中水土傷官制煞
之格人生得此生於右族長於仁門萱毋先歸椿
後別天邊鴻鴈各行鳴其為人也丰姿清秀天性
聰明世事頗能將就綴般學欠精通重成新事業
再整舊門庭有理白分清之智應上和下之能萬
里無雲天一色三秋好景月長明田園桑柘茂畝
畝稻粱馨枝無挑李非春色人有笙歌是太平福
布江山生秀麗名揚湖海有光榮雖然不是金鞍
客自然才祿足豐盈此則穩享之命鴛幃連珠低

一載子嗣秋來始有成運行初辛巳上人庇下未
斷平生庚辰運中雲籠皓月水泛浮萍已卯運中
着意種花花不發無心插柳柳成陰戊寅運中雖則
行藏有慶幾多人事虧盈丁丑運中幾度趑趄方
得泰始知才祿足豐盈丙子運中門楣壯觀樓閣
凌雲丁亥運中晚年快樂會友開樽甲戌運中夕
陽有限春夢無憑

乙巳年　壬午月　壬辰日　壬寅時

此八字六壬生臨午位號曰禄馬同鄉才官之格財盛生官終身有慶人生得此椿親先别萱歸晚棠棣庭前各挺芳其為人也丰姿瀟洒礼樂鏗鏘學問稍知今古事生平常履貴人鄉享見成事業承遺蔭之田庄笙歌沸處多行樂羅綺叢中幾醉觴衣冠雅麗楼閣軒昂田園仟佰桑麻茂才帛盈囊積倉門迎珠履三千客屛列金釵十二行不入文場非汗馬也應天府沐恩光此則因富至貴之命鶺鴒簇簇桂子芬芳運行初辛已上人庇下其樂何當庚辰運中淫水生騎驟丹山出鳳凰已卯運中納粟奏名揚四海綺羅筵裏簇笙黄戊寅運中一番風雪初晴後依舊才源倍勝常丁丑運中門外田疇千古計庭前花木四時香丙子運中但使青樽花底醉任他白髮鬢邊霜乙亥運中延賓酌酒會交流觴甲戌運中黄梁夢断歸何處田首家鄉淚兩行

乙巳年　壬午月　乙酉日　庚辰時

此八字乙酉日元相配柱中金火傷官制殺之格本顯功名只嫌身弱官殺相混減吾貴氣主人生於右族長於高居六親情分薄怙恃豈期顧其為人也丰姿清秀性格能為多聞多見不勇不慈豈無君子敬每被小人欺萬里韶華世事每從忙裏就一聯美景財源自向遠方馳生涯湖海上道路或東西重成新事業再整舊根基雖不綺罗衣錦綉自然豐足旺家資此則穩厚之命鶺鴒有碍須年長子嗣秋来朶朶奇運行初辛已上人庇下不盈不虧庚辰運中雲收山有色雨過月揚輝已卯運中有得有失有喜有悲戊寅運中幾度旺中敗樸數番静裏憂生丁丑運中莫道四時興旺还生一度趦趄丙子運中家門盛旺行藏好一度風霜幸不危乙亥運中延賓翫物會友園碁甲戌運中花已落月尤西

乙卯年　壬午月　甲戌日　丁卯時

此八字甲木相配午戌之火傷官之格傷官者剛毅之物也遇斯象者生於仁門長於右族椿萱馬得双双壽鴻鴈何能隊隊鳴丰姿磊落性格聰明律須久誇労桊牘功名尤藉筆力成笋因落籜方成竹魚為奔波始化龍此則貴達之命外悴得配良家女子嗣生戌蹸灶人運行初辛巳娟娟梅月白淡淡柳風清庚辰運中如日扑陽谷似月皎中庭己卯運中貴人相指引自劳心戊寅運中到此始知光景好片帆隐入神京丁丑運中聲名顯達祿位峥嵘丙子運中一畨風浪息依旧顯光荣乙亥運中歸来故里五斗解醒甲戌運中日辰冲併一道訃音

乙巳年　壬午月　癸未日　癸丑時

此八字癸水相配柱中火土才杀之格亦有拱祿之意人生得此生於仁厚之族長於深邃之門椿萱先別父鴻鴈各飛鳴精神烱烱智慧明明行藏覔瀟洒咲傲任枯荣萬里春風行樂頌四時佳趣瑞祥生財源滚滚家居好福祿駢臻喜慶新江湖有意公卿小廊廟無心宇宙輕此則穩足之命鴛幃配合須年敵子嗣秋成奪錦人運行初辛巳上人庇下霄月光風庚辰之運如日升陽谷似月皓中庭己卯運中精神又憔悴憔悴又精神戊寅運中狂中曾駁雜依舊瑞祥生丁丑運中笑傲壺中日月優游醉裏乾坤丙子運中歲寒松尚茂秋老菊尤馨乙亥運中桑榆暮景甲戌運中一道訃音

乙巳年　壬午月　丁酉日　庚子時
此八字丁酉日貴之辰時上偏官之格傷官制
殺之論正謂偏官時過制伏太過乃是貧儒過
斯命者生於右族長於高居搢紳并耆鴻雁
各東西其為人也丰姿清秀天性能為研窮今
古淡識詩書終是利名之客豈教南畝耕鋤名
利既成多壯觀早年空自用心機仔肩頭角聳
總澤惠黔黎此則衆貴之命篤情有犯須偏正
子嗣金風有五奇運行初辛巳上人庇下有何
是非庚辰運中寺業必須窮六藝光陰何必惜

三鋤己卯運中有志於書史無心剔蠹魚戊寅
運中欲速不達藏器待時丁丑運中到此始知
文章好長安道上馬頭嘶丙子運中主首不改
來時攻一日威權去後思乙亥運中欲全晚節
當如此不作西風好見機甲戌運中挑源春去
也蓬島信來稀

乙巳年　壬午月　丁未日　壬寅時
此八字丁巳日元相配柱中水大傷官之格丁遇壬
而太過事不十全主人生於溫潤之族長於名望之
門椿父先歸萱晚別天邊鴻雁各行鳴其為人也丰
姿清秀天性老誠頗知礼義稍識古今般般猶
覽件件不精有近貴親賢之德應上和下之能篆長
名園過舊竹花開上苑勝先春終是功名之客豈
為田舍之翁李間不登龍虎榜声名還是筆刀
榮任看頭角聳光耀旧門庭此則微貴之命篤
情有犯須招硬子嗣秋來朵朵榮運行初辛巳

上人庇下未斷平生庚辰運中藏器待時特必
達特來進貴入公門己卯運中幾歎思高慕遠畜
成捉月步風戊寅運中幾載辛勤甘苦守時來天
府沐皇恩丁丑運中皇恩重有感德澤惠黎民丙子
運中正宜加祿未許辭榮子字之中歸效淵明乙
亥運中悅閑快樂甲戌運中一概了平生

乙巳年　壬午月　壬寅日　戊申

此八字壬寅趣艮之日才官之格官殺混雜四柱刑冲太重滅我功名主人生於温潤之族長於仁德之門椿父蒼年先别萱親晚節方行其為人也丰姿清秀天性平能虚老實假志誠般般稍覺件件不精世事就每從忙裏就才源自向鬧中生祖業漸新變根源再整齊花無桃李非春色人有笙歌是太平晚年光景多饒裕子秀孫賢福祿增此則穩旺之命外帶連珠須長配桂蘭森秀晚昊隆運行初辛巳上人庇下月白風清庚辰運中春園雖雨過花李未生英己卯運中盆水無聲空有浪繡花雖艷不聞馨戊寅運中才源生進退人事有兮盆當此之際椿喪慘情丁丑運中才源滚滚家居好尚有閑非素耗出丙子運中成四時佳趣立萬古門庭乙亥運中有子代勞多享福甲戌運中黄梁一枕永难醒

乙巳年　壬午月　丁未日　庚子時

此八字丁未陰刃之日時上一位背格喜傷官制伏為良主人生於右族長於高堂椿萱相繼先兮父天边鴻鴈各翱翔其為人也丰姿清爽天性果刚參閱三冬足群書萬卷逢一舉可冲天之勢佇言有折㣲之能一從姓字傳臚後象笏金門拜衮章此則榮肅之命鸞帏半長須招副子嗣生成奪錦郎運行初辛巳上人庇下紹慶迎祥庚辰運中何事不辞今日苦守書窓戊寅運中宴罷瓊林多壯觀重重風雪困家鄉雪晴開閶闔秉笏拜天堂丁丑運中千里霜威金斧重三秋風色綉衣輕當此之際金紫加昌丙子運中雨晴雲散天如洗金鱗光照紫薇堂乙亥運中天边無沛澤蘿下樂壺觴甲戌運中春光歸去也一枕入黄梁

乙巳年　壬午月　癸卯日　甲寅時

此八字癸卯日貴之辰傷官生才之格人生得此豈不成名壹舟早歸春後別天邊鴻雁独超群具爲人也丰姿穩秀天性聰明學問資光平生顯姓名雖不遇琳恭賦宴也應天府領　恩榮嘉谷不早實大器當晚成此則貴顯之命鴛幃同扇如魚水桂子森拔旺宅門運行初辛巳只宜庇下未論升沉庚辰讀殘萝店月行落泮橋星己卯運中幾度思登月窟依然困守清灯戊寅運中天然天會到祿馬旺前程丁丑運中多閑遐迩澤及人民丙子運中皇恩再高擢五品大夫榮乙亥運中歸閑田里甲戌運中好夢難成

乙巳年　壬午月　庚寅日　庚辰時

此八字庚金相配柱中木火才旺生官之格才感生官終身有慶遇斯命者椿萱皓首鴻雁雙聯群丰姿清秀天性乖能爲人慳吝作事老誠雖無遠見深思却會分清理白高人相敬貴客相欽才源富足家居好福祿駢臻第宅新但願金玉重重積何須干祿而求名此則穩足之命鴛幃兩敵方偕老子嗣花多果少生運行初辛巳上人庇下未斷平生庚辰運中和風開泰運徹雨潤鴻濛己卯運中旺中尚有高低事事安依然福祿增戊寅運中幾度閑中敲襟數番靜裏憂生丁丑運中雄陽三月花如錦壯丹開處梛花傾丙子運中且安且樂無慮無驚乙亥運中家閑有慶萬物增新甲戌運中春光去也流水濱濱

乙巳年　壬午月　丁未日　辛丑時

此八字陰丑之格相配枉中金土才官之格傷官在枉減我功名壬人生於艮族長於仁門萱毋先歸椿後别天邊鴻鴈各行鳴其為人也丰姿清秀天性老誠知高下識重輕有近貴親賢之德應上和下之能祖業須重立才源自昔成生涯湖海上道路各西東曰福曰榮自有順天之慶常安常樂豈無福地之深時通方壯觀運至祿元潛花無桃李非春色人有笙歌是太平晚年才祿旺中景只平平而則平穩之命鴛幃金命須年少子嗣秋來孝義深

運行初辛巳上人庇下未斷升沉庚辰運中世事宛如春夢人情薄似秋雲己卯運中不免之中嘗得意用心之處不如心戊寅運中雖則行藏有慶才源或散或聚戊寅運中才源雖積旺人事尚虧盈丙子運中晚年多快樂慕景升平丁丑運中松尚茂栢尤青甲戌運中早宜收拾窗前月夢入黃粱永不醒

乙巳年　壬午月　辛亥日　己丑時

此八字辛金相配柱中火土殺生印綬之格人生得此宜乎祿位光榮主人生於武裔之族長於閥閱之門椿父先歸萱後殞天邊鴻鴈陣行分其為人也丰姿磊落天性剛忠有抵雪欺霜之智截長補短之能頗曉三分武藝文章一竅不通終是榮華之客豈為田舍之翁承蔭功名遺百世早年便許管三軍雖不腰金紫也添千百兵旗穿曉日雲霞雖山倚秋空劍戟明此則武勇將軍之命鴛幃土命須猴屬子嗣枝頭五果成運行初辛巳上人庇下月白風清下五年

騎鞍登上國頭角聳崢嶸庚辰運中五隊旗軍听號令千山燈火架平生須更風雨不損權名天山施勇猛險處及光榮己卯運中才擁雖來義行樂尚困循戊寅運中光華疊疊沛澤紛紛當此之際風雨不驚丁丑運中花將好艷携興子竹有萬陰傳與孫丙子運中英雄都尽也高塚卧麒麟

乙巳年　壬午月　丙午　甲午時

此八字丙午日月相配柱中水土傷官制殺之格丙辛作合女人得此生於良族配於名門椿萱难並苍鸿雁陣行分其為人也姿顔清美髪皃精神勝丈夫之氣槩有男子之材能一苑杏桃鋪錦綉满山松柏拱幃屏萬里無雲天一色三秋好景月長明玉產崑崗藏蘊色蘭生楚澤散清馨但歎才源旺足何須天府求榮此則益旺之命良人年小方偕老子嗣秋來虧盈尚盈運行初癸未上人庇下毓秀閨門甲申運中契合翠合鸾成好梦黄緣

紅葉是良姻乙酉運中雖則夫門才業旺壯中尚有事虧盈丙戌運中幾度樂中有悶数番静裏憂生丁亥運中乍雨乍晴留客景或寒或煖用人春改子運中如履薄冰乙丑運中晚年快樂庚寅運中一道訃音

乙巳年　壬午月　甲申日　戊辰時

此八字甲申專權之日相配柱中金火傷官制殺之格女人得此生於右族長配名門椿萱棠棣霜晞日妯娌翁姑分尚輕其為人也姿容清秀髪皃精神有針綫之巧立業之勤一苑杏桃鋪錦綉满山松柏拱幃屏憂禍自能辟肉味素琴鹿鮮管絃声难觸难犯易喜易嗔佇看夫榮多快樂也應福禄享無窮此則榮益之命良人金两榮客子嗣秋來假盛真運行初癸未上人庇下毓秀閨門甲申運中紅葉濤中傳客意赤縄月下結良姻乙酉運中雖則夫門多快樂幾番人事尚虧盈丙戌運中淡烟楊柳

岸薄霧杏花村丁亥運中光華景壽沛澤紛紛須史風雨頃刻安逃戊子運中晚年閑快樂福禄愈駢臻己丑運中粧樓人去也塵鏡掩晨明

乙巳年　壬午月　壬午日　癸卯時
此八字六壬生臨午位號曰祿馬同鄉才官之格
傷官在柱運行背地減我功名主人生於右族長
於高門椿父先歸萱後别天邊鴻鴈有森鳴其爲
人也丰姿清秀天性老成言不妄發事不胡行頓
知禮義稍識古今有近貴親賢之德應上和下之
能祖業添新慶根源勝舊風朝中無姓字湖海有
聲名萬里春風行樂頌四時佳趣瑞祥生好意番
成悪真心换得嗔雖不建侯封爵自然旺足平生
此則穩享之命鴛幃有犯難偕老子嗣先虧晚始

成運行初辛巳上人庇下淡淡春雲庚辰運中雪
晴雨霽賞翫春陰己卯運中古樹寒風常帶雪寒
岩四月始知春戊寅運中得中有失晦後還明丁
丑運中雖則行藏有慶還愁絃斷傷情丙子運中
正是太平光霽景還愁花放尚風生過此乙亥運
中豐年田舍禾盈罍騰日山家酒滿斟甲戌運中
落花片片流水汪汪

乙巳年　壬午月　癸卯日　丁巳時
此八字癸卯日貴之辰才殺之格喜逢時值貴
人遇斯命者生於良族長於仁門椿萱甲别椿
父後其爲人也丰姿青秀天性聰明有近貴親
賢之德應上和下之能祖基祖業添性慶才帛
声名自祿成田園茂盛畝畆遂增月掛碧天多
皎潔名揚閭里有光榮滿世功名身外事一生
穩旺福無窮此則旺足之命鴛幃年長須招副
子嗣森枝一疾榮運行初辛巳上人庇下未斷
平生庚辰運中雖則行藏有慶还愁人事虧盈

己卯運中有得而有失依旧瑞祥生戊寅運中
生正去光華處只恐陰非數耗侵丁丑運中豐
年田舍禾盈營臘日山酒滿斟一江風雨丙子
運中子賢孫秀樂意志情乙亥運中桑榆暮景
甲戌運中春入佳城

乙巳年　丁亥月　丁卯日　己酉時

此八字丁卯日相配柱中之水正官之格喜逢財局助威儀人生得此丰姿英偉幹操能為椿萱崇贈雁同耄鴻鴈天邊有奮飛霄古今之事習賢聖之書北海蛟橫頭角偉南山豹変爪牙齊禹浪三層連躍過崇沾寵渥侍丹墀此則高崇之命鶺鴒有坊須正副桂蘭还擬有秋聲運行初丙戌明窓淨几碁史翻经乙酉運中騰身離雪眾奉足上天庭甲申運中寵渥崇沾威合肅雪晴便擬位加陞癸未運中重金重紫肅氣奔騰壬午運中主尊边域闓仁化鳳詔崇肴一旦徵辛亥運中儀刑尊德望便擬鮮簪纓庚戌運中人生從此别無復見形

乙巳年　丁亥月　己卯日　乙亥時

此八字己卯日配乎柱中水木才殺之格人生得此富上加崇椿萱雖共耄棠棣各生英丰姿洒落天性公平每有濟人之德素無殺害之情頗知今古能別重輕祖業添新慶財囊自積成但願天然機會好也須歆沐恩榮此則富貴兩全之命鶺鴒有礼須偏正桂子秋来綻錦英運行初丙戌風和日麗天朗氣清乙酉運中忘不思登仕路何須苦守書灯甲申運中僕馬從行樂裙釵倩醉醒癸未運中跌踈風雪過日日會賢英壬午運中植桑麻遍野積金玉滿瀛辛巳運中老當臻福慶沛澤又加榮庚辰運中孫荣子秀己卯運中夢入蓬来

乙巳年　丁亥月　甲寅日　甲子時

此八字甲寅專祿之日相配柱中水火傷官用印之格傷官者喜印也女人得此容顏儀楚立志勤能其為人也生於仁室長配良門翁姑先另別妯娌火和鳴雨過園林藹藹青松敷艷翠風来苑圃依依綠柳發春晴三從然有倫四德又兼貞侍夫尽礼訓子有成初限中年劳碌悔暮年顯子助夫身此則勤劬女命良人年長如魚水子嗣生來富與英運行初戊子萬紫千紅樂憂悔幸無侵己丑運中良人湖海散災危不損身庚寅運中家門多破耗憂災喜救神辛卯運中才祿門庭旺悔耗不傷逝壬辰運中正享子孫安閑福乍風驟雨又来臨癸巳運中滿屋子孫名又顯四時錦綉享康寧甲午運中蟠桃已熟王母来迎

乙巳年　丁亥月　丙寅日　丁酉時

此八字丙寅日相配柱中之水偏官之格人生得此年姿穩厚天性聪明堂上椿萱分手道天違鴻鴈有分翔學問有成終是功名之客英才卓冠豈為田舍之郎瓊林雖不登高宴百里榮看他日長此則顯榮之命鴛幃有犯須偏正桂子秋來朶朶芳運行初丙戌不榮不辱庇下安祥乙酉運中尋章摘句入室升堂甲申運中志欲登天步月身還筱雪經霜癸未運中驥足飛騰上道依然未沐恩光壬午運中寵渥沾榮後威風大振揚辛巳運中再加祿位紫綬銀章庚辰到己卯運中歸去也

乙巳年　丁亥月　甲寅日　甲戌時

此八字甲寅專祿之辰印綬之格本乎早年得祿只嫌己亥充破蔭福必遭萱毋先歸椿後殞西風鴈字各分飛其為人也多智慧善操持知礼度習詩書自有高人敬豈無貴客携名利再新而革古根基再立而再移晚景忽逢風色便吹嘘之力可名馳此則榮燦之命鴛幃同屬霜添鬓桂子芬芳有錦衣運行初丙戌無榮無辱景不煖不寒時乙酉運中欲伸男子志曾讀聖賢書甲申運中世情多反覆未是可人時癸未運中坦坦雲程难步

紛紛工藝相随壬午運中財權秉美人皆敬頃刻趑趄未是危辛巳運中滔滔臻福勢藹藹發光輝庚辰運中享兒孫之富貴己卯運中夢杳杳登仙衢

乙巳年　戊子月　甲子日　乙亥時

此八字甲子日相配柱中之水印綬之格人生得此本顯功名只嫌四柱兩冲減虧福力萱母先歸椿又別鴈行天際不同飛丰姿無稚操幹能為祖業增新度才囊自積蓄但願無雄文敬厚自然晚鄉旺家資此則富旺之命鴛幃年火双諧老桂子庭前秀数枝運行初丁亥幼承上庇無慮無思丙戌運中便擬生財覓利何須參礼閒詩乙酉運中行藏順利人交敬些少風波不致悲甲申運中嚴霜積雪都經過次第春風到故蘆癸未運中才源衆滚滚人事攘攘壬午運中東陳背折晚鄉安静辛巳運中千搖孳孳庚辰運中歸去來兮

乙巳年　丁亥月　戊午日　癸亥時

此八字戊午日永之辰相配柱中旺水財旺生官之格人生得此半姿英俊處用多機般般歷學件件粗知祖業重磨琢才囊自整齊堂上椿萱先別父天邊鴻雁不交飛不用跨鞍登上道且宜花下飲芳危佇看晚年光霽景子榮身貴顯門閭此則晚榮之命鴛幃有碍須相柢桂子森枝一果奇運行初丙戌上不庇下處樂自如乙酉運中幾欲思高驀遠依然湖海名馳甲申運中雪晴天未㨾行樂尚趦趄癸未運中雖則財源穩旺幾番人事不

齊壬午運中英雄惟贈劒三尺豪傑相逢酒一危辛巳運中孫賢子秀光耀門閭庚辰運中桑榆暮景乙卯運中夢入黃粱

乙巳年　丁亥月　辛未日　己亥時

此八字辛金配合柱中之水傷官之格本顯英雄只嫌七煞混逢減吾貴氣堂上椿萱齊白首天邊鴻雁雙聯行其為人也禀性梗直處事圓方息中雖取怨險處却無傷成四時之佳趣整千古之門墻金玉盈囊心快足江湖風月可倘徉此則穩實之命鴛幃全正副桂子有芬芳運行初丙戌雖居庇下或有炎凉乙酉運中雲收山岙貼風靜竹安康甲申運中欲速必達須把帆揚癸未運中苦苦勞神只如此區區守命長風光壬午運中財源來

浩浩心事又忙忙辛巳運中一進一退一抑一揚庚辰運中靜裏乾坤大閑中日月長己卯運中春光盡也一夢黃粱

乙巳年　庚辰月　戊寅日　辛酉時

此八字戊土配合柱中金火傷官用印之格經云傷官若用印官殺不為刑值斯象者豈得不豪焉得不凡注人丰姿磊落膽氣騰騰言不妄發事不胡行博深今古事行藏出遠方烟潤緣楊官路靜雨滋杏蕋宅門深潤屋雕梁真富貴錦衣肥馬貫群英門外桑麻千古意庭前丹桂四時新田連阡陌松栢尚青魁已克恭人仰敬施仁施德達官尊惡不遜讓善不欺凌初景中年多跋踄不如暮節子孫榮祖業宜重整酌酒樂昇平此則成家立業

之命鴛幃兩敵頭生璽桂子班衣孝義心運行初己卯雖居庇下學禮趨庭戊寅運中便有聲名揚閭里其中進退小非侵丁丑運中從來富貴皆如此何必區區費盡機家門不順幸不傷身丙子運中逞勢英雄才祿長門楣壯觀迓官逃災憂破耗雨過還青乙亥運中門迎珠履叅千客往來車馬鬧紛紛非險之憂祐保前程甲戌運中有子代名多顯耀黃菊開來酒滿杯癸酉運中一世英雄何處去夢隔巫山十二峯

乙巳年　庚辰月　戊子日　甲寅時

此八字去官留殺之格值此象者生於茂族長於高山椿萱祿養惟留母鴻鳥行中獨出群其為人也丰姿磊落性格聰明學問知今古平生作貴人既啟覓珠來水府但思求劍到豐城姓字不登黃甲衣冠也拜紫宸此則榮達之命鴛幃宜兩敵娃子有餘馨運中行初己卯娟娟雲裏月灼灼葉中英戊寅運中芸窗事業時時習螢案工夫日日勤丁丑運中執卷幾回空問月依然未遂顯功名丙子運中未達青雲志猶沾上國塵乙亥運中頭角

崢嶸声書顯萬民歌頌祿元增當此之際萱草凋零甲戌運中鷄犬無驚寇潛跡桑麻秀發歲平寧癸酉運中夢回故里壬申運中夢入佳城

乙巳年　庚辰月　乙亥日　甲戌時

此八字天元乙土配合甲戌之木爲正格雙親在堂雁字斷行英才出類學問高良祖基祖業俱相靠財帛從容福慶長此則榮俊之命比帷無克一雙羅帳諧和好女不孤秋桂馨香蘭艷冶運行辛巳壬午微聊風光行癸未運中正是運日江山麗春風花草香行甲申運中名揚閭里人皆敬姓播江湖福慶長行乙酉運中帆揚海島騎走藍關行丙戌丁亥運中梅月清香行戊子運中歸去黄粮

乙巳年　庚辰月　壬寅日　壬寅時

此八字壬寅日相配桂中火土雜氣財官之格正謂乙逢庚旺長存仁義之心人生得此富貴兩全椿萱皓首方彪奉鴻雁天邊各奮鳴手姿莊重天性公平有救人之德無殺害之情祖業加華雕金珠目積成雖不建侯封爵也須行樂光榮此則富貴之命鴛帷配合須偏正桂子森枝兩挺榮運行初己卯幼年之景何慮生平戊寅運中不向詩書窓下便應貨利関情丁丑運中雪晴春信轉紅紫驪門庫丙子運中金玉滿堂人事廣樂中風雪一番生乙亥運中不獨金珠滿目尚祈第宅昌榮甲戌運中晚年享用桂馥蘭馨癸酉到壬申運中歸去也

乙巳年　己卯月　丁卯日　乙巳時

此八字丁卯日相配柱中之木印綬之格女人得此儀容美雅性格果剛椿萱棠棣難相守妯娌翁姑侍不常立業掌家有道相夫教子多方心静似月明霄漢性急如風捲滄浪初運平和中頗順晚年福慶始安康此則掌家女命良人土命須年長桂子森森吐異香運行初庚辰幼年之景庇下安詳辛巳運中鳳舞鸞歌惟意足雪花一旦乱飄揚壬午運中囊空休嘆息風雪不為傷癸未運中到此精神壯因德他人事乖

張甲申運中裙釵濟濟家業昂昂乙酉運中晚年昌樂景子秀福洋洋丙戌運中華堂享用丁亥運中鏡掩晨光

乙巳年　己卯月　壬申日　癸卯時

此八字壬申之日身生長生傷官之格傷之不盡事不週全椿萱終可倚鴻鴈失行聯其為人也有權變能語言有明敏之謀為安和之秀氣梅開白雪飄東閣竹長新梢過北園須成新事業難守舊根原此則中和之命鴛幃得合須年少桂子金風發秀妍運行初戊寅春花艷麗秋月嬋娟丁丑運中雨過園桃簇錦天陰堤柳含烟丙子運中輕寒輕煖日不雨不晴天乙亥運中正欲尋春春已去東風庭院聽啼鵑過此甲戌運中重增新氣象再整舊華年癸酉運中正為福居之安壬申運中花自落月尤殘

乙巳年　己卯月　壬申日　庚戌時

此八字壬申日相配柱中之木傷官之格人生得此多機變善操持般般好學件件粗知椿父先歸萱耐晚為行天際不交飛祖業重更改財衰自積聲佃頤江湖生意好自然晚郎旺家資此則富旺之命鴛幃水命須年少桂子庭前舞綵衣運行初戊寅幼年之景庇下安舒丁丑運中有心生貨利無志讀詩書丙子運中雖則才源未旺尚防人事趑趄乙亥運中一番風雪過金玉未盈條甲戌運中家業有成行樂順風霜一度又生悲癸酉運中老當發旺倉稟豐肥壬申運中悠悠處樂辛未運中歸去來兮

乙巳年　己卯月　甲戌日　甲戌時

此八字重重甲戌暗藏火土傷官助才之格喜逢陽刃以相幫稟得五行之秀氣人生得此宜乎金紫之榮主人丰姿俊雅性理剛明生於名望之族長於華麗之庭椿萱榮後難雙奉鴻鳳天邊不共鳴學問有成一舉可冲天之勢英才敏捷片言有折獄之能一從登上第祿位數高陞此則顯耀之命鴛幃全正副桂子綻秋英運行初戊寅聞詩學禮樂享和平丁丑運中勤苦親書史須史顯姓名丙子運中驥足飛騰朝鳳闕輝輝德化滿神京乙老當發旺倉稟豐肥壬申運中悠悠處樂辛未運中歸去來兮

乙巳年　己卯月　甲戌日　甲戌時

此八字重重甲戌暗藏火土傷官助才之格喜逢陽刃以相帮稟得五行之秀氣人生得此宜乎金紫之榮主人丰姿俊雅性理剛明生於名望之族長於華麗之庭椿萱榮後雖雙奉鴻鳳天邊不共鳴學問有成一舉可冲天之勢英才敏捷片言有折獄之能一從登上第禄位數高陞此則顯耀之命鸞幃全正副桂子綻秋英運行初戊寅閑詩學禮樂享和平丁丑運中勤苦親書史須史顯姓名丙子運中驥足飛騰朝鳳闕輝輝德化滿神京乙亥運中禄位榮加生跋陟雪晴閶闔愈開明甲戌運中威飛郡縣人事暗閑晴癸酉運中扶持社稷權衡重未許榮回醉復醒壬申運中花落鳥啼春又盡蘭喬玉

乙巳年　庚辰月　戊戌日　丙辰時

此八字戊戌魁罡之日雜氣財官之格喜逢印綬生身其為人也衣冠冲粹禮樂維新椿父早歸萱耐晚庭前棠棣同陽春定是功名客豈為田舍翁晚景景然榮且顯峥嵘頭角見通津此則崇達之命鸞幃重合蚕子嗣發秋蔡運行初己卯上人庇下世事彬彬戊寅運中青燈困守黄卷相親丁丑運中幾度登高慕遠依然進退困循丙子運中長亭送别空歌感上国歸来雨露均乙亥運中閶闔開黄道衣冠拜紫宸甲戌運中名權華好樂霖雨濟黎民癸酉運中恩波百戀故里思尊壬申運中春光歸去也高塚卧麒麟

乙巳年　庚辰月　丁亥日　庚戌時

此八字丁亥日貴之辰祿氣財官之格遇斯命者生於望族長於高居椿萱有倚難棠贈鴻雁聯飛又各飛其為人也行藏特達動止能為斷高理直識是知非學問有成定是當朝人物英才出類崟敎田里耘耕雖然不羅桃花浪桂子高攀名譽馳此則榮達之命鴛幃有碍宜偏正子嗣無虧寿数枝運行初巳卯少年之景榮辱何知戊寅運中趋庭負笈學礼聞詩丁丑運中雲霄有路從斯達會向橋門幾載餘丙子運中聲名欲顯煥世事尚崎嶇乙亥運中千里清風民樂業九重雨露再加濡甲戌運中變輪遂逐五馬騑騑癸酉運中秋風起處蓴鱸羡晚節閑時菊酒宜壬申運中春光一去無消息花落春殘杜宇啼

乙巳年　庚辰月　己亥時　甲戌時

此八字己土相配柱中金木去殺為雜氣才官之格人生得此手姿豪迈膽氣騰騰有慈祥愷悌之德無酷毒害人之心其為人也生於名族長於豪門嚴慈前後别鴻雁我鳴清孝聞聰明四遠聞名人欽仰英才出類才祿必向遠方来筆底龍蛇能変化腹中理白又分清初限中年灾非耗暮年富貴積堆金此則勝祖强宗之命鴛幃宜贈方無剋桂子遲来出錦英運行初己卯上人之庇孝礼攻書戊寅運中意欲要拿天上月運皆憂非不順情丁丑運中雖有英雄志進退未如心丙子運中四海高賢人仰敬戕畜危耗幸無侵乙亥運中此運權名才祿厚危难官非破未寧甲戌運中灾危送此始車馬盡盈門癸酉運中富貴之中加富貴榮華之上更榮華壬申運中紅羅姓字一夢西沉

乙巳年　庚辰月　壬辰日　丁未時

此八字壬騎龍背之日相配柱中金水殺印兼全之格值斯象者丰姿老誠稟性良能克己克恭人仰敬施仁施德貴賢欽其爲人也生於旧族長於名居椿萱前後別鴒鴈弥深祖業冝當整才囊又積成李間博知今古事行藏交結貴賢欽非獨家門生涯富四遠馳名福不輕般般劳碌件件操心初限中年官灾破暮年快樂勝仙人此則壽顯之命鶯幃爲肯齊眉壽子嗣遲来出錦英運行初已卯幼年之下未論升沉戊寅運中螢窓辛苦雪案留心丁丑運中幾欲思高并纂遠何期憂悔未能伸丙子運中便有声名揚四遠然有憂灾不損身乙亥運中正享声名而樂福危难非憂耗損身甲戌運中到此豁然安逸樂官灾耗素又来尋癸酉運中黄花晩節富貴康寧壬申運中子孫声名好一夢見陰君

乙巳年　庚辰月　庚子日　壬午時

此八字庚金配合柱中火水傷官之格傷官者傲物氣高天下之人不如己遇斯象者丰姿老誠天性機深遇文王則言善逢傑紂則行兇其爲人也生於望宅長於良庭椿萱前後別何報鴒鴈行中挺壽增祖基祖業冝當整才帛人情自立成李間也知今古事行藏四遠貴賢欽般般劳碌件件操心但願有酔終日飲每遭險难不傷身幼歲中年官灾破暮年享福樂康寧此則成家立業富貴之命鶯幃焉肯齊眉遠子嗣遲招定顯榮運行初已卯灾憂危下便習書經戊寅運中便有声名揚遠近中見危憂不損逃丙子運中正在成家而立業官非憂耗又危驚乙亥運中指望此運安閑太灾难官非悩乱心甲戌運中富貴兩全兼有壽崎嶇憂耗保身行癸酉運中指望千年調一夢見閻君

乙巳年　庚辰月　辛卯日　戊戌時

此八字辛卯日相配柱中木火雜氣才官之格人生得此仕路馳聲椿萱不逮雙榮養鴻鴈天邊各奮飛丰姿慷慨天性剛明學識窮通今古筆鋒能理究情瓊林雖不登高宴榮沐恩波顯政聲此則顯榮之命鴛幃剋後重偏正桂子秋來朵馨運行初巳卯上人庇下月白風清戊寅運中詩書雖有志貨利亦関情丁丑運中志欲登天步月身还剪雪裁氷丙子運中三疊陽関斟別酒九城都下望恩榮乙亥運中政合大行財祿微風皷浪也生驚甲戌運中再加祿位政得民情癸酉運中黄花綠酒壬申運中一夢難醒

乙巳年　庚辰月　己丑日　丙寅時

此八字巳土相配柱中木火去殺爲雜氣官印之格官印者上格也人生得此丰姿厚重作事機深上和下睦之德截長補短之能其爲人也生於仁族長於名庭双恩前後别鵂鴈我鳴清祖業買添甃比圃麦苗青李問鮮知今古事行藏出入貴賢欽非獨家門生涯冨鄉里馳名福不輕欺強而扶弱性又不伏人般般磨琢件件操心但願有酒遂教醉一世無名也不愁初運中年多勞碌暮年積玉子榮身此則成立之命鴛幃正副方無剋桂子遲來出錦英運行初己郊上人之下不足談論戊寅運中窓前曾讀誦躲滯不如心丁丑運中貴人然指引还有素非驚丙子運中鄉邦人仰敬憂悔耗無侵乙亥運中然則家門而有慶官灾破耗未離身甲戌運中田園加增置仍見一番花癸酉運中子名振顯老健精神壬申運中三杯別酒一夢西沉

乙巳年　庚辰月　癸卯日　己未時

此八字癸卯日貴之辰相配柱中之土時上偏官之格人生得此異姿洒落操幹多方椿萱皓首先虧母鴻雁天邊不共翔學識頗知今古智謀能合賢良祖業增新聚寸囊自積藏湖海市廛才兩旺英豪桂攀擁門墻此則富旺之命鴛幃偕老須添寵桂子秋來有顯揚運行初己卯幼承上庇快樂何當戊寅運中有心生貨利無志讀文章丁丑運中財源來旺人欽伏些少風霜惱一場丙子運中風雪初晴後金珠積滿囊乙亥運中延賓玩物會友流觴甲戌運中桂枝挺秀第宅軒昂癸酉運中榮沾沛澤壬申運中夢入仙鄉

乙巳年　庚辰月　癸巳日　庚申時

此八字癸日坐向巳宮乃是財官雙美雜氣財官之格人生得此多機多変有德有威生於善族長於高居一對椿萱分別早天邊鴻雁少聯飛頗知禮義精讀詩書祖業三番四覆財囊半實半虛佇看晚年時運達才名榮旺福崔嵬此則守成之命鴛幃命健頭生雪桂子秋風舞綵衣運行初巳卯庇佑之下快樂安舒戊寅運中春光明媚花柳芳菲丁丑運中一番風雪過財祿有盈餘丙子運中財源生進退人事有趑趄乙亥運中到此始知行樂順家門榮旺福崔嵬甲戌運中冲擊之所月被雲迷癸酉運中花落春歸去門前叫子規

乙巳年　庚辰月　戊戌日　癸亥時

此八字戊戌魁罡之日配合柱中木水雜氣才官之格人生值此丰姿穩重天性質誠生於富潤之宅長於名族之庭堂上思親數晚翠雁行出我顯宗親學問有成枉使留心於泮水功名有分復來案牘以榮身立仁而立義存己又存心根基終要添新置才帛資囊番覆成此則暮貴之命鴛幃水命方無魁子嗣聯中一顯人運行初乙卯不分金與石何以論平生戊寅運中雖留心於燈火焉得遂於功名丁丑運中正欲展施成大用一番舌

耗又相傷丙子運中雖則公門而振作何當惹疾臨林身乙亥運中指望名成登
帝闕角離然發耗非嗔就此特也雨過山青甲戌運中索沾新雨露職任管人民癸酉運中琴堂声價重父老仰欽心壬申運中歸去也

乙巳年　庚辰月　乙巳日　丙子時

此八字六乙鼠貴之格人生值此生於良善之家長於富豪之門其為人也丰姿清穩歷事機深高人相敬遠客相欽田園有分生涯好官貴無緣誓不親錦綉花開春富貴琅玕竹報日升平此則富足之命鴛幃正副方偕老桂子秋風發異馨運行初己卯上人之下未判升沉戊寅運中小堤楊柳還垂綠深谷桃花正吐馨丁丑運中陽回喬木氣轉門庭丙子運中雖則家居而有慶猶如畫虎未生成乙亥運中旺中曾跋涉樂處有憂驚甲戌運

中財源浩浩多豐阜生計盈盈足稱情癸酉運中遣興故人閑話永忘懷益友酒盃深壬申運中縱有金銀將不去也須精魄赴幽冥

乙巳年　庚辰月　己亥日　己巳時

此八字己亥日相配柱中土水雜氣才官之格人生得此大器晚成椿萱不逮双榮養鴻鴈天邊有各鳴丰姿懌樂天性剛明理窮今古事學貫聖賢經綸是功名之客豈為避世之英泮林踏過橋門去次第登天沐寵榮此則榮貴之命鴛幃配合須偏正桂子秋來有挺英運行初己卯上人庇下快樂昇平戊寅運中欲遂平生志潛心對短檠丁丑運中志欲登天步月身還剪雪裁氷丙子運中足馬登天路悠悠都下行乙亥運中榮沾新寵渥黎

聽絃鳴甲戌運中蹀蹀烟浪過祿位大夫榮癸酉運中黄花綠酒壬申運中一夢難醒

乙巳　庚辰　己酉　戊辰

此八字己酉日相配柱中金水雜氣村官之格人生得此金紫重重椿萱不逮雙榮養鴻鴈天邊有奮風丰姿磊落天性剛忠龍蛇生筆底錦繡煥心胸萬里扶搖騰彩鳳一聲霹靂躍驪龍一從宴賜瓊林後祿位榮著次第封此則顯耀之命鴛幃全正副桂子秀秋叢運行初己卯庇佑之下雪案加功戊寅運中騰身離雪案探月便成功丁丑運中寵渥榮沾威令重重晴祿位又加封丙子運中權衡千萬里風雪不成幽乙亥運中輝輝金紫貴伏

鉞立邊功甲戌運中老成材調宜高擢肅肅威風播九重癸亥酉運中閑心籬下樂壬申運中一夢入五峯

乙巳　庚辰　甲申　戊辰

此八字甲申日相配桂中才土殺之格喜逢羊兩最為榮人生得此大器晚成椿萱堂上分中道鴻鴈天邊各奮騰學問胷中廣詞源筆下精清志十年淹泮水功名一旦達天庭太學尊芳譽沾恩化日明此則晚榮之命鸞幃須正副桂子晚成榮運行初巳卯幼承上庭樂享昇平戊寅運中明窓淨几黄卷清灯丁丑運中挑卷幾回摽月依然未必升騰

丙子運中特來機會好天路馬蹄輕乙亥運中寒氈陰硯孤栖過便向天光霽門沐寵榮甲子運中絃鳴民樂業還擬大夫陞癸酉運中依然光霽壬申運中歸去也

乙巳年　庚辰月　辛卯日　甲午時

此八字辛金相配火土發生印綬之格其為人也多聞多見立義立仁生於善族長於良門丰姿濟楚標格精神豈為清隱容終是宦遊人本好文場求聞達誤於刀筆取功名佇看風云濟會雷敎雨露沾恩此則顯榮之命鸞幃偕老如琴瑟子嗣花開果晚成運行初巳卯不榮不辱乍雨乍晴戊寅運中漸漸精神爽看看氣象新丁丑運中不向鴻門用却來業牘行丙子運中聲名顯也頭角崢嶸乙亥運中聲華聞四境霖雨降黎民甲戌運中錦

衣肥馬重重貴牖上桃符字字明癸酉運中榮歸故里壬申運中好夢難憑

乙巳年　庚辰月　壬寅日　癸卯時

此八字壬寅日配乎柱中金土雜氣財官之格女人得此儀容秀爽天性明良萱椿棠棣難相守妯娌翁姑侍不常立立業掌家有道相夫教子多方錦繡花開富貴琅玕竹報安康佇看來晚節錦繡積千箱此則富家女命良人偕老先歸去桂子秋來吐異香運行初辛巳上人庇下冬煖夏凉壬午運中配合成佳偶鸞歌鳳亦翔癸未運中裙釵光絢日羅綺色凝霜甲申運中雨過山添秀雲開月布光乙酉運中跡跡風雪過金玉滿華堂丙戌運中光當光霽沛澤加昌丁亥到戊子運中歸去也

乙巳年　庚辰月　甲申日　甲戌時

此八字月工偏官之格羊刃作合為良女人得此生於盛族適於高堂翁姑難久奉妯娌各分行治家有道處事有方勝丈夫之取置有男子之紀綱終世福源浩浩一生心事忙忙風送芰荷香滿院雨滋花蕚色侵窓此則享福起家之命良人金命宜年少子嗣英華晚景芳運行初辛巳安閑綉閣蘊秀蘭房壬午運中漸覺陽和回宇宙信知瑞色藹門墻癸未運中家門饒裕行藏順豈扈浮生鬍月光甲申運中任他風浪湧依舊不番航乙酉運中天光清朗福水洋洋丙戌運中桂庭添秀愈福愈昌丁亥運中百年人世事一夢返泉鄉

乙巳年　庚辰月　辛卯日　壬辰時

此八字辛卯日相配格中木火雜氣才官之格人生得此丰姿洒落夆用人欽椿萱半過雁全奉鴻鴈天邊必合心穷通書史識達古今能辯三因分表裏脉分九候識浮沉英雄交敘厚囊裏積黃金此則豪傑之命鴛幃帶疾霜添鬢桂子庭前秀色深運行初巳卯上人庇下行樂從心戊寅運中雖則詩書有志也防風雨雪相侵丁丑運中才源未旺然風木又陰陰丙子運中春至杏林生意好端腔都是活人心乙亥運中世事光華行樂順門闌壯觀貴人迎甲戌運中老當享用蘭桂森森癸酉運中克昌悦鄭壬申運中竟　家音

乙巳年　丁亥月　辛酉日　己丑時

此八字辛酉專祿之日相配柱中水火傷官制殺之格女人得此生於右族配於名門萱母先歸椿後別天邊鴻鴈不同群其為人也姿容清秀德茂行貞勝丈夫氣槩有男子材能衣冠濟濟三從倫家業昂昂四德新萬里無雲天一色三秋好景月常明難觸難犯易喜易嗔佇看夫榮子貴也應福祿無窮此則榮貴之命良人會合榮華客子嗣森枝有繼榮運行初戊子上人庇下毓秀蘭門己丑運中契合翠鳶成好夢債緣紅葉是良姻庚寅運中嚴霜積雪都經過夫門榮旺福無窮辛卯運中光華疊疊沛澤紛紛壬辰運中天上三陽泰人間五福增當此之際花放風生癸巳運中彩中加彩色紅上映紅英巳守之中花放風生甲午運中子貴晚年重又贈乙未運中春歸花落鳥空鳴

乙巳年　丁亥月　乙未日　庚午時

此八字乙未陰日之日相配柱中木水才杀之格乙庚作合爲奇人生得此生於右族長於名門椿萱雖並耄鴻鴈各行群其爲人也丰姿清秀天性聰明胸羅今古事旁識聖賢心筆底詞源三峽遠舌端撤破五車文終是文場榮貴客寔爲田舍饗耕人鵬路高搏知健翼龍門深躍起見修鱗一從姓字傳臚後濟濟衣冠拜九重此則榮貴之命鴛幃連理須年小子嗣榮門孝且忠運行丙戌上人庇下天朗氣清乙酉運中歡躋騰雲驥須思囊螢雪甲申運中何多不辭今日若特來須刻便升騰癸未運中高浪三層都躍過聯班粉署職光榮壬午運中郎署官函何足羡大夫職任貴當陞一番風雪不損權名辛巳運中重金重業声名顯藩臬陞陞職位尊庚辰運中名利薰心職名振溪山招隱且閑身己卯運中花落人何在荒草鞅孤墳

乙巳年　丁亥月　己卯日　癸酉時

此八字才官生官之格非有金神之意女人得此生於茂族長於名門姿容清致性格聰明勝丈夫之氣槩有男子之材能深明閨壼理洞識古今文錦秀花開春富貴琅玕竹報日鼎平此則榮旺之命良人命健方偕老子嗣秋來旺宅門運行初戊子上人庇下榮辱未分己丑運中片雲蔽日雨過山青庚寅運中春入桃源花爛熳橋横銀漢水澄清辛卯運中須臾波浪起頃刻又沒平壬辰運中一番風雨驟幸不損花容癸巳運中楊柳無風枝婀娜梅花有月夢精神甲午運中家居有慶福禄駢臻乙未運中歸去也

乙巳年　丁亥月　辛亥日　辛卯時

此八字辛亥日元相配柱中水火傷官制煞之格雖不成名亦能發福主人生于良族長於名門椿父先歸萱後別天邊鴻雁各行飛其為人也丰姿清秀天性操持般般頗覽件件粗知見善則持於已當仁不讓於師性不耐觸心不藏機行藏果斷作事三思豈無高仕敬時有貴人携田園桑柘茂畝畝稻粱肥羅綺飄香風蕩蕩壺觴列座草萋萋常將好意番成怨每把真心換得非雖不達侯封爵也應閭里扶危此則領袖之命鴛幃有犯須年敵子嗣秋来顯貴奇運行初丙戌上人之下有何是非乙酉運中春寒風料峭心急馬行遲甲申運中雖則行藏有慶幾多人事趑趄癸未運中得未榮失未悲壬午運中威權有布人欽服還愁晦耗與閑非辛巳運中遣與三鍾酒消閑一局棊庚辰運中晚年快樂己卯運中歸去来兮

乙巳年　丁亥月　丁丑日　丁未時

此八字丁火相配柱中旺水正官之格正官者貴氣之格也惜乎冲破瀲我功名主人生於右族長於高門椿父先歸萱耐晚天邊鴻雁独飛鳴其為人也丰姿清秀天性聰明頗知礼義稍識古今享見成事業承遺落門庭田園桑柘茂畝畝稻粮興高人喜敬貴客相欽水光浮座盃盤瑩花氣侵人咲語馨處世素無榮辱生平喜不富貧鄉民仰德閭里推尊晚年子貴多饒裕白髮烏沙受贈封此則晚顯之命鴛幃金命須年小子嗣双双二果榮運行初丙戌上人庇下雲月濛朧乙酉運中風帯雲来意覓冷島啼花落始知春甲申運中雖則家園壯足也愁人事蹤蹤癸未運中千里関山千里念一番風雲一番寒壬午運中一番風雲初情後從此滔滔福祿增辛巳運中子貴門楣壯觀恩沾雨露光榮庚辰運中樓臺有酒延佳客蘭室存書教子孫己卯運中歸去也

乙巳年　丁亥月　戊寅日　壬戌時

此八字戊寅專權之日相配柱中水木才官之格人生得此生於右族長於高門其爲人也丰姿清秀天性聰明理窮古今事兼本事書對賢經與聖經太山北斗千年在和氣春風四座傾終是錦衣驄馬客豈爲田舍務農人鰲選玉蟾攀桂去馬隨青帝踏花田足步黃金郡身朝白玉京佇看官封三級酌然祿享千鍾此則榮顯之命鴛幃宜有贈子嗣晚森森運行初丙戌上人庇下未勘平生乙酉運中朝親孔孟日近顏曾甲申運中雲程坦坦登天去舉足悠悠名利成癸未運中處事何愁三尺法理刑渾似一園春壬午運中漸漸名聲重滔滔祿仁隆辛巳運中更有文章無議論定居臺閣展經綸庚辰運中晚年籬下樂己卯運中一枕入巫峯

乙巳年　丁亥月　壬辰日　戊申時

此八字壬辰魁罡之日時上偏官之格水居冬旺生平尔自無憂人生得此生於右族長於仁門椿樹先凋萱對脆天涯鴻雁不聯群丰姿清秀天性聰明行藏果斷動用乖能雖不成名利生平近貴人門外田疇積潤庭前花木增新江湖有意公卿少廊廟無心宇宙輕此則旺三之命鴛幃配合須置長子嗣生成貴顯人運行初丙戌上人庇下化日陽春乙酉運中春歸柳葉睛初変紅入桃花燦未勻甲申運中一株曉烟迷芍藥半泓秋水浸芙蓉癸未運中正是梅青月白乍愁霧鎖烟凝壬午運中天寒有日雲歛凍江闊無風浪自生辛巳運中富貴榮華當此際孫賢子美登門庭庚辰運中春光去也花落月沉

乙巳年　丁亥月　辛酉日　壬辰時

此八字辛酉專祿之日傷官合殺之命格伏此根基豈不光榮主人生於良族長於高門萱堂三年先別我椿親不久又歸程其為人也丰姿清秀天性聰明學問頗知今古筆鋒稍有威儀終是功名之客豈為田舍之翁祖業添新慶根基勝舊風一旦謀為遂還揚三考名頭鼎聳輝門庭佇看東晚節愈久至腰銀此則榮貴之命鴛幃土命猶申酉子嗣生成晚節榮運行初丙戌上人庇下萱草凋零乙酉運中春寒風料峭心急馬遲行馬羊猴歲歲定主長精神甲申運中貴人相指引揮筆入公門癸未運中懸陽閣之三疊遷天府之九重壬午運中幾載辛勤甘苦守一朝冠冕拜明君辛巳運中皇恩重有威德澤惠軍民庚辰運中此運且墮還且退悠悠籬下樂高情己卯運中鳥啼花落流水無聲

乙巳年　丁亥月　丙寅日　丙申時

此八字丙寅長生之日相配柱中旺水月支偏官之格四柱兩冲減吾科第成名主人生於右族長於名門萱母先歸椿後別天边鴻鴈各行鳴其為人也丰姿清雅天性聰明孝問資先覺群書貫一經太山北斗千年在和氣春風四座傾終是功名之客豈為田舍翁嘉谷不早食名利當晚成雖不三登科甲自然福祿光榮初從金榜揚名姓晚年德澤惠黎民此則榮貴之命鴛幃同鸞如魚水子嗣秋來一果榮運行初丙戌運中上人庇下天朗氣清乙酉運中欲遂平生志潛心對短檠甲申運中执卷幾回空探月尤然困守讀書灯癸未運中機會來時離泮水皇恩有感福元豐仁風開絳帳德化啓儒生壬午運中鱣堂相是难留位且向天边再寵榮辛巳運中黎民皈父母政化洽西東庚辰運中有子登科多壯觀喧喧車馬樂門庭己卯運中春光去也一道訃音

乙巳年　丁亥　辛巳日　甲午時

此八字辛巳日元相配柱中水火傷官制殺之格女人得此生於右族長配名門椿父先歸萱後別天邊鴻鴈不同群其為人也姿容清秀髮兒精神勝丈夫之氣槩有男子之材能雲收華岳千山秀水到湘江一樣清每懷凡膽意特抱擇隣心萬里無雲天一色三秋好景月長明滔滔無阻滯步步阻夫門難獨難犯易喜易嗔佇看夫榮子貴也應福享無窮此則榮益之命良人榮貴須年小子嗣枝頭孝義深運行初戊子幼年之下毓秀閨門己丑運中契合翠鸞成好夢夤緣紅葉是良姻庚寅運中光華疊疊沛澤紛紛辛卯運中羅綺臨風多壯觀逐愁風雨片時生壬辰運中正是太平光霽景幾多人事尚虧盈癸巳運中花嬌復含宿雨柳媚尤滯金風過此甲午運中晚年閑快樂花放尚風生乙未運中歸去也

乙巳年　丁亥月　癸亥日　壬戌時

此八字癸亥日元相配柱中火土才官之格水居冬旺生平樂自無憂主人生於右族長於仁門椿父先歸萱後別天邊鴻鴈各傳風其為人也丰姿清秀天性老誠言不妄發事不胡行般般稍覽件件不精謀動君子感伏小人重成新事業難守舊門庭田園桑柘茂畝畝稻粱馨香花無桃李非春色人有笙歌是太平常將好意番成惡每把真心換得嗔但顧人生多發福何必天邊沐寵榮此則豐潤之命鴛幃魁後重偏正子嗣森枝朵朵成蓋行被酉戌上人沉下淡淡青雲乙酉運中乍雨乍晴留客景或寒或煖困人春甲申運中嚴霜積雪都經過從此才源頗有增癸未運中雖則行藏有慶还愁人事虧盈壬午運中才源滾滾家居好片時進退不如心辛巳運中晚年正享華堂客花開風放未如心庚辰運中老來且樂閑中事三運荒涼有竹松辰字之中如履薄氷已卯運中春光去也

乙巳年 丁亥月 庚辰日 丙子時

此八字庚辰日德之辰相配水火傷官制殺之格女人得此生於右族長於名門其為人也姿容清秀髮貌精神勝丈夫之氣槩有男子之才能翁姑翁別姑歸曉庭前妯娌尚情輕每懷九腸意時抱擇隣心玉產崑岡藏韞色蘭生楚澤散清馨相夫應有道訓子總成群克勤而克儉易喜而易嗔佇看夫榮子貴也應福祿無窮此則榮貴之命良人會合榮華客子嗣枝枝有挺榮運行初戊子上人庇下頻秀閨門己丑運中紅葉溝中傳密意赤松月下結良姻庚運運中乍雨乍晴留客意或寒或煖困人天辛卯運中幾番樂中有悶數番靜裏憂生壬辰運中雖則夫門才業旺迓慈風雪點衣襟癸巳運中羅綺千般色珍羞百味新須臾風雨雨過山青甲午運中子貴夫榮重沐寵乙未運中訃音一播衆傷情

乙巳年 丁亥月 乙亥日 丁丑時

此八字乙亥日元相配柱中枉水印綬之格刑冲太重水浮木浮藏我功名主人生於右族長於仁門椿父先歸萱後別天邊鴻雁各行鳴其為人也手姿清淡日月虧盈頗知禮義稍識古今豈無高仕敬時有貴人欽萬里春風行樂頌四時佳趣瑞祥生祖業宜重整財源旺積存田園有意公卿小廊廟無心宇宙輕朝中無姓字閭里有声名施恩惹怨布德成嗔是非莫管門前客得失須憑塞上翁但願一生多發福何須跨馬入青雲此則穩厚之命鴛幃連珠高一載子嗣枝頭朶朶成運行初丙戌幼年之下雲月朦朧乙酉運中登臨雨霽賞翫春陰甲申運中世情濃又淡淡處又還濃癸未運中雖則行藏有變幾多人事虧盈壬午運中有得有失有喜有驚辛巳運中豊年田舍禾盈譽臘日山家酒滿斟巳字之中花放風生庚辰運中一枕黃粱夢千年不復醒

乙己年　丁亥月　丙子日　戊子時

此八字丙子之日相配柱中旺水偏官之格人生得此生於右族長於仁門椿萱難並老鴻雁各行鳴其爲人也丰姿清渼天性老誠頗知禮義稍識古今有近貴親賢之德應上和下之能祖業添新慶財源晚積存田園桑柘茂畝畝稻粱馨花無桃李非春色人有笙歌是太平施恩惹怨布德成嗔但願一生多旺足任他白髮鬢邊生此則穩旺之命篤幃有犯須招硬子嗣秋來旺宅門運行初丙戌上人庇下未斷平生乙酉運中登臨雨濘賞翫春陰甲申運中乍雨乍情留客景或寒或煖困人春癸未運中有得有失有喜有驚壬午運中正是太平光霽景幾番微雨幾番晴辛巳運中財源旺足家居好還愁風雲片時生庚辰運中晚年閑快樂會友以閑罇辰字之中如履薄氷己卯運中花落月沉

乙己年　丁亥月　乙卯日　丙子時

此八字乙卯専禄日相配柱中旺水印綬之格印綬者上格也女人得此生於右族配於名門翁姑翁别姑帰後妯娌庭前情尚輕其為人也姿容清朗德茂行眞勝丈夫之氣槩有男子之材能每懷凡膽意時抱攀儕心深明閨壼理洞識古今情衣冠濟濟三從倫言皃昂昂四德存克勤而克儉易喜而易嗔佇看夫榮子貴也應同沐皇恩此則榮益之命良人同屬榮華客子嗣生成貴顯人運行初戊子上人庇下毓秀閨門己丑運中契合翠窓成好梦黄緣紅葉是良姻庚寅運中雖則夫門多快樂幾多人事尚齟齬辛卯運中棠砧沾沛澤同沐帝王恩須臾風雨雨過山青壬辰運中雪晴雲散天如洗從此滔滔福禄增癸巳運中光華疊疊福禄停停甲辰運中子貴重榮贈乙未運中春歸鳥不吟

乙巳年　丁亥月　乙亥日　丙戌時

此八字乙木相配柱中水火傷官帶印之格人生得此生於茂盛之族長於名望之居椿萱不逮祿養鴻鴈有不聯飛其為人也丰姿清秀天性操持世事頗將就般般幸欠齊律法又誇勞案牘功名九載姓名馳佇看晚年光寧景紛紛德澤潤黔黎此則吏貴之命鴛幃春驪頁年敵子嗣生成俊俏見運行初丙戌上八庇下未論高低乙酉運中幾欲思高慕遠番成進退趑趄甲申運中九載辛勤甘淡薄一朝天府沐恩歸癸未運中榮沾新雨露光耀舊門閭壬午運中雪晴闈闈開黃道拜授除書雨露濡辛巳運中正宜食祿未許懸車庚辰運中榮回故里己卯運中夢入仙衢

乙巳年　丁亥月　乙卯日　丙戌時

此八字乙卯專祿之日相配柱中水火傷官帶印之格刑冲太重減我功名主人生於右族長於名門生我六年萱母喪重招繼母又先亇椿親耐脫鴻鴈無群其為人也丰姿清雅天性老成頗知禮義稍識古今高人起敬貴客相欽萬里春風行樂頌四時佳趣瑞祥生曰福曰榮自有順天之慶常安常樂豈無福地之深祖業添新慶財源勝舊風有心於貨利無意慕功名拙於自己巧與他人雖不見侯封爵自然福旺平生此則饒裕之命鴛幃魁土重招土子嗣生成貴顯人運行初丙戌椿親庇下風雪初晴乙酉運中娟娟雲裏月灼灼葉中英甲申運中精神又憔悴憔悴又精神癸未運中雖則竹蔵有慶幾多人事虧盈壬午運中得中有失脂後還明辛巳運中財源滾滾江湖好尚有閑非素耗生庚辰運中門楣壯觀第宅增新當此之際風雪還生己卯運中春光去也一枕清風

乙巳年　丁亥月　辛巳日　庚寅時

此八字辛巳之日相配柱中水火傷官制殺之格刑冲太重減吾科第成名生於武宦長於將門椿萱有倚難雙耄天邊鴻雁各行鳴其為人也丰姿清秀天性聰明頗窮黃石畧稍識聖賢經笥長名園過舊竹花間上苑勝先春享見成事業承遺蔭功名三跳御溝沾寵渥千人隊東獨為尊風生紫塞秋横劍月落黃河夜渡兵晚年光霽景疊疊祿元豐此則武宦之命鴛幃有犯須招副子嗣榮門孝且忠運行初丙戌上人庇下天朗風清乙酉運中不勞窓下攻書史自有天邊雨露恩甲申運中光華疊疊當斯際須臾風雨不為驚癸未運中榮中尚有趨事依然名譽播芳馨壬午運中倘逢貴客相提挈祿位榮加財福增辛巳運中花將好艷傳與子竹有青陰傳與孫庚辰運中安閑晚景已卯運中一道訃音

乙巳年　丁亥月　癸丑日　癸亥時

此八字癸水日元相配柱中火土才官之格刑冲太重拔祿而值減吾貴氣主人生於右族長於名門其為人也丰姿清秀天性聰明知高識下趨吉避凶謀動君子威伏小人行藏竟消洒狭傲任枯榮自有順天之變豈無福地之深祖業添新慶根原勝舊風月掛碧天多歧絮名揚湖海有光榮消閑棊一局遣興酒三鍾滿世功名身外事五湖風月樂怡情此則穩厚之命鴛幃燭夜添新喜子嗣榮門晚節馨運行初丙戌上人庇下渼渼青雲乙酉運中寒向梅中晝春徙柳上生甲申運中水向石邊流出冷風從花底過青馨癸未運中雖則行藏有慶幾多人事動盈壬辰運中威權有布人欽服才帛興隆福祿增辛卯運中引鶴徐行三經晚約梅同醉一壺春庚辰運中春光如過涼一枕入巫峯

乙巳年　丁亥月　己未日　癸酉時

此八字己未陰刃之月才殺之格女人得此生於右族長於宦門椿萱堂上先斷母鴻雁天邊有列群姿容開朗髮皃精神勝丈夫之氣概有男子之才能般般咸立件件當心雪為輕粉惹風傳霞作臙脂伏月匀克勤而克儉易喜而易嗔屢事無榮無辱生平不富不貧此則翰家之命良人木命須年長子嗣秋來一果成運行初戊子香閨之內樂事昇平己丑運中四配名門友花開錦上增庚寅運中才源耗散休憂慮一隊風浪幸不驚辛卯運中頗覺行蔵有慶不妨人事逡巡壬辰運中子秀孫家業旺桑榆暮景樂昇平癸巳運中冲擊之所如月入雲甲午運中歸去來兮

乙巳年　丁亥月　戊午日　庚申時

此八字戊午日刃之辰相配柱中水木才旺生官之格喜逢印綬生身遇斯命者生乎右族長乎名門萱母續絃椿不壽到頭終是父先行天邊鳴鶴各行鳴其為人也丰姿清秀天性聰明胸羅今古事學識聖賢心太山北斗千年在和氣春風四座傾終是文場折桂客豈爲同舍鑿耕人橋門躍出攀丹桂黃榜之中始顯名任看官封三級酌然祿享千鍾此則榮貴之命鴛幃止萬方偕老子嗣秋來朵朵崇運行初丙戌上人庇下未斷平生乙酉運中十年窓下業黃卷與青燈甲申運中幾欲思高慕遠番成捉月捕風癸未運中機會未時登太學依然困守讀書燈壬午運中京國秋闈高折桂爵門羅(道)宴群麟辛巳運中重沐恩波鳳池裏朝朝朝染翰侍明君當此之際風雪遲侵庚辰運中職廷金紫聲名顯何事歸榮故里中己卯運中晚年雖下柴戊寅運中一枕入巫峯

乙巳年　丁亥月　辛酉日　癸巳時

此八字辛酉專祿之日相配柱中水火傷官助才之格喜運向才鄉女人得此生於右族配於衣纓椿萱雖並耄鴻鴈逐西風其為人也鬖顏清雅鬆兒精神翁姑姑少倚妯娌娌情輕治家有道處事維誠深明閨閫理洞識古今情勝丈夫之持許有男子之材能裙釵濟濟生平好福祿綿綿沛澤新性急如懸宸飛瀑心安似山月秋明驅奴遣婢夫顯榮封此則榮益之命良人主命探棟容子嗣枝頭綉不成運行初戊子雲開山聳翠雨過竹重

青己丑運中漸覓春陽遍布始知和氣發生庚寅運中時来登甲第尚有事因循辛卯運中帳服榮歸當此際片時風雨不為驚壬辰運中重封金紫貴風雪滿盈庭癸巳運中身閑心足且安且寧甲午運中夢重翠鳶歸不覓落花流水各西東

乙巳年　丁亥月　庚辰日　丁丑時

此八字庚辰日德之辰相配柱中水木食神助才之格才旺終生官旺人生得此本顯功名刑冲太重減我光榮主人生於右族長於高堂椿萱不相守鴻鴈各翱翔行藏果斷作事機量終說六親事淡淡冷如霜不遵祖訓承佛威光道高龍虎伏德重鬼神驚仙宮自得清高趁駁馬雕鞍只泛常此則清脩之命死怫今生無分子嗣後世商量運行初丙戌上人花下秋月蒼蒼乙酉運中從師指破昏迷路許我高登極樂場甲申運中全仗天神護

佑豈愁平地坵坑癸未運中雖則簪冠朝紫府還愁人事有悠揚壬午運中路從平地險人向靜中忙辛巳運中且將法性頻頻整莫把身心無較量庚辰運中徒孫簇擁神仙洞老景優游樂趣常己卯運中韶華有限迅速無常

乙巳年　丁亥月　己卯日　庚午時

此八字己卯專權日相配柱中金木傷官合殺之
格運行離位喜之才神主人生於右族長於名門
椿萱榮贈難雙耄天邊鴻鴈各飛騰其為人也丰
姿清秀天性聰明留羅今古事學識聖賢心北海
蛟龍出頭角南山豹變爪牙新萬里錦旗驚過客
一聲霹靂躍潛鱗一從姓字傳臚後濟濟衣冠拜
聖明此則近侍顯榮之命鴛幃有硬宜招贈子嗣令
風有繼榮運行丙戌上人庇下詩禮趨庭乙酉運
中篤學十年窓下時来頃刻升騰甲申運中躍過
三層浪朝朝識
聖明癸未運中衣惹御爐拖瑞錦筆宣皇澤洒春霖
壬午運中夢迴金馬玉堂上足在冰甌雪椀中當
此之際榮中阻節辛巳運中未許還田里還留侍
衮龍庚申運中酒鮮平生恨衣沾上國塵己卯運
中翩翩丹旐欝欝佳城

乙巳年　丁亥月　己未月　甲子時

此八字己未陰刃之日相配柱中水木財官之格
官煞混雜運喜東南主人生於右族長於名門椿
萱有倚先懿母天邊鴻鴈各行鳴其為人也丰姿
儒雅天性聰明理窮古事兼今事書對賢經與聖
經衣冠雖麗標格精神終是功名之客豈為田舍
之翁瓊林雖不飡高宴秋榜馳名姓字馨晚年光
霽景疊疊祿元陞此則清貴之命鴛幃有犯須年
敵子嗣生成奪錦人運行初丙戌上人庇下未斷
高低乙酉運中欲向雲中舉足須從灯下留心甲
申運中雪案須留苦志天階未許榮登癸未運中
蟾窟攀丹桂儒林訓大生壬午運中久立伊川門
外雪恭承明道座間風辛巳運中西風吹過天邊
雪依然幃帳訓儒生庚辰運中高人提挈權名振
自有聲名振翰林己卯運中晚年閑散里戊寅運
中一枕入巫峯

乙巳年　丁亥月　己未日　戊辰時

此八字己未陰刃之日相配柱中水木才官之格才盛生官終身有慶本顯功名只嫌沖破減吾貴氣主人生於右族長於名門萱如先歸椿脫別天邊鴈有聯行其爲人也丰姿清秀天性機関知高識下近貴親賢重成新事業存整舊根源琴樽風月閑生計金玉松筠舊歲寒才源有分江湖好官貴無緣不必貪晚年光霽景鄉黨姓名傳此則穩厚之命鴛幃兩敵方偕老子嗣拔頭發桂蘭運行初丙戌上人庇下春苑春山乙酉運中兩過園批簇錦風和堤柳拖烟甲申運中雖則行藏有慶幾多人事迍邅癸未運中須史雲掩月頃刻月蝕壬午運中正是太平特節還愁柳絮飄綿辛巳運中才源富足福祿聞閬庚辰運中晚年快樂己卯運中一枕难还

乙巳年　丁亥月　丙子日　乙未時

此八字丙子之日相配柱中水木栽生印綬之格人生得此生於右族長於名門椿萱有倚先虧父天邊鴻鴈各行鳴其爲人也丰姿清秀天性聰明知高下識重輕有抵雪欺霜之智截長補短之能謀動君子威伏小人行藏竟消洒咲傲任枯榮祖業添新慶根原勝舊風月掛碧天多斂潔名揚湖海有光榮兩都秋色皆喬木耆舊風流有幾人欲爲商賈思慕功名得意江山詩句健忘情日月酒杯深好意番成惡真心換得嗔但願才源旺足何須天府承榮此則穩厚之命鴛幃正副方諧老子嗣秋來孝義深運行初丙戌上人庇下未斷平生乙酉運中如花向日似月離雲須史風雨雨過山青甲申運中雖則行藏有慶幾番人事虧盈癸未運中得中曾有失晦後又還明壬午運中莫言老圃姿容淡還有梅花傲雪馨辛巳運中不但才源富足尚祈樓閣凌雲己字之中花放風生庚辰運中人從此別無復見儀形

乙巳年　丁亥月　癸酉日　丁巳時

此八字癸酉日元相配柱中火土才官之格女人得此生於右族長配名門椿父先歸萱後别天邊鴻鴈各行鳴其為人也姿容清秀髮鬼精神雖是女流之輩過如男子材能一苑杏桃鋪錦綉滿山松柏映幰舜翁姑有倚妯娌情輕滔滔無阻滯步步助夫門玉產崑崗藏韞色蘭生楚澤散清馨心靜似月明霄漢性急如風捲殘雲錦綉花開家富貴琅玕竹報日升平晚年子貴显同沐帝恩此則旺益之命良人金命須年長子嗣生成貴显入運行初戊子上人庇下未斷平生己丑運中契合翠鸞成好夢寅緣紅葉是良姻庚寅運中雖則夫門才業旺旺中尚有事手盈辛卯運中福若泉源才如春氣生壬辰運中旺中尚有盈手事依舊門楣百福增癸巳運中子貴晚年家業旺何愁第宅不光榮甲午運中晚年快樂乙未運中一枕清風

乙巳年　丁亥月　辛巳日　戊子時

此八字辛巳日元相配柱中水火傷官制杀之格刑沖太重人生得此生於右族長於仁門萱母先歸椿後别天邊鴻鴈各行鳴其為人也丰姿清秀天性聰明雖無計較稍有聰明自有順天之厳豈無福地之深祖業添新慶根基勝舊風福布江山景名揚閭里間得意江山詩句儂忘情日月酒盃深拙樂自己巧與他人但悲一生才祿好何須誇馬入神京此則穩厚之命鴛幃宜有贈子嗣有森英運行初丙戌上人庇下未斷平生乙酉運中春風多雨過飛李未生英甲申運中不意之中須得意同心之處不同心癸未運中才源雖得失人事尚虧盈壬午運中飛李千般景江山一唇屏當此之際風雨還生辛巳運中蕉捲香風生石福軒開化日祿元增庚辰運中一霄春夢斷萬事總成空

乙巳年　丁亥月　丙辰日　甲午時

此八字丙辰日德之辰相配柱中旺水殺生印綬之格殺印相生功名顯達主人生於右族長於高門椿萱雖並耋鴻鴈各行鳴其為人也丰姿清秀天性聰明胸羅今古事業識聖賢心泰山北斗千年在和氣春風四座欽終是功名之客宜為田舍之翁雖不三登科甲自然祿位光榮舒長化日京麻茂融蕩仁風雨露春此則榮貴之命鴛幃合繼頭生雪子嗣生成孝義人運行初丙戌上人庇下未斷平生乙酉運中欲遂平生志須加董子功甲

申運中機會來時名始振還宜困守讀書燈癸未運中寄跡橋門十載寒氈冷硯辛勤壬午運中皇恩有感聲名重百里笙歌樂太平辛巳運中一褒一貶名揚抑能盡忠誠始有陞庚辰運中正宜加俸祿何事便辭榮己卯運中晚年閑快樂戊寅運中一枕了平生

乙巳年　丁亥月　甲寅日　丙寅時

此八字甲寅專祿之日傷官帶印之格刑冲太重職我功名主人生於良族長於名門椿萱金木雙雙晚天邊鴻鴈各行群其為人也丰姿清秀天性聰明立仁義多見多聞祖基華古事業鼎新門外田疇千古計庭前花木四時新高士散貴人欽好意當盛惡其心猶得嗔雖不為官食祿也應潤屋潤身此則發福之命鴛幃有礙須重續子嗣花前果後成運行初丙戌上人庇下未斷平生乙酉運中如日初出如月方卅甲申運中爆竹聲催殘

臘去折梅香引早春逢癸未運中財源旺足家居好福祿駢臻第宅盈壬午運中財旺福盈家業盛斷絃聲裏損精神須史風雨過依然福祿增辛巳運中旺中尚有盈頭雪雪髩依然萬事亨庚辰運中安閑晚景己卯運中一枕清風

乙巳年　月　癸酉日　甲寅時
此八字癸水以提綱巳土雜氣殺印之傷官在
柱制伏得中一點杉之色別父幾枝棠棣獨呈英
其為人也丰姿慷慨天性雍容筆底詞源三峽遠
胸中事業五車充萬里絲旗驚過客一聲霹靂躍
廷字揚諸境衣冠拜九重此則重學重金之
滿庭子嗣秋果之發榮運行初戊
必許登科朝
直緋

悠悠暮景孝F

乙巳年　己丑月　己卯日　甲戌時
此八字己卯日相配柱中之土雜氣才官之格人
生得此嚴毅資禀慷慨行藏椿萱年耄難雙奉
鴻鴈天邊不共翔稍識古今之學粗知礼義之方
江湖生計廣閭里姓名香祖業重新重慶才囊旋
積旋藏但願英雄交敬果然名勢異於常此則富
實之命鴛幃有碍須偏正桂子秋来朶朶香運行
初戊午上人庇下快樂安詳丁亥運中讀殘窓下
月未許便名揚丙戌　貞　分心歷月海樂中
事悲傷乙酉　闌光

財囊甲申運中　崎嶇
辛不妨癸未運中冲擊之所月入雲囊壬午運中
孫賢而子孝快樂更何當辛巳運中一夢歸泉
路寒雲掩夕陽

乙巳年　己丑月　壬午日　辛亥時

此八字六壬生臨午位號曰祿馬同鄉雜氣才官之格喜逢日祿以帰時椿親早分別鴻鳫各分飛其為人也不懸不勇多見多知惡不避善有濟人之德無酷毒之私欲就三場選先將文筆施財帛添新慶衣冠異昔時頭角嵬然聳人民須敢奇此則貴達之命鴛幃宜硬宜招贈子嗣班衣孝義齐運行初戊子少年之景安樂何如丁亥運中欲速未達守己為揮丙戌貴人相指引漸覓福元弥乙酉運中威權有布人欽伏此〻〻　忄苞甲申運中聲名顯也民皆羨福祿〻〻有餘癸未運中化日桑麻茂仁風雨露濡壬午運中觧印帰田里辛巳運中無端蝶夢中催

乙巳年　己丑月　甲申日　甲戌時

此八字甲木生於丑月襍氣財官之格其為人也丰姿平穩性格操特生於溫飽之家長於冨享名門堂上椿親我年二十七八帰家世庭中萱母華堂安享自資深鴈字無兄下有弟庭前北園麥畄斉祖業有倚而添新財帛資囊而自琢此則暮達之命鴛幃宜晚無傷桂子双〻秀運行初戊子丁亥春風拂麥夏日荷蓮丙戌乙酉運中一聯美景財源自白福中未名擊利揚詩礨達官多枚貴甲申運中莫則家居而有慶其習皇子夢巫山癸未壬午運中子显有名揚閭里㮚臺重整舊家辛巳運中夢重翠禽啼不住鶯花〻一又一番新

乙巳年　巳丑月　戊辰日　乙卯時

此八字戊辰日德之辰配合柱中木火官印之格人生值此丰姿曠達性格聰明生於詩禮之家長於賢良之族椿萱中道成悲鴻鳫遥天各奮般般都歷學件件不全精一苑杏桃鋪錦綉滿山花木挺芳榮不須間覓功名路湖海田園樂性情此則成家之命鴛帳招賢須帶硬桂蘭鵲鵲發秋香運行初戊子春風播殘微雨弄晴丁亥運中梨花雨過天如洗萬里江山列畫屏丙戌運中才源雖有益樂處有憂生乙酉運中綉花空有艷畫水奈無声甲申運中陽田喬木氣轉門庭癸未運中月明花落後香夢到蓬瀛

乙巳年　己丑月　辛未日　甲午時

此八字辛未日配乎柱中木火雜氣財殺之格人生得此丰姿平雅天性理明椿萱有倚終無倚鴻鳫聯行又斷行稍有賢良之志粗知禮義之方祖業更新換舊財囊旋積豐蔵但願貴人提携自然名布鄉邦此則平穩之命鴛幃有碍須年少桂子秋来吐異香運行初戊子和風甘雨化日春陽丁亥運中有心生貨利無意讀文章丙戌運中世事多翻覆人情有抑揚乙酉運中樂中生出悶悶過旺財囊甲申運中遇貴生財利風波不致傷癸未運中老當益壯家業豐昌壬午運中孫賢子秀辛巳運中徠斷人腸

乙巳年　己丑月　辛巳日　己丑時

此八字辛巳之日身坐長生配乎巳丑提綱印綬之格奈乎印氣太重福力有傷椿萱少倚鴻雁無行丰姿鄙俚天性平常聲名虛耗祖業荒涼此則浮萍之命何足論之運行初戊子丁亥雲籠皓月花放風生丙戌運中金戊化鉄夢遶泉鄉

乙巳年　己丑月　辛酉日　辛卯時

此八字辛酉專祿之辰財官印綬俱全三奇之格本乎重叢重金爭奈地支冲破福力少虧堂上二親椿傑壽夭遷鴻雁有聯飛多智慧有操持不惟樓閣崔巍才權秉箕尚與桑麻遍野谷粟盈餘倘若留心於翰墨定教光顯可相期此則饒潤之命鴛幃正副方偕老桂子斑衣晚秀奇運行初戊子襁褓之下何論興衰丁亥運中前程多彩色何不費心機丙戌運中雖則行藏有慶幾多人事躊躇乙酉運中惜花春起早愛月夜眠遲甲申運中衣冠壯觀福祿崔嵬當此之際柳絮沾衣癸未運中延賓玩物會友圍棋壬午運中安享蒼年福辛巳運中無端蝶夢催

乙巳年　己丑月　辛巳日　戊子時

此八字朝陽生於季月印綬之格印綬者上格也人生得此丰姿清俊性格豁為生於中國長於邊表能識他邦語叨承霸澤濡祖業無依宜自遠財虆學積更多餘頗攻前戰梢讀詩書雖不文壇鏖戰也應金紫光輝此則顯異之命鴛幃簇簇子嗣难為運行初戊子幼年之運花逐風飛丁亥運中幾番跋跡多驚慮依舊權名振虜庭丙戌運中劍戰場中爭勝員雨收雲散月揚輝乙酉運中騰騰氣焰肅肅威儀當此之際歷險榮帰甲申運中榮中生阻節福祿自雍雍癸未運中晚年安享慶樂自如壬午運中春殘花落晝夢逐杜鵑飛

乙巳年　己丑日　癸酉日　壬子時

此八字癸酉日相配桂中巳土月上偏官之格喜逢日祿以歸時亦稟得五行之秀氣值斯象者主人丰姿慷慨性格果剛生於望族長於高堂椿萱有倚中年別鴻鴈行聯又斷行學問三冬足詩書萬卷藏一朝但得風雲便御都麻衣換錦裳此則貴人之命鴛幃有犯須相觝桂子秋枝吐異香運行初戊子尊人光庇摘句尋章丁亥運中漂身讀書似高鳳引灯觀史效匡衡丙戌運中志欲攀龍附鳳身还履雪經霜乙酉運中騰身離雪案奉足上朝堂甲申運中榮沾雨露恩光重拜授除書肅一方癸未運中皇恩有感紫綬金章壬午運中正欲榮田籬下樂胡為一夢返仙鄉

乙巳年　己丑月　壬午日　辛丑時

此八字六壬生臨午位號曰祿馬同鄉雜氣財官之格其為人丰姿平穩天性操持知輕重識高低椿萱中道別鴻雁各分飛祖業須磨琢資囊再整齊留意書灯名不顯留心刀筆姓還馳報道晚年多顯耀果然金菊綻東籬此則晚榮之命兆幃有赴須重續桂子先難晚兩枝運行初戊子輕寒輕暖日不雨不晴時丁亥運中富貴皆前定何須貴畫機丙戌運中貴人相指引行樂稍光輝乙酉運中勞形案牘頗有權威甲申運中到此始知名顯也玉闌干外馬頻嘶癸未運中權高祿重沛澤加濡壬午運中歸來故里辛巳運中歸去來兮

乙巳年　己丑月　丙子日　乙未時

此八字丙火相配在中土木傷官用印之格傷官若用印官殺不為刑人生得此丰姿豪邁天性老誠高謙遠見機關別慷慨襟懷孝識深其為人也生於名室長於詩庭双恩前後別何報鳩雁還天我奮鳴孝閣有成蛟龍豈中物英才顯達一旦騰升化作鱗衣冠濟濟趨金闕鍾鼓齊齊振玉京清高均子志執朴古人心初限中年还欠遂暮年迁爵治軍民此則貴顯之命鴛幃終要先別去桂子中招奪錦人運行初戊子上人之下孝礼攻經丁亥運中幾欲要拿天上月何期憂悔不能伸丙戌運中然有凌雲之秀氣其中危素適豪名乙酉運中脫卸鸞宮登帝闕幾番憂悔素非迯甲申運中皇恩有感陞高爵黎庶沾恩福不輕官災憂破謹巳而行癸未運中一運二陞金紫貴千里威權治万民壬午運中解印帰来春夢重芳名留与後聞

乙巳年　己丑月　壬午日　乙巳時

此八字六壬生臨午位號曰祿馬同鄉雜氣才官之格一對椿萱耐晚兩行鴻鴈奮清風其為人也丰姿穩秀性格雍容遇險終無險逢凶不致凶萬里詔華正是梅青并月白一緲美景何愁弟宅不光榮此則守己發身之命鴛幃有碍須相觝子嗣枝頭果不空運行初戊子春寒料峭景色昏濛丁亥運中漸看春晝永桃杏競爭紅丙戌運中樂意田園人事靜忘懷之友酒情濃乙酉運中家門壯觀行藏順凄雨寒烟鎖碧峯甲申運中祥光靄靄福慶重重癸未運中孫賢子秀享福無窮壬午運中晚景滔滔樂辛巳運中音容杳莫逢

乙巳年　己丑月　庚午日　甲申時

此八字庚午日相配柱中木土雜氣才官之格喜逢日祿以歸時人生得此丰姿英雅天性仁慈椿萱双耐晚鴻鴈有同飛學識能通經史智謀能整鎡基湖海英雄交敬厚晚年福祿自高彌此則富厚之命鴛帏水命須年少桂子森森晚發奇運行初戊子上人福庇快樂怡怡丁亥運中便有財源來旺何須困守書帷丙戌運中行藏多順利人事有峥嶸乙酉運中家業有成人敬仰何愁風雨凄凄甲申運中金玉滿堂行樂順風霜一度酒門閒癸未運中晚年昌樂愈厚家資壬午到辛巳運中歸去也

乙巳年　己丑月　庚申日　丙子時

此八字庚申日相配柱中火土煞印之格人生得此本顕巧名只嫌運入背鄉滅戊福氣椿親耐晚萱先别鸿雁天边不共翔丰姿清庚性理明良季識頗窮書史筆鋒能動賢良整舊添新加彩色果然勝異於常特来逢貴助才旺鰲門墻此則字戌之命鴛幃魁後重年少桂子秋来吐異香運行初戊子上人庇下快樂何當丁亥運中尋章摘句来必名揚丙戌運中但竟貴人交救自然才昂盈囊乙酉運中雪猜人事廣未必旺才傷甲申運中断継重續後鳳雪又飄揚癸未運中老當復壯才帛豐昌壬午運中依然光霽辛巳運中駕入仙鄉

乙巳年　己丑月　丙子日　己亥時

此八字丙子日相配柱中水土去殺留官之格女人得此儀容秀爽天性明良精黹棠棣难偕耄妯娌翁姑侍不常有立業掌家之道相夫教子之方心静風和日麗性急雷掣雷轟晚多臻福慶羅綺積千箱此則掌家女命良人配合須年長桂子庭前有異香運行初庚寅閨門之内快樂安祥辛卯運中配匹成佳偶鸞鳳亦翔壬辰運中雖則夫門才業旺也須人事有悲傷癸巳運中飄残楊柳絮紅紫麗春陽甲午運中踈雲掩月何損其光乙未運中晚年昌樂錦綉生香丙申至丁酉運中帰去也

乙巳年　己丑月　庚辰日　壬午時

此八字庚辰魁罡之日雜氣官印之格主人丰姿清雅天性志誠諸般曾玩習百事少精通椿萱俱白首鴻雁各分群祖基須草古事業在重新事從忙裏就才向鬧中生金馬玉堂雖着脚里閭營莊有光榮此則穩盛之命鴛幃有缺須重續子嗣能為孝義深運行初戊子只宜蔭下月白風清丁亥運中報道春光明媚何期苦雨淋淫丙戌運中晝水無聲空有浪繡花雖艷不聞馨乙酉運中高人指點昏迷道從此行藏勝舊風甲申運中日晚西風洒蒼雲沙禽猶解報昇平癸未運中歡悲相似得失均停壬午運中梅已白竹尤青辛巳運中花殘月缺一夢難醒

乙巳年　己丑月　癸酉日　壬子時

此八字癸酉日相配柱中己土月上偏官之格喜逢日祿以歸時稟得五行之秀氣值斯象者注人丰姿慷慨性格果剛生於望族長於高堂椿萱有倚中年別鴻雁行聯又斷行學問三冬足詩書萬卷藏一朝但得風雲便卸却麻衣換錦裳此則貴人之命鴛幃有犯須相觝桂子秋枝吐異香運行初戊子尊人光庇摘句尋章丁亥運中漂麥讀書似高鳳引光觀史效匡衡丙戌運中志欲攀龍附鳳身還履雪經霜乙酉運中騰身離雪綦舉足上朝堂甲申運中榮沾雨露恩光重拜授除書肅一方癸未運中皇恩有感紫綬金章壬午運中正欲榮回籬下樂胡為一夢返仙鄉

乙巳年　己丑月　甲戌日　丙寅時

此八字甲木配合柱中火土傷官助才之格喜重重才神助之為福女人得此容顏穩秀立事能為生於望族長配良門堂上翁姑難並犀庭前妯娌戒豐盈花無葩李非春色人有笙歌是太平衣冠濟濟三從備家業昂昂四德貞性急如江潮之浪心安似山月秋青幹家賢恍針綴之勤佇看子顯腰金日同夫快樂享升平此則旺夫顯子女命良人同屬如魚水桂子先蘭一朶英運行初庚寅閨門毓秀慶灾滯有憂迍辛卯運中月老傳書催喜

兆赤繩相配結姻親壬辰運柳綠桃紅堪賞翫正是尋芳二月春癸巳運中然則夫門向有慶自身四見不安寧甲午運中雖是藁砧名振作何當破險素憂迍乙未運中雲散雨收星月朗風和四海萬波平丙申運中得子朝天登帝闕滿門食祿謝皇恩出則金釵簪滿目歸則使女亂紛紛丁酉運中蟠桃已熟王母來尋

乙巳年　己丑月　丙辰日　丙申時

此八字丙辰日相配柱中金土雜氣才官之格人生得此丰姿英偉天性果剛椿萱不逮双榮贈鴻雁天邊不共鳴學問三冬足詩書万卷藏攀開水府珠生彩掘出豐城劍有光一泛姓字傳揚後緩步天門沐寵光此則顯榮之命篤悍有碍須年少桂子秋來有捷芳運行初戊子庇佑之下快樂何當丁亥運中讀殘窓店月踏破泮橋霜丙戌運中執卷幾回探月時來方許名揚乙酉運中騄足飛騰露路未應便沐榮光甲申運中声名從此始汨

沒一朝揚癸未運中皇恩應有感戰列大夫行壬午運中榮回故里辛巳運中夢入仙鄉

乙巳年　己丑月　丁巳日　甲辰時

此八字丁火相配柱中金水雜氣財官之格喜得印綬以生身人生值此注人生於故舊之族長於名望之庭一對椿萱先別父沙頭鴻鴈少聯鳴其爲人也丰姿雅麗立性多能學問有成終是利名之客英才出衆豈教田里耕耘此則榮貴之命駕幃有剋重年少桂子生成兩樣人運行初戊子上人之下快樂昇平丁亥運中學向勤中名應有得名揚閭里豈無榮丙戌運中學豈儒冠誤灯窗患不勤乙酉運中未攀桂子登蟾窟先見梨花映雪明甲申運中執卷已曾空嘆息時來一旦也升騰癸未運中腰橫銀作帶黎庶仰仁風壬午運中重陞祿位辛巳運中萬事成空

乙巳年　己丑月　丙寅日　壬辰時

此八字丙寅長生之日生配柱中壬水時上一位貴格值斯命者椿萱不待祿養鴻鴈有不聯飛其爲人也丰姿穩達處事能爲學問知今古功勳達帝闕一日風雲相際會九天雨露沐恩濡此則貴榮之命駕幃招正副子產有出奇運行初戊子變恩之下未判高低丁亥運中理窮今古事學讀聖賢書丙戌運中幾欲探月空回首依舊窗下看雲飛乙酉運中讀殘茅店月踏破泮橋楣甲申運中半世孤燈埋雪案一朝得祿顯威儀癸未運中化日桑麻茂仁風雨露濡壬午運中皇恩有感帶服金魚辛巳運中上五年榮歸故里下五年月落烏啼

乙巳年　己丑月　丙寅日　壬辰時

此八字丙寅長生之日相配柱中金水殺氣財煞之格人生值此生於富室長於名庭椿萱難並耄雁字有聯鳴其為人也丰姿清穩立事多能高人相敬遠客相欽竹侵庭戶琅玕翠花放園林錦秀明不作玉堂三學士也應閭里一豪人此則富足之命鴛幃得配頭生雪子嗣生成顯貴人運行初戊子上人之下不雨不晴丁亥運亘世情繚繞人事匆〻丙戌運中陽回喬木氣轉門庭乙酉運中一番梨雨過財源漸〻增甲申運中福祿夏荷鋪錦繡聲名春苑列幃屏癸未運中樓臺疊〻生涯富羅綺層〻錦繡輝壬午運中子貴孫賢沾沛澤喧〻車馬集門楣辛巳運中春光一去万事成非

乙巳年　己丑月　庚午日　辛巳時

此八字庚午日貴之厄相配柱中丈士殺印之格女人得此內莊外肅性急心慈萱母先歸椿父壽翁姑妯娌失相倚有立業掌家之節儉應工和下之驅馳一苑杏桃鋪錦綉滿山松栢映屏幃佇看未晚節福慶自嵬嵬此則起家女命良人龍屬須年長桂子庭前秀假英運行初庚寅工人庇下月白風清癸卯運中杏艷桃还娟鶯歌鳳亦鳴壬辰運中一番風雪過財帛旋添增癸巳運中蘭玉蕭條心緒亂條、嘆息過生平甲午運中裙釵濟、家業盈、乙未運中冲擊之所月入雲屏丙申運中悠、康泰丁酉運中夢入蓬風

乙巳年　己丑月　乙卯日　庚辰時

此八字乙卯專祿之辰雜氣財官之格女人得此福足以庇乎身一對椿萱俱白首幾行紅鴻鴈各穿雲姿容清楚性格忽明有助勤之德存危膽之心月掛碧天光皎絜花開上苑色鮮明佇看夫榮綉滔滔綿澤深此則榮夫旺子（役）福之命良人土命宜年小子嗣金風蘭桂香運行初庚寅雲籠皓月霧單寒庭辛卯運中寅合英能友禎祥自此生壬辰運中雖則瑟琹和合須臾微雨未晴癸巳運中待得時通泰還知福有增甲午運中嚴霜朔雪令經過艷麗裙釵絢日新乙未運中福源饒潤光景鼎平丙申運中晚節真康泰丁酉運中清宵夢不醒

乙巳　己丑　癸未　癸亥

此八字傷官帶殺之格主人生於茂族長於良門捨親耐晚萱帰早鴻鴈聯飛有出群丰姿清爽言語乖能筆底文嗣敏胸中學業精珪璋自是清朝器律呂偏諧世音鴻臚雖不傳名姓尤有威風四境清此則貴顯之命死憚年少霜添鬢子嗣花開果有成運行初戊子乍晴乍雨無辱無榮丁亥運中有志難攀丹桂徒然貴却精神丙戌運中忽聞機會到曽鹽許榮登乙酉運中天府一朝施沛澤声華從此藹鄉城甲申運中正是權衡之處何愁風雲蒲庭癸未運中皇恩有感祿位高陞壬午運中正宜優游樂東風杜宇聲

乙巳年　己丑月　庚辰日　丙子時

此八字庚辰日相配柱中之火偏官之格喜逢印綬以相幇人生得此姓显名揚播父先帰萱耐眺鴈行天際不同翔丰姿洒落天性明良理貫古今之孝心明賢聖之章泮水養身难变化橋門踏出便軒昂一從沾寵渥禄位列黄堂此則榮貴之命鴛幃水命須年火挂子庭前两挺芳運行初戊子幼承上庇摘句尋章丁亥運中志欲登天步月何期屢雪經霜丙戌運中執卷戰囬空嘆息依然囬守讀書窗乙酉運中迟馬登天路黌宮棄意長甲申運中榮沾新寵渥千里抱權衡癸未運中再加禄位便擬还鄉壬午運中春残花落尽杜宇怨斜陽

乙巳　己丑　癸未　丁巳

此八字癸水相配柱中之土偏官之格值此象者財源有分聲徒然椿萱中道别鴻鴈各遥天其為人也知進退可方圓當仁不讓見善則遷梅開白雪飄東閣竹長新梢過北園但願衡門有生意自然心下足歡顏此則隱秀之命鴛幃有碍須重整子嗣西風鵠桂蘭運行戊子只宜蔭下未論炎寒丁亥運中微風微雨淡霧淡烟丙戌運中寒向梅中去春從柳上還乙酉運中財帛有增有减世情多覆多番甲申運中坐覔樹凉池雨過信知行樂勝常年癸未運中日辰重併旺處迍邅壬寅運中晚景滔滔快樂辛巳運中夢䰟飛入重泉

乙巳年　己丑月　戊午日　壬戌時

此八字戊午日刃之辰雜氣才官之格人生得此丰姿雅淡處用多機生於仁厚之族長於積德之居椿萱有倚中年缺鴻鴈聯飛又各飛祖基祖業添新慶財帛資囊自整齊田園麻麥茂湖海姓名馳佇待晚年逢貴助巍巍樓閣聳雲齊此則穩盛之命鴛幃配合宜年少子嗣森森一果奇運行初戊子上人庇下其樂何如丁亥運中頗聞禮義稍覽詩書丙戌運中燕舞鶯吟蝴蝶拍揚花撩亂雜芳菲乙酉運中梨雨初晴後財源有積餘甲申運中貴客提攜方壯觀門闌華麗福元綏當此之際一度趑趄癸未運中夜月琴三弄春風酒一卮壬午運中孫賢子秀辛巳運中一夢無歸

乙巳　己丑　庚午　丁亥

此八字庚金配合丁巳乙字財官印綬俱全三奇之格人生得此必許朝天土水嚴慈雙白首西風厲字各朝天其為人也有方員之計較和衆之機閑學問不深勤君子筆刀雄健近高賢九載執法公堂上一旦承恩天府間則光顯之命鴛幃年少霜添鬢子嗣班衣孝義全運行初戊子雙親庇下春苑春山丁亥運中思退不後欲進未前丙戌運中一朝遇貴提攜去行樂方知勝昔年乙酉運中區區役役都經過方得滔滔祿馬全甲申運中衣冠甚華麗祿位喜鬼然癸未運中一番風雪過兩度聖恩添甲午運中此運一陞還見退田園曠闊我閬闌癸巳運中夢蒐逐流水千古永難還

乙巳　己丑　甲子　戊辰

此八字甲子日相配柱中之木雜氣財官之格人生得此多機多智不勇不慈椿親先別萱已去鴻雁天邊不共飛散，都好學伴，只粗知祖業垂，整才囊漸，肥湖海市塵生計旺矣雄豪雄滿門閭此則穩旺之命鴛幃水命須羊屬桂子金風舞綵衣運行初戊子上人庇下無處無思丁亥運中雙親遭喪後家業又更移丙戌運中到此財源頗順行藏尚未光輝乙酉運中世事儼如新折柳人情淨似半開梅甲申運中万象回春生意好財源来旺事業超癸未運中晚年興旺才學家肥壬午運中孫賢子秀辛巳運中歸去來兮

乙巳　己丑　壬午　辛亥

此八字女壬生歸午位見日祿馬同鄉相配柱中之土雜氣材官之格人生得此人材長大天性堅剛椿父先歸萱耐晚鷹行天際少同翔學識粗知禮義智謀能動賢良十斷九連成事業三番四覆旺財囊湖海市塵人覓我估輕論重旺財囊晚年時運達家業愈豐昌此則特達之命鴛幃有礙天緣贅舊始兩無傷桂子有成晚節雙枝多孝感運行初戊子上人福庇未必安詳丁亥運中洛陽三月花如錦又被風霜烙一場丙戌運中風引鸞歌財業旺晋款斛麗舊門墻乙酉運中財帛旺來行樂順風波乍起不肴傷甲申運中雲晴春信轉紅紫鬪芬芳癸未運中沖擊之兩月被雲囊壬午運中老當重發旺辛巳運中一夢返仙鄉

乙巳　己丑　庚辰　丙戌

此八字庚辰乾罡之日相配柱中之火土特上偏官之格喜逢印綬以相幫人生得此丰姿慷慨天性聰明、韜畧之法習賢聖之經知陰陽之蘊奧善妙手之丹青旗穿曉日烟霞雜山倚秋空劍戟明祖業重更改名權晚愈榮此則显武之命鴛幃遲配須年少桂子秋來有挺榮運行初戊子幼承上庇快樂昇平丁亥運中間難來渭水走馬向金陵丙戌運中雖有威稜显煥何期才業凋零乙酉運中權衡振作威風壯人事趦趄勢又生甲申運中德持重栖祿位加陞癸未運中老當益壯威鎮邊城壬午運中悠、籬下辛巳運中一夢難醒

乙巳年　己丑月　丙辰日　壬辰時

此八字丙辰日相配柱中水土傷官制殺之格人生得此生於右族長於富門金土嚴慈双晚茂天邊鴻鴈各騰風其為人也丰姿磊落天性聰明頗知理義稍識古今高人起敬貴客相欽樓臺疊疊生涯好才帛豐饒福祿增消閑碁一局遣酒三鍾有心於貨利無意慕功名朝中無姓字囊底足珠琭季倫錦帳何為貴秦帝阿房未足稱笙歌沸處曾行樂羅綺叢中幾醉醒雖不建侯封爵日自然潤屋潤身此則富而且貴之命鴛幃正副尤招副子嗣榮門尚庶生運行初戊子上人庇下天朗風清丁亥運中雨過山方秀雲開月始明丙戌運中着意種花花不發無心插柳柳成陰乙酉運中才源滾滾家居好須吏風雨幸無驚甲申運中貨利交通千里外还愁素耗尚因循癸未運中富之以潤其屋德之以潤其身子貴家寬樂何愁白髮壬午運中榮沾恩贈會友開樽辛巳運中訃音一播酹酒三鍾

乙巳年　己丑月　辛未日　辛卯時

此八字雖氣官印之格只緣財神破局稍減光榮值此象者生於仁義之族長於詩禮之門萱母先帰椿晚翠西風鴻雁少聯群其為人也多智慧稍聰明般般好學事事欠精江湖有意公卿小廊廟無心軒冕輕晚年光景好菊散秋馨此則特達之命鴛幃得合同賓同庚桂子有成一榮一秀運行初戊子昏昏世事淡淡平生丁亥運中雲收華岳千峯秀水到湘江一樣清丙戌運中着意種花花不活無心插柳柳成陰乙酉運中但逢貴客相攜手勝事常生僥倖中甲申運中財源滚滚家居好福慶滔滔弟宅新癸未運中一番風雪不損精神壬午運中兩交者上客兩散者賢賓辛巳運中春殘花落魄散魂非

乙巳年　己丑月　庚辰日　丙子時

此八字庚辰日德之辰雜氣殺印之格人生得此生於良族長於高門椿父先帰萱晚茂天邊鴻雁不聯行其為人也丰姿清秀天性果剛般般稍覽件件平不慈不勇可員可方出土黄金顯十分之貴色雖雲皓月有萬里之清光祖業須重立財囊晚盛常孝閭不深居子教生平常履貴人明田園桑柘茂畝畝稻痕香雖不春雲路自然福祿汪洋此則穩〔〕之命鴛幃配合須年長子嗣生成貴显郎運行初戊[illegible]人底下未斷炎涼丁亥運中雖則行藏有[illegible]愁人事心懸丙戌運中欲施一[illegible]心內恨不當中又感傷乙酉運中得失相半夏喜並行甲申運中財源從此振行樂勝於常癸未運中延賓玩物金友流觴壬午運中春歸花落流水湯湯